U0508884

《南开史学青年文库》编委会名单

江 沛　赵桂敏　李治安　常建华　王利华　陈 絜　余新忠

王先明　李金铮　陈志强　杨栋梁　付成双　刘岳兵　刘 毅

南开史学青年文库

南开学

南开大学『985工程』三期建设项目（历史学科）

南开史学青年文库

两汉风俗观念与社会软控制研究

党　超　著

社会科学文献出版社
SOCIAL SCIENCES ACADEMIC PRESS (CHINA)

天津市哲学社会科学规划研究项目（TJZLHQ1404）

序

  中国文化史在秦汉时期进入重要阶段。在大一统政治格局形成之后，不同区域社会文化面貌的异同为人们所关注。秦始皇三十七年（前210年）最后一次出巡，来到吴越地方。据司马迁《史记》卷六《秦始皇本纪》记载，"立石刻，颂秦德"。这一篇幅仅次于琅邪刻石的政治宣言写道："皇帝休烈，平一宇内，德惠修长。三十有七年，亲巡天下，周览远方。遂登会稽，宣省习俗，黔首斋庄。群臣诵功，本原事迹，追首高明。秦圣临国，始定刑名，显陈旧彰。初平法式，审别职任，以立恒常。六王专倍，贪戾慠猛，率众自强。暴虐恣行，负力而骄，数动甲兵。阴通间使，以事合从，行为辟方。内饰诈谋，外来侵边，遂起祸殃。义威诛之，殄熄暴悖，乱贼灭亡。圣德广密，六合之中，被泽无疆。皇帝并宇，兼听万事，远近毕清。运理群物，考验事实，各载其名。贵贱并通，善否陈前，靡有隐情。饰省宣义，有子而嫁，倍死不贞。防隔内外，禁止淫泆，男女絜诚。夫为寄豭，杀之无罪，男秉义程。妻为逃嫁，子不得母，咸化廉清。大治濯俗，天下承风，蒙被休经。皆遵度轨，和安敦勉，莫不顺令。黔首修洁，人乐同则，嘉保太平。后敬奉法，常治无极，舆舟不倾。从臣诵烈，请刻此石，光垂休铭。"会稽刻石当然首先体现了"颂秦德"的政治宣传原则，所谓"皇帝休烈"，"德惠修长"，"秦圣临国"，"圣德广密"，都是高度自我颂扬的文句，但是其内容特别表现出重视风俗的主题，这与秦始皇此前各地刻石是明显不同的。所谓"宣省习俗，黔首斋庄"，似乎提出了新的行政任务。具体的要求，包括："饰省宣义，有子而嫁，倍死不贞。防隔内外，禁止淫泆，男女絜诚。夫为寄豭，杀之无罪，男秉义程。妻为逃嫁，子不得母，咸化廉清。"直指与秦地最为遥远的地方，风俗"淫泆"与道德"廉清"的严重对立。秦始皇提出的"大治濯俗，天下承风，蒙被休经"，以及"皆遵度轨，和安敦勉，莫不顺令"的要求，是要以国家力量约束风俗，修正风俗，改造风俗。琅邪刻石曾经说到"匡饬异俗"。而会稽刻石明确强调"男女""内外"等具体规范，以"法""令""轨""则"等行政方式强行要求遵守。另一方面，指出"黔首修洁，人乐同则，嘉保太平"，以及"后敬奉法，常治无极，舆舟不倾"，告知全社会"习俗"与"太平""常治"的关系，也就是"风俗"与政治的关系。这是相当深刻的社会认识，也是相当高明的政治理念。

越文化的风俗形式与秦文化的风俗形式究竟有怎样的不同，是否有明显的高下差异，现在并没有明朗的历史事实可以说明。以为会稽刻石有关"宣省习俗""禁止淫泆"的内容指向越地风俗的落后，这样的认识已经为林剑鸣先生著文澄清（林剑鸣：《秦始皇会稽刻石辨析》，《学术月刊》1994 年 7 期）。党超再作考论，指出"大治濯俗，天下承风，蒙被休经"语，说明相关规定"是对全国生效的"。这样的理解，我们是同意的。

"汉承秦制"的说法较早见于《后汉书》卷四〇上《班彪传》、《续汉书·礼仪志中》刘昭注补引《魏书》、《续汉书·舆服志上》与《舆服志下》，又有《三国志》卷一《魏书·武帝纪》裴松之注引《魏书》。就执政集团的风俗观念而言，汉王朝也是明显地继承了秦王朝的。

"风俗"被执政者看作行政成败的重要背景。《史记》卷八《高祖本纪》："齐王韩信习楚风俗，徙为楚王。"说到对地方"风俗"的熟悉，是执政的重要条件。晁错就明确说过，"知其习俗和辑其心"，是民众管理的基础（《汉书》卷四九《晁错传》）。"使行风俗齐同万国"（《汉书》卷一八《外戚恩泽侯表》），也曾经是中央王朝考察地方、管理地方的行政方式。

党超研究秦汉风俗史、风俗观念史，已经进行了多年的思考。将政治建设和国家管理方面有关风俗的内容，认真分析，综合考察，当然可以有新的发现。由此也有益于认识秦汉时期政治文化与社会生活的关系。秦汉政治发明与制度创成阶段的历史主流或许可以由此得到更真切、更具体的认识。党超以"社会软控制"的语言方式总结相关历史文化现象，可能是合理的。《汉书》卷二八下《地理志下》说，河西地方民众构成复杂，"其民或以关东下贫，或以报怨过当，或以訞逆亡道，家属徙焉。习俗颇殊，……"然而地方官管理，以边防军事为先，"保边塞，二千石治之，咸以兵马为务；酒礼之会，上下通焉，吏民相亲。是以其俗风雨时节，谷籴常贱，少盗贼，有和气之应，贤于内郡。"班固总结说，此"俗"之"和气"与"政"之"宽厚"有关："此政宽厚，吏不苛刻之所致也。"所谓"宽厚"，"不苛刻"，也许就可以实现成功的"软控制"。

"习俗颇殊"，《三国志》卷五三《魏书·薛综传》的说法是"习俗不齐"。薛综所谓"山川长远，习俗不齐"，可以与《汉书》卷二八下《地理志下》"五方杂厝，风俗不纯"，《后汉书》卷六四《史弼传》"水土异齐，风俗不同"对照理解。

有的古代民俗史学者、文化人类学学者愿意以"礼俗"一语指称社会规范与民间习俗。"礼"往往被正统政治力量利用，借取政治强势，以政治文化、政治道德的力量，对民间社会"俗"的方面实现引导、限定甚至压抑的作用。也就是秦始皇时代政治语汇所谓"防隔""匡饬""禁止"。《汉书》卷二四上《礼乐志上》说"教化已明，习俗已成，天下尝无一人之狱矣"，即"礼乐""教化"成功制约"习俗"，则可以实现大治境界。而相反的情形，即秦政的失败，是由于"习俗薄恶，民人抵冒"。颜师古对"抵冒"的解释是："抵，忤也。冒，犯也。言无廉耻，不畏惧也。"也就是说，"习俗""风俗"控制的不理想，则容易诱生对政治权力的"不畏惧"，甚至导致暴力反抗。《礼乐志》所谓"教化已明，习俗已成"，又见于《汉书》卷五六《董仲舒传》。董仲舒还说："古以大治，上下和睦，习俗美盛，不令而行，不禁而止，吏亡奸邪，民亡盗贼，囹圄空虚，德润草木，泽被四海，凤皇来集，麒麟来游。"也就是说，"习俗美盛"，又是"大治"的表现。他的另一说法是"教化行而习俗美"。

这里所说的"习俗"，似乎已经杂入了"上下和睦"即"不令而行，不禁而止，吏亡奸邪，民亡盗贼"等内容，在某种意义上，其实是可以读作政治"风俗"的。

但是，"礼"也包括非政治因素影响而生成的规范。"俗"同样也有颇多与行政管理并没有紧密关系的内容。党超的研究主题是"风俗观念与社会软控制"。以更宽广的视角考察风俗现象、风俗观念，自然有更宏大的学术空间。我们看到，《史记》卷一二九《货殖列传》和《汉书》卷二八《地理志》都重视地方风俗的记述。《货殖列传》直接出现"风"字7例，"俗"字21例。《地理志》出现与我们理解的"风俗"有关的"风"字17例，"俗"字31例。而《史记》卷一二九《货殖列传》言"风俗"，更多关注"风俗"与地理生态条件的关系，与社会经济生活的关系。而《汉书》卷二八《地理志》言"风俗"，则更多关注"风俗"与政治文化风貌的关系，与国家行政管理的关系。两位伟大史学家的"风俗观念"已经存在明显的差异。

党超《两汉风俗观念与社会软控制研究》一书分四章论说：第一章，汉以前的风俗观念；第二章，两汉风俗观念在政府统治思想变迁中的演进轨迹；第三章，"齐整风俗"：汉王朝对社会文化的软控制；第四章，两汉风俗观念的政治文化特性及历史价值。当然，学术视线所及，未必能够全方位考察。但是就所讨论的内容而言，已经基本做到了大致全面，比较深入。现在面世的这一成果，可以丰富我们对于汉代风俗史、汉代意识史、汉代行政史的知识。对于汉代社会史和汉代文化史较宽广层面有学术兴趣的读者，也可以通过这部书拓展视野，或者受到有益的启示。

祝贺党超的《两汉风俗观念与社会软控制研究》出版。也希望党超今后继续努力，克服各种困难，合理安排时间，立志创新，积极进取，奋力工作，取得更多更好的学术成果。

王子今

2018 年 1 月 1 日

于北京大有北里

目　录

绪　论

一　选题意义

"风俗乌乎始，始于未有人类以前。盖狉榛社会，蚩蚩动物，已自成为风俗。"① 实则，真正意义上的风俗，应该是从人类出现以后才日渐积累、沿袭，进而不断丰繁起来的。作为一种社会文化现象，风俗是长期相沿、积久成习的社会风尚，② 是客观物质生活的精神反映，是一定时代、一定群体社会心理的外在表现，它为仪态万千的历史画卷增添了诸多绚丽多彩的插图和篇章。

中国自古就是一个十分重视风俗的国度。传世文献和考古文物中蕴藏着丰富的风俗资料，它们是对各个时代社会风俗的真实记录。"风俗"一词也很早见于中国古代文献。早在先秦时期，《荀子·强国》中就有"入境，观其风俗"③ 的记载。两汉文献中则更为多见。如《史记·乐书》曰："博采风俗，协比声律。"④《汉书·平帝纪》载："遣太仆王恽等八人置副，假节，分行天下，览观风俗。"⑤ 汉人

---

① 张亮采：《中国风俗史》，东方出版社，1996，"序例"，第 1 页。
② 《辞海》对"风俗"的定义是"历代相沿积久而成的风尚、习俗"（《辞海》，上海辞书出版社，1989 年缩印本，第 1726 页），《辞源》的解释为"一地方长期形成的风尚、习惯"（《辞源》，商务印书馆，1988 年合订本，第 1854 页）。
③ 《荀子·强国》，（清）王先谦撰《荀子集解》，沈啸寰、王星贤点校，中华书局，1988，第 303 页。
④ 《史记》卷二四《乐书》，中华书局，1982，第 1175 页。
⑤ 《汉书》卷一二《平帝纪》，中华书局，1962，第 357 页。

毛亨在《诗经·关雎序》中也提出"美教化，移风俗"①的主张。

在中国古代，风俗的包容面其实很广，往往在说到一个地方的文化特性时，就用"风俗"一词来涵盖，以至于有研究中国风俗史的学者认为："凡总括一地域或一时代人民生活之一切现象，而以价值意义评判之者，谓之风俗。"②

概括来说，古人理解的"风俗"含义大致有二：其一，相当于我们今天常说的"风俗习惯"，即一定地域的人们在物质生活和文化生活方面长期形成的共同习惯，如"百里不同风，千里不同俗"③。其二，相当于我们今天所说的"社会风气"④，即在一定时期的社会生活中引起人们普遍关注和参与的社会思潮、生活方式、文化崇尚等，如西汉中后期人们对奢靡生活的追求等。当然，两者之间并没有特别严格的界限，反而相互渗透和转化。移风易俗不但是改变坏的风俗习惯，而且也包括转变不良的社会风气。

美国社会学家爱德华·罗斯（Edward Alsworth Ross，1866～1951）在1901年出版的《社会控制》一书中最早提出社会学意义上的"社会控制"概念。他认为，社会控制是一种有意识、有目的的社会统治，是社会对个体或集团的行为所作出的约束。为此，他提出了包括法律和风俗在内的几十种控制方式，并详述了它们各自的作用。⑤当然，这些约束工具有些是强制性的，有些则是非强制性的。相对于法律、政令等强制性控制形式，风俗对社会统治的整合是潜移默化

---

① 《毛诗正义》卷一，（清）阮元校刻《十三经注疏（附校勘记）》，中华书局1980年影印本，第270页。

② 邓子琴：《中国礼俗学纲要》，中国文化社，1947，第6页。

③ 《汉书》卷七二《王吉传》，第3063页。

④ 严昌洪认为："把社会风气作为社会风俗史研究的对象，乃是因为从风俗形成的过程来看，一时的某一社会风气如果遗传下去，就会变成风俗习惯。同时，从风俗习惯流传的长河中截取的每一个片断就是那段时间的社会风气。而且，中国历代史书所记风俗常常是包括了当时的社会风气的，'移风易俗'四个字，也包含着转移社会风气这样的内容的。"（参见严昌洪《关于社会风俗史的研究（代前言）》，氏著《中国近代社会风俗史》，浙江人民出版社，1992，第7页）其对风俗的这一解释应该说是比较合理的，也更符合古人风俗观念的真实情况。

⑤ 参见〔美〕爱德华·罗斯《社会控制》，秦志勇、毛永政等译，华夏出版社，1989。

的，是一种社会软控制。所谓社会软控制，就是社会组织通过对舆论、信仰、道德、风俗等方面的引导，来规范其民众的行为。这种社会控制最显著的特点就是非强制性。正如爱德华·罗斯所说："风俗毕竟不是一种管理的手段……风俗的束缚力所产生的后果不只是约束。它产生出某种调节作用。每一种管理的制度都向风俗的绝对统治表示敬意；社会调整风俗的方针，在很大程度上是为了使它能够提供社会的效用并得到充分的发挥。"① 对于风俗的社会软控制功能，法国思想家卢梭在《社会契约论》中有一段有关风俗的名言："既不是铭刻在大理石上，也不是铭刻在铜表上，而是铭刻在公民们的内心里；它形成了国家的真正宪法；它每天都在获得新的力量；当其他的法律衰老或消亡的时候，它可以复活那些法律或代替那些法律，它可以保持一个民族的创制精神，而且可以不知不觉地以习惯的力量代替权威的力量。我说的就是风尚、习俗，而尤其是舆论；风尚才最后构成那个穹窿顶上的不可动摇的拱心石。"② 具体到中国古代社会，则正如有些学者所说："如果说我国封建社会是一个超稳定系统，那么具有巨大整合作用的社会风俗应是保持这种超稳定性的重要力量。"③

正因为这一点，风俗往往成为统治者和当时关心国家政治命运的有识之士所特别关注的一种社会文化现象。两汉时期作为中国古代社会发展过程中的典型阶段，自然毫不例外。在这一时期，统治者和有识之士已经意识到，要想保持政治的稳定，维护国家的统一，就需要移风易俗，美化社会风气。他们都主动地去关注风俗，强化对风俗的认知和干预，并试图以此来作为维护汉王朝政治统治的一种辅助方式和途径，加强对社会秩序的软控制，从而使风俗观念和政治文化密切联系在一起。

风俗观念，简而言之，指的就是人们对风俗的认识和理解。它至少包括如下两层含义：其一，人们对具体风俗事象的认识和评论，如人们的丧葬观、祭祀观以及对社会风气的称颂与批评等；其二，人们

---

① 〔美〕爱德华·罗斯：《社会控制》，第146页。
② 〔法〕卢梭：《社会契约论》（一名《政治权利的原理》），何兆武译，商务印书馆，1980，第73页。
③ 韩养民：《中国风俗文化学》，陕西人民教育出版社，1998，第14页。

对风俗概念具体内涵的探讨，如风俗是什么，风俗是如何形成的，以及决定风俗好坏的因素有哪些等。要对两汉风俗观念进行考察，就要探讨两汉时人在日常生活、政治活动、著作言论中对具体风俗事象的认识、对风俗概念的理解以及在相关行为中所体现出的态度和意识等。

两汉风俗在当时引起了人们的广泛关注。关心国家政治命运的有识之士不仅对具体风俗事象进行评论，而且进一步探讨风俗概念的深刻内涵，逐渐形成了丰富且初具系统的风俗观念和理论，从而使得两汉时期成为中国传统风俗文化理论研究的奠基阶段。① 其中比较有代表性的著作有《新语》《新书》《淮南子》《史记》《汉书》《论衡》《潜夫论》《风俗通义》等，重点考察的内容包括什么是风俗、风俗如何形成、风俗的基本状况、风俗变化的原因以及风俗的社会功能等。② 如司马迁提出风俗具有地域性，还发现地域风俗同经济环境有着千丝万缕的联系。班固则第一个对风俗概念做出明确阐释，认为风俗是地理环境和社会教化的共同产物，形成了比较科学的风俗观。另外，应劭的《风俗通义》是我国乃至世界上最早的研究风俗的专著，开创了专门研究风俗的新领域。

总之，两汉时期，经过长期探索，人们对风俗逐渐有了比较明确的理性认识。特别是班固对风俗概念的阐释可以视为中国古代风俗理论定型的标志，反映了当时整个社会对风俗的最高认知水平。随后，在中国古代传统人文社会领域，人们的认识甚至从未超出此一范围。因此，对古代风俗观念，特别是两汉风俗观念的研究，理应给予相应的重视。

另外，还需要重点强调的是，在两汉时人的观念中，风俗不仅是学术探讨的对象，而且与国家的兴衰息息相关。③ 两汉所形成的各种风俗理论和见解，不管是采风观政说、治化教民说、移风易俗说，还是致用于礼说、兴邦治国说，无不与政治有着密切联系，在一定程度

---

① 韩养民：《中国风俗文化研究三千年》，《民俗研究》1999 年第 2 期。

② 详见彭卫、杨振红《中国风俗通史·秦汉卷》，上海文艺出版社，2002，"导言"，第 2 页。

③ 彭卫、杨振红：《中国风俗通史·秦汉卷》，"导言"，第 3 页。

上都属于政治文化的范畴。

"政治文化"在当今其实已是一个广泛流行的概念。它兼指政治与文化两个互别而又相关的领域，同以往常用的"政治思想""政治学说""政治主张"等概念并不完全等同。"政治文化"侧重强调社会、大众、群体对政治问题的看法，并由此构成政治生活的软环境，对人们的政治行为产生一定的强制作用。它没有自己的专有领域，研究对象是政治史、思想史、制度史、风俗史等诸多学科相互交叉的部分。这一独特的视角使其能够揭示一些从单纯的政治史、思想史、制度史、风俗史等视角所看不到的东西。①

余英时在《朱熹的历史世界——宋代士大夫政治文化的研究》一书中说："政治文化是一个富于弹性的概念，既包括了政治，也涵盖了学术，更点出了二者之间不可分割的关系。不但如此，这一概念有超个人的涵义，可以笼罩士大夫群体所显现的时代风格。"他指出，探讨文化和政治相互交叉的领域，最能体现政治文化研究的价值所在，认为"政治现实与文化理想之间怎样彼此渗透、制约以至冲突——这是政治史与文化史交互为用所试图承担的主要课题"。② 笔者深以此种认识为是。

在中国古代，风俗与政治之间有着密切的联系。两汉风俗观念的形成过程正是其与政治文化联系日益密切的过程。自汉代始，风俗已成为各个阶层、各个领域共同关注的主题，"古之大一统之君，继同轨同文之后，莫不以同风俗为急务也"。③

两汉士人对风俗概念内涵的认识随着当时政府统治思想的变迁而发生一定的变化。汉武帝时期，儒家学说尚未完全处于社会政治思想的统治地位。司马迁广游全国，采集各地风土人情，从经济角度提出了风俗文化具有地域性特征的观点。到班固所在的时代，儒学早已牢

---

① 详见邓小南等《历史学视野中的政治文化》，此处重点参考了陈苏镇的相关论述，《读书》2005 年第 10 期。
② 余英时：《朱熹的历史世界——宋代士大夫政治文化的研究》，生活·读书·新知三联书店，2004，"自序二"第 7 页、"绪说"第 7 页。
③ （汉）应劭撰，王利器校注《风俗通义校注》，中华书局，1981，"叙例"，第 1～2 页。

牢占据了统治地位，班固的风俗观念中的王道教化这一政治因素便自然凸显出来。面对汉末的混乱局面，应劭更是极大地抬升风俗的地位，明确提出"为政之要，辩风正俗，最其上"①的风俗观念。为巩固统治，两汉统治者也把齐整风俗摆到日常议政和行政的重要位置。如汉武帝命令地方政府要将当地的风俗资料送交太史，还设立风俗使，以时分适四方，览观风俗。其后，此制度在两汉相沿不改。

可见，在对两汉风俗观念进行探讨的过程中，如果能够加强对政治文化方面的重视，重点探讨两汉风俗观念与社会软控制之间的联系，应该说是比较适宜的。本书即试图在此方面做一初步的尝试。因此可以说，如何正确理解风俗观念和政治文化之间的关系，是一个极为重要的课题，选择对两汉风俗观念进行政治文化的考察，探讨两汉风俗观念与社会软控制之间的联系，正是基于其本身所具有的重要的学术价值。

研究中国古代风俗，探讨古人的风俗观念，分析其移风易俗的主张，批判性地认识和总结其社会软控制功能和价值，对当前的社会建设也有着一定的现实意义。

风俗对社会生活具有制衡与调控的功能，向有美雅与劣陋之别。《荀子·王霸》曰："无国而不有美俗，无国而不有恶俗。"②《汉书·艺文志》说的"观风俗，知得失"，正是为了明辨社会风俗的美雅与劣陋，进而实现移风易俗之目的。

中国古人很早就提出了移风易俗的命题，而实现移风易俗的前提正是辨风正俗。应劭在《风俗通义》自序中提出"为政之要，辩风正俗，最其上"的政见，认为治国理政的关键在于辨察风尚、匡正民俗。这既表明了应劭对社会风俗问题的深切关注，同时也为解决汉末社会统治问题提供了一种重要的对策。

可见，辨风正俗是保持社会稳定发展的必要条件。只有辨风正俗，才能构建健康、美好的社会风尚，才能使全社会保持一个稳定、良好的和谐秩序。1930 年，鲁迅在《习惯与改革》一文中分析说：

① 《风俗通义·序》，（汉）应劭撰，王利器校注《风俗通义校注》，第 8 页。
② 《荀子·王霸》，（清）王先谦撰《荀子集解》，第 219 页。

"倘不深入民众的大层中，于他们的风俗习惯，加以研究，解剖，分别好坏，立存废的标准，而于存于废，都慎选施行的方法，则无论怎样的改革，都将为习惯的岩石所压碎，或者只在表面上浮游一些时"，到头来则会有如"沙上建塔，顷刻倒坏"。① 鲁迅的这一见解，切中了社会风俗问题的紧要之处，道出了辨风正俗之所以必要的关键所在。

处于不同社会时期、不同社会层面的人，出于各自的文化与阅历的认知语境，都在从各自的角度对其所理解的风俗，不断地进行着重新的解释和评析。有学者认为，在传统社会秩序条件下，风俗的政治文化意义大于学术意义。② 这种看法在一定程度上还是很有道理的，因为在任何时候、任何政治制度背景下，风俗都是关乎国运、国情的重要组成部分。通过移风易俗进而化民成俗，是任何一个朝代和任何一个执政集团均需采取的治国方略和希望实现的政治理想。民俗学家钟敬文曾这样说："所谓'国情'，首先当然是国家的经济、政治的情况。但是，事情决不限于这些。例如人民的教育情况、文化素质等，同样是不容忽视的。这里，我想特别指出流行于广大人民中间的风俗、习尚及其相联的心理状态在国情上的意义。风俗、习尚本身，既是国情的构成部分，同时又密切地联系着其它国情的许多部分。它的重要性是不容低估的……人们在长时期的生产、生活中所创建和传承下来的各种风俗、习尚，就是这种不可缺少的社会文化的一部分……不管是国情或历史（文化史），民间的风俗、习尚，都占有一定的位置。忽略了它，是无法完善这方面的教育任务的。"③ 这种分析无疑是正确的，但遗憾的是，其关注点仍然只是局限于"民间的风俗、习尚"，而非全民性的风俗。

社会风俗作为国情的重要文化因素，比较集中地蕴含着一个民

---

① 《二心集·习惯与改革》，《鲁迅全集》第 4 卷，人民文学出版社，1981，第 224 页。
② 萧放：《"风俗"论考》（系 2003 年"中国现代学术史上的民间文化"网络学术会议所提交论文），http://www.pkucn.com/chenyc/html/attachments/YJLcVk_ 20030313171616652.doc。
③ 钟敬文：《民俗与国情》，氏著《民俗文化学——梗概与兴起》，中华书局，1996，第 68~69 页。

族、一个社会的文化心理，而社会文化心理又正是引发社会风俗问题的"无形要素"，这一点，是以往民俗学研究中长期忽视的一个视角。① 因此，当前国家提出建设和谐社会的目标，加强对风俗观念与政治文化关系的认识，探讨其社会软控制功能，更显得刻不容缓。这正是本书的实际应用价值之所在。

二 相关学术史的回顾及评析

在 19 世纪中叶的中国，古今中外的各种文化观念交织在一起，相互碰撞，风俗作为一种特定的与政治有着密切联系的社会文化现象自然受到时人的特别关注。人们不约而同地选择以评论"风俗"来作为表达自己社会政治主张的某一特定角度，进而对风俗的形成、风俗的易变以及风俗的建设目标等方面提出了各自的意见。如黄遵宪在其所撰《日本国志·礼俗志》中说道："风俗之端始于至微，搏之而无物，察之而无形，听之而无声，然一二人倡之，千百人和之，人与人相接，人与人相续，又踵而行之，及其既成，虽其极陋甚弊者，举国之人习以为常，上智所不能察，大力所不能挽，严刑峻法所不能变。夫事有是有非，有美有恶，旁观者或一览而知之，而彼国称之为礼，沿之为俗，乃至举国之人，展（辗）转沉锢于其中而莫能少越，则习之囿人也大矣！"其中揭示了风俗形成后对社会造成的根深蒂固的影响。为此，他呼吁统治者在"治国化民"时一定要"念之"，要"慎其所习"，"于习之善者导之，其可者因之，有弊者严禁以防之，败坏者设法以救之"。② 1897 年，黄遵宪在湖南推行新政时，就曾大刀阔斧地进行移风易俗的改革，以图实现他"治国化民"的风俗理想和政治抱负。

五四新文化运动前后，风俗更是受到社会的高度关注。一般认为，中国学者对风俗进行专门的科学研究正是始于这一时期，其中以

---

① 曲彦斌：《论"民俗问题"与"辨风正俗"》，《民俗研究》2004 年第 2 期。
② （清）黄遵宪：《日本国志·礼俗志》，陈铮编《黄遵宪全集》，中华书局，2005，第 1427 页。

1918 年北京大学的歌谣征集活动为标志。① 其实，早在 1902 年，蔡元培在编《文变》一书时就收入蒋观云的《风俗篇》等文章，透露出他对风俗的重视。蔡元培认为："不偏重政治，而注意于人文进化之轨辙。凡夫风俗之变迁，实业之发展，学术之盛衰，皆分治其条流，而又综论其统系。是谓文明史。"② 并且指出，"洞悉中国的人情风俗，与现今改进的趋势，不致时时误会，于国际上必很有益的"。③ 周氏兄弟也大力倡导对风俗的研究，特别是周作人，他在绍兴县教育会月刊上发表了《儿歌之研究》一文，第一次把"民俗学"一词从日本引入中国。④ 周作人认为："现代文明国的民俗大多即是古代蛮风之遗留，也即是现今野蛮风俗的变相，因为大多数的文明衣冠的人物在心里还依旧是个野蛮。"⑤ 1918 年，北京大学发起征集歌谣、调查风俗的学术研究活动，张竞生拟定了我国第一个《风俗调查表》，首开风俗学课程。1919 年 3 月，受聘为北大国史编纂处纂辑员的刘师培所提交上报的编纂报告中已包括有"文明史长编册数二十七册。三代风俗史长编六册、秦汉风俗史长编九册、三国风俗史长编二册、六朝风俗史长编十册"⑥ 的内容。其后，随着江绍原扛起民俗学理论研究的大旗，顾颉刚、董作宾、钟敬文等创建了中国第一个民俗学会，发展了第一批民

---

① 参见张紫晨《中国民俗学史》，吉林文史出版社，1993，"前言"，第 1 页。王文宝的《中国民俗学史》（巴蜀书社，1995）以及《中国民俗研究史》（黑龙江人民出版社，2003）也均是从这一时期开始论述中国现代民俗学发展历程的。其实早在 1983 年 5 月，钟敬文在中国民俗学会成立期间的讲话中就说过："中国民俗学，从北大的'歌谣征集处'算起，到现在应该是六十五年；如果从《歌谣》周刊算起，也已经六十三年了。"（钟敬文：《民俗学的历史、问题和今后的工作（摘要）》，氏著《新的驿程》，中国民间文艺出版社，1987，第 371 页）此后，在《"五四"时期民俗文化学的兴起——呈现于顾颉刚、董作宾诸故人之灵》（《北京师范大学学报》1989 年第 3 期）一文中，钟敬文再次详细阐述了这一观点。
② 蔡元培：《历史》，高平叔编《蔡元培史学论集》，湖南教育出版社，1987，第 139 页。
③ 蔡元培：《中国文学的沿革》，高平叔编《蔡元培全集》第 4 卷，中华书局，1984，第 49 页。
④ 参见周启明《一点回忆》，《民间文学》1962 年第 6 期。
⑤ 周作人：《我的杂学——代序》，吴平、邱明一编《周作人民俗学论集》，上海文艺出版社，1999，第 14 页。
⑥ 《国史编纂报告与部令（续）》，《北京大学日刊》1919 年 3 月 26 日，第 4 版第 4 栏。

俗学会会员，民俗学运动蓬勃发展起来，成果不断涌现。①

通过上述简要的叙述可以看出，中国现代民俗学在初创时期对风俗的探讨具有多学科参与的特点。② 学者大多都认识到了风俗与政治的密切关系，但主要是从现实社会的文化建设角度去关注风俗的成因、影响以及近代风俗的变化趋向，而对风俗的概念即风俗是什么，似乎认为不必辨识，不大进行论述，致使时人对风俗概念的理解有所模糊，甚至出现一定程度上的偏差。

另外，五四运动前后，从事民俗学研究的学人继承了梁启超批判二十四史是帝王将相家谱的精神，掀起了一股更加猛烈的倡导平民文化的社会思潮。他们的眼光从精英阶层转向一般民众，有的学者甚至提出"离开了廊庙朝廷，多注意田街坊巷的事，渐与田夫野老相接触"③ 的主张，可以说是一场"眼光向下的革命"。④

由于上述种种原因，再加上对国外民俗学的引进，为了研究的方便，大多学者最终放弃了"风俗"的概念而采用"民俗"的提法。无疑，这是在当时民主大潮的背景下民俗学者深刻反思的结果。从学术史来讲，它对后人的影响也是非常大的。例如，在这场运动中，很多人接受了马克思主义，开始用唯物史观来分析问题。但是，我们也要看到，这种放弃"风俗"而采用"民俗"的做法，使"民俗"在特定的历史条件下被赋予阶级的色彩，强调民俗事象的主体是"民"，意在把民俗和与其对立的官方习俗区别开来。这就排除了对上层社会活动的关注，导致对中国古代风俗理论在一定程度上的忽略或漠视。但实际上，中国的大部分习俗民与官是相通的，"风俗"是全民性的，包括民间与官方的所有风俗在内，它虽没有像"民俗"那样有明确的研究对象，但所指范围却更全面。因此，我们认为，对古代相关内容的叙述和研究，或许还是使用"风俗"一词更为妥当。

---

① 详见王文宝《中国民俗研究史》，黑龙江人民出版社，2003，第105～138页。
② 详见赵世瑜《中国现代民俗学初创时期的多学科参与》，《民间文学论坛》1998年第2期。
③ 周作人：《立春以前》，氏著《十堂笔谈·风土志》，止庵校订，河北教育出版社，2002，第143页。
④ 关于这一时期民俗学发展的详细情况，可参看赵世瑜所著《眼光向下的革命——中国现代民俗学思想史论》（北京师范大学出版社，1999）一书。

新中国成立之初，民俗学曾得到一定程度的发展，但由于众所周知的原因，这一进程后来基本陷于停滞。改革开放以来，民俗学研究则又进入一个复兴和发展的崭新时期。中国民俗学事业得到了突飞猛进的发展，硕果累累。钟敬文甚至认为中国民俗学已进入了成熟期，"大致上说，我们今天的民俗学理论成果，已经走近了它的成年期"。①

但令人遗憾的是，在前人弃"风俗"而用"民俗"的影响下，现代民俗学界的一些学者认为，中国民俗学是新文化运动期间从国外引进而出现的一门学科，或者说是吸取近代西方经验而逐步形成的。在这一认识前提下，他们得出中国古代没有系统的民俗理论，或者对中国古代的风俗理论不加重视，认为中国民俗学史只能从"五四"讲起，中国古代的风俗史不便加以介绍，即使偶有提及也往往一笔带过，从而忽视了对这笔遗产的清理，更谈不上继承。

其实，在中国现代民俗学建立之前，人们已经开始了对风俗的专门研究，即使不能称为正式的科学的"民俗学"研究，却早已有丰富而成系统的风俗理论，形成了各种各样的风俗观。应该说，对风俗理论的研究，发端于先秦，形成于两汉，班固对风俗概念的阐释可以视为中国古代风俗理论定型的标志。两汉时期，以班固等为代表的士人的风俗观，基本上反映出当时整个社会对风俗的最高认知水平。两千年来，在中国古代人文社会领域，人们的认识甚至从未超出这一范围，有的只是对两汉风俗理论的丰繁和完善。

只有加深对中国古代风俗观念的认识和理解，才能更好地继承和发展中国丰富的风俗遗产，移风易俗。② 可喜的是，随着民俗学理论

---

① 钟敬文主编《民俗学概论》，上海文艺出版社，1998，"前言"，第5页。
② 如白寿彝就认为："历代学人都曾把民俗作为研究对象，但自觉地把民俗作为一个学科来进行研究，这还是近几十年的事。至于把历代学人对民俗的论述，系统地进行研究，加以整理、分析、概括，找出发展的规律，更是近年的事。我们要把民俗学进行逐步深入研究，有必要对前人关于民俗的论述加以总结，从而在总结基础上使民俗学的工作得以更好地推进。"（张紫晨：《中国民俗学史》，"序二"，第2页）张紫晨也说："没有中国数千年的历史民俗学的传统，也就不会有中国现代民俗学。而研究中国民俗学的人，不知道中国民俗学在历史上的状况，不以历史的眼光去探究中国历史上有关民俗辑录、评述与研究的学术成果，在建树和发展具有中国特色的现代民俗学也必将受到极大的局限。"（张紫晨：《中国民俗学史》，"前言"，第1页）

的不断发展，近几十年来，国内学界对民俗的概念和构成进行了许多有益的探讨，提出了一些富有启发性的意见。如有学者认为，民俗研究的主体是民族全体成员的生活文化，其基本结构是物质生产、社会组织、信仰意识和价值观念体系。① 这就在一定程度上扩大了民俗学的研究范畴。

在 2003 年举办的"中国现代学术史上的民间文化"网络学术会议上，萧放的《"风俗"论考》一文更是试图暂时抛开"民俗学"这一舶来名称，选择中国古称"风俗"一词作为讨论的出发点。他认为：中国是一个十分重视风俗文化建设的国家，对风俗的记录与评论，是中国的历史文化传统。不同时期、不同层面的文化人出于各自的语境，不断地对"风俗"进行解释与评论。当然，这篇文章的根本目的是试图探讨中国民俗学建设在寻找自己的学术传统与中国式的表述方式时，是否能从传统的风俗学资源中汲取营养，而不是企图用"风俗"取代"民俗"。

不过，上述这种趋势使民俗学研究的范围逐渐和古代风俗的范围趋向一致。可以想象，未来民俗学的发展和对古代风俗概念内涵的更新必定带来风俗研究的繁荣局面。

中国近代第一部真正的风俗史学术专著理应是张亮采的《中国风俗史》。他在《序例》以及正文中对风俗的形成、特征、采集方法等都做了分析介绍，特别是就风俗对民众、社会和国家的影响，改良各处落后的旧俗、陋俗，发扬良俗新俗等方面进行了阐述。虽然受时代和史料的局限，但作者却显示出其进化论的世界观、朴素的唯物史观和现代学术的思维与理念。这些都是难能可贵的，其开创之功更是不可埋没。

另外，还需要提出一点，张亮采认为风俗的范围和内容极为广泛。作为清末民初人，这种观念或许更能够贴近中国古代历史的真实，应该说也是比较符合古人对风俗的认识的。因此，笔者觉得，认为张亮采"把'仕宦'、'清议'、'清谈'、'科举'、'朋党'之类一

---

① 参见程蔷、董乃斌《唐帝国的精神文明——民俗与文学》，中国社会科学出版社，1996，第 10～19 页。

时之风，均看成是风俗，是欠妥当的"① 或者"是错误的"② 的观点，可能反倒有用现代人的观念和现代概念去圈套前人之嫌，似乎不太符合历史的本来面目，仍有进一步商讨的余地。也许，我们应该做的工作就是对古代风俗观念的清理和还原，进而在历史长河中探究风俗的形成、演化和转变规律，以期为当代社会提供些许有益的借鉴。

之后，有关风俗史研究的专著仍不是太多，且多集中于对风俗史料的搜集上，如瞿兑之的《两汉风俗制度史》（上海文艺出版社影印本，1991）、杨树达的《汉代婚丧礼俗考》（上海古籍出版社，2000）等。而邓子琴的《中国风俗史》（巴蜀书社，1988），直到1988年才以遗稿的形式最终问世，而且第一编"先秦及西汉部分"已佚，这无疑是学界的一大遗憾。

直到近年，研究风俗史的专著才开始逐渐增多。王文宝多年来从事民俗学史研究，相继写出《中国民俗学发展史》（辽宁大学出版社，1987）、《中国民俗学史》和《中国民俗研究史》三部著作。其中，《中国民俗研究史》更是以中国民俗学"重建"之后的学术水平和眼光，全面回顾、总结和评价了中国民俗研究的学术史。他特意对中国古代的民俗研究加以阐述，明确告诉我们，中国古代就已产生了丰富的民俗理论。然而遗憾的是，王文宝在对古代民俗研究史的系统梳理中，仍然仅仅是注意对材料的搜集，而对古代的风俗理论未能特别加以留意，这样的结果便是对古代风俗史料简单地罗列。如对班固的研究，《中国民俗学史》仅仅以"《汉书》中的民俗学材料"加以简单罗列，《中国民俗研究史》虽略有改观，有"班固《汉书》对风俗之阐释"一目，然亦仅几百字。事实上，要扭转我们认为中国民俗研究起步较晚的看法，关键就在于加强对古代风俗理论特别是风俗观念的探讨和发掘上。

韩养民集数年之功，在其所著《秦汉风俗》（陕西人民出版社，1987）的基础上，进一步推出了理论性较强，从深层结构研讨中国风俗文化的《中国风俗文化学》一书。在此书中，作者熔文献、考古和

---

① 王文宝：《中国民俗学史》，巴蜀书社，1995，第182页。
② 王文宝：《中国民俗研究史》，第31页。

方志资料于一炉，较为详尽地探讨了风俗文化与政治、经济、宗教、礼法、艺术以及与其相关的历史学、社会学、考古学、语言学、文字学等学科之间的关系。在第一部分，作者对"风俗"和"民俗"这两个容易混淆的概念做了界定，对风俗文化与民俗文化进行了区分，认为民俗文化具有现实性、民间性的特点，风俗文化具有历史性、全民性的特点；民俗文化是"横排着的历史"，风俗文化则是纵列的历史。在以下的各章节中，作者更是将风俗文化与政治、经济、宗教、礼法、艺术等进行了比较研究，提出风俗文化孕育了政治，并对政治有制约作用；风俗文化是经济基础的反映，风俗文化是原始宗教、礼法的上源；等等。最后总结提出"风俗文化是人类文化之母"的论断。可以说，此书是对中国古代风俗文化的一次很有意义的理论探索。

刚跨入 21 世纪的门槛，又有陈高华、徐吉军主编，集众多专家学者智慧于一身的《中国风俗通史》问世。该书按时代划分，共 12 卷，规模宏大，按风俗的形式和内容分别加以叙述，力图全面系统地反映中国风俗发展的历史轨迹，展现各个时代风俗的特点。其中，彭卫、杨振红合著的《中国风俗通史·秦汉卷》从饮食、服饰、居住、交通、婚姻、丧葬、寿诞、卫生保健、交际、经济生产、娱乐、宗教信仰等方面集中探讨了秦汉时期风俗的演变，不仅注意到风俗多元的区域构成，而且对秦汉风俗的强烈世俗化色彩和秦汉时期风俗观的特征均有比较全面的分析。特别是在"序言"部分，作者详细地讨论了秦汉时期的风俗观念和风俗特点，并以论文的形式正式发表。他们指出，春秋以来逐渐形成的各种风俗观念，正是在秦汉时期才得以全面展开，这些观念表现出明显的同一性，即风俗与社会尤其是与政治的关系贯穿于有关风俗的思想之中，这既是秦汉风俗观的中轴，也是中国古代社会风俗观的一条基本脉络。这是较为精辟的论述，然仅见于序言当中，正文中未能够列出专章对秦汉时期代表人物的风俗观加以详尽的探讨。

徐杰舜、周耀明的《汉族风俗文化史纲》（广西人民出版社，2001）是一部带有中国风俗通史性质的汉族风俗史。它从秦汉之际汉民族的形成期起始，至于现代，对汉民族风俗的形成、流布、特点及

嬗变史展开论述，详细探讨了汉民族风俗在不同的历史发展阶段如何
与周边民族风俗发生交融和吸收。这一论述方式既符合风俗发展变迁
的特点，也体现出作者的独特立意。在此基础上，徐杰舜又主编了
《汉族风俗史》（学林出版社，2004）一书。它根据汉民族起源、形
成和发展的历史轨迹，通过阐释不同时代的社会文化背景、风俗表现
形态、风俗演变规律与风俗思想精神，以历史变迁为经，以具体风俗
事象为纬，重构和再现了汉民族各个历史时期的风俗状貌。纵览全
书，我们可以看到，该书在汉族风俗史学研究理论与方法上均有颇多
建树。特别是该书"导论"部分给风俗下了一个较为科学的定义：
"风俗是在一定社会共体中，普遍公认、积久成习的各种行为方式的
总和。简言之，风俗是一定族群中人们日常生活的行为方式。"作者
又指出，风俗必须具备两个要件：一是它族群性，二是它的模式
化。从横的方面看，风俗首先是为一个特定社会共同体所普遍公认
的，属于特定的族群；从纵的方面看，风俗是被某个族群积久成习
的，是模式化了的。①

　　钟敬文主编的《民俗学概论》虽专辟"中国民俗学史略"作为
第十四章，但其中两汉部分仅有对司马迁、王充民俗观的简单介绍。
周振鹤在《中国历史文化区域研究》（复旦大学出版社，1997）中专
辟一节"秦汉风俗地理区划"，主要采用《汉书·地理志》原文，然
后按照现代观点重新对风俗区域加以划分。他肯定了班固关于风俗的
卓识远见，认为班固把汉成帝时朱赣记载的全国性的风俗按地域加以
条理，辑而论之，附在《汉书·地理志》篇末，要远比《史记·货殖
列传》对风俗的研究全面、系统。这无疑是古人风俗观念和理论认识
上的一大进步。

　　张紫晨的《中国民俗学史》详细梳理了前人对民俗事象进行理论
思考而形成的风俗理论。作者抓住了民俗的特点，进而注意发掘古人
的民俗观点，辑录了诸多的民俗评论资料。他指出，系统而全面的地
理民俗观形成于汉代，班固在《汉书·地理志》中扩充了司马迁的民
俗区划思想并做了理论升华，"《地理志》结合地理，载述民俗，所展

---

① 徐杰舜主编《汉族风俗史》第 1 卷，学林出版社，2004，第 5～6 页。

现的民俗事项更为广阔"，班固的民俗见解"构成我国地理民俗观的代表性的言论"，"大大改变了《史记》以前论俗的观念。从此，使中国传统民俗学朝着一个比较稳定的新轨道发展"。① 可以说，作者准确地抓住了班固风俗观的一个重要方面，但仍未能全面触及其实质。其实，地理风俗观与传统政教礼俗观的和谐统一才是班固所追求的理想目标。另外，张紫晨在《中国民俗与民俗学》第一章"民俗概说"中，认为"风俗"一词就是"民间之风俗习尚的紧缩词"，② 从而把其与上层社会隔离开来，无疑也限制了他对古代风俗观念的准确理解和把握。

对古代风俗进行探讨的专题论文也有一些，但涉及古代风俗观念的则相对较少，对风俗观念进行政治文化考察的更是难得一见。

丁毅华对西汉时期人们的风俗观念进行过比较深入的探讨，发表有《"习俗恶薄"之忧，"化成俗定"之求——西汉有识之士对社会风气问题的忧愤和对策》（《华中师范大学学报》1987 年第 4 期）、《〈淮南子〉的风俗论》（《学术月刊》1991 年第 6 期）等相关文章。前者重点讨论了西汉时期士人对当时社会风气的批评和对策，是西汉士人整体上的风俗观；后者则以《淮南子》为研究对象，认为"《淮南子》的风俗论，综合反映了西汉前期较有影响的社会观、历史观、文化观，包含不少有多重价值的思想资料，值得我们重视"。作者把这一观念作为研究《淮南子》的风俗论的出发点，文章从"论风俗的形成与变易""论风俗的差异和评价""论风俗和政治的关系"等方面进行了较为全面的介绍和论述，使《淮南子》中的风俗思想得到初步系统的发掘和清理。

《风俗通义》是中国古代现存的第一部以风俗作为标题的著作，重点讨论汉代及其以前的风俗状况和制度。张汉东在《〈风俗通义〉的民俗学价值》（《民俗研究》2000 年第 2 期）一文中，分别从以下几个方面探讨了《风俗通义》的民俗学价值：其一，以民间文化知识为取向的风俗视野。其二，是一部研究性极强的民俗研究专著，其研

---

① 张紫晨：《中国民俗学史》，第 100～103 页。
② 张紫晨：《中国民俗与民俗学》，浙江人民出版社，1985，第 3 页。

究主要分为三种类型：一类是阐述民间文化知识的求实性研究，一类是明显带有政治思想倾向的批判性研究，一类是以教化为目的的褒贬评论性研究。其三，以辨风正俗为宗旨的民俗观。

李剑林的《从〈汉书·地理志〉透视区域风俗文化的形成与演变》（《中国文化研究》2002 年第 2 期）认为，班固在《汉书·地理志》中对风俗文化进行了区域划分，描述了区域风俗文化的特征及内部差异，指出区域风俗文化的形成、演变主要取决于自然环境、政治经济背景、历史传统等因素。

萧放在《中国传统风俗观的历史研究与当代思考》（《北京师范大学学报》2004 年第 6 期）一文中指出："风俗"是中国传统社会大众生活文化特性的词语概括，在传统风俗观下，"风俗"是风与俗的合成词。"风"强调风土等自然地理条件对人的行为的影响，"俗"是一种习以为常的社会生活模式。风俗具有自然与人文的二重性。古代学者的风俗观关注风俗发生的地域性与政治性，对风俗的教化功能有着特别的强调。

拙文《论班固的风俗观》（《南都学坛》2004 年第 6 期）认为，由于对风俗和民俗概念认识的差异，大多学者认为中国古代没有系统的风俗理论，讲风俗研究史多从近代五四新文化运动时起。实际上，古人有着丰富的风俗理论。班固第一个对风俗做出阐释，其风俗观主要包含三个方面的内容：其一，地理环境影响着风俗形成的初始状态；其二，历史文化传统规定着风俗演变的内在轨迹；其三，王道教化对二者的"中和"使之和谐，决定着风俗转化的理想状态。班固的风俗观奠定了中国古代风俗理论研究的基础。

陈新岗的《两汉诸子论风俗》（《民俗研究》2005 第 2 期）一文认为，作为秦汉风俗的研究者，两汉诸子上承先秦诸子的开创之功，从理论上深刻论述了风俗的形成、演进及其功能，对两汉社会及后世产生了重大影响，在中国风俗研究史中占有重要的地位。但是，该文比较简略，没有对两汉诸子的风俗观展开详细的论述，更没有从政治文化的角度进行探讨，因而不能够确切地反映出两汉时期风俗理论的发展程度，由此也无法看到两汉风俗观念和政治文化之间的密切联系。

此外，还有其他一些探讨古人风俗观念的文章，如聂凤峻、刘俊杰的《荀子的唯物主义民俗思想》(《民俗研究》1992 年第 3 期)，陈华文、俞樟华的《司马迁的民俗观》(《民俗研究》1991 年第 1 期)，刘雪影的《论陆象山的风俗观》(《长春工业大学学报》2005 年第 1 期)，张承宗的《魏晋南北朝风俗观念与风俗特点》(《浙江学刊》2001 年第 4 期)，等等。这些文章为研究两汉风俗观念奠定了一定的理论基础或是提供了部分研究思路。

通过对上述相关研究成果的介绍及评论可以看出，近代以来，有关风俗的研究成果十分突出。但是，人们更多的是对一些具体风俗习惯的介绍，而对古人的风俗观念则重视不够，更缺乏理论层面的论述。两汉时期是中国文明的重要阶段，在中国历史上具有典型的意义。中国古代传统风俗观念正是在这一时期形成。然而，在目前的学术研究中，对古人风俗观念的研究，涉足者极其有限，对两汉风俗观念的论述更是寥若晨星，特别是对与政治文化相关的风俗以及政治文化和风俗观念的密切关系重视不够，从政治文化的角度对两汉风俗观念进行考察分析，进而探讨两汉风俗观念与社会软控制之联系，更是难得一见，即使偶有提及，亦往往一笔带过，未能给予详细讨论。这种研究情形很难分析出古代风俗观念与政治文化之间的密切关系，从而在一定程度上阻碍了人们对古代风俗更深入的了解和探讨。

三 研究旨趣和写作思路

中国风俗史研究在学界一向薄弱，但两汉风俗对许多学者来说并不陌生。然而，以往对两汉风俗的研究大都集中于爬梳文献，证之以考古发现，考证、复原纷繁复杂的民俗事象。在这个环节上，先贤今哲已做了大量的工作，两汉风俗的大体面貌也已经基本上廓清。但是，两汉风俗研究不应只是局限在对风俗史料的罗列和堆积上，而且要在对史料的发掘、钩沉、排列、比较中探索和发现其发生、发展、嬗变、消亡的规律。复原风俗事象，或许仅仅是风俗研究的第一步。在复原风俗事象的基础上，上升到对人的研究，方是风俗研究更高的目的。①

　　本书试图在三个方面取得突破，力求获得新的认识。其一，探讨两汉风俗观念的演变历程，对两汉风俗观念做一整体性研究。通过对两汉风俗观念做整体性的深入研究，期望能够合理判断两汉风俗观念随着政府统治思想的变迁而不断演变的趋势，进而分析出两汉风俗观念演变的特点，认识其社会软控制功能的价值所在及其存在的弊端。

　　其二，以两汉士人的风俗观为中心，对两汉风俗观念做个案研究。具体分西汉前期、西汉中期、西汉后期以及东汉时期等若干时段，在各个时段各选择两三位代表性人物加以研究，通过对这些个案研究的注重，期望实现以点带面的效果，同时也在一定程度上弥补对古人风俗观念研究不足的缺憾。

　　其三，探讨两汉风俗观念与社会软控制之间的联系，突出两汉风俗观念的政治文化特性。通过对两汉风俗观念与政治文化之间密切关系的探讨，能够合理分析出两汉风俗观念与社会政治之间一直保持着独立与顺从的互动关系的政治文化特性，准确把握两汉风俗社会软控制功能的价值和弊端，使之尽可能地接近于历史的本来面目。

　　本书的写作思路即线索主要有两条。其中，一条线索是注重两汉风俗观念与政治文化的密切关系，深入探讨两者之间的互动影响。关于互动问题，庞朴在讨论"思想与社会互动"时说过："所谓互动，照我的理解，就是不仅不能将思想与社会视同两橛，不仅要将二者相互关联，而且，更重要的，是要将思想当做观念化了的社会、将社会当做物质化了的思想来看待，来研究，来说明……具体点说，它将注意于社会的思想（观念）化和思想的社会（物质）化的形态、过程、现象、问题等等的研究。"② 笔者认为，用这一研究方法来研究两汉风俗观念与政治文化之间的互动关系在一定程度上同样是适用的。随着社会政治的发展变化，两汉士人在不断加深对风俗概念理解的基础上，围绕风俗问题提出了各种各样的移风易俗理论。在这些移风易俗观念的持续影响下，两汉统治者也把移风易俗作为教化政策提到施政

---

① 王大建：《两汉民俗区研究》，《山东大学学报》2004 年第 3 期。
② 庞朴：《思想与社会的互动》，《天津社会科学》2001 年第 4 期。

日程上来并得到了切实的执行，而移风易俗理论在影响统治者风俗政策的同时，也在统治者风俗政策的推动下不断扩充、深化和完善。

另一条线索则是以两汉有识之士和统治者对风俗的关注为中心，通过对不同阶段的代表人物的风俗观的论述，深入探讨其特点，进而展示两汉风俗观念演进的真实轨迹。其中，汉初以陆贾、贾谊为代表，武帝时期有董仲舒、《淮南子》众作者以及司马迁等，西汉中期以刘向为代表，东汉时期则有班固、王充、王符、应劭、曹操等人。

总之，这两方面构成两条线索，一隐一显，纵横交融，共同构成两汉风俗观念真实的政治文化风貌。一言以蔽之，探讨两汉风俗意蕴的演进，分析其政治文化特性，从而正确理解风俗观念与政治文化之间的相互关系，是本书所要着力论述的几个方面。

至于具体的研究方法，本书尽可能地尝试运用历史学、政治学以及民俗学等多方面的理论知识来对研究对象加以分析和阐释，以期能够准确地把握两汉风俗观念的政治文化特性和其社会软控制功能的利弊。当然，本书主要对两汉风俗观念进行探讨，仍属于历史研究中思想文化史的研究范畴。因此，主要采用的仍为分析、个案、比较、归纳、推论等历史研究的相关方法，具体情况往往视章节资料的多寡而定。同时，本书试图从社会软控制的角度出发，以两汉风俗观念背后隐含的政治文化内涵为切入点，不同于专门的社会风俗史、思想史研究，而是在两者之间寻求一个中间点，对两汉风俗观念做一整体研究，努力探寻风俗观念中政治文化对两汉社会的影响。研究内容涉及社会史、政治史、制度史、风俗史等诸多学科相互交叉的部分，因此还须利用社会学、政治学、民俗学以及文化学的一些方法对部分章节加以论述。

第一章
汉以前的风俗观念

中国传统风俗观念虽正式形成于两汉，但实则发端于先秦。汉以前的风俗观念为两汉风俗观念的形成奠定了一定的基础，成为两汉风俗观念的直接渊源。因此，对两汉风俗观念进行政治文化考察之前，有必要对汉以前的风俗观念做一简要的梳理和分析。

第一节　先秦的风俗观念

先秦时期是中国礼、俗文化交融的时代，风俗问题已引起人们特别是执政者和诸子的关注。不过，此一时期尚未出现专门讨论风俗的著作，人们有关风俗的论述仅散见于各种典籍之中，其中不仅有对各地物产、方言和音乐等外在风俗事象的记录，而且还出现了碎言片语的风俗论见。尤其是先秦诸子，他们多从政治文化的角度出发，着眼于风俗的社会作用及其与政教法令的关系，做出了差异极大但各具价值的论述。例如，道家极言无为化俗，儒家则力倡教化易俗，等等，由此形成中国传统移风易俗理论的雏形。

一　先秦风俗观念概说

原始社会时期，人类经过"不施衣冠""穴居野处"时代后，产生了衣冠、宫室等种种文明成果。在对这种生活的长期感知与体验下，人们逐渐形成了一定的社会风俗。不过，当时的人还没有风俗的观念，只是在"卜""占""巫"等神权掌握者的主持下参与一些风俗活动。国家出现后，史官制度建立。初期的史官，实际上与原始社会的"卜""占""巫"等没有什么不同，也是风俗活动的主持者。而且，这种"巫史不分"的情况一直延续到西周初期。① 在此情况下，中国早期的历史记述往往包含风俗文化方面的诸多内容。又由于史官"君举必书"②，"左史记言，右史记事，事为《春秋》，言为《尚书》，帝王靡不同之"③，因此，有关风俗文化的零星记载往往被融于君举王言之中，一开始就和政治文化密切联系在了一起。

夏商时代，由于受当时经济发展形态、人们信仰观念以及其他意识的支配，风俗通常与所谓的"礼"相交会，彼此难分，相辅相成，形成礼俗。它规约着人们的衣食住行、婚丧嫁娶、生老病死、祀神祭祖、社交待人、伦理公德乃至兵礼军训等社会生活的方方面面。显然，社会生活风俗是礼的本源，礼为风俗的升华，广义的风俗或习俗、习尚也包容着礼。④

到了周代，讲民事更是离不开风俗，讲官事、政治也离不开风俗。如《周易·系辞下》叙述圣人制器之事，便讲到许多古俗：

> 古者包牺氏之王天下也，……作结绳而为网罟，以佃以渔，盖取诸离。包牺氏没，神农氏作，斫木为耜，揉木为耒，耒耨之利，以教天下，盖取诸益。日中为市，致天下之民，聚天下之货，交易而退，各得其所，盖取诸噬嗑。神农氏没，黄帝、尧、舜氏作……垂衣裳而天下治，……刳木为舟，剡木为楫，舟楫之利，以济不通，致远以利天下，盖取诸涣。服牛乘马，引重致远，以利天下，盖取诸随。……断木为杵，掘地为白，白杵之利，万民以济，盖取诸小过。弦木为弧，剡木为矢，弧矢之利，

---

① 参看尹达主编《中国史学发展史》，中州出版社，1985，第10页。
② 《左传·庄公二十三年》，杨伯峻编著《春秋左传注》，中华书局，1981，第226页。
③ 《汉书》卷三〇《艺文志》，第1715页。
④ 参见宋镇豪《中国风俗通史·夏商卷》，上海文艺出版社，2001，"导言"，第3页。

以威天下……上古穴居而野处，后世圣人易之以宫室，上栋下宇，以待风雨……古之葬者，厚衣之以薪，葬之中野，不封不树，丧期无数，后世圣人易之以棺椁，盖取诸大过。上古结绳而治，后世圣人易之以书契，百官以治，万民以察，盖取诸夬。①

这里所记诸事，有结绳为网、斫木为耜、揉木为耒、刳木为舟、剡木为楫、服牛乘马、断木为杵、掘地为臼、弦木为弧、剡木为矢，以及古之穴居野处、衣之以薪、葬之中野、不封不树、结绳而治等，都是古代风俗的重要表现。虽然《系辞》中把它作为圣人垂治与教化的情景描述，将后世文明的变化归功于圣人的聪明和古帝王的贡献，意在突出圣人的功绩，但从中却反映出周人眼中上古人类的生产、贸易、居住、丧葬、技术制作等各方面的风俗状况。

当时的有识之士对风俗也有了初步的认知。周初分封卫国，周公在《康诰》中告诫康叔说"民情大可见"，让康叔到卫国时要详察其地"民情"，"乃以殷民世享"。② 《左传·定公四年》载此事则谓"命以《康诰》而封于殷虚（墟）。皆启以商政，疆以周索"。杜注"启以商政"曰："居殷故地，因其风俗，开用其政。"③ 由此可见，《康诰》中提到的"民情"，实际上就是商地的风俗。按照这种说法，则可知分封晋国时周公要求唐叔"启以夏政"，其实就是要求唐叔因循夏民的风俗而"开用其政"。④ 在周初建立诸侯国过程中，周公一再强调必须因循其地风俗来进行治理的言论，充分表明周公对风俗在社会软控制方面所起作用的高度重视。

据《周礼》，西周礼乐文化达到鼎盛，官方不仅将"乐德""乐语""乐舞"等纳入学校教育当中，而且还以"六艺"来"教万民"。周公之所以制礼作乐，其意图就是使上层的言行能够成为民众的表率，从而达到教化风俗的目的。在《尚书·伊训》中，周公还提出

---

① 《周易·系辞下》，《周易正义》，（清）阮元校刻《十三经注疏（附校勘记）》，第86~87页。
② 《尚书·康诰》，《尚书正义》，（清）阮元校刻《十三经注疏（附校勘记）》，第203、205页。
③ 《左传·定公四年》及杜预注，杨伯峻编著《春秋左传注》，第1538页。
④ 参见晁福林《先秦民俗史》，上海人民出版社，2001，"绪论"，第12页。

"巫风""淫风""乱风"三种风俗足以令统治者丧家亡国的观点,认为"三风十愆,卿士有一于身,家必丧;邦君有一于身,国必亡"①,可见其已经意识到上层统治者对下层民众的风化作用,因此要求统治者一定要自律。

《史记·殷本纪》载:纣王"好酒淫乐","以酒为池,县(悬)肉为林","为长夜之饮"。② 周初,殷商故地卫国酗酒之风仍旧不减,为改变这一恶习,周公作《尚书·酒诰》加以告诫。他说,殷商之所以丧国,正是因为商纣王淫乱纵乐,"惟荒腆于酒,不惟自息乃逸"。"弗惟德馨香祀登闻于天,诞惟民怨,庶群自酒,腥闻在上",举国上下没有德政和香祀让上帝知道,只有民众的怨气和群臣私自饮酒的腥气为上帝所闻晓,故"天降丧于殷",导致政权灭亡。周公最后还得出结论说:"天非虐,惟民自速辜。"因此,作为继商而立的周朝统治者,应该时刻牢记这一教训,以纣为鉴,"勿辩乃司民湎于酒",不要沉湎于酒。"我民用大乱丧德,亦罔非酒惟行;越小大邦用丧,亦罔非酒惟辜。"意思是说,我们臣民平常大乱失德,是因为酗酒;大小国家平常灭亡,也是因为酗酒。为此,周公告诫卫国臣民必须节制饮酒,"尔乃自介用逸,兹乃允惟王正事之臣",所有官员只有自觉限制饮酒行乐,才能继续在王朝任职。若有人群聚饮酒,"尽执拘以归于周,予其杀"。③ 此外,周公在《无逸》诰词中也告诫成王"无若殷王受之迷乱,酗于酒德",④ 不可贪图逸乐。

现存先秦典籍中,也有一些比较集中地记载社会风俗的书籍。如《穆天子传》(六卷)为晋太康二年(281年)汲县民盗发魏襄王墓所得竹书,主要写周穆王行游四海、见西王母的故事。其中不仅多有风俗记载,而且反映出古代风俗往往与重要政治活动相结合的特点。《山海经》则是中国最古老的一部地理学著作,作者已不可考,约成

---

① 《尚书·伊训》,《尚书正义》,(清)阮元校刻《十三经注疏(附校勘记)》,第163页。

② 《史记》卷三《殷本纪》,第105页。

③ 《尚书·酒诰》,《尚书正义》,(清)阮元校刻《十三经注疏(附校勘记)》,第206~208页。

④ 《尚书·无逸》,《尚书正义》,(清)阮元校刻《十三经注疏(附校勘记)》,第222页。

书于春秋至秦汉间，共十八卷，其中有对服饰、医药、巫术、诸神崇拜、祭祀仪式、古代神话等诸多风俗的记载。

更重要的是《诗经》和《楚辞》。有学者说，"先秦时最重要的两部文学作品：《诗经》和《楚辞》，从一定意义上来说不仅是诗歌集，还是'风俗志'"，"可以把《诗经》看作一部记述先秦中国北方风俗的风俗志，而《楚辞》则是一部记述先秦中国南方风俗的风俗志"。① 两书对风俗的具体描述此处无意探讨，但笔者发现两书所反映的先秦地方风俗存在比较大的差异，往往与当地的礼仪制度有着密切的联系，体现出风俗观念的社会软控制功能。在《诗经》中，可以看到先秦时期北方已有"父母之命，媒妁之言"的婚姻礼俗。如《诗经·齐风·南山》云："取妻如之何？必告父母……取妻如之何？匪媒不得。"② 《诗经·郑风·将仲子》也描写了一位少女因担心父母的责骂而拒绝热恋中的小伙子来家幽会："将仲子兮！无逾我里！无折我树杞！岂敢爱之，畏我父母。仲可怀也，父母之言，亦可畏也。"③《诗经·卫风·氓》还记录有一姑娘与小伙子商量婚事的言语："匪我愆期，子无良媒。将子无怒，秋以为期。"④ 而这种礼俗在《楚辞》中则似乎不太受重视，其中记载的反倒是先秦南方不禁男女自由交往、不重媒妁的婚俗。如《九歌·湘君》云："心不同兮媒劳，恩不甚兮轻绝。"⑤ 若彼此钟情，则甚至可以不要媒妁。《离骚》云："苟中情其好修兮，又何必用夫行媒。"⑥

二　先秦诸子的风俗观

春秋战国时代，诸子蜂起，百家争鸣。正如梁启超在《论中国学

---

① 徐杰舜、周耀明：《汉族风俗文化史纲》，广西人民出版社，2001，第88～89页。
② 《诗经·齐风·南山》，《毛诗正义》，（清）阮元校刻《十三经注疏（附校勘记）》，第352～353页。
③ 《诗经·郑风·将仲子》，《毛诗正义》，（清）阮元校刻《十三经注疏（附校勘记）》，第337页。
④ 《诗经·卫风·氓》，《毛诗正义》，（清）阮元校刻《十三经注疏（附校勘记）》，第324页。
⑤ （战国）屈原：《九歌·湘君》，（宋）洪兴祖撰《楚辞补注》，白化文等点校，中华书局，1983，第62页。
⑥ （战国）屈原：《离骚》，（宋）洪兴祖撰《楚辞补注》，第38页。

术思想变迁之大势》中所云："周既不纲，权力四散，游士学者，各称道其所自得以横行于天下，不容于一国，则去而之他而已。故仲尼干七十二君，墨翟来往大江南北，荀卿所谓'无置锥之地，而王公不能举之争名，在一大夫之位，则一君不能独畜，一国不能独容'。言论之自由，至是而极。"① 先秦诸子生活在一个动荡变化的时代，他们在阐述自己学术见解和兴邦治国之道的时候几乎都涉及风俗问题。围绕礼、乐文化的利弊乃至兴废问题，他们从各自的理论立场出发，展开了一场规模空前的大讨论，为拯救乱世、美化风俗提出了各自的解决方案，由此形成了各种各样的风俗观。

（一）老庄"圣人无为而民自化"的自然风俗观

老子对风俗的相关论述并不多见。"风"在《老子》一书中仅出现过一次：

> 希言自然。飘风不终朝，骤雨□（不）终日。孰为此？天地。天地上（尚）不能久，而况于人？故从事而道者，道德之；同于德者，德德之；同于失者，道失之。信不足，有不信。②

其中，"飘风"本意指自然风，但联系语境，其显然被用来类比现实政治。河上公为此作注说："飘风，疾风也。骤雨，暴雨也。言疾〔风〕不能长，暴〔雨〕不能久也……天地至神，合为飘风暴雨，尚不能使终朝至暮，何况〔于〕人欲为暴卒乎？"③ 主张人的政治行为应取法于天地自然界的规律。

老子也曾论述"俗"。他说："小国寡人，使有什佰之器而不用，使人重死而不远徙。虽有舟舆，无所乘之；虽有甲兵，无所陈之。使民复结绳而用之。甘其食，美其服，安其居，乐其俗，邻国相望，鸡狗（犬）之声相闻，民至老死，不相往来。"④ 这是老子心目中的理

---

① 梁启超：《论中国学术思想变迁之大势》，《饮冰室合集》第 1 册《文集之七》，中华书局，1989，第 13 页。
② 《老子·二十三章》，朱谦之撰《老子校释》，中华书局，1984，第 94～96 页。
③ 王卡点校《老子道德经河上公章句》，中华书局，1993，第 94 页。
④ 《老子·八十章》，朱谦之撰《老子校释》，第 307～309 页。

想社会。在这个社会里，看不到统治者的身影，民风淳朴和谐。可见，老子认为百姓"乐其俗"的前提是行"无为"之政，而非教化移易。

为此，老子主张民性自然。他认为，统治者的强制政策只会导致民性恶，而民性恶则又反过来引起国家大乱、风俗败坏。"天下多忌讳，而人弥贫；人多利器，国家滋昏；人多伎巧，奇物滋起；法物滋彰，盗贼多有。"① 而官方倡导的仁、义、礼等教化手段更是败坏民性的根源。他批判道："失道而后德，失德而后仁，失仁而后义，失义而后礼。夫礼者，忠信之薄，而乱之首。"② 认为仁、义、礼都是道、德失落的产物，其中礼更是造成天下祸乱的首要因素。为此，老子主张绝弃圣、智、仁、义、巧、利，"绝圣弃智，民利百倍。绝民（仁）弃义，民复孝慈；绝巧弃利，盗贼无有"，③ 使民性复归自然淳朴状态。

老子相信，圣人"无为"就能使民性自然。他说："圣人云：'我无为，人自化；我好静，人自正；我无事，人自富；我无欲，人自朴。"④ 针对现存的礼乐教化现象，老子主张圣人应"处无为之事，行不言之教"，⑤ 舍弃一切教化手段，包括"不上贤，使民不争；不贵难得之货，使民不盗；不见可欲，使心不乱"。⑥

总之，曾任"周守藏室之史"⑦ 的老子，对现实的官场政治已经失望。他认为，从根源上来看，春秋时期的混乱局面正是由礼乐教化造成的。为此，老子倡导以"无为"而使民"自化"，希望能够返回礼乐产生之前的自然状态。

庄子继承了老子的自然人性论。他提出："彼民有常性，织而衣，耕而食，是谓同德；一而不党，命曰天放。"⑧ 并据此将人类社会的历

---

① 《老子·五十七章》，朱谦之撰《老子校释》，第231~232页。
② 《老子·三十八章》，朱谦之撰《老子校释》，第152页。
③ 《老子·十九章》，朱谦之撰《老子校释》，第74页。
④ 《老子·五十七章》，朱谦之撰《老子校释》，第232页。
⑤ 《老子·二章》，朱谦之撰《老子校释》，第10页。
⑥ 《老子·三章》，朱谦之撰《老子校释》，第14页。
⑦ 《史记》卷六三《老子韩非列传》，第2139页。
⑧ 《庄子·马蹄》，（清）郭庆藩撰《庄子集释》，王孝鱼点校，中华书局，1961，第334页。

史划分为两大阶段。

第一阶段庄子称为"至德之世"。在这一阶段，没有统治者，人与自然和谐共处，民性无知无欲，保有天然的素朴："民结绳而用之，甘其食，美其服，乐其俗，安其居，邻国相望，鸡狗之音相闻，民至老死而不相往来。"① 这与老子"小国寡民"的理想社会图景几无二致。第二阶段的形成则以圣人及其仁义、礼乐教化的出现为标志。庄子认为，正是圣人的仁义、礼乐教化破坏了民性的淳朴，使社会产生分化。

为此，庄子说"当其时，顺其俗者，谓之义〔之〕徒"，而"差其时，逆其俗者，谓之篡夫"，② "失性于俗者，谓之倒置之民"。③ 又说："且吾闻诸夫子曰'入其俗，从其（俗）〔令〕'。"④ 也就是说，庄子主张顺俗行事，"不累于俗"。⑤

庄子也论及教化风俗问题。他说："大圣之治天下也，摇荡民心，使之成教易俗，举灭其贼心而皆进其独志，若性之自为，而民不知其所由然。若然者，岂兄尧舜之教民，溟涬然弟之哉？欲同乎德而心居矣。"⑥

无疑，庄子主张"成教易俗"。但需注意的是，庄子提倡的是道家之"教"："田骈亦然，学于彭蒙，得不教焉。彭蒙之师曰：'古之道人，至于莫之是莫之非而已矣。其风窢然，恶可而言？'"⑦ 由此可知，道家主张的"教"是风教，实为"不教"。这样来看，庄子提出的"成教易俗"之"教"就与尧、舜的道德教化相反，实即反对官方教化风俗，认为最高明的人治理天下，应让民众自我教化以成就美好风俗，而感觉不到统治者的存在。这是庄子"无为"彻底性的一大体现。⑧

① 《庄子·胠箧》，（清）郭庆藩撰《庄子集释》，第 357 页。
② 《庄子·秋水》，（清）郭庆藩撰《庄子集释》，第 580 页。
③ 《庄子·缮性》，（清）郭庆藩撰《庄子集释》，第 558 页。
④ 《庄子·山木》，（清）郭庆藩撰《庄子集释》，第 698 页。
⑤ 《庄子·天下》，（清）郭庆藩撰《庄子集释》，第 1082 页。
⑥ 《庄子·天地》，（清）郭庆藩撰《庄子集释》，第 432 页。
⑦ 《庄子·天下》，（清）郭庆藩撰《庄子集释》，第 1091 页。
⑧ 杨辉：《"移风易俗"命题考源——在中国美学史视野下》，博士学位论文，浙江大学，2005，第 67 页。

另外，庄子还最先对"风俗"做出解释。《则阳》篇载："丘里者，合十姓百名而以为风俗也，合异以为同，散同以为异。"① 联系上下语境可以看出，庄子在此主要揭示了风俗"合异以为同"的群体性特征。人群中每一个体单独不能形成风俗，风俗是由"十姓百名"集合而成的群体文化。同时，庄子也看到了风俗"散同为异"的特点，不否认群体之同中所包含的个体差异。当然，庄子对"风俗"的解释还远不同于现代汉语中的"风俗"，但其首次从群、己以及同、异之辨角度解释"风俗"，奠定了以后道家风俗观念的基础。②

（二） 孔孟的礼乐教化风俗观

孔子并没有直接论及风俗问题，但在先秦诸子中率先推崇西周礼乐传统，并在理论上明确了礼乐文化对于修身的重要意义。而广义的风俗，其间包容着礼。社会风俗是礼的本源，礼则为风俗的升华。礼经过人有意识的倡导，复返本于俗，成为一时代的新风俗。③ 正是在这个意义上，孔子曰："麻冕，礼也；今也纯，俭，吾从众。"④ 实际上，他所遵奉或要求人们遵奉的"礼"，正是约定俗成的风俗行为模式。

孔子看到了风俗在民众生活中的重要作用。因此，他总是以礼的总体构想来要求风俗，以实现风俗的社会教化作用。孔子倡言"道（导）之以政，齐之以刑，民免而无耻；道（导）之以德，齐之以礼，有耻且格"，⑤ 认为以刑治国只能使百姓免于犯罪，而以道德的力量施行教化，才能使百姓心悦诚服。换言之，要治理好国家不能光靠刑罚，最重要的是进行道德教化，"礼乐不兴，则刑罚不中"；⑥ 刑罚要服从道德教化的要求，体现道德教化的原则，只有道德教化无效时才可使用刑罚，"不教而杀谓之虐；不戒视成谓之暴；慢令致期谓之

① 《庄子·则阳》，（清）郭庆藩撰《庄子集释》，第 909 页。
② 杨辉：《"移风易俗"命题考源——在中国美学史视野下》，第 63 页。
③ 参见宋镇豪《中国风俗通史·夏商卷》，"导言"，第 3~4 页。
④ 《论语·子罕》，杨伯峻译注《论语译注》，中华书局，1980，第 87 页。
⑤ 《论语·为政》，杨伯峻译注《论语译注》，第 12 页。
⑥ 《论语·子路》，杨伯峻译注《论语译注》，第 134 页。

贼",① 离开德教而单纯利用刑罚，社会势必混乱不堪，"德之不修，学之不讲，闻义不能徙，不善不能改，是吾忧也"。②

可以说，孔子的风俗观念实际上脱胎于他的礼学德教思想。以礼俗作为教化百姓的手段，必然能够"移风易俗"。而孔子也认识到风俗是可以移易的，《论语》中有一段孔子为季康子解答为政之道的话：

> 季康子问政于孔子曰："如杀无道，以就有道，何如？"孔子对曰："子为政，焉用杀？子欲善而民善矣。君子之德风，小人之德草。草上之风，必偃。"③

这里，孔子将统治阶层的行为比作风，又相应地把民众的德行比作草，以草必顺随风向而动的事实，形象地揭示出"君子"与"小人"亦即统治者与民众之间的关系，认为民众的德行必然受统治者的影响。为此，孔子提倡"在上者"应以自己的美德风化"在下者"。这种观念在《论语》中多处可见。孔子认为，治国的根本在于为政者首先要有善德，这样才能安人服民。而从"君子之德风"的类比中还可以看出汉代班固之谓"好恶取舍，动静亡常，随君上之情欲，故谓之俗"④ 的端倪。因此，可以说，两汉风俗观念在一定程度上发端于孔子的这一类比。⑤

为移风易俗，孔子还将"乐"引入，提出"立于礼，成于乐"⑥的主张。他非常注重音乐的道德教化作用，周游列国到齐时，"与齐太师语乐，闻《韶》音，学之，三月不知肉味"，⑦ 将审美类比为儒家孜孜以求的道德之乐。只有用礼乐相结合的办法协调人们的关系，才能实现移风易俗，造就理想的社会风俗。在颜渊问"为邦"时，孔子就主张应该"行夏之时，乘殷之辂，服周之冕，乐则

---

① 《论语·尧曰》，杨伯峻译注《论语译注》，第 210 页。
② 《论语·述而》，杨伯峻译注《论语译注》，第 67 页。
③ 《论语·颜渊》，杨伯峻译注《论语译注》，第 129 页。
④ 《汉书》卷二八《地理志》，第 1640 页。
⑤ 杨辉：《"移风易俗"命题考源——在中国美学史视野下》，第 46 页。
⑥ 《论语·泰伯》，杨伯峻译注《论语译注》，第 81 页。
⑦ 《史记》卷四七《孔子世家》，第 1910 页。

《韶》《舞》"①；他还赞赏子游以"弦歌之声"② 来教育武城之民。

孟子继承了孔子的风俗思想。他也认为："上有好者，下必有甚焉者矣。君子之德，风也；小人之德，草也。草尚之风，必偃。"③ 以风类比君子之德，认为统治者的德行、好恶是民德归向的前提。由此，孟子进一步直接以"风"指代好的德行，《孟子·万章下》曰："闻伯夷之风者，顽夫廉，懦夫有立志……闻柳下惠之风者，鄙夫宽，薄夫敦。"④ 同时，他还明确提出"天下之本在国，国之本在家，家之本在身"，⑤ 理出了先秦儒家修身、齐家、治国、平天下的路线。

在孟子看来，风俗的好坏还事关国家的存亡。他说："由汤至于武丁，贤圣之君六七作，天下归殷久矣，久则难变也。……纣之去武丁未久也，其故家遗俗，流风善政，犹有存者……故久而后失之也。"⑥ 认为商纣王那么残暴，其国却能"久而后失"的主要原因之一就是武丁之世好的风俗还有留存。在《孟子·告子下》中，他还感叹说："由今之道，无变今之俗，虽与之天下，不能一朝居也。"⑦ 从另一侧面表达了好的风俗能使国家长治久安的主张。

不过，孟子认为美好风俗形成的关键在于为政者要以道德仁义施予感化，而非采取强制措施去加以改变。因而，他并未提出刻意的礼乐政教措施。对于礼义，他仅说"无礼义，则上下乱"，⑧ 认为礼是用来维护尊卑伦常秩序的；而对于乐，也只有"仁言不如仁声之入人深也"，⑨ 论及音乐的道德作用。即使是在著名的"与民同乐"的论述中，孟子也不像孔子那样扬雅乐而抑郑声，执着于先王之乐与世俗之乐的优劣比较，而是提出解决问题的关键在于君王是否能够与民同

---

① 《论语·卫灵公》，杨伯峻译注《论语译注》，第 164 页。
② 《论语·阳货》，杨伯峻译注《论语译注》，第 181 页。
③ 《孟子·滕文公上》，杨伯峻译注《孟子译注》，中华书局，2005，第 114 页。
④ 《孟子·万章下》，杨伯峻译注《孟子译注》，第 232 页。
⑤ 《孟子·离娄上》，杨伯峻译注《孟子译注》，第 167 页。
⑥ 《孟子·公孙丑上》，杨伯峻译注《孟子译注》，第 56～57 页。
⑦ 《孟子·告子下》，杨伯峻译注《孟子译注》，第 293 页。《盐铁论·论儒》中文学引《孟子》则曰："居今之朝，不易其俗，而成千乘之势，不能一朝居也。"（王利器校注《盐铁论校注（定本）》，中华书局，1992，第 150 页）
⑧ 《孟子·尽心下》，杨伯峻译注《孟子译注》，第 328 页。
⑨ 《孟子·尽心上》，杨伯峻译注《孟子译注》，第 306 页。

之，其主旨不在音乐的教化作用而在于提倡"仁政"。①

孟子以"仁政"为王道，还倡导"人伦明于上，小民亲于下"②的伦常教育。他称赞说："舜尽事亲之道而瞽瞍厎豫，瞽瞍厎豫而天下化，瞽瞍厎豫而天下之为父子者定，此之谓大孝。"③孟子还认为圣人对百姓的感化是自然而然的，达到了教化的最高境界。他说："霸者之民驩虞如也，王者之民皞皞如也。杀之而不怨，利之而不庸，民日迁善而不知为之者。夫君子所过者化，所存者神，上下与天地同流，岂曰小补之哉？"④

总之，孟子在先秦诸子中最先明确指出了风俗对国家治乱的重要性，他以性善论为出发点，认为统治者当以仁政顺应民众的本性，以使其得到自然发展，而不应以强制方式改变民众，致使其背离善的本性。这是因为，对孟子来说，好的风俗不是由移易形成的，而是本性使然。

（三）墨子的"节用""兼爱"风俗观

身为一介布衣，墨子痛恨儒家的繁文缛节，认为它带来的只是劳民伤财、风俗败坏，因而提出应以"节用""节葬""兼爱"来转变、改善风俗。

首先，墨子反对儒家的礼乐教化，认为儒家教义不足以改善风俗。《墨子·非儒下》载：

> 孔某之齐，见景公。景公说（悦），欲封之以尼谿，以告晏子。晏子曰："不可。夫儒，浩居而自顺者也，不可以教下；好乐而淫人，不可使亲治；立命而怠事，不可使守职；宗丧循哀，不可使慈民；机服勉容，不可使导众。孔某盛容修饰以蛊世，弦歌鼓舞以聚徒，繁登降之礼以示仪，务趋翔之节以观众，博学不可使议世，劳思不可以补民，累寿不能尽其学，当年不能行其

---

① 《孟子·梁惠王下》，杨伯峻译注《孟子译注》，第 26～27 页。
② 《孟子·滕文公上》，杨伯峻译注《孟子译注》，第 118 页。
③ 《孟子·离娄上》，杨伯峻译注《孟子译注》，第 183 页。
④ 《孟子·尽心上》，杨伯峻译注《孟子译注》，第 305～306 页。

礼，积财不能赡其乐，繁饰邪术以营世君，盛为声乐以淫遇（愚）民，其道不可以期世，其学不可以导众。今君封之，以利齐俗，非所以导国先众。"①

其中，"以利齐俗"实作"以移齐俗"。② 这段话意在批判儒家礼节之繁和声乐之盛，劳民伤财，迷惑君民，不但不能起到教育民众的作用，反而会败坏国家的社会风俗。

在《非乐》篇中，墨子就以先王反对乐舞来作为其"非乐"的一大证据："先王之书汤之《官刑》有之，曰：'其恒舞于宫，是谓巫风。其刑，君子出丝二卫，小人否，似二伯黄径。'"③ 当然，墨子也并非盲目地反对礼乐。确切地讲，他所反对的主要是儒家过度的乐舞，因为其过于奢侈，不符合"节用"原则，严重地败坏了社会风俗。

另外，针对社会上的厚葬风气，墨子从"富贫"（不能使贫者变富）、众寡（不能使民众增多）、"定危治乱"以及不能禁止大国攻打小国和将受到上帝鬼神祸罚五个方面④严厉批评了厚葬久丧的危害，认为"厚葬久丧，重为棺椁，多为衣衾，送死若徙，三年哭泣，扶后起，杖后行，耳无闻，目无见，此足以丧天下"。⑤ 他还说：

> 今王公大人之为葬埋……必大棺中棺，革阖三操，璧玉即具，戈剑鼎鼓壶滥、文绣素练、大鞅万领、舆马女乐皆具，曰必捶涂差通，垄虽凡山陵。此为辍民之事，靡民之财，不可胜计也，其为毋用若此矣。⑥

在墨子看来，厚葬"非圣王之道"，而是辍民靡财、国家必贫、

---

① 《墨子·非儒下》，（清）孙诒让撰《墨子间诂》，孙启治点校，中华书局，2001，第 299 ~ 301 页。

② 参见（清）孙诒让撰《墨子间诂》，孙启治点校，第 301 页。

③ 《墨子·非乐上》，（清）孙诒让撰《墨子间诂》，第 259 ~ 260 页。

④ 《墨子·节葬下》，（清）孙诒让撰《墨子间诂》，第 169 ~ 181 页。

⑤ 《墨子·公孟》，（清）孙诒让撰《墨子间诂》，第 459 页。

⑥ 《墨子·节葬下》，（清）孙诒让撰《墨子间诂》，第 185 ~ 186 页。

民众必寡、刑政必乱的陋俗。正如楚之南、秦之西等卑陋的孝子风俗一样，虽都是"上以为政，下以为俗"的产物，但"所谓便其习而义其俗者"并不一定都可取，这些风俗实际上都不合乎圣王仁义之道，所以丧葬应有节制。① 墨子的这种论述考虑到了国计民生，与其极力主张节俭，认为"用不可不节"② 的观念是联系在一起的。

墨子还提倡以"兼爱"来改善风俗。他认为"上变政而民改俗"③，君主的好恶性情以及政策行为是民风转移的前提。据此，墨子进一步指出：

> 是故约食、焚身（身）、苴服，此天下之至难为也，然后为而上说之，未逾于世而民可移也。何故也？即求以乡其上也。今若夫兼相爱、交相利，此其有利且易为也，不可胜计也。我以为则无有上说之者而已矣，苟有上说之者，劝之以赏誉，威之以刑罚，我以为人之于就兼相爱、交相利也，譬之犹火之就上、水之就下也，不可防止于天下。④

他以约食、焚身、苴服之风的形成作譬，论证只要君王喜好以"兼爱"治国，则天下民众必能很快形成与之相应的"爱人若爱其身"⑤ 的风气。可见，在墨子的心中，"兼爱"不仅是王道，而且是理想的社会风气。

"兼爱"的内核是"仁义"。墨子说："虽中国之俗，亦犹是也。杀其父而赏其子，何以异食其子而赏其父者哉？苟不用仁义，何以非夷人食其子也？"⑥ 主张当世君王应做到"兼爱"，以仁义来改善风俗。

不难看出，墨子有关风俗的言论，其主要目标在于倡导"节用"

---

① 《墨子·节葬下》，（清）孙诒让撰《墨子间诂》，第 187～189 页。
② 《墨子·七患》，（清）孙诒让撰《墨子间诂》，第 25 页。
③ 《墨子·非命下》，（清）孙诒让撰《墨子间诂》，第 279 页。
④ 《墨子·兼爱下》，（清）孙诒让撰《墨子间诂》，第 127 页。
⑤ 《墨子·兼爱上》，（清）孙诒让撰《墨子间诂》，第 100 页。
⑥ 《墨子·鲁问》，（清）孙诒让撰《墨子间诂》，第 470 页。

"节葬""兼爱"等王道主张。在墨子看来，风俗的好坏移易实际上取决于这种王道主张能否真正得到实施。

（四）荀子对移风易俗的首倡

战国末期，面对分久必合的历史趋势，荀子敏锐地意识到风俗问题对于大一统政治的重要性。他首倡移风易俗，鲜明地表达了自己对风俗与社会治理关系的认识。

荀子曾西入秦国，当秦相范雎询问荀子在秦所见状况时，荀子回答：

> 入境，观其风俗，其百姓朴，其声乐不流污，其服不挑，甚畏有司而顺，古之民也。及都邑官府，其百吏肃然莫不恭俭、敦敬、忠信而不楛，古之吏也。入其国，观其士大夫，出于其门，入于公门，出于公门，归于其家，无有私事也，不比周，不朋党，偶然莫不明通而公也，古之士大夫也。观其朝廷，其间听决百事不留，恬然如无治者，古之朝也。①

这里的"风俗"指的就是秦国百姓的性情、对官方的态度以及其音乐、服饰等方面共同的文化特征，其含义大致已与现代汉语中的"风俗"一词相当。② 而荀子依据自己对秦国百姓风俗与百官、士大夫以至朝廷德行的观察，称赞秦国政治臻于"治之至"③ 的境界，不仅表明了荀子所谓的良风美俗包括些什么，而且意味着风俗的美恶是衡量一个国家治理状况好坏与否的重要标准之一。

荀子从国家存亡、政治治乱的高度，在理论上给予风俗以前所未有的重视。他说："乱世之征……其俗淫……治世反是也。"④ 只有风俗美善的社会，才算得上是太平之世。荀子还认为："无国而不有美俗，无国而不有恶俗。两者并行而国在，上偏而国安，

---

① 《荀子·强国》，（清）王先谦撰《荀子集解》，第 303 页。
② 《辞源》就是以《荀子·强国》篇中此句作为"风俗"含义的典型例证。（《辞源》，第 1854 页）
③ 《荀子·强国》，（清）王先谦撰《荀子集解》，第 303 页。
④ 《荀子·乐论》，（清）王先谦撰《荀子集解》，第 385 页。

(在)① 下偏而国危，上一而王，下一而亡。"并把"其俗美"作为
"上一"的标准之一。② 也就是说，风俗善恶是关系国家安危的一大
要素。荀子还具体谈及好的风俗有助于国家兵力强盛，他说："刑政
平，百姓和，国俗节，则兵劲城固，敌国案自诎矣。"③ 风俗节俭则兵
力强劲，足见风俗美善对国家安定的重要性。

荀子认为，风俗会随着所处环境和实际生活的变化而变化。首
先，风俗会随着地理环境的变化而变化。"居楚而楚，居越而越，居
夏而夏，是非天性也，积靡使然也"，④ 人居住在什么地方就会安于什
么地方的风俗。其次，风俗会随着时间的变化而变化，"文久而息，
节族久而绝，守法数之有司极礼而褫"，⑤ 时过境迁，风俗也随之
演变。

既然风俗随环境和时间的变化而变化，人们就应该移风易俗。荀
子认为，人性本恶，只有在好的风俗浸染下才能向善。他提出："性
也者，吾所不能为也，然而可化也……注错习俗，所以化性也；并一
而不二，所以成积也。习俗移志，安久移质……故人知谨注错，慎习
俗，大积靡，则为君子矣；纵性情而不足问学，则为小人矣。"⑥ 人性
可以通过"化"即教化的方式来改变，而风俗能够影响、改变人的本
性。风俗的善恶相应地影响着人性的发展方向。人必须谨慎风俗的习
染，积累良好的风俗习惯，而顺从自然情性则只会导致背离道德。
"人之生固小人，又以遇乱世，得乱俗，是以小重小也，以乱得乱
也。"⑦ 人性本恶，乱世之乱俗只会使人原本就恶的本性更加卑劣。

因此，荀子主张人应当拒绝恶劣风俗，认为"上不循于乱世之
君，下不俗于乱世之民"的人属于"上勇"。⑧ 对于一国之君来说，

---

① 王念孙曰："'下偏'与'上偏'相对，'下偏'上不当有'在'字。"所辨甚是，
今从。参见（清）王先谦撰《荀子集解》，第219页。
② 《荀子·王霸》，（清）王先谦撰《荀子集解》，第219~220页。
③ 《荀子·王制》，（清）王先谦撰《荀子集解》，第172页。
④ 《荀子·儒效》，（清）王先谦撰《荀子集解》，第144页。
⑤ 《荀子·非相》，（清）王先谦撰《荀子集解》，第79页。
⑥ 《荀子·儒效》，（清）王先谦撰《荀子集解》，第143~144页。
⑦ 《荀子·荣辱》，（清）王先谦撰《荀子集解》，第64页。
⑧ 《荀子·性恶》，（清）王先谦撰《荀子集解》，第446~447页。

其立身更应高于一般的习俗，如果只是"立身则从庸俗"者，就只能得到"安存"，而无法达到"霸"甚至"王"的更高的政治境界。①

建立好的社会风俗，荀子认为应以教育诱导为主，"干、越、夷、貉之子，生而同声，长而异俗，教使之然也"。② 他主张设置一些相应的机构和官吏，加强教化工作。他还提出"政教习俗，相顺而后行"，③ 认为风俗与政教之间存在密切联系，好的习俗由政教所致，政教也要适应习俗的现状。政府应鼓励、引导好的社会风俗，同时对一些不好的社会风俗则要加以劝导。政府的干预要通过各级官吏来实现，官吏的行为对社会风气具有示范、影响作用，执政者严于律己，其行为合乎规范，社会风俗就淳厚，即"赏不用而民劝，罚不用而民服，有司不劳而事治，政令不烦而俗美"。④ 这种观念在两汉时期得到执政者的认同。

荀子认为礼以其"化"的方式成为移风易俗最重要的政教工具。他说："故上好礼义，尚贤使能，无贪利之心，则下亦将綦辞让、致忠信而谨于臣子矣。如是则虽在小民，不待合符节、别契券而信，不待探筹、投钩而公，不待衡石、称县而平，不待斗、斛、敦、概而啧……夫是之谓至平"。⑤ 无须政令就可使百姓齐心顺服，这是荀子心目中最好的社会风俗景象。圣人在其中则起着榜样的作用："厚德音以先之，明礼义以道之，致忠信以爱之，尚贤使能以次之，爵服庆赏以申之，时其事、轻其任以调齐之，长养之，如保赤子。政令以定，风俗以一，有离俗不顺其上……故民归之如流水，所存者神，所为者化而顺。"⑥

民众风俗在官方礼义教化的影响下会相应发生改变。官方若以礼义为制度、职守，百姓就会形成遵从礼节的风俗，"圣王以为法，士大夫以为道，官人以为守，百姓以为成俗，万世不能易也"。⑦ 所以，

① 《荀子·王制》，（清）王先谦撰《荀子集解》，第 174 页。
② 《荀子·劝学》，（清）王先谦撰《荀子集解》，第 2 页。
③ 《荀子·大略》，（清）王先谦撰《荀子集解》，第 500 页。
④ 《荀子·君道》，（清）王先谦撰《荀子集解》，第 232 页。
⑤ 《荀子·君道》，（清）王先谦撰《荀子集解》，第 232 页。
⑥ 《荀子·议兵》，（清）王先谦撰《荀子集解》，第 286～287 页。
⑦ 《荀子·正论》，（清）王先谦撰《荀子集解》，第 343 页。

礼义教化风俗的实际情形是官方在上以礼义明确等级分别，以此相应感化下民安分守己。在主张礼化风俗的同时，荀子还提出君王"欲修政美国①（俗），则莫若求其人"②的观点，认为礼义教化风俗只有由贤人来执行，才能收到预期的效果。

为此，荀子将"尊贤"与"隆礼"并列为治国美俗的两大途径。他提出"隆礼至法则国有常，尚贤使能则民知方"，③认为只有这样才能实现"百姓易俗，小人变心，奸怪之属莫不反悫"，可谓"政教之极"。④他还主张"儒者在本朝则美政，在下位则美俗"，⑤应使各类民众都遵守礼制规则，实现"政令行，风俗美"⑥的理想。其后，两汉循吏对民风的教化，当可视为对这一设想的行政实践。

另外，荀子继承了孔子的乐教思想。风俗之美由礼乐教化而来，也就是说，教化风俗不仅靠礼，还需要乐。荀子说："论礼乐，正身行，广教化，美风俗，兼覆而调一之，辟公之事也……国家失俗则辟公之过也；天下不一，诸侯俗反，则天王非其人也。"⑦

关于音乐对风俗的教化作用，荀子专门有《乐论》篇集中阐述。他对"移风易俗"命题的首倡就是基于其对音乐尤其是雅颂之声和谐情感作用的发掘。寓教于乐，对于推广好的风俗，不仅易于使人接受，而且对人的影响也深刻。他提出："乐者，圣人之所乐也，而可以善民心，其感人深，其移风易俗，故先王导之以礼乐而民和睦。"⑧雅颂之声因情感和谐而具有"移风易俗"的政教优势。他还说："且乐也者，和之不可变者也；礼也者，理之不可易者也。乐合同，礼别异。礼乐之统，管乎人心矣。穷本极变，乐之情也；著诚去伪，礼之

---

① 王念孙考证"国"当为"俗"。为是，今从。参见（清）王先谦撰《荀子集解》，第 236 页。

② 《荀子·君道》，（清）王先谦撰《荀子集解》，第 236 页。

③ 《荀子·君道》，（清）王先谦撰《荀子集解》，第 238 页。

④ 《荀子·君道》，（清）王先谦撰《荀子集解》，第 239 页。

⑤ 《荀子·儒效》，（清）王先谦撰《荀子集解》，第 120 页。

⑥ 《荀子·王霸》，（清）王先谦撰《荀子集解》，第 229 页。

⑦ 《荀子·王制》，（清）王先谦撰《荀子集解》，第 170～171 页。

⑧ 《荀子·乐论》，第 381 页。王先谦案"其移风易俗"，《史记》作"其风移俗易"，语皆未了。此二语相俪，当是"其感人深，其移风俗易"。（清）王先谦撰《荀子集解》，第 381 页。

经也。"① 这是对礼、乐本质的总结和对比。据此，荀子将乐与礼并举，进而提出了"移风易俗"的命题。他说："乐行而志清，礼修而行成，耳目聪明，血气和平，移风易俗，天下皆宁，美善相乐。"②

"移风易俗"是荀子为先秦礼乐政教传统确立的理论归结点。鉴于春秋战国社会的长期分裂，荀子在总结先秦礼乐教化传统的基础上提出了这一命题，从而为即将到来的大一统时代提供了意识形态上的理论准备。

（五）先秦其他诸子的风俗观念

《晏子春秋》在记载晏子对齐景公论圣明君王如何教育民众时说："古者百里而异习，千里而殊俗，故明王修道，一民同俗，上爱民为法，下相亲为义，是以天下不相遗，此明王教民之理也。"③ 其中提到"明王"要求各地风俗统一的问题。晏子认为，齐桓公得以称霸，正在于其"变俗以政，下贤以身"。④ 在对曾子的临别赠言中，晏子又说："婴闻汩常移质，习俗移性，不可不慎也。"⑤ 这表明春秋时期人们可能已经较为普遍地认识到习俗对人们性情的浸染、改变作用。

《商君书》有关风气、习俗的论述则围绕"法"与"俗"的关系展开。"故圣人之为国也，观俗立法则治，察国事本则宜。不观时俗，不察国本，则其法立而民乱，事剧而功寡。"⑥ 俗与法不可分割，化俗要考虑到法，立法要观察俗。商鞅还认为，风俗随时代而变化，且"俗生于法而万转"，⑦ 所以应当"度俗而为之法"。⑧ 也就是说，风气形成于法治，法治又必须根据风俗改变。"制度时则国俗可化而民从

---

① 《荀子·乐论》，（清）王先谦撰《荀子集解》，第382页。
② 《荀子·乐论》，（清）王先谦撰《荀子集解》，第382页。
③ 《晏子春秋·问上十八》，吴则虞编著《晏子春秋集释》，中华书局，1962，第221～222页。
④ 《晏子春秋·问下二》，吴则虞编著《晏子春秋集释》，第245页。
⑤ 《晏子春秋·杂上二十三》，吴则虞编著《晏子春秋集释》，第347页。
⑥ 《商君书·算地》，蒋礼鸿撰《商君书锥指》，中华书局，1986，第48页。
⑦ 《商君书·立本》，蒋礼鸿撰《商君书锥指》，第72页。
⑧ 《商君书·一言》，蒋礼鸿撰《商君书锥指》，第63页。

制"，① 推行适合时宜的法治就能改变旧的风气、习俗。他把儒家所提倡的礼乐、《诗》《书》、仁义、孝弟等称为"六虱"，② 认为这些只会危害国家，而主张唯有立法建制才能移易风俗。但商鞅所主张的"圣人之立法化俗而使民朝夕从事于农也"，③ 与儒家通过政教从根本上改善民心的策略相比，实为权宜之计。

《管子》中亦颇多有关"民俗""习俗"的议论，显示了管子及其后学对风俗的高度重视。《管子·八观》载："主上无积而宫室美，氓家无积而衣服修，乘车者饰观望，步行者杂文采，本资少而末用多者，侈国之俗也。国侈则用费，用费则民贫，民贫则奸智生，奸智生则邪巧作。故奸邪之所生，生于匮不足；匮不足之所生，生于侈；侈之所生，生于毋度。故曰：审度量，节衣服，俭财用，禁侈泰，为国之急也。"④ 看到了风俗对国家的重要作用。《管子》论述风俗的核心观点是改善风俗必须通过"化"的方式。如《管子·七法》云："不明于化，而欲变俗易教，犹朝揉轮而夕欲乘车……变俗易教，不知化，不可。"⑤ 也就说，如果人们都能够重视风俗，"教训习俗者众，则君民化变而不自知也"。⑥

作为先秦法家思想的集大成者，韩非对风俗也有自己的认识。他认为风俗有新旧，"古今异俗，新故异备"，⑦ 因此称赞"商君说秦孝公以变法易俗"。⑧ 在对待葬俗上，他既不赞成孔子的主张，也不同意墨子的观点，认为"是墨子之俭，将非孔子之侈也；是孔子之孝，将非墨子之戾也"。⑨ 韩非还认识到国家贫富与风俗之间的密切联系。他说："府仓虚则国贫，国贫而民俗淫侈，民俗淫侈则衣食之业绝……狱讼繁，

① 《商君书·一言》，蒋礼鸿撰《商君书锥指》，第 59~60 页。
② 《商君书·靳令》，蒋礼鸿撰《商君书锥指》，第 80 页。
③ 《商君书·一言》，蒋礼鸿撰《商君书锥指》，第 60 页。
④ 《管子·八观》，黎翔凤撰，梁运华整理《管子校注》，中华书局，2004，第 259 页。
⑤ 《管子·七法》，黎翔凤撰，梁运华整理《管子校注》，第 107 页。
⑥ 《管子·八观》，黎翔凤撰，梁运华整理《管子校注》，第 256 页。
⑦ 《韩非子·五蠹》，（清）王先慎撰《韩非子集解》，钟哲点校，中华书局，1998，第 445 页。
⑧ 《韩非子·奸劫弑臣》，（清）王先慎撰《韩非子集解》，第 101 页。
⑨ 《韩非子·显学》，（清）王先慎撰《韩非子集解》，第 457~458 页。

仓廪虚，而有以淫侈为俗，则国之伤也。"①对于日常风俗迷信，韩非进行了尖锐批判："用时日，事鬼神，信卜筮而好祭祀者，可亡也。"② 对当时依靠卜筮、祭祀来决定国家大政和军事行动的行为，韩非也痛加指责："龟策鬼神不足举胜，左右背向不足以专战。然而恃之，愚莫大焉。"③

通过对先秦诸子有关"风""俗"的论述，特别是道、儒、墨三家礼乐风俗政教观的考察，我们可以看出，基于各自的身份和时代背景，为救治当时的社会弊病，先秦诸子十分重视风俗的作用。他们提出了许多具有开创性的理论，并常常将探讨风俗和议论政治结合在一起。这种政俗结合的特点，开创了中国风俗史上"以俗观政，以政匡俗"④ 的学术传统。不过，先秦诸子的论述大多还只是散在的只字片语，难以构成系统的理论。但是，这些风俗评论和见解却足以构成中国古代风俗学理论的重要源头，且大多得到继承，特别是孔、荀的社会风俗教化观和移风易俗主张对两汉风俗观念的形成产生了极其重要的影响。两汉风俗观念所展现出的鲜明的政治文化特性，正是对这一传统的继承和发扬。

第二节 "匡饬异俗"：秦始皇天下同风的奢求

公元前221年，秦"并海内，兼诸侯，南面称帝"，⑤ 天下终归一统。但是，战国时代"七国异族，诸侯制法，各殊习俗"⑥ 的风俗状况却没有发生根本性变化。⑦ 在秦朝"东至海暨朝鲜，西至临洮、羌

---

① 《韩非子·解老》，（清）王先慎撰《韩非子集解》，第153页。
② 《韩非子·亡征》，（清）王先慎撰《韩非子集解》，第109页。
③ 《韩非子·饰邪》，（清）王先慎撰《韩非子集解》，第122页。
④ 张紫晨：《中国民俗学史》，"前言"，第2页。
⑤ 《史记》卷六《秦始皇本纪》，第283页。
⑥ 《淮南子·览冥训》，何宁撰《淮南子集释》，中华书局，1998，第492页。
⑦ 如李学勤将东周列国划分为七个文化圈（李学勤：《东周与秦代文明》，文物出版社，1991，第11~12页）；王子今在《秦汉区域文化研究》一书"上编"中把秦汉分为十二个文化区（详见王子今《秦汉区域文化研究》，四川人民出版社，1998，第25~246页）。

中，南至北向户，北据河为塞，并阴山至辽东"①的辽阔疆域内，风尚习俗千差万别。如郑卫地区男女之防较为宽缓，两情相悦即可往来甚至同居；燕赵之地慷慨豪放，尚武之风盛行；齐鲁大地"怯于众斗，勇于持刺"；楚国"其俗剽轻，易发怒"，"清刻，矜己诺"；等等。②这些都和秦统一前原有的风俗有着很大的差异③。

为此，秦始皇在进行政治、经济改革的同时，继承"孝公用商鞅之法，移风易俗"④的传统，"悉内六国礼仪，采择其善"，⑤重订礼仪，"匡饬异俗"，⑥试图建立起新的社会文化秩序，以巩固自己的新政权，实现天下同风的目的。

一　宣省习俗，刻石垂扬

关于统一六国之前秦国的风俗状况，荀子曾有过一段描述：

> 入境，观其风俗，其百姓朴，其声乐不流污，其服不挑，甚畏有司而顺，古之民也。及都邑官府，其百吏肃然莫不恭俭、敦敬、忠信而不楛，古之吏也。入其国，观其士大夫，出于其门，入于公门，出于公门，归于其家，无有私事也，不比周，不朋党，偶然莫不明通而公也，古之士大夫也。观其朝廷，其间听决百事不留，恬然如无治者，古之朝也。⑦

---

① 《史记》卷六《秦始皇本纪》，第 239 页。
② 《史记》卷一二九《货殖列传》，第 3265、3267 页。
③ 周振鹤在《中国历史文化区域研究》一书中，就试图从区域文化的角度来揭示秦文化的特征及其与其他六国文化之间的差异。（周振鹤：《中国历史文化区域研究》，复旦大学出版社，1997，第 282～294 页）
④ 《史记》卷 87《李斯列传》，第 2542 页。商鞅变法实际上就是一次对秦国传统礼俗的改革。在商鞅所颁布的变法命令中，有许多涉及移风易俗的内容，如"民有二男以上不分异者，倍其赋""令民父子兄弟同室内息者为禁""始秦戎翟之教，父子无别，同室而居。今我更制其教，而为其男女之别，大筑冀阙，营如鲁卫矣"。（《史记》卷六八《商君列传》，第 2230、2232、2234 页）
⑤ 《史记》卷二三《礼书》，第 1159 页。
⑥ 《史记》卷六《秦始皇本纪》，第 245 页。
⑦ 《荀子·强国》，（清）王先谦撰《荀子集解》，第 303 页。

荀子的所见所闻是以咸阳为中心的关中地区的情况，该地民风质朴，经商鞅以法治之，秩序井然，俨若无治之治。在荀子眼里，秦国民众，"古之民也"；秦国官吏，"古之吏也"；秦国士大夫，"古之士大夫也"；秦国朝廷，"古之朝也"。作为战国后期具有法家思想倾向的儒家学者，荀子还曾以"无儒"批评秦国，① 因此他对秦国的评论大致还是符合历史实际的。

但是，在战国晚期东方六国的眼里，西部的秦国却被认为是虎狼之国，进而对秦的风俗亦持贬斥态度，认为其"杂戎狄之俗，诈而无信"。有学者考证，"虎狼之秦"的观念正是东方六国专门针对秦国而形成的。它的产生，除了在军事上对抗秦国外，还表明六国对秦国的风俗文化存在抵制和对抗情绪。② 六国在军事上的抵抗虽然随着秦的统一以失败告终，但是文化上的冲突和对抗，却并没有随之消解。

秦始皇统一六国后，采取一系列措施来巩固自己的统治。但即便如此，秦的统一还只是文字、货币、道路等器物制度层面上的统一，而心态文化层面仍是分裂的，秦文化、楚文化和中原文化尚呈鼎足之势，并没有真正融合。因此，摆在秦始皇面前最紧迫的问题虽已不再是国之存亡，但如何采用一种全新的统治之道，使六国臣民真正地臣服于异质文化，把他们整合进新的国家政权，却已迫在眉睫，仍然关乎国之存亡。

为此，秦始皇多次巡行天下，考察各地风情，所到之处，往往刻石纪功，宣省习俗。相关石刻文字史籍所载有七，其中六篇见于《史记·秦始皇本纪》。③ 这些文字意在"颂秦德"，④ 里面自然充满夸张

---

① 荀子认为秦国治理得虽然很好，"然而县之以王者之功名，则倜倜然其不及远矣。是何也？则其殆无儒邪"。《荀子·强国》，（清）王先谦撰《荀子集解》，第 303~304 页。

② 何晋：《秦称"虎狼"考》，《文博》1999 年第 5 期。

③ 今西安碑林中藏有一块《峄山刻石》，其内容虽见于《金石录》等后代金石著作，但《史记》卷六《秦始皇本纪》却未曾记载。由于其为宋人据摹本重刻，可靠性难以确定（参见雒长安《秦"峄山刻石"》，《文博》1984 年第 2 期），有鉴于此，本文未加采用。因此，本文所引刻石文字均见于《史记》卷六《秦始皇本纪》，下文引用不再注出。

④ 《史记》卷六《秦始皇本纪》在记载每次刻石时都提到了这一目的，可见其应为秦始皇刻石的本意之一。

溢美之词，不尽可信，但其中不少关于整饬风俗的内容，却在一定程度上体现出秦始皇改革各地风俗的意图，反映了秦始皇对风俗问题的高度重视。

公元前 219 年，秦始皇称帝后首次"亲巡远方黎民"，巡视全国，在封禅泰山时"与鲁诸儒生议，刻石颂秦德"。① 泰山刻石的第一句话就是"皇帝临位，作制明法，臣下修饬"。在秦始皇看来，皇帝最重要的工作就是"作制明法"，使"治道运行，诸产得宜，皆有法式。大义休明，垂于后世"。但他也意识到礼义、教化的作用，主张"建设长利，专隆教诲。训经宣达，远近毕理，咸承圣志"，认为只有法礼结合，才能实现"贵贱分明，男女礼顺，慎遵职事。昭隔内外，靡不清净，施于后嗣。化及无穷"的目标。

琅邪刻石对风俗的关注更为明显。如"皇帝之功，勤劳本事。上农除末，黔首是富"，体现了对重农风俗的提倡；"尊卑贵贱，不逾次行。奸邪不容，皆务贞良"，则是对礼制习俗做出的规定；等等。更重要的是，秦始皇在历数其混一宇内、整齐制度、造福万民的丰功伟绩时，还提到"匡饬异俗，陵水经地"的内容，并把"匡饬异俗"作为其历史功绩之一。在礼法关系上，秦始皇的态度也发生了一些细微的变化，除第一句提出"端平法度，万物之纪"外，其余则言"以明人事，合同父子"，"圣智仁义，显白道理"，俨然一派儒家教导口气。

公元前 215 年，秦始皇至碣石，刻碣石门，讲的尽是自己的道义功德以及对民众的恩惠，如"诛戮无道，为逆灭息""惠论功劳，赏及牛马，恩肥土域""德并诸侯，初一泰平"等，认为在自己的统治下，天下风俗达到了"黎庶无繇，天下咸抚。男乐其畴，女修其业，事各有序"的境地。

公元前 211 年的会稽刻石更是以大半篇幅记载了禁绝伤风败俗的内容：

> 饰省宣义，有子而嫁，倍死不贞。防隔内外，禁止淫泆，男

---

① 《史记》卷六《秦始皇本纪》，第 242 页。

女絜诚。夫为寄豭，杀之无罪，男秉义程。妻为逃嫁，子不得
母，咸化廉清。大治濯俗，天下承风，蒙被休经。皆遵度轨，和
安敦勉，莫不顺令。黔首修絜，人乐同则，嘉保太平。后敬奉
法，常治无极，舆舟不倾。

　　这可以说是秦始皇在"宣省习俗"过程中所发布的最重要的一篇
通告。其前四句铭文分别规定：男女要礼顺，"防隔内外，禁止淫泆，
男女絜诚"，以防淫乱事件发生；婚姻要忠贞，"夫为寄豭，杀之无
罪，男秉义程"，做丈夫的如与妻子以外的女性发生性关系，就如同
跑到不属于自己的圈里的猪一样，任何人都可将其杀死；家庭要稳
固，"饰省宣义，有子而嫁，倍死不贞"，"妻为逃嫁，子不得母，咸
化廉清"，寡妇有子后不准再嫁，女子嫁人后随情夫私奔更是罪大
恶极。

　　对于会稽刻石的理解，有一种说法长期以来一直占据主导地位。
这种意见认为，会稽地区"教化习俗还很落后，氏族社会偶婚制习俗
尚未清除"，"男女群婚"，"落后的风俗习惯""严重"，"刻石的主要
内容'是禁止此地的淫风'，力图用严厉的制裁办法来纠正"。① 也就
是说，秦始皇在会稽刻石中之所以写下禁止淫泆的内容，主要是针对
当地风俗习尚相当落后、淫泆之风十分严重提出的。

　　对于这一说法，林剑鸣首先提出了比较有力的质疑。他认为，仅
据此刻石铭文就下这样的结论似过于武断。会稽绝非如此落后，"淫
泆"之类的不实之词更属无稽之谈。秦始皇会稽刻石中禁止淫泆的文
句并非仅仅针对会稽"当地"情况而写，而是面向全国而立，其法律
效力的范围应遍及全国。② 这一观点应引起我们的重视。其实，关于
会稽刻石中禁止淫泆的文句"并非针对当地局部情况，而是面向全国
而立"，我们还可以举出一例证，即上述引文后四句的内容。特别是
"大治濯俗，天下承风，蒙被休经"一句，应该可以理解为会稽刻石
中禁止淫泆的规定是对全国生效的。

---

① 《秦始皇大传》，上海三联书店，1989，转引自林剑鸣《秦始皇会稽刻石辨析》，
　　《学术月刊》1994 年第 7 期。
② 林剑鸣：《秦始皇会稽刻石辨析》，《学术月刊》1994 年第 7 期。

在刻石中，秦始皇还一再提到"圣""德"，如"大圣作治""长承圣治""秦临圣国""圣法初兴""承顺圣意"等，认为"存定四极"是"皇帝之德"，"经理宇内，视听不怠"是"皇帝明德"，"六合之中，被泽无疆"是"圣德广密"，"昭明宗庙"是"体道行德"。由此可见其对"圣""德"的重视程度。特别是公元前218年的之罘刻石，更直接透露出秦始皇对理想政治的要求："大圣作治，建定法度，显著纲纪。外教诸侯，光施文惠，明以义理。"

顾炎武在论"秦纪会稽山刻石"时特别提出，"秦之任刑虽过，而其坊民正俗之意固未始异于三王也"，① 认为秦始皇是提倡以三代礼教来矫正各地传统风俗的。这个判断无疑是正确的。从泰山、琅邪、之罘、碣石门以及会稽刻石文字中，我们可以想象秦始皇希望走的一个政治路向，似乎向世人昭示其试图以礼乐道德来治理天下。由此可见，在文化、社会政策方面，秦始皇倾向于取儒。"始皇之治，兼用法儒"② 应是一种较为合理的说法。也许，儒家的"太平"理想这时在一定程度上已经成为秦始皇的价值理念和政治追求："大治濯俗，天下承风，蒙被休经。皆遵度轨，和安敦勉，莫不顺令。黔首修絜，人乐同则，嘉保太平。"在秦始皇规划的太平世界里，"黔首安宁""六亲相保""不用兵革""终无寇贼"，并且"施于后嗣，化及无穷"，自己的王道理想和美俗秩序得到实现，"黔首改化，远迩同度，临古绝尤"。面对秦始皇的这种宣扬，以至于有学者认为秦始皇是在依照儒家理想来建造社会秩序，"中国皇帝的霸王杂糅之道和儒法并用之术最初正是源自于始皇帝的统治模式和思想原型"。③

二 矫端民心，除其恶俗

为纠肃民风、清除恶俗，秦始皇主张实行严刑峻法，试图以立法的形式整饬恶风陋俗。如睡虎地秦简《法律答问》中就有"擅兴奇

---

① 《日知录》卷一三《秦纪会稽山刻石》，（清）顾炎武著，（清）黄汝成集释《日知录集释（外七种）》，上海古籍出版社，1985，第1008~1009页。
② 萧公权：《中国政治思想史》，新星出版社，2005，第191页。
③ 雷戈：《秦汉之际的政治思想与皇权主义》，上海古籍出版社，2006，第132页。

祠，赀二甲"① 的记载。而对私斗风气的严厉禁止则是秦始皇整饬风俗中比较典型的内容。

　　战国时期，"诸侯力政，强侵弱，众暴寡"，② 尚武之风盛行，民勇于私斗。秦统一六国后，尚武、私斗之风犹存。特别是六国旧贵族以及亡命之徒等仍负隅顽抗，有的甚至直接威胁到秦始皇的人身安全和国家统治。如高渐离隐名埋姓，伺机为荆轲报仇，"举筑朴秦皇帝"；③ 张耳、陈余乃变名姓，躲在陈地，"自以其名而号令里中"；④ 张良得力士，"狙击秦皇帝博浪沙中，误中副车"；⑤ 等等。

　　针对上述风俗状况，秦始皇在"夷郡县城，销其兵刃，示不复用"⑥ 的同时，把原有严禁私斗的法律推向全国。如睡虎地秦简《法律答问》有私斗律十二条，又有父子、祖孙、臣主、夫妻斗殴杀伤律十条。⑦ 为吏者私斗更在重处之列。《史记·樊郦滕灌列传》载："高祖（刘邦）戏而伤（夏侯）婴，人有告高祖。高祖时为亭长，重坐伤人。"《集解》引如淳曰："为吏伤人，其罪重也。"⑧ 《法律答问》亦载："士五（伍）甲斗，拔剑伐，斩人发结，可（何）论？当完为城旦。"⑨ 由此可见，秦律禁止私斗的法网可谓密如凝脂。

　　这些法律在秦始皇时代也得到了严格的执行。如上述刘邦被人揭发在嬉戏中误伤夏侯婴，幸亏夏侯婴否认自己受伤才使刘邦免除牢狱之灾。但即便如此，夏侯婴后来仍因做伪证入狱一年多，"掠笞数百"。⑩ 对于带有政治复辟性质的游侠活动，秦始皇更是毫不手软，坚

---

① 《法律答问》，睡虎地秦墓竹简整理小组编《睡虎地秦墓竹简》，文物出版社，1990，"图版"，第 62 页；"释文"，第 131 页。"奇祠"即后世所谓的"淫祠"，是官方祭祀系统之外的民间信仰。在官方看来，其惑乱人心，败坏风俗。
② 《史记》卷六《秦始皇本纪》，第 283 页。
③ 《史记》卷八六《刺客列传》，第 2537 页。
④ 《史记》卷八九《张耳陈余列传》注引司马贞《索隐》，第 2572 页。
⑤ 《史记》卷五五《留侯世家》，第 2034 页。
⑥ 《史记》卷八七《李斯列传》，第 2546 页。
⑦ 参见陈苏镇《汉代政治与〈春秋〉学》，中国广播电视出版社，2001，第 31～32 页。
⑧ 《史记》卷九五《樊郦滕灌列传》及注引裴骃《集解》，第 2664 页。
⑨ 《法律答问》，睡虎地秦墓竹简整理小组编《睡虎地秦墓竹简》，"图版"，第 55 页；"释文"，第 113 页。
⑩ 《史记》卷九五《樊郦滕灌列传》，第 2664 页。

决进行打击。如高渐离被诛杀；张耳、陈余遭悬重金缉拿；为捕张良，秦始皇更是大索天下。可见，汉人形容秦朝"赭衣塞路，囹圄成市"①，或许有过分夸张之嫌疑，却也并非"莫须有"之辞。

在这种"以法为教"统治思想的指导下，地方官员也以行政法令的方式来匡正、统一地方风俗。《语书》②　就是这样一篇旨在严禁恶俗的法律文告。它由南郡郡守腾于秦始皇二十年（前227年）发布，其中明确要求当地官吏严守法令以改变旧习。

《语书》认为，法律具有移风易俗、改造人心的作用。它指出，民众本来的风俗（"乡俗"），"其所利及好恶不同，或不便于民，害于邦"，不利于百姓，甚至危害国家，因此圣王为之立法，"以矫端民心，去其邪避（僻），除其恶俗"。也就是说，法律制度是圣王所制定实施的，其目的是用来统一"乡俗"，并且不断地补充完善（"后有间令下者"），最终"以教道（导）民，去其淫避（僻），除其恶俗，而使之之于为善殹（也）"。关于"恶俗"，周振鹤认为："（《语书》）所谓恶俗就是不利于国家稳定、社会安定的习俗与风气，包括热衷商贾，不务正业，包括奢靡之风、淫僻通奸，甚至包括刚武、尚气力等（这一习俗容易引起各种刑事犯罪）。"③　秦朝郡县官吏治民，全以中央律令为依据，而将民间与秦法不合之习俗视为必须"除"之的"恶俗"。

在这种信念的基础上，《语书》进而指责说，"今法律令已具矣，而吏民莫用"，导致当地风俗不正，"乡俗淫失（泆）之民不止，是即法（废）主之明法殹（也），而长邪避（僻）淫失（泆）之民，甚害于邦，不便于民"。黄盛璋认为，"乡俗淫泆之民"，"主要是指地方男女风俗习惯"，是完全保有楚国原有风俗习惯、抵制秦文化渗透、不服从秦法律的楚国旧民。④　现在颁行的律令是古代君王做法的延续，是"明主之法"，百姓却不去遵守，"甚害于邦，不便于民"。为此，

---

① 《汉书》卷二三《刑法志》，第1096页。
② 《语书》，睡虎地秦墓竹简整理小组编《睡虎地秦墓竹简》，"图版"，第9~12页，"释文"，第11~16页，下文引用不再注出。
③ 周振鹤：《从"九州异俗"到"六合同风"——两汉风俗区划的变迁》，《中国文化研究》1997年第4期。
④ 黄盛璋：《云梦秦简辨正》，《考古学报》1979年第1期。

南郡郡守腾在文告中明示：官吏的职责不仅是"修法律令"，而且要"明布，令吏民皆明智（知）之，毋巨（距）于罪"，"令人案行之"，严令县、道啬夫等加强对地方习俗的考察和整肃，要求从即日起有违反法律者，"举劾为从令者，致以律，论及令、丞"，即追究县令、丞的责任。也就是说，秦时郡县各级官吏中所谓"啬夫"者，负有考察民间"私好、乡俗之心"、惩治"吏民犯法为间私者"的职责，并须督促基层加强教化，随时报告上司。

《语书》还规定，对法律的执行情况以及实施效果应该作为评价官吏工作的重要标准："今法律令已布，闻吏民犯法为间私者不止，私好、乡俗之心不变，自从令、丞以下智（知）而弗举论，是即明避主之明法殹（也），而养匿邪避（僻）之民。如此，则为人臣亦不忠矣。若弗智（知），是即不胜任、不智殹（也）；智（知）而弗敢论，是即不廉殹（也）。此皆大罪殹（也）。"如果官吏不能很好地使用法律来管理民众、整顿风俗，那肯定就是"不忠""不智""不廉""不胜任"，而这些"皆大罪殹（也）"，所以《语书》进一步要求必须根据法律来衡量官僚是否称职和合格。"凡良吏明法律令，事无不能殹（也）"，而"恶吏不明法律令，不智（知）事"。

显然，这种吏治思路说明，秦朝试图利用法律来移风易俗、统一文化，"并非只是秦廷少数高层人物的一种主张，而是实实在在地变成了基层官吏治民行政的指导思想"。[①] 日本学者工藤元男也认为："就《语书》的内容来看，其基调反映了秦统一六国实行集权统治的强烈意志，为此，要彻底清除各地在原有价值体系上存在的风俗习惯，全面施行秦的法律。"[②] 因此，统一六国之后，这些律令自然会被秦始皇推行到齐鲁之邦、燕赵之地和全国其他地区。

当然，严刑峻法并不是秦始皇整顿风俗的唯一手段，他也试图利用儒家思想来改善社会风俗。如《为吏之道》[③] 提出为吏的五个标

---

① 陈苏镇：《汉代政治与〈春秋〉学》，中国广播电视出版社，2001，第 28 页。
② 〔日〕工藤元男：《云梦秦简〈日书〉所见法与习俗》，莫枯译，《考古与文物》1993 年第 5 期。
③ 《为吏之道》，睡虎地秦墓竹简整理小组编《睡虎地秦墓竹简》，"图版"，第 79～86 页；"释文"，第 165～176 页。

准，即"吏有五善"："一曰中（忠）信敬上，二曰精（清）廉毋谤，三曰举事审当，四曰喜为善行，五曰龚（恭）敬多让。"认为"五者毕至，必有大赏"，而这些标准大都是儒家倡导的。它还对官僚的不良行为提出警告："临事不敬，倨骄毋（无）人，苛难留民，变民习浴（俗），须身籨（遂）过，兴事不时，缓令急征，夬（决）狱不正，不精于材（财），法（废）置以私。"

《为吏之道》还主张官吏爱民。为此，它提出官吏要"审智（知）民能，善度民力，劳以率之，正以桥（矫）之"，"除害兴利，兹（慈）爱万姓"。这固然只是表明一种理想，"然而它跟秦始皇几次东巡刻石文字中表现的忧恤黔首的精神颇相一致，所以它至少应是当时秦国上下一体努力想做到的目标"。①

此外，《为吏之道》还认为官吏应该以身作则，示民表率，只有这样才能赢得民心，移风易俗，"凡戾人，表以身，民将望表以戾真。表若不正，民心将移乃难亲"。但秦始皇本人似乎对此还并没有比较明确的认识。吕思勉曾评论说："秦人致败之由，在严酷，尤在其淫侈。用法刻深，拓土不量民力，皆可诿为施政之误，淫侈则不可恕矣。"② 实际上就是对秦始皇虽大力"匡饬异俗"却不以身作则的强烈谴责。

三　"行同伦"：天下同风的奢求

如何统一六国旧俗、使之归化于秦，是秦始皇面临的一个难题。秦始皇通过"匡饬异俗"，试图完成对六国风俗的整合，建立起新的社会文化秩序，实现"行同伦"即天下同风。在多次巡行中，他不断地宣省习俗，刻石垂扬；在日常行政中，他推行严刑峻法，以立法的形式纠肃民风、清除恶俗。通过上述努力，秦始皇"匡饬异俗"取得了不小的成效，改变了一些陋风恶俗，其影响也很深远。正如顾炎武

---

① 管东贵：《秦汉封建与郡县由消长到统合过程中的血缘情结》，侯仁之、周一良主编《燕京学报》新5期，北京大学出版社，1998，第17页。
② 吕思勉：《秦汉史》，上海古籍出版社，2005，第14页。

所云："秦之任刑虽过，而其坊民正俗之意固未始异于三王也。汉兴以来，承用秦法以至今日者多矣。"① 然而，让秦始皇始料不及的是，"匡饬异俗"最终却也成为秦朝迅速灭亡的原因之一。

秦朝是以武力的方式完成对六国的统一的，即章太炎在《秦政记》中所说的"战胜而有其地，非其民倒戈也"。因此，其统治基础并不牢靠，离心因素处处存在，"六国公族散处闾巷之间，……欲复其宗庙，情也"。② 同时，又因"秦取天下多暴"，③ 造成六国民众对其一定程度上的敌视。前已指出，统一前六国贵族阶层和士大夫群体就视秦为"虎狼"，对秦国的政风民俗持歧视和贬斥的态度，受其影响，六国普通民众也心存疑虑，只希望能各随其"乡俗私好"。再加上全国自然条件千差万别、社会经济极不平衡等诸多客观因素，这就预示并要求秦始皇的"匡饬异俗"必须是一个长期的历史过程。如南郡本属楚故地，《语书》发布时，秦治南郡已达半个世纪，但南郡百姓仍"私好、乡俗之心不变"，按故俗行事而对秦朝的律令持抵触态度。因此，如果秦始皇不顾上述因素，只是一味强调迅速、严厉地在全国推行新法以"匡饬异俗"，其结果必然是欲速则不达，反而会把六国民众推向自己的对立面。令人遗憾的是，历史的轨迹正是朝着这一方向演进的。

秦始皇本就欣赏法家思想，见《孤愤》《五蠹》而欲与韩非游；④ 称帝后，更是"事皆决于法，刻削毋仁恩和义"，⑤ 禁私学焚诗书，以吏为师。但事实上，"文化传统的改变，仅凭法律的强制是不够的，还要有一个文化上的认同过程才能内化为统一的行为"。⑥ 秦治南郡的经验已经表明，仅凭法律、制度在短时期内难以做到"行同伦"，当

① 《日知录》卷一三《秦纪会稽山刻石》，（清）顾炎武著，（清）黄汝成集释《日知录集释（外七种）》，第1008～1009页。
② 《太炎文录初编·秦政记》，《章太炎全集》（四），上海人民出版社，1985，第72页。
③ 《史记》卷一五《六国年表》，第686页。
④ 《史记》卷六三《老子韩非列传》载："秦王见《孤愤》、《五蠹》之书，曰：'嗟乎，寡人得见此人与之游，死不恨矣！'"（第2155页）
⑤ 《史记》卷六《秦始皇本纪》，第238页。
⑥ 臧知非：《周秦风俗的认同与冲突——秦始皇"匡饬异俗"探论》，《秦文化论丛》第十辑，三秦出版社，2003，第14页。

百姓对统治者推行的风俗政策持疑惧乃至敌视态度时尤其如此。只有在秦文化获得六国广泛认同的基础之上才能真正地实现秦始皇"行同伦"的愿望。

因而，后人不约而同地批评秦政严苛，或谓秦始皇"毁先王之法，灭礼谊之官，专任刑罚，躬操文墨"，① 或称其"弃仁义而尚刑罚"，② 认为秦始皇夺取天下后，一味强调严刑峻法而完全摈弃了礼治，致使"攻守之势异也"，是秦朝二世而亡的根本原因。

"焚书坑儒"一直被认定为秦始皇"繁法酷诛"，独尊法家的确证。然而，这一结论其实尚有讨论的余地。如萧公权曾说："焚书之举，不过恐私学乱教，非欲消灭儒术也。"③ 冯友兰也认为"焚书，禁私学，亦未尝不合于儒家同道德，一风俗之主张，不过为之过甚耳"。④ "坑儒"亦非秦始皇有意而为之，《史记·秦始皇本纪》载："始皇闻（卢生、侯生）亡，乃大怒曰：'吾前收天下书不中用者尽去之。悉召文学方术士甚众，欲以兴太平……卢生等吾尊赐之甚厚，今乃诽谤我，以重吾不德也。'"⑤ 可见，"坑儒"之举仅是对卢生、侯生这种人的打击，不似秦始皇对儒生的一贯态度和行为。秦始皇实际上还是比较重视儒者的，梁启超就认为，始皇"未尝与儒教全体为仇也。岂惟不仇，且自私而自尊之"。⑥

事实上，"焚书坑儒"前后秦始皇也一直在宣扬和利用儒家的伦理思想。从秦始皇"匡饬异俗"的风俗改革中我们不难发现，他在教化天下的实际过程中往往对儒家思想大量加以采纳。如《会稽刻石》满篇都是儒家贞节伦常的说教，主张以儒家倡导的礼教去除旧俗，整饬社会。可见，秦始皇已试图运用儒家的礼义教化来确立社会道德规范。

《为吏之道》要求人们修行正身，言举谨慎，"以此为人君则鬼，

① 《汉书》卷二三《刑法志》，第 1096 页。
② 《盐铁论·褒贤》，王利器校注《盐铁论校注（定本）》，中华书局，1992，第 242 页。
③ 萧公权：《中国政治思想史》，第 190 页。
④ 冯友兰：《中国哲学史》，中华书局，1961，第 487 页。
⑤ 《史记》卷六《秦始皇本纪》，第 258 页。
⑥ 梁启超：《论中国学术思想变迁之大势》，《饮冰室合集》第 1 册《文集之七》，第 42 页。

为人臣则忠，为人父则兹（慈），为人子则孝。……君鬼臣忠，父兹（慈）子孝，政之本殴（也）"。父慈子孝、君怀臣忠正是儒家伦理的基本要求，却被秦朝奉为"政之本也"。在处理家庭内部关系上，秦朝强调父慈子孝，视不孝为大逆不道，处以重罪。《法律答问》载，"免老告人以为不孝，谒杀，当三环之不？不当环，亟执勿失"，老人控告子女"不孝"，可以要求处以死刑，而地方官吏不必经过"三环"的程序，须立即拘捕惩处。① 儒家提倡的"孝道"变成秦朝的法律。因此有学者说，"儒家莫不重孝。秦虽灭儒，然不废孝悌"。②

　　总之，秦始皇在风俗改革中，一方面以法家思想为主，"明法度，定律令"，③ 建立以君主专制为核心的统治秩序；另一方面以儒家忠孝仁义思想为依据，对社会各阶层实行伦理教化，通过对臣忠、父慈、子孝的倡导，构建起调节社会关系的道德网络。有学者认为，秦始皇在礼仪习俗上的改革，透露出其在坚持以法家学说治国的同时，已经在悄悄地运用儒家伦理学说的信息。④ 秦始皇的思想文化统治中，强烈地表现出儒法并用的倾向，这为汉代儒法合流统治思想的建立做了准备。不过，秦始皇虽试图探求一条纳法于礼的新的政治路向，但享国日浅，终无根本的变革，⑤ 治道的格局依然是"以任法为主，列儒术为诸子之一"。⑥

　　从秦始皇的做法来看，一方面，他强制性地把原有的制度与文化推广到关东地区，希望以秦文化化天下；另一方面，他又正视秦与关东六国的矛盾，试图探讨一种适用于全国范围而不仅仅是秦国本土的统治政策。但是，过度心急致使秦始皇统一文化的手段仍是向全国推广"秦法"，实质就是企图把秦国的文化推广到全国，以秦的制度来取代六国的制度。有学者说："秦始皇统一后采取的各种措施，从文

---

① 《法律答问》，睡虎地秦墓竹简整理小组编《睡虎地秦墓竹简》，"图版"，第57页；"释文"第117～118页。
② 齐思和：《西周时代之政治思想》，氏著《中国史探研》，河北教育出版社，2000，第161～162页。
③ 《史记》卷八七《李斯列传》，第2546页。
④ 李福泉：《论秦始皇礼俗改革》，《湖南师大社会科学学报》1993年第6期。
⑤ 谢子平：《秦朝治道与礼乐文化》，《学术论坛》2000年第2期。
⑥ 萧公权：《中国政治思想史》，第191页。

化的角度来看，实际上就是以秦文化取代、消灭六国文化的文化征服措施。"① 因此，秦始皇用秦吏奉秦法来"匡饬异俗"，自然会使秦法与东方各国固有传统习俗之间的冲突进一步加剧。

不仅如此，有学者还注意到，秦在统一六国后，对关中秦国本土和关东六国故地实行不同的政策，秦统一后的行政制度"总的来说是以秦人对关东地区的征服、压迫和奴役为前提的"：把天下兵器聚之咸阳加以销毁；又把六国富豪十二万户迁至关中咸阳，使关中后来十分富庶；而承担帝国繁重徭役的却主要是关东六国人。② 这种政策只能导致冲突的加剧，进一步把六国民众推向秦朝的对立面。

因此，秦朝企图通过严酷的法律手段，以秦国文化来统一全国文化的策略做得并不成功。在秦朝统一的短时期内，秦文化并没有和东方六国文化融为一体，其作为全国主导文化的地位，也没有来得及完全确立。有学者就说，秦朝灭亡的主要原因之一就在于秦始皇用武力手段完成了对六国的军事征服和政治统一后，却未能够成功地运用法律手段实现对六国旧地文化的整合与统一。③

秦始皇在"匡饬异俗"中，既坚决用法律手段强制推行秦国原有的社会礼仪和规范，又探索用儒家伦理纲常对社会进行教化，以期秦朝统治长治久安。但是，因为独特的历史环境和个人因素，其统治思想发生了严重倾斜，倒向"严而少恩"的法家一边，致使其用法过度，教化无力，"仁义不施"。同时，秦始皇没有充分考虑六国百姓对新的法律政令的认同问题，而是雷厉风行地推行新法，急功近利。再加上秦始皇本人骄奢多欲，④ 最终致使秦王朝暴虐而速亡，在中国历

---

① 参见刘文瑞《征服与反抗——略论秦王朝的区域文化冲突》，《文博》1990 年第 5 期。

② 详见王子今《秦汉区域文化研究》，第 342～345 页。

③ 参阅冯友兰《中国哲学史新编》第 3 册，人民出版社，1985，第 20～23 页。

④ 例如，在统一过程中，秦始皇"每破诸侯，写放其宫室，作之咸阳北阪上，南临渭，自雍门以东至泾、渭，殿屋复道周阁相属。所得诸侯美人钟鼓，以充入之"。秦朝建立后，秦始皇更是大修宫室，咸阳宫、阿房宫、甘泉宫，一个接一个，"关中计宫三百，关外四百余。……咸阳之旁二百里内宫观二百七十复道甬道相连，帷帐钟鼓美人充之"。（《史记》卷六《秦始皇本纪》，第 239、256～257 页）

史上写下了令人遗憾的一章。正如有学者所说，"历史在这里和秦始皇开了一个真实的玩笑，这就是以'匡饬异俗'为目的建立新的政治和社会秩序，结果则是导致了现实统治秩序的崩溃"。①

对秦始皇"匡饬异俗"的行为，汉初士人则纯粹从秦政"以法为教"所存在的严重弊端出发，展开了一系列激烈的批判和评论。这种批评模式在整个两汉时期基本上得到了延续和发扬，"'秦王朝'作为一个暴政的'象征物'已经形成于儒者的思想世界之中，从而批评秦王朝的腐败和堕落就成为了汉儒抨击现状、提倡'礼乐教化'的一个基本话语方式。这一方面将秦王朝永远地钉在了耻辱柱上，另一方面也为汉儒的礼乐教化政策提供了相当坚实的历史背景，使得汉儒的这一政策得到了最大程度的实现"。②

---

① 臧知非：《周秦风俗的认同与冲突——秦始皇"匡饬异俗"探论》，《秦文化论丛》第十辑，第 19 页。
② 向晋卫：《〈白虎通义〉思想的历史研究》，人民出版社，2007，第 206~207 页。

第二章
两汉风俗观念在统治思想
变迁中的演进轨迹

由于历史的局限，先秦的风俗理论还处于模糊的萌芽状态。其后，秦始皇试图依靠法家思想，通过"匡饬异俗"来建立起新的社会文化秩序，却以亡国而告终。直至两汉，对风俗这一社会文化现象的总结、探讨和整顿才算真正开始。

两汉时期是中国文化的奠基时代，这一时期有关风俗文化的认识与记载远较先秦完整和丰富。徐复观说："我说中国文化的化民成俗，是在两汉完成的；我们的民族性，是在两汉才凝结起来的；所以一个朝代的名称，即成为一个民族的名称，原因正在于此。"① 他在指出两汉时期在中国历史上处于重要地位的同时，也认识到这一地位的形成与两汉所存在的"移风易俗"思想和所实行的"化民成俗"政策有着密切的关系。

两汉士人注意到了风俗纷异的现象，并着力探讨其成因。他们既肯定自然环境的因素，又对人文社会因素的作用给予了足够的重视。他们普遍认为，风俗不是天赋的产物，更大程度上是人为的结果，这就为移风易俗的可能性找到了理论依据。有学者认为，两汉士人所提出的移风易俗途径大致有四：其一，统治者以身作则，以上率下；其

---

① 徐复观：《学术与政治之间·中国知识分子的历史性格及其历史的命运》，黄克剑、林少敏编《徐复观集》，群言出版社，1993，第146页。

二，推行教化，正确引导；其三，严刑深罚，打击奸宄；其四，教法并行，礼乐并重。在寻求变风易俗的方法时，两汉士人又大多能够立足于自身所处的社会实际，强调时势，因而他们所提出的方法往往具有现实针对性和切实可操作性。[①] 而且，随着两汉政府统治思想的变迁，两汉风俗观念在其影响下不断地发展演变，同时，在这一演变过程中，两汉士人的风俗观也在一定程度上持续地对政府统治思想施加自己的影响。

第一节　风俗观念对政治的超越：汉初政治与陆贾、贾谊的风俗观

一　汉初黄老思想与从俗而治

由于过分相信或者说是片面理解了法家的思想路线，秦始皇企图通过严厉的法律手段来"匡饬异俗"，以尽快地实现自己天下"太平"的梦想。但事与愿违，这一过激的行为导致统治政策过于严酷，在一定程度上反而加快了秦王朝的灭亡速度。

刘邦集团正是利用"天下苦秦久矣"[②] 的有利局面，推翻秦朝，创建了西汉王朝。政权建立之初，由于刚刚饱受秦朝暴政和秦末战火的摧残，社会满目疮痍，经济十分萧条，"民失作业，而大饥馑。凡米石五千，人相食，死者过半"，甚至"民亡盖藏，自天子不能具醇驷，而将相或乘牛车"，政治秩序也尚未安定，百废待兴。[③] 因此，摆在刘邦集团面前的迫切任务是恢复和发展经济，稳定社会秩序。至于移风易俗，显然不是当时的主要目标。

---

① 孙家洲、邬文玲：《汉代士人"移风易俗"理论的构架及影响》，《中州学刊》1997 年第 4 期。

② 陈胜和刘邦在起兵时都曾提到这一言论，可见这种观念当能够得到秦末一般民众的广泛认同。参见《史记》卷四八《陈涉世家》，第 1950 页；《史记》卷八《高祖本纪》，第 350 页。

③ 《汉书》卷二四《食货志》，第 1127 页。

同时，作为亡秦的目睹者和参与者，刘邦集团是凭借着"据秦之地""用秦之人"以及"承秦之制"的策略，才得以夺取最终胜利的。① 西汉王朝的创建，虽本身意味着对秦朝的否定，但为稳定社会秩序，西汉王朝在制度和政策上又大量继承了秦朝的传统。从入关、定都、定朝仪到完成统一大业、确立中央集权的政治形态，没有一样不是袭秦故资，在秦国固有的地理、社会、经济、法制等各项条件的基础上完成的。② 钱穆说："汉初制度、法律一切全依秦旧。"③ 史书亦载："汉兴……庶事草创，袭秦正朔。"④ 甚至帝号、官职、爵位也都仿秦而制。可见，汉王朝是刘邦集团"反秦"之后继而又"承秦"的产物。

面对这一复杂局面，刘邦集团意识到，要想稳定汉王朝的统治秩序，既要反对秦以法为教的统治方式，避免重蹈秦亡覆辙，又需要在不触动秦朝各地旧俗的前提下塑造新的统治秩序，施行"反秦之敝，与民休息"⑤ 的策略。而主张清静无为、因俗而治的黄老思想正好适应了这一时代需要，成为汉初的统治思想。⑥ 西汉建立之初，朝廷就在政治文化上崇尚黄老刑名之学，在日常行政中推行黄老之术。

黄老思想以安定天下为宗旨，把老子的无为思想作为核心，将道与法糅合在一起，并兼采儒、墨、阴阳各家之长，实际上是一种综合各家思想的学说。它主张"与时迁徙，应物变化，立俗施事，无所不宜，指约而易操，事少而功多"，⑦ 要求为政者清静无为、因俗而治，以期收到"无为而无不为"的效果。在治国方略方面，它继承并发扬了《老子》中清静无为、崇俭禁奢以及"以百姓心为心"⑧ 的思想，主张"〔毋〕苛事，节赋敛，毋夺民时"，强调"节民力以使，则财

① 详见陈苏镇《汉代政治与〈春秋〉学》，第 35~66 页。

② 陈丽桂：《秦汉时期的黄老思想》，台北：文津出版社，1997，第 145 页。

③ 钱穆：《国史大纲（修订本）》，商务印书馆，1996，第 129 页。

④ 《汉书》卷二一《律历志》，第 974 页。

⑤ 《汉书》卷八九《循吏传》，第 3623 页。

⑥ 也有学者称将其称为"新道家"思想。详见熊铁基《秦汉新道家》，上海人民出版社，2001。

⑦ 《汉书》卷六二《司马迁传》，第 2710 页。

⑧ 《老子·四十九章》，朱谦之撰《老子校释》，第 194 页。

生；赋敛有度则民富"，要求做到"号令成俗而刑伐（罚）不犯"，因为这才是"守固单（战）朕（胜）之道"。① 这种政治主张由于契合了当时的社会政治、经济条件，因而受到统治者的重视。考虑到秦末以来的连年战乱，又目睹秦朝"尚法而亡"，汉初统治者最终接受了黄老思想并将其贯彻于治理国家的方略之中。

据《汉书·刑法志》载，刘邦在位时，"相国萧何攈摭秦法，取其宜于时者，作律九章"。② 萧何承秦制而定汉律，择取其适宜于当世法律者，这种行为正是刘邦集团"入乡随俗，向关中文化作出妥协"③ 的一种表现。孝惠、高后时，统治之术仍未发生改变，"填以无为，从民之欲，而不扰乱，是以衣食滋殖，刑罚用稀"。④

《史记》对此记载尤为详细。如《吕太后本纪》赞曰："孝惠皇帝、高后之时，黎民得离战国之苦，君臣俱欲休息乎无为，故惠帝垂拱，高后女主称制，政不出房户，天下晏然。刑罚罕用，罪人是希。民务稼穑，衣食滋殖。"⑤ 又据《曹相国世家》记载，惠帝元年（前194年），曹参任齐相，"尽召长老诸生，问所以安集百姓，如齐故（俗）诸儒以百数，言人人殊，参未知所定。闻胶西有盖公，善治黄老言，使人厚币请之。既见盖公，盖公为言治道贵清静而民自定，推此类具言之。参于是避正堂，舍盖公焉。其治要用黄老术，故相齐九年，齐国安集，大称贤相"。⑥

"如齐故俗诸儒以百数"，《汉书·曹参传》作"而齐故诸儒以百数"，⑦ 王念孙《读史记杂志》曰"如与而同"，俗字则为"后人所加"，应从《汉书》。中华书局标点本《史记》便依《汉书》及王说删"俗"字。⑧ 其实，齐国"如齐故俗"的从俗而治传统，除此之

---

① 《黄帝四经·君正》，余明光校注《黄帝四经今注今译》，岳麓书社，1993，第25~26页。
② 《汉书》卷二三《刑法志》，第1096页。
③ 陈苏镇：《汉代政治与〈春秋〉学》，第66页。
④ 《汉书》卷二三《刑法志》，第1097页。
⑤ 《史记》卷九《吕太后本纪》，第412页。
⑥ 《史记》卷五三《曹相国世家》，第2029页。
⑦ 《汉书》卷三九《曹参传》，第2018页。
⑧ 参见陈苏镇《汉代政治与〈春秋〉学》，第95~96页。

外，在《史记》一书中还多有记载。如《齐太公世家》载："太公至国，修政，因其俗，简其礼，通商工之业，便鱼盐之利，而人民多归齐，齐为大国。"①《管晏列传》载："管仲既任政相齐，以区区之齐在海滨，通货积财，富国强兵，与俗同好恶。……俗之所欲，因而予之；俗之所否，因而去之。"② 因此，陈苏镇认为"《史记》原文可通"，"汉初，齐俗变诈，难以汉法治之。曹参在齐，对此必有深切感受，因而任齐相后，明确提出'安集百姓，如齐故俗'的治国方针。但曹参是楚人，对齐国故俗未必清楚，向齐地长老诸生请教，不足为奇，而盖公的主张最适合曹参的方针，遂为曹参所用。班固改《史记》之文，反而掩盖了这一重要史实"。③

后来曹参代萧何为汉之相国，又把在齐国治理中颇有成效的黄老思想推行于全国。显然，曹参是黄老无为思想的倡导者和积极实践者。对此，司马迁赞道："参为汉相国，清静极言合道。然百姓离秦之酷后，参与休息无为，故天下俱称其美矣。"④

刘邦集团还创立了郡国并行的政治体制。这种体制"本质可能是东西异制，主要意义则是允许或默许东方王国不用汉法，从俗而治"。⑤ 如刘邦立韩信为楚王时就曾在诏书中说："楚地已定，义帝亡后，欲存恤楚众，以定其主。齐王信习楚风俗，更立为楚王。"⑥ 这表明，刘邦立韩信为楚王，除了履行自己的诺言之外，也是为了能更好地"存恤楚众"。而之所以认为韩信能更好地存恤楚众，正是由于他熟悉楚人风俗。

其实，将封立诸侯王同当地风俗联系起来，也是韩信在此之前要求做齐王的理由。所谓"齐伪诈多变，反覆之国也，南边楚，不为假王以镇之，其势不定"⑦，虽有要挟刘邦之意，但所言的确是齐人的风俗特点。关于汉初前后"齐俗"的特点，司马迁在《史记》中还多

---

① 《史记》卷三二《齐太公世家》，第 1480 页。
② 《史记》卷六二《管晏列传》，第 2132 页。
③ 陈苏镇：《汉代政治与〈春秋〉学》，第 96 页。
④ 《史记》卷五三《曹相国世家》，第 2031 页。
⑤ 陈苏镇：《汉代政治与〈春秋〉学》，第 67 页。
⑥ 《汉书》卷一《高帝纪》，第 51 页。
⑦ 《史记》卷九二《淮阴侯列传》，第 2621 页。

次提到。如"（齐）人多变诈"①"齐人多诈而无情实"②"齐地多变诈，不习于礼义"③"（齐）俗宽缓阔达，而足智，好议论"④ 等。可见，齐人变诈，难以郡县治之，而必须立王"以镇之"，虽是韩信的逻辑，却也是当时的事实。因此，对于刘邦招降田横及其五百余客一事，陈苏镇曾做这样的分析："一定是因为田横等习齐风俗，在齐人中又有一定威信，可以帮他'存恤'齐众。"⑤ 田横的自杀，致使刘邦这一计划落空。一年后，刘邦立刘肥为齐王，且下令"诸民能齐言者皆予齐王"，⑥ 其实在一定程度上也是按习俗划定齐国的范围，当是刘邦上述目的的部分实现。

由此可见，刘邦集团的郡国并行制是对现实政治清醒认识的产物。刘邦得以继秦始皇之后再建帝业，又能避免重蹈亡秦覆辙，原因之一就是他们吸取了秦朝的教训，"放弃了以整齐习俗、统一文化为核心内容的对'大同'、'太平'的追求"，而是采取"针对不同习俗采取不同政策"的治国方略。⑦

随后的"文景之治"是汉兴以来的盛世。这一时期社会安定，经济繁荣，民众安居乐业，历来被人们所赞扬。文景时代的统治思想，较之以前，也已经有了些微的变化。

汉文帝是史家司马迁和班固都大为赞赏的皇帝，在他身上已具有比较明显的儒家思想意识。如《史记·孝文本纪》载：

> 南越王尉佗自立为武帝，然上召贵尉佗兄弟，以德报之，佗遂去帝称臣。与匈奴和亲，匈奴背约入盗，然令边备守，不发兵深入，恶烦苦百姓。吴王诈病不朝，就赐几杖……群臣如张武等受赂遗金钱，觉，上乃发御府金钱赐之，以愧其心，弗下吏。专

---

① 《史记》卷九七《郦生陆贾列传》，第 2694 页。
② 《史记》卷一一二《平津侯主父列传》，第 2950 页。
③ 《史记》卷六〇《三王世家》，第 2116 页。
④ 《史记》卷一二九《货殖列传》，第 3265 页。
⑤ 陈苏镇：《汉代政治与〈春秋〉学》，第 79 页。
⑥ 《史记》卷五二《齐悼惠王世家》，第 1999 页。
⑦ 陈苏镇：《汉代政治与〈春秋〉学》，第 98 页。

务以德化民，是以海内殷富，兴于礼义。①

这里，司马迁盛赞文帝的德政和仁慈，对其"以德化民"的举措叙述得极为详细，并突出其"海内殷富，兴于礼义"的治理效果，说"汉兴，至孝文四十有余载，德至盛也"。② 在《史记·孝景本纪》中，司马迁再次赞扬"孝文施大德，天下怀安"。③ 贾谊曾经向文帝提议"定制度，兴礼乐"，并"草具其仪"，汉文帝"说（悦）焉"，只是由于"大臣绛、灌之属害之，故其议遂寝"。④ 这些记载足以表明汉文帝的统治之术具有儒家思想的成分。

然而，在文帝心中占主导地位的仍不是儒家思想，而是黄老之学和刑名之学。⑤ 这在史书中多处可见。如《史记·儒林列传》载，文帝颇征用儒者，"然孝文帝本好刑名之言"；⑥ 在《史记·礼书》中，司马迁又说："孝文好道家之学，以为繁礼饰貌，无益于治，躬化谓何耳，故罢去之。"⑦《史记·律书》所描绘的文帝时代也是"百姓无内外之繇，得息肩于田亩""人民乐业，因其欲然，能不扰乱，故百姓遂安"。⑧

由此可见，文帝虽务德政，赏礼乐，但并不赞同"繁礼饰貌"，而是主张不扰乱百姓，因循其欲而治，体现的仍是清静无为的黄老思想，只是其躬化、以身作则的行为多少带些儒家色彩。⑨ 而且，文帝

---

① 《史记》卷一〇《孝文本纪》，第 433 页。
② 《史记》卷一〇《孝文本纪》，第 437 页。
③ 《史记》卷一一《孝景本纪》，第 449 页。
④ 《汉书》卷二二《礼乐志》，第 1030 页。
⑤ 王铁认为"当时的道家与刑名，实际上正是一回事"（王铁：《汉代学术史》，华东师范大学出版社，1995，第 239 页）。这种观点，可能过于武断。司马迁在《史记》卷一三〇《太史公自序》中说："自曹参荐盖公言黄老，而贾生、晁错明申、商。"（第 3319 页）其中将黄老（道家）、申商（刑名）并举，可见两者并不等同。简而言之，黄老是汉王朝"反秦之敝"的拨乱反正，而刑名则是"承秦之俗"的现实状况。
⑥ 《史记》卷一二一《儒林列传》，第 3117 页。
⑦ 《史记》卷二三《礼书》，第 1160 页。
⑧ 《史记》卷二五《律书》，第 1242～1243 页。
⑨ 陈金花：《论西汉前期统治思想的变化及其原因》，《渭南师范学院学报》2006 年第 4 期。

虽对刑名之学较为关注和喜欢，但由于受黄老之学和儒学的影响，文帝并不滥用刑罚，法令较为宽松。班固对文帝时代曾称扬道："及孝文即位，躬修玄默，劝趣农桑，减省租赋。而将相皆旧功臣，少文多质，惩恶亡秦之政，论议务在宽厚，耻言人之过失。化行天下，告讦之俗易。吏安其官，民乐其业，畜积岁增，户口寖息。风流笃厚，禁网疏阔。……是以刑罚大省，至于断狱四百，有刑错之风。"①

与文帝相比，景帝甚至"不任儒者"，② 反而受与黄老之学密切相关的刑名之学影响更深。这从景帝与晁错、张欧的关系中可略知一二。晁错学的是申商刑名之学，文帝时任太子家令，深得太子（即景帝）的宠幸，有"智囊"之称。景帝即位后，"错常数请间言事，辄听，宠幸倾九卿，法令多所更定"。③ 张欧也是"孝文时以治刑名言事太子"，④ 景帝即位后被任命为九卿之职。另据《史记·酷吏列传》所载酷吏，仅景帝朝就有晁错、郅都和宁成三人。其中郅都最为典型。"是时民朴，畏罪自重，而都独先严酷，致行法不避贵戚，列侯宗室见都侧目而视，号曰'苍鹰'。"⑤ 郅都在民风尚朴之时"独先严酷"，可以说是首开严酷执法之风。他执法虽严峻，但为人廉洁奉公，敢于直谏。郅都死后，景帝任宁成为中尉，"其治效郅都，其廉弗如，然宗室豪桀皆人人惴恐"。⑥ 据此可知，景帝时期，加重了刑名治国的分量，其治国之术与法家思想联系更为紧密。但是，由于景帝的母亲窦太后非常喜欢黄老之言，"帝及太子诸窦不得不读《黄帝》、《老子》，尊其术"，⑦ 故黄老之术仍是景帝时期的统治思想。

从上述可见，汉文帝较为注重德政，对儒家有所关注，但更喜欢道家、刑名之学；汉景帝则不任儒者，更趋向于刑名之学。与前代统治者相比，他们二人的思想虽有所变化，但其统治思想并无太大改

① 《汉书》卷二三《刑法志》，第 1097 页。
② 《史记》卷一二一《儒林列传》，第 3117 页。
③ 《史记》卷一〇一《袁盎晁错列传》，第 2746 页。
④ 《史记》卷一〇三《万石张叔列传》，第 2773 页。
⑤ 《史记》卷一二二《酷吏列传》，第 3133 页。
⑥ 《史记》卷一二二《酷吏列传》，第 3134 页。
⑦ 《史记》卷四九《外戚世家》，第 1975 页。

动，基本上仍是采用无为政治。① 秦朝以法为教的统治方针"由秦代至西汉中期相沿不替，只是在汉初被黄老之术掩盖了"。② 无为而治当然对风俗的改变不起什么作用，以法为教，主要也是在去除恶俗，保证安定，虽然对于齐整风俗有所促进，但与儒家主张的有意识、大规模地移风易俗却有着根本的差别。汉初，以陆贾、贾谊为代表的儒家学者开始有意识地总结、批判和反思秦政，并在此基础上提出了一系列移风易俗的主张，以求化民成俗。不过，"自汉兴至孝文二十余年，会天下初定，将相公卿皆军吏"，③ 直到汉宣帝以前，儒家的指导思想始终没有占据统治地位，因而儒家所力倡的齐整风俗策略也一直没有得到大规模的推行。

二 陆贾的无为教化风俗观

西汉王朝是在秦末战争的废墟上建立起来的。探究秦亡原因、免蹈秦朝覆辙、确保汉王朝的长治久安是汉初政治家的共识。建汉之初，陆贾就向刘邦提出了"马上得之，宁可以马上治乎"的警醒，认为"逆取而以顺守之，文武并用"才是"长久之术"。④ 对刘邦集团而言，陆贾无疑是较早明确提出"取守异术"、要求改变统治思想的人。在这一认识前提下，陆贾认为"事逾烦天下逾乱，法逾滋而天下逾炽，兵马益设而敌人逾多"，⑤ 繁刑严诛只会导致百姓困穷、风俗败坏，因此绝不能继续实行秦的暴政。

为此，陆贾在对秦王朝批判的基础上提出了自己的治国新理念，形成一套系统的社会控制思想，其中有关风俗的论述尤其值得注意。陆贾认为，治国之道，务在化民。"《传》曰：'天生万物，以地养之，圣人成之。'功德参合，而道术生焉。……故知天者仰观天文，

---

① 陈金花：《论西汉前期统治思想的变化及其原因》，《渭南师范学院学报》2006 年第 4 期。

② 周振鹤：《从"九州异俗"到"六合同风"——两汉风俗区划的变迁》，《中国文化研究》1997 年第 4 期。

③ 《史记》卷九六《张丞相列传》，第 2681 页。

④ 《汉书》卷四三《陆贾传》，第 2113 页。

⑤ 《新语·无为》，王利器撰《新语校注》，中华书局，1986，第 62 页。

知地者俯察地理。……于是先圣乃仰观天文，俯察地理，图画乾坤，以定人道，民始开悟，知有父子之亲，君臣之义，夫妇之别，长幼之序。于是百官立，王道乃生。"① 只有实行以无为为特征的黄老思想，以身作则，施行教化，才能适应新形势，才能得民心、定大局，才能美化社会风俗。

（一）行礼乐教化，正风俗

陆贾是一位倡导教化的政治家、思想家。秦二世而亡的历史教训使陆贾认识到，只有对百姓进行礼乐教化才能实现国家的长治久安，进而实现社会和谐景象。在《新语》一书中，陆贾通过总结秦亡汉兴的政治经验教训，着重阐释了以仁义为体、以刑罚为用的教化思想，②希望汉代统治者切实加强对民众的礼乐教化工作，进而美化风俗，维护社会统治。

为此，陆贾首先描绘了一个老少怀安的统治场景：

> 君子之为治也，块然若无事，寂然若无声，官府若无吏，亭落若无民，闾里不讼于巷，老幼不愁于庭，近者无所议，远者无所听，邮无夜行之卒，乡无夜召之征，犬不夜吠，鸡不夜鸣，耆老甘味于堂，丁男耕耘于野，在朝者忠于君，在家者孝于亲；于是赏善罚恶而润色之，兴辟雍庠序而教诲之，然后贤愚异议，廉鄙异科，长幼异节，上下有差，强弱相扶，大小相怀，尊卑相承，雁行相随，不言而信，不怒而威，岂待坚甲利兵、深牢刻令、朝夕切切而后行哉？③

这是一个在君子统治下所达到的风俗美好的理想社会。有学者认为，陆贾的这种无为政治理想境界"与老子的'小国寡民'的蓝图，是同属一个模式的"。④ 但仔细对比就会发现，两者其实有着质的区别。陆贾的理想风俗社会，实际上并不否定官府的存在，只是希望其

---

① 《新语·道基》，王利器撰《新语校注》，第1~9页。
② 朱海龙、黄明喜：《陆贾教化思想探析》，《华南师范大学学报》2004年第3期。
③ 《新语·至德》，王利器撰《新语校注》，第118页。
④ 杨育坤：《略论汉初的黄老之学》，《秦汉史论丛》第二辑，陕西人民出版社，1983，第142页。

不要扰民；他还要求人们做到"在朝者忠于君，在家者孝于亲"，而这与老子的主张也格格不入。① 更显著的是，在这一理想风俗社会中，还有"兴辟雍庠序而教诲之"的举措。事实上，这才是陆贾所想要表达的重点。徐复观就认为，陆贾实际上是把兴辟雍庠序的教化"视为历史进化的最重大里程碑"，可以称得上是"汉代逐渐实现的由政府举办学校教育的先声"。②

为了实现这种"若无事""若无声""若无吏""若无民"的理想社会风俗，成就仁德政治，陆贾十分强调无为教化的社会作用。"曾、闵之孝，夷、齐之廉，此宁畏法教而为之哉？故尧、舜之民，可比屋而封，桀、纣之民，可比屋而诛，何者？化使其然也。"③ 要实现上述美好的社会风俗，最重要的就是对百姓进行教化。

陆贾还博采古今，运用丰富的史实来论证教化的重要作用。他认为，正是由于"世人不学《诗》、《书》，存仁义，尊圣人之道，极经艺之深"，④ 才致使"后世衰废"。⑤ 为改变这一状况，圣人采取了"防乱以经艺"⑥ "校修《五经》之本末"⑦ "表定《六艺》，以重儒术"⑧ 等一系列措施。也就是说，要实现天下安定、风俗美好，就必须以仁义道德学说来教化民众；要实现"老者安之，朋友信之，少者

---

① 如老子认为："大道废，有人（仁）义。智惠（慧）出，有大伪。六亲不和，有孝慈。国家昏乱，有忠臣。"（《老子·十八章》，朱谦之撰《老子校释》，第 72～73 页）

② 徐复观：《两汉思想史》第 2 卷，华东师范大学出版社，2001，第 59、64 页。

③ 《新语·无为》，王利器撰《新语校注》，第 65 页，宋翔凤依《群书治要》改。原本作："曾、闵之孝，夷、齐之廉，岂畏死而为之哉？教化之所致也。故尧、舜之民，可比屋而封，桀、纣之民，可比屋而诛，何者？教化使然也。"唐晏曰："按曾、闵之孝，夷、齐之廉，盖出于性，而以为教化之所致，正荀卿化性起伪之说。"（参见王利器撰《新语校注》，第 65～66 页）这一改动，在一定程度上也是由于对陆贾思想倾向的理解有所不同，前者仅注重"化"，强调无为政治；后者则既重视"化"，也提及"教"的作用，认为陆贾在强调无为的同时也包含有为的意识。笔者认为后者更为接近陆贾的原意，况且"教"本身也包含"不言之教"。

④ 《新语·怀虑》，王利器撰《新语校注》，第 137 页。

⑤ 《新语·道基》，王利器撰《新语校注》，第 18 页。

⑥ 《新语·道基》，王利器撰《新语校注》，第 29 页。

⑦ 《新语·术事》，王利器撰《新语校注》，第 37 页。

⑧ 《新语·本行》，王利器撰《新语校注》，第 142 页。

怀之""庶人不议""必也使无讼乎"的社会理想,① 就必须求之以
"兴辟雍庠序"的礼乐教化。

陆贾认为,要形成一个秩序井然的社会就必须依靠礼教,"民知
畏法,而无礼义;于是中圣乃设辟雍庠序之教,以正上下之仪,明父
子之礼,君臣之义,使强不凌弱,众不暴寡,弃贪鄙之心,兴清洁之
行",② 人人循礼教,维持社会正常的统治秩序,须设辟雍庠序之教,
由教化为之。若礼教不符则无法执行纲常纪律,无纲常纪律则国家势
必丧失正常运作的条件,衰亡也就在所难免,"礼义不行,纲纪不立,
后世衰废"。③ 为此,圣人"乃定《五经》,明《六艺》,承天统地,
穷事察微,原情立本,以绪人伦,宗诸天地,纂修篇章,垂诸来世,
被诸鸟兽,以匡衰乱……调之以管弦丝竹之音,设钟鼓歌舞之乐,以
节奢侈,正风俗,通文雅",④ 采用制定礼乐教化的方式来"正风
俗","以匡衰乱"。这实际上已初步提出统治者应"承天统地",把
以礼乐教化为主要内容的儒家经典作为维护社会统治的官方意识
形态。

只有通过普遍而有效的教化,社会的基本伦理规范才能转化为民
众的心理需要。"天地之性,万物之类,怀德者众归之,恃刑者民畏
之,归之则充其侧,畏之则去其域"。⑤ 只要以德化民,社会就会进入
一种人人自觉遵守社会秩序的稳定状态,继而呈现出儒家所不断追寻
的大同社会的风俗和谐景象,而这正是陆贾之所以大力倡导教化的最
终目的之所在。⑥

(二) 修仁义道德,美风俗

汉初承秦制,刑法酷重。如高祖入关,虽简省律令,约法三章,
"其后四夷未附,兵革未息,三章之法不足以御奸,于是相国萧何攈

<hr>

① 分别见《论语·公冶长》《论语·季氏》《论语·颜渊》,杨伯峻译注《论语译
　注》,第 52、174、128 页。
② 《新语·道基》,王利器撰《新语校注》,第 17 页。
③ 《新语·道基》,王利器撰《新语校注》,第 18 页。
④ 《新语·道基》,王利器撰《新语校注》,第 18 页。
⑤ 《新语·至德》,王利器撰《新语校注》,第 117 页。
⑥ 朱海龙、黄明喜:《陆贾教化思想探析》,《华南师范大学学报》2004 年第 3 期。

摅秦法，取其宜于时者，作律九章"，但"其大辟，尚有夷三族之令"，彭越、韩信之属皆受"五刑"，新垣平亦被诛三族。① 有学者指出，刘邦入据秦地，在与项羽的对抗中亦是以秦地为基础，为取得秦人支持，刘邦在秦地所实行的制度"恐怕不会是'悉除去秦法'，而应当是沿袭秦制以适应秦俗，取悦于秦人。消灭项羽以后，刘邦定都关中，建立汉朝，所实行的制度乃是与项羽对峙时期关中制度的延续和扩大"。②

"去事之戒，来事之师也。"③ 陆贾在《新语》中系统阐明秦亡原因时，已意识到"秦非不欲治也，然失之者，乃举措太众、刑罚太极故也"。④ 鉴于秦"尚刑而亡"而汉初又承秦制，陆贾认为要想维护国家统治，必须改变治国策略，废除严刑酷法，提倡仁义。他提醒刘邦："乡使秦已并天下，行仁义，法先圣，陛下安得而有之？"⑤ 因此，陆贾高扬仁义思想："仁者道之纪，义者圣之学。……仁者以治亲，义者以利尊。万世不乱，仁义之所治也。"⑥ "故虐行则怨积，德布则功兴，百姓以德附，骨肉以仁亲，夫妇以义合，朋友以义信，君臣以义序，百官以义承……守国者以仁坚固，佐君者以义不倾，君以仁治，臣以义平，乡党以仁恂恂，朝廷以义便便。"⑦ 这些话阐明了维护等级秩序、君臣秩序、人伦秩序与仁义之间的关系，只有把仁义作为上至国君下到平民的道德规范，才能使整个社会处于有序的统治之中，才能美风化俗。

陆贾还以史为鉴，他盛赞黄帝、神农等先圣，认为他们能够行仁义之道，造福于民，因而千古流芳。他将倡导仁义的虞舜、伯夷、叔齐、太公等与倡导武力刑罚的知伯进行对比："虞舜蒸蒸于父母，光耀于天地；伯夷、叔齐饿于首阳，功美垂于万代；太公自布衣升三公

---

① 《汉书》卷二三《刑法志》，第1096、1104~1105页。

② 王葆玹：《今古文经学新论》，中国社会科学出版社，1997，第190页。

③ 《新语·至德》，王利器撰《新语校注》，第122页。

④ 《新语·无为》，王利器撰《新语校注》，第62页。

⑤ 《史记》卷九七《郦生陆贾列传》，第2699页。这种思想在汉代学者中较为普遍，尤其是在儒家学者之中。

⑥ 《新语·道基》，王利器撰《新语校注》，第34页。

⑦ 《新语·道基》，王利器撰《新语校注》，第30页。

之位，累世享千乘之爵；知伯仗威任力，兼三晋而亡。"① 通过对他们治理社会成效的比较，陆贾评判仁义与刑罚的利弊得失，并由此认为，以仁义为体、以刑罚为用来教化风俗，是统治者依据历史经验做出的正确选择。

站在以教化为本的政治高度，陆贾十分重视道德的社会价值。他说："立事者不离道德，调弦者不失宫商，天道调四时，人道治五常，周公与尧、舜合符瑞，二世与桀、纣同祸殃"，② 把道德比作不可或缺的社会律则，如同四时、五常，是国泰民安、美化风俗必不可少的基石。尧、舜、周公深明此理，大行道德，于是功成名就，流芳百世；而桀、纣弃道德于不顾，骄奢淫逸，结果被历史所抛弃而"同祸殃"。

陆贾所说的道德更多地包含仁义的成分，映射出仁德的内容，道德与仁义相互结合，不仁义即无道德，体现出陆贾独到的认识，使道德内涵更加丰富，"德薄者位危，去道者身亡，万世不易法，古今同纪纲"③ 便是陆贾对道德重要性所做的评价。

为避免重蹈秦朝以法为教而速亡的覆辙，从根本上巩固汉王朝中央集权制和维护国家的统一，陆贾强调国家应树立起道德至上的理想信念，使人们成为德行完善的贤者。他虽从性善论的立场出发，却认为"自人君至于庶人，未有不法圣道而为贤者也"④。为此，陆贾提倡学习儒家经典，认为学习儒家经典可以使仁义道德入于人心，可使民心自然向善，"仁者道之纪，义者圣之学。学之者明，失之者昏，背之者亡"。⑤ 并且"力学而诵《诗》、《书》，凡人所能为也"，不像"欲移江、河，动太山，故人力所不能也"。因此，"如调心在己，背恶向善，不贪于财，不苟于利，分财取寡，服事取劳，此天下易知之道，易行之事也，岂有难哉？"⑥ 在陆贾看来，古代圣王正是因为担心

---

① 《新语·道基》，王利器撰《新语校注》，第 25 页。
② 《新语·术事》，王利器撰《新语校注》，第 41 页。
③ 《新语·术事》，王利器撰《新语校注》，第 43 页。
④ 《新语·思务》，王利器撰《新语校注》，第 171 页。
⑤ 《新语·道基》，王利器撰《新语校注》，第 34 页。
⑥ 《新语·慎微》，王利器撰《新语校注》，第 91 页。

百姓只是惧怕刑罚而缺乏仁义道德，所以才"设辟雍庠序之教"。①
他坚信通过仁义道德教化能够达到"强弱相扶，大小相怀，尊卑相
承，雁行相随，不言而信，不怒而威"② 即风俗美化的目的。

（三）同圣教好恶，一风俗

陆贾主张通过行礼乐教化、修仁义道德来纠正和美化风俗，但
是，这些措施要想真正深入到社会的每一个角落，更需要统治者自上
而下以身作则来实现。只有同圣教好恶，才能齐一风俗。"圣人承天
之明，正日月之行，录星辰之度，因天地之利，等高下之宜，设山
川之便，平四海，分九州，同好恶，一风俗。《易》曰：'天垂象，
见吉凶，圣人则之；天出善道，圣人得之。'言御占图历之变，下
衰风化之失，以匡盛衰，纪物定世，后无不可行之政，无不可治之
民，故曰：'则天之明，因地之利。'观天之化，推演万事之类，散
之于□□之间，调之以寒暑之节，养之以四时之气，同之以风雨之
化，故绝国异俗，莫不知□□□，乐则歌，哀则哭，盖圣人之教所
齐一也。"③

这里，陆贾把"儒家的仁义与道家无为之教，结合在一起，开两
汉儒道并行互用的学风"。④ 教化指的是教育和感化，在陆贾的理解
里，它更多的是感化，即以环境和施教者的模范行为潜移默化地影响
被教育者。"近河之地湿，而近山之木长者，以类相及也。高山出云，
丘阜生气，四渎东流，百川无西行者，小象大而少从多也。"⑤ 陆贾认
为，"夫王者之都，南面之君，乃百姓之所取法则者也"，⑥ 皇帝是百
姓取法之源，"世衰道失，非天之所为也，乃君国者有以取之也"，⑦
民风败坏是由于统治者自身不能以身作则。他举例说，"周襄王不能
事后母，出居于郑，而下多叛其亲。秦始皇骄奢靡丽，好作高台榭，

① 《新语·道基》，王利器撰《新语校注》，第17页。
② 《新语·至德》，王利器撰《新语校注》，第118页。
③ 《新语·明诚》，王利器撰《新语校注》，第157页。
④ 徐复观：《两汉思想史》第2卷，第63页。
⑤ 《新语·无为》，王利器撰《新语校注》，第65页。
⑥ 《新语·无为》，王利器撰《新语校注》，第67页。
⑦ 《新语·明诚》，王利器撰《新语校注》，第155页。

广宫室，则天下豪富制屋宅者，莫不仿之，设房闼，备厩库，缮雕琢刻画之好，博玄黄琦玮之色，以乱制度。齐桓公好妇人之色，妻姑姊妹，而国中多淫于骨肉。楚平王奢侈纵恣，不能制下，检民以德，增驾百马而行，欲令天下人饶财富利，明不可及，于是楚国逾奢，君臣无别"。① 这均形成了十分不好的社会风俗。

因此，作为一国之主，最高统治者必须注意以自己的模范行为来影响自己的臣民，在维护教化方面应为民表率。"举措动作，不可以失法度"，② 只有不失法度，自上而下的教化才可能取得人们的相互信任，达到和谐互动的理想效果。只有统治者以身作则，"调心在己，背恶向善，不贪于财，不苟于利"③，做出表率，教化天下，才能使民心自然向善，改变民风败坏的状况。"故上之化下，犹风之靡草也。王者尚武于朝，则农夫缮甲兵于田。故君子之御下也，民奢应之以俭，骄淫者统之以理；未有上仁而下贼，让行而争路者也。故孔子曰：'移风易俗。'岂家令人视之哉？亦取之于身而已矣。"④ 也就说，"取之于身"的教化是移风易俗的主要手段。

基于这种认识，陆贾又提出"夫欲富国强威，辟地服远者，必得之于民；欲建功兴誉，垂名烈，流荣华者，必取之于身。故据万乘之国，持百姓之命，苞山泽之饶，主士众之力，而功不存乎身，名不显于世者，乃统理之非也。天地之性，万物之类，怀德者众归之，恃刑者民畏之，归之则充其侧，畏之则去其域。故设刑者不厌轻，为德者不厌重，行罚者不患薄，布赏者不患厚，所以亲近而致远也"。⑤ 陆贾把这种以德为主、刑罚为辅的刑德统一思想称为"中和"。他说："是以君子尚宽舒以褒其身，行身中和以致疏远；民畏其威而从其化，怀其德而归其境，美其治而不敢违其政。民不罚而畏，不赏而劝，渐渍

---

① 《新语·无为》，王利器撰《新语校注》，第 67 页。
② 《新语·无为》，王利器撰《新语校注》，第 67 页。
③ 《新语·慎微》，王利器撰《新语校注》，第 91 页。
④ 《新语·无为》，王利器撰《新语校注》，第 67 页。
⑤ 《新语·至德》，王利器撰《新语校注》，第 116～117 页。

于道德，而被服于中和之所致也"，① 达到"中和"的状态。

"中和"一词语出荀子。《荀子·王制》云："中和者，听之绳也。"注曰："听，听政也。……中和，谓宽猛得中也。"② 这种宽猛得中的理论为孔子所提倡。《左传·昭公二十年》载孔子评论大叔"不忍猛而宽"之政时就说："政宽则民慢，慢则纠之以猛。猛则民残，残则施之以宽。宽以济猛，猛以济宽，政是以和。"③ 这种主张显然为陆贾所继承。

陆贾还以"圣人不用珠玉而宝其身，故舜弃黄金于崭岩之山，捐珠玉于五湖之渊，将以杜滔（淫）邪之欲，绝绮玮之情"④ 为例，要求君子"远荧荧之色，放铮铮之声，绝恬美之味，疏嗌呕之情"，⑤ 认为不抵制美色钱财等贪欲的诱惑就不可能达到内圣的境界。明代人钱福曾评论说："其书（指《新语》——笔者注）所论亦正，且多崇俭尚静等语，似亦有启文、景、萧、曹之治者。"⑥ 这一说法很有道理。

结合现实需要，陆贾还明确反对统治者从事工商诸业，与民争利，认为"治国治众者，不可以图利，治产业，则教化不行，而政令不从"。⑦

针对当时方士神仙风气盛行，而秦始皇为求不死之药，不惜大量消耗国力，最终导致秦亡，陆贾还再三强调要破除各种迷信。他说："安危之要，吉凶之符，一出于身；存亡之道，成败之事，一起于善行；尧、舜不易日月而兴，桀、纣不易星辰而亡，天道不改而人道易也。夫持天地之政，操四海之纲，屈申不可以失法，动作不可以离度，谬误出口，则乱及万里之外，何况刑无罪于狱，而诛无辜于市乎？故世衰道失，非天之所为也，乃君国者有以取之也。"⑧

他虽也提到灾异，如"恶政生恶气，恶气生灾异。螟虫之类，随

---

① 《新语·无为》，王利器撰《新语校注》，第 64 页。
② 《荀子·王制》，（清）王先谦撰《荀子集解》，第 151 页。
③ 《左传·昭公二十年》，杨伯峻编著《春秋左传注》，第 1421 页。
④ 《新语·术事》，王利器撰《新语校注》，第 39 页。
⑤ 《新语·辅政》，王利器撰《新语校注》，第 55 页。
⑥ 《钱福新刊新语序》，《新语·附录三书录》，王利器撰《新语校注》，第 194 页。
⑦ 《新语·怀虑》，王利器撰《新语校注》，第 129 页。
⑧ 《新语·明诫》，王利器撰《新语校注》，第 152～155 页。

气而生；虹蜺之属，因政而见。治道失于下，则天文变于上；恶政流
于民，则螟虫生于野。贤君智则知随变而改，缘类而试思之，于
□□□变"，① 但所言"分量很轻，不似由董仲舒起，以灾异为言政
的主要手段"，② 并且认为"世人不学《诗》、《书》，存仁义，尊圣
人之道，极经艺之深，乃论不验之语，学不然之事，图天地之形，
说灾变之异，乖先王之法，异圣人之意，惑学者之心，移众人之
志，指天画地，是非世事，动人以邪变，惊人以奇怪，听之者若
神，视之者如异；然犹不可以济于厄而度其身，或触罪□□法，不
免于辜戮"。③

　　在陆贾的心目中，礼义教化和道德修养是为人与立国的基石与准
则，世人特别是统治者倘若只是采取二者取一、舍此取彼的态度，则
肯定会招致国破家亡的结果，统而兼之、施以教化才是比较明智的
选择。

　　不过，陆贾所提出的各项美化风俗的主张可能并没有引起汉初统
治者刘邦的充分重视，因为即使是整个《新语》在刘邦的全部政治意
识与政治行为中所能产生的影响，"比重"也是"很轻的"。④ 但是，
我们注意到，至少刘邦已开始重视仁义道德等有关风俗的软控制方式
在统治中所起到的作用。汉初尚黄老无为，主申、韩法律，"学问文
章非所重"。⑤ 在听取陆贾的陈议后，原本十分轻视儒士又"不修文
学"的刘邦，还是逐渐改变了一些看法。《古文苑》卷十记录有汉高
祖刘邦的手敕太子书，其中有"吾遭乱世，当秦禁学，自喜，谓读书
无益。洎践祚以来，时方省书，乃使人知作者之意。追思昔所行，多
不是"。同时劝勉太子"每上疏宜自书，勿使人也"，又教太子见
"萧曹张陈诸公侯""皆拜"。⑥ 汉高祖九年（前 198 年），刘邦徙儒者
叔孙通为太子太傅，十一年（前 196 年）发布求贤令，十二年（前

---

① 《新语·明诫》，王利器撰《新语校注》，第 155 页。
② 徐复观：《两汉思想史》第 2 卷，第 63 页。
③ 《新语·怀虑》，王利器撰《新语校注》，第 137 页。
④ 徐复观：《两汉思想史》第 2 卷，第 65 页。
⑤ 钱穆：《国史大纲（修订本）》，第 142 页。
⑥ 《全汉文》卷一高帝《手敕太子》，（清）严可均校辑《全上古三代秦汉三国六朝
　　文》，中华书局，1958，第 131 页。

195 年）"过鲁，以大（太）牢祠孔子"。① 或许，正是看到了这一点，徐复观才在专章分析陆贾思想时以"汉初的启蒙思想家——陆贾"为标题。②

也如徐复观所指出的那样，"像刘邦这种才气卓越的人，不是空言腐论所能掀动的"，陆贾并不高深的论述之所以能够打动刘邦，正是因为陆贾生当秦汉之际，亲身经过秦朝的统治，且目睹了秦亡汉兴的全过程，因而能够立足现实，从自己亲见亲闻中归纳出社会统治策略，较为接近历史的真实，"而不是光有一套仁义的理想框套，再把秦亡的事实，纳入在自己理想框套中去，加以剪裁，判断出来的结论"。③ 可以说，陆贾是汉初群臣中立足现实、系统阐述秦亡原因的第一人，也是汉王朝建立后要求转变统治思想、更换统治方式、重塑治国理念、明确提出以仁义道德来美化社会风俗的第一人。

三　贾谊的礼义教化风俗观

作为西汉初年杰出的政治家、思想家，贾谊在论世议政时非常重视风俗，在其政论文章和所著《新书》中不惮其烦地大谈风俗。可以说，他是把风俗问题作为一个重大的社会问题同时也是一个根本性的政治问题加以重视和强调的。他的风俗教化观是对先秦时期萌芽的风俗观念的继承和发扬，代表了中国古代传统社会风俗观的发展方向。

（一）淫侈之俗，天下之大贼

汉初，统治者汲取秦亡教训，推行休养生息政策，社会经济得到恢复并有了很大发展。当贾谊登上政治舞台之时，原本残破的社会经济已经得到扭转，政治局面也较为稳定。然而，汉循秦制而未改，秦代的严刑峻法、恶风陋俗也都被继承下来。因此，在表面平静和繁庶

① 《汉书》卷一《高帝纪》，第 76 页。
② 徐复观：《汉初的启蒙思想家——陆贾》，氏著《两汉思想史》第 2 卷，第 53 页。
③ 徐复观：《两汉思想史》第 2 卷，第 61～62 页。

的背后，隐伏着种种问题和矛盾。诸如豪强富贾气焰嚣张、奢侈淫佚之俗泛滥等问题开始暴露，摆在了西汉王朝统治者面前。

贾谊透过"安且治"的表面现象，敏锐地察觉到了这种渐露端倪的社会风俗问题，并且深感其发展形势的严重。他多次流露出对惑于表象、盲目乐观者的不满，认为侈言天下"安且治"的人是"非愚则谀"。① 从挽救局势出发，贾谊一再上疏天子，撰写政论文章，其中对当时社会风俗败坏现象的批判尤为激烈。

贾谊首先从批评秦制入手，指出商鞅变法背后的负面因素："商君遗礼义，弃仁恩，并心于进取，行之二岁，秦俗日败。"② 认为秦弃"礼义"的直接后果就是社会风俗的败坏，以致当"秦国失理，天下大败"时，其国内风俗："众掩寡，知欺愚，勇劫惧，壮凌衰，功击奋者为贤，贵人善突盗者为忻，诸侯设诈而相赚，饰诈而相绍者为知，天下乱至矣！"③ 贾谊的这种言论，实际上在一定程度上将秦朝的灭亡归于风俗人心的败坏。

接着，贾谊认为，秦制完全抛弃"礼义"所带来的风俗败坏的弊端也为汉代所继承，"曩之为秦者，今转而为汉矣。然其遗风余俗，犹尚未改"。④ 汉文帝即位之初，贾谊就上疏奏曰："汉承秦之败俗，废礼义，捐廉耻，今其甚者杀父兄，盗者取庙器。"⑤ 他提醒说，"前车覆，后车诫"，⑥ 若汉承秦制而不加改变，以后必有灾祸。尤其是随着社会"衣食滋殖"，这一弊端越来越严重，"四维不张"的现象在当时"难遍以疏举"。⑦

事实的确如此。汉王朝发展到文景时期，随着汉初布衣君臣的贵族化，统治阶级的生活渐趋腐化，社会矛盾已经相当严重。据史书记载，当时"网疏而民富，役财骄溢，或至兼并豪党之徒，以武断于乡

---

① 《汉书》卷四八《贾谊传》，第 2230 页。
② 《汉书》卷四八《贾谊传》，第 2244 页。
③ 《新书·时变》，（汉）贾谊撰，阎振益、钟夏校注《新书校注》，中华书局，2000，第 96 页。
④ 《汉书》卷四八《贾谊传》，第 2244 页。
⑤ 《汉书》卷二二《礼乐志》，第 1030 页。
⑥ 《汉书》卷四八《贾谊传》，第 2251 页。
⑦ 《汉书》卷四八《贾谊传》，第 2230 页。

曲。宗室有土公卿大夫以下，争于奢侈，室庐舆服僭于上，无限度"。① 特别是富商大贾急剧膨胀，出现了"大者积贮倍息，小者坐列贩卖，操其奇赢，日游都市"的局面，他们"男不耕耘，女不蚕织，衣必文采，食必（梁）〔粱〕肉"，② 滋长了"世之俗侈相耀，人慕其所不如"③ 的淫佚奢侈之风。

对这种"以侈靡相竞"④ 的社会风气，贾谊异常痛恨。他认为，淫侈的风俗必然带来社会风气的败坏。他说："今有何如，进取之时去矣，并兼之势过矣。胡以孝弟循顺为？善书而为吏耳。胡以行义礼节为？家富而出官耳。……今俗侈靡，以出伦逾等相骄，以富过其事相竞。今世贵空爵而贱良，俗靡而尊奸；富民不为奸而贫为里侮也，廉吏释官而归为邑笑；居官敢行奸而富为贤吏，家处者犯法为利为材士。故兄劝其弟，父劝其子，则俗之邪至于此矣。"⑤ 认为"淫侈之俗，日日以长，是天下之大贼也"，⑥ "汰流、淫佚、侈靡之俗日以长，是天下之大祟也"。⑦

他还指出，富人大贾骄恣不法、淫侈的社会风俗，实际上已经破坏了正常的统治秩序，"俗至大不敬也，至亡等也，至冒上也"。⑧ 社会竞以奢靡为荣，结果形成"生之者甚少而靡之者甚多"的局面，必然导致"生之有时，而用之亡度，则物力必屈""天下财产何得不蹶"的严重后果。⑨

为此，贾谊忧心忡忡地告诫当政者，富人的穷奢极欲必然造成穷人的饥寒交迫，直接影响到社会的治安，"饥寒切于民之肌肤，欲其无为奸邪盗贼，不可得也"，⑩ 甚至惊呼"国已屈矣，盗贼直须时

① 《史记》卷三〇《平准书》，第1420页。
② 《汉书》卷二四《食货志》，第1132页。
③ 《新书·瑰玮》，（汉）贾谊撰，阎振益、钟夏校注《新书校注》，第103页。
④ 《汉书》卷四八《贾谊传》，第2244页。
⑤ 《新书·时变》，（汉）贾谊撰，阎振益、钟夏校注《新书校注》，第97页。
⑥ 《汉书》卷二四《食货志》，第1128页。
⑦ 《新书·无蓄》，（汉）贾谊撰，阎振益、钟夏校注《新书校注》，第163页。
⑧ 《汉书》卷四八《贾谊传》，第2243页。
⑨ 《汉书》卷二四《食货志》，第1128页。
⑩ 《新书·孽产子》，（汉）贾谊撰，阎振益、钟夏校注《新书校注》，第107~108页。

耳"。① 在贾谊看来，汉朝天下已岌岌可危，其势如"抱火厝之积薪之下而寝其上，火未及燃，因谓之安"。②

通过对汉初风俗的批判，贾谊得出天下治乱的关键在于风俗好坏的结论。这种看法与将一朝一姓的兴亡仅简单地系于民心向背的观念相比，自然更为深刻。王子今就认为，贾谊有关批判秦政、抵制浮侈世风的思想，对文景之治乃至西汉王朝政治方向的确立有着重要的作用。③

（二）心未滥而先谕教，则化易成

如何避免秦朝因风俗败坏最终灭亡的悲剧不再重演？这是贾谊在看到汉承秦之陋俗后一直思考的问题。在贾谊看来，要想使淫侈的社会风俗得到根本改善，教化无疑是一个极为重要的环节。

首先，贾谊大声疾呼："今或言礼谊之不如法令，教化之不如刑罚，人主胡不引殷、周、秦事以观之也？"④ 并比较了"有教"和"无教"两种不同的治政效果。通过比较，贾谊明确指出："夫开于道术，知义理之指，则教之功也。"⑤ 因此，他很重视教育的作用，主张人们通过后天的学习提高自身的道德素质。在他看来，"人性非甚相远也"。⑥ 在《劝学》中，贾谊甚至直截了当地提出人"同性"："谓门人学者：舜何人也？我何人也？夫启耳目，载心意，从立移徙，与我同性。"⑦ "性"既然"同"，日后为什么却发生了不同的变化，致使"殷周之君有道而长也，而秦无道之暴也"？⑧ 贾谊认为，这其中的关键就在于后天"习"的不同。他说：

> 习与正人居之，不能无正也，（犹生长于齐不能不齐言也；

---

① 《汉书》卷四八《贾谊传》，第 2243 页。
② 《汉书》卷四八《贾谊传》，第 2230 页。
③ 王子今：《贾谊政治思想的战略学意义》，《洛阳工学院学报》1999 年第 4 期。
④ 《汉书》卷四八《贾谊传》，第 2253 页。
⑤ 《新书·保傅》，（汉）贾谊撰，阎振益、钟夏校注《新书校注》，第 186 页。
⑥ 《新书·保傅》，（汉）贾谊撰，阎振益、钟夏校注《新书校注》，第 183 页。
⑦ 《新书·劝学》，（汉）贾谊撰，阎振益、钟夏校注《新书校注》，第 296~297 页。
⑧ 《新书·保傅》，（汉）贾谊撰，阎振益、钟夏校注《新书校注》，第 183 页。

习与不正人居之，不能无不正也，）犹生长于楚，不能不楚言也。故择其所嗜，必先受业，乃得尝之；择其所乐，必先有习，乃能为之。孔子曰："少成若天性，习贯若自然。"①

"习"改变人的力量既然如此之大，那么自然不能不十分注意教育教化，且要施行得愈早愈好。为此，贾谊提出"心未滥而先谕教"的教化主张，强调要在人们心中恶念尚未萌芽之际及早进行教育。"心未滥而先谕教，则化易成也"，② "古者年九岁入就小学，蹍小节焉，业小道焉；束发就大学，蹍大节焉，业大道焉。是以邪放非辟，无因入之焉"。③

教化的对象主要是广大的民众。在贾谊眼里，民众是立国之本，"自古至于今，与民为仇者，有迟有速，而民必胜之"。④ 但贾谊又认为民众是"至愚""至卑"的群盲，他说："夫民之为言者，瞑也；萌之为言者，盲也。故惟上之所扶而以之，民无不化也。"⑤ 意思是说，只要对民众加以扶植和引导，就必然能教化之，从而达到美化社会风俗的目的。

贾谊还将教化的施行归结为统治者自身的修养和以身作则，并进一步将教化看作政治的根本："夫民者，诸侯之本也。教者，政之本也；道者，教之本也。有道，然后教也；有教，然后政治也；政治，然后民劝之；民劝之，然后国丰富也。故国丰且富，然后君乐也。"⑥

（三）教训正俗，非礼不备

针对汉朝风俗败坏的状况，贾谊提出了教化的主张，而创建礼义制度、阐扬礼乐文化、以德教民则是教化的重要内容。

面对汉初社会道德堕落、人心不仁、风俗淫侈的现实，贾谊极力主张从指导思想和策略上改变汉承秦制的传统，希望通过礼治使民向

---

① 《新书·保傅》，（汉）贾谊撰，阎振益、钟夏校注《新书校注》，第184页。
② 《新书·保傅》，（汉）贾谊撰，阎振益、钟夏校注《新书校注》，第186页。
③ 《新书·容经》，（汉）贾谊撰，阎振益、钟夏校注《新书校注》，第229页。
④ 《新书·大政上》，（汉）贾谊撰，阎振益、钟夏校注《新书校注》，第339页。
⑤ 《新书·大政下》，（汉）贾谊撰，阎振益、钟夏校注《新书校注》，第349页。
⑥ 《新书·大政下》，（汉）贾谊撰，阎振益、钟夏校注《新书校注》，第349页。

善，改变社会风气，实现统治的长治久安。

贾谊主要是在总结秦亡教训的基础上提出自己的礼治思想的。他通过总结秦亡的历史教训，力陈秦制不可再用。贾谊认为，秦依靠法治统一天下、建立秦帝国后，就应当改变这一统治办法。然而，秦却"其道不易，其政不改"，"繁刑严诛，吏治刻深"，结果"天下苦之"，短短十四年就被农民起义推翻了。① 贾谊还将汤武之治与秦政相比，认为"汤武置天下于仁义礼乐，而德泽洽，禽兽草木广裕，德被蛮貊四夷"，故能"累子孙数十世"；相反，"秦王置天下于法令刑罚，德泽亡一有，而怨毒盈于世，下憎恶之如仇雠"，结果"祇（祸）几及身，子孙诛绝"。② 所以他所主张的礼治的基本出发点，就是要一反秦道而行之。

贾谊认为，"夫立君臣等上下，使父子有礼，六亲有纪，此非天（之所为，人之）所设也。夫人之所设，弗为持此则僵，不循则坏。……岂如今定经制，令主主臣臣，上下有差，父子六亲各得其宜，奸人无所冀幸，群众信上而不疑惑哉。此业一定，世世常安"，否则，"若夫经制不定，是犹渡江河无维楫，中流而遇风波也，船必覆败矣"。③ 因此，贾谊提出，"汉兴至今二十余年，宜定制度，兴礼乐，然后诸侯轨道，百姓素朴，狱讼衰息"，④ 从而达到稳定政治秩序、巩固政府统治、美化社会风俗的目的。

也就是说，"定制度"可以改变汉承秦制所带来的种种弊端，"去淫侈之俗，行节俭之术，使车舆有度，衣服器械各有制数"。⑤ 如此，既可削减不必要的耗费，又可改变不良的风气，扭转人心、世风，奠定社会安定的基础。

针对秦汉以来的败俗，贾谊还提出阐扬礼乐文化，以德教民。在贾谊看来，一个理想的社会必然是"仁行而义立，德博而化富。故不

---

① 《史记》卷六《秦始皇本纪》，第 283 ~ 284 页。
② 《汉书》卷四八《贾谊传》，第 2253 页。
③ 《新书·俗激》，（汉）贾谊撰，阎振益、钟夏校注《新书校注》，第 92 页。
④ 《汉书》卷二二《礼乐志》，第 1030 页。
⑤ 《新书·瑰玮》，（汉）贾谊撰，阎振益、钟夏校注《新书校注》，第 104 页。

赏而民劝，不罚而民治，先恕而后行，是故德音远也"。① 而要实现这个德化的社会必须从礼治做起，他在《新书·礼》中说：

> 道德仁义，非礼不成；教训正俗，非礼不备；分争辩讼，非礼不决；君臣、上下、父子、兄弟，非礼不定；宦学事师，非礼不亲；班朝治军、莅官行法，非礼威严不行；祷祠祭祀，供给鬼神，非礼不诚不庄。是以君子恭敬、撙节、退让以明礼。②

一句话，礼成为社会各项公共活动的基本原则，关系到社会生活和政治状况的各个方面，是国家大治大安的根本所在，"礼者，所以固国家，定社稷，使君无失其民者也"。③

贾谊还提倡以"礼义治之"，使百姓习染于礼义廉耻之教，以达到教化百姓的目的，认为只有"以礼义治之"，才能"礼义积而民和亲"，才能"绝恶于未萌，而起教于微眇，使民日迁善远罪而不自知"，引导人心向善，从而消除人们为非作歹的思想意识，杜绝其犯上作乱的萌芽。④ 为此，贾谊主张"正身行，广教化，修礼乐，以美风俗"，⑤ 通过统治者的礼义提倡和传播，造就一个人心向善的社会文化大环境，把民众的观念意识逐渐纳入统治阶层的伦理道德轨道，自觉地按照社会传统伦理道德准则去行动。

贾谊是汉初比较全面系统地提出礼治思想的第一人，其移风易俗主张批判了汉初无为而治的黄老思想，其礼治理论则强调了人的能力和作用。作为汉初有代表性的政治理论家，贾谊在当时礼乐教化理论的发展方面，起到了承前启后的作用。如董仲舒要求改德、改制度等，可以说直接就是对贾谊思想的进一步发展。而董仲舒"务德教而省刑罚"⑥ 以及与民"更化"的政治主张，更是与贾谊"道之以德教

---

① 《新书·修政语上》，（汉）贾谊撰，阎振益、钟夏校注《新书校注》，第360页。
② 《新书·礼》，（汉）贾谊撰，阎振益、钟夏校注《新书校注》，第214页。
③ 《新书·礼》，（汉）贾谊撰，阎振益、钟夏校注《新书校注》，第214页。
④ 《汉书》卷四八《贾谊传》，第2252～2253页。
⑤ 《新书·辅佐》，（汉）贾谊撰，阎振益、钟夏校注《新书校注》，第204～205页。
⑥ 《汉书》卷二二《礼乐志》，第1031页。

者，德教洽而民气乐"① 的"以德化民"主张一脉相承。

（四）移风易俗，类非俗吏之所能为

秦朝"以法为教"，汉初因循徘徊，风俗败坏，贾谊认为这都是俗吏"不知大体"、唯务政刑、不知礼乐教化的结果。在思考教育教化问题时，贾谊就是从对"不知大体"的汉初"俗吏"的批判开始的，认为"俗吏"不能承担教化责任，不能"移风易俗，使天下移心而向道"。②

这里，实际上涉及"大传统"（great tradition，亦称精英文化）与"小传统"（little tradition，亦称通俗文化）之间的关系问题。据人类学家雷德斐（Robert Redfield）的理论，所有的大传统都要通过教师（teachers）传播到一般民众当中。但是汉代的大传统和有组织的宗教不同，它的教师不是专业的宗教人物，而是政府官员。在汉代历史上出现的一大批儒家式的循吏人物，就是这样的社会文化角色。③

在贾谊看来，官员若不务教化，就不能真正地化民成俗。因此，贾谊认为，举政安民的根本就是选吏。官吏的好坏直接影响到民众的安定、善恶与否。"吏能为善，则民必能为善矣。故民之不善也，失之者吏也；故民之善者，吏之功也。"④ 所以，必须慎选良吏。为此，贾谊在《新书》的《大政》《辅佐》《官人》等篇章中反复论述慎政选吏的方法和规范。

在选拔良吏的途径上，贾谊主张应以民众的意愿为依据，"故夫民者虽愚也，明上选吏焉，必使民与焉。故士民誉之，则明上察之，见归而举之；故士民苦之，则明上察之，见非而去之。故王者取吏不忘，必使民唱，然后和之。故夫民者，吏之程也。察吏于民，然后随之"。⑤ 认为只有选用好民众所喜爱的官吏，还治于民，才可以达到举

---

① 《汉书》卷四八《贾谊传》，第 2253 页。
② 《新书·俗激》，（汉）贾谊撰，阎振益、钟夏校注《新书校注》，第 92 页。
③ 参见余英时《汉代循吏与文化传播》，氏著《士与中国文化》，上海人民出版社，2003，第 117~124 页。
④ 《新书·大政下》，（汉）贾谊撰，阎振益、钟夏校注《新书校注》，第 348 页。
⑤ 《新书·大政下》，（汉）贾谊撰，阎振益、钟夏校注《新书校注》，第 349 页。

政安民的政治目的。

　　贾谊还注重官吏的考核，指出"吏以爱民为忠"，"以富乐民为功，以贫苦民为罪"，主张以"爱民""富民""乐民"作为考察官吏举政安民的实际能力的标准。① 这就从官吏选拔途径和考核标准上为"举贤则民化善，使能则官职治"② 提供了有力的保障。

　　君臣关系处理的好坏是能否推行良好吏政、美化风俗的关键。贾谊列举了五十六对善恶相反的道德品质，如孝孽、忠倍（背）、廉贪、公私等，按照礼的要求规定了一整套言行准则，希望人们树立起明确的道德观念，自觉遵从"善之体"。③ 贾谊特别强调君臣关系中道德原则的作用，认为只有君待臣以礼，臣才能事君以忠。"遇之有礼，故群臣自憙；婴以廉耻，故人矜节行。上设廉耻礼义以遇其臣，而臣不以节行报其上者，则非人类也。故化成俗定，则为人臣者主耳忘身，国耳忘家，公耳忘私，利不苟就，害不苟去，唯义所在"，君行其义，臣下就会"顾行而忘利，守节而仗义"。④ 贾谊还指出，君主对百姓也应按照"礼，天子爱天下"⑤ 的原则，用仁爱宽恕之道化其民，"矜而恕之，道而赦之，柔而假之。故虽有不肖民，化而则之"。⑥ "君能为善，则吏必能为善矣，吏能为善，则民必能为善矣"，⑦ 君主若能做到这些，天下就可形成"揖让而治"的美好风俗。

　　总之，面对汉初风俗败坏的局面，贾谊站在政治家的高度，从维护中央集权的利益和目的出发，主张以儒家的仁义道德为基础，施行礼义教化，采取开明的"明君贤吏"政治路线，移风易俗，从而实现美化社会风俗的目的。后来，晁错、董仲舒等都程度不等继承并发展了这种思想。贾谊所提出的许多值得重视的美化社会风俗的见解和政策，其后也都程度不等地为汉王朝所采纳。由此可见，班固说"追观

---

① 《新书·大政上》，（汉）贾谊撰，阎振益、钟夏校注《新书校注》，第340页。
② 《新书·道术》，（汉）贾谊撰，阎振益、钟夏校注《新书校注》，第302页。
③ 《新书·道术》，（汉）贾谊撰，阎振益、钟夏校注《新书校注》，第303~304页。
④ 《汉书》卷四八《贾谊传》，第2257~2258页。
⑤ 《新书·礼》，（汉）贾谊撰，阎振益、钟夏校注《新书校注》，第214页。
⑥ 《新书·大政上》，（汉）贾谊撰，阎振益、钟夏校注《新书校注》，第339页。
⑦ 《新书·大政下》，（汉）贾谊撰，阎振益、钟夏校注《新书校注》，第348页。

孝文玄默躬行以移风俗，谊之所陈略施行矣"，又认为贾谊"虽不至
公卿，未为不遇也"，基本上是符合历史事实的。[1]

<h1 style="text-align:center">第二节　风俗观念的独立与顺从：武帝
时代对风俗的新认识</h1>

一　汉武时代与风俗宣化

汉初统治者奉行黄老政治，因俗而治，从而医治了战争创伤，促
进了政治稳定，繁荣了社会经济。到武帝时，西汉王朝已经成为一个
强大的统一国家。但是，在汉初几十年里，承秦而来的法治传统仍一
直是"朝廷政策的主流"，黄老无为之术只是"被用来抵消或缓解其
负面影响"。[2] 而且，面对已经变化了的社会形势，黄老政治无为放任
的缺陷日益显露出来。

我们仅以其对当时社会风俗的影响为例加以论述。黄老政治助长
了地方豪强势力的发展，致使社会风俗败坏。据史书记载，由于一系
列宽松政策的推行，到武帝时期，"网疏而民富，役财骄溢，或至兼
并豪党之徒，以武断于乡曲。宗室有土公卿大夫以下，争于奢侈，室
庐舆服僭于上，无限度"。[3] 富商豪强采取种种手段敛财，致使"县
官大空"，或资财"累万金"，"而不佐国家之急"，逐渐成为对立于
中央王朝的势力。[4] 他们利用政治特权和经济实力争夺社会财富，"乘
富贵之资力，以与民争利于下……众其奴婢，多其牛羊，广其田宅，
博其产业，畜其积委，务此而亡已，以追蹴民"，致使普通民众"日
削月朘，浸以大穷"，"富者奢侈羡溢，贫者穷急愁苦"。[5] 这种状况
既败坏了社会风俗，又给社会带来新的不稳定因素。很明显，黄老思

---

① 《汉书》卷四八《贾谊传》，第 2265 页。
② 陈苏镇：《汉代政治与〈春秋〉学》，"引言"，第 3 页。
③ 《史记》卷三〇《平准书》，第 1420 页。
④ 《史记》卷三〇《平准书》，第 1425 页。
⑤ 《汉书》卷五六《董仲舒传》，第 2520～2521 页。

想已经不能适应国家政治的需要。

为了巩固空前的大一统，汉武帝需要一种新的思想统治武器。这种思想武器必须有利于控制民众的精神与思想，使其自然地接受并服从统治。只有儒家以教化治国的思想才能真正起到这种作用，因为儒家主张通过礼乐教化来化民成俗，能够使之深入人心，形成根深蒂固的观念。但这个教化的过程以渐不以剧，不可能一蹴而就。《汉书·叔孙通传》引鲁国两儒生的话云："礼乐所由起，百年积德而后可兴也。"颜师古注曰："言（德行）〔行德〕教百年，然后可定礼乐也。"① 到汉武帝时，这一条件已经基本具备。

汉武帝继位初，就透露出其尊崇儒学的倾向。建元元年（前 140 年），武帝下令举贤良方正直言极谏之士，丞相卫绾奏曰："所举贤良，或治申、商、韩非、苏秦、张仪之言，乱国政，请皆罢"。汉武帝"奏可"。元光元年（前 134 年），汉武帝又下诏，认为"贤良明于古今王事之体"，让贤良上书对策，提供治国策略。于是，董仲舒"出焉"，提出"罢黜百家，表章《六经》"的主张。②

董仲舒是武帝时期的公羊儒学大师。他以《公羊春秋》的大一统思想为基础，把神灵之天与自然之天糅合起来，建立起一套以天人感应、阴阳五行思想为框架，以儒家君臣父子、仁政德化观念和黄老道法自然、君道无为思想为核心的新儒学思想体系。董仲舒的这种新儒学思想，符合汉武帝欲加强王权、宣化风俗的思想动机，而且适应了当时的社会发展趋势，因此深得武帝的欢心。

《汉书·武帝纪》对这种以教化治国的新儒学体系的产生过程有着极好的概括："汉承百王之弊，高祖拨乱反正，文景务在养民，至于稽古礼文之事，犹多阙焉。孝武初立，卓然罢黜百家，表章《六经》。遂畴咨海内，举其俊茂，与之立功。兴太学，修郊祀……协音律，作诗乐……号令文章，焕焉可述。"③ 通过采取"罢黜百家，表章《六经》"以推崇儒学和创建太学来发展教育等一系列措施，汉武

---

① 《汉书》卷四三《叔孙通传》，第 2127 页。《史记》卷九九《刘敬叔孙通列传》曰："礼乐所由起，积德百年而后可兴也。"（第 2722 页）

② 《汉书》卷六《武帝纪》，第 156、161、212 页。

③ 《汉书》卷六《武帝纪》，第 212 页。

帝完成了统治思想的重大转变，具有积极进取特征的儒家思想开始被确立为新的统治思想。

关于"罢黜百家"，钱穆认为，当时黄老派主张清静无为，申、韩派则单知遵行现行法律，"这两派对于改进现实，均不胜任。一到汉武帝时代，中央再度统一……将自秦以来的百家博士全取消了，而专设《五经》博士。专门物色研究古代典籍，注意政治、历史、教育、文化问题的学者，让他们做博士官，好对现政府切实贡献意见。那辈讲求神仙长生、诗辞歌赋、纵横策士、以及隐士与法律师之类的地位，则降低了，全都从博士官中剔除澄清。此即所谓'排斥百家'，在当时情形下，不可不说是一种有见识的整顿，也不可不说是一种进步"。① 当然，"罢黜百家"后，百家思想并未消失，甚至董仲舒本人思想中也有道、法、阴阳等诸家思想的成分。这说明百家虽罢，其有益于社会统治的思想却并未消失，反而潜入儒家思想的洪流之中。由于百家思想的融入，儒家思想虽不纯正却更为丰富。

对于汉武帝显扬儒学、大量任用儒者，史书记载颇丰。如《史记·儒林列传》载："及今上即位，赵绾、王臧之属明儒学，而上亦乡之，于是招方正贤良文学之士……及窦太后崩，武安侯田蚡为丞相，绌黄老、刑名百家之言，延文学儒者数百人，而公孙弘以《春秋》白衣为天子三公，封以平津侯。天下之学士靡然乡风矣……自此以来，则公卿大夫士吏斌斌多文学之士矣。"② 顾颉刚也说："秦始皇的统一思想是不要人民读书，他的手段是刑罚的裁制；汉武帝的统一思想是要人民只读一种书，他的手段是利禄的诱引。结果，始皇失败了，武帝成功了。"③

但是，汉武帝实际上并没有真正重用儒者。班固在盛赞武帝时期人才之盛时曾说："儒雅则公孙弘、董仲舒、兒宽。"④ 可见，这三人应为当时公认的儒家代表人物。我们不妨以此三人为例来看看汉武帝对待儒者的真正态度。董仲舒"进退容止，非礼不行，学士皆师尊

① 钱穆：《中国文化史导论（修订本）》，商务印书馆，1994，第102页。
② 《史记》卷一二一《儒林列传》，第3118～3120页。
③ 顾颉刚：《秦汉的方士与儒生》，上海古籍出版社，2005，第36页。
④ 《汉书》卷五八《公孙弘卜式兒宽传》，第2634页。

之",一切循礼而动,深受学士尊重,治《春秋》的成就在当时更是首屈一指,堪称武帝时代儒家的杰出代表。但是,由于他"为人廉直",不容于朝,出为诸侯相,"恐久获罪,疾免居家"。① 儿宽之所以能任掌管刑狱的廷尉,则是因为其"以古法义决疑狱"② 的方式,刚好投合了武帝以儒饰法的心理。而公孙弘虽为武帝所欣赏,但也不是因为他儒术纯正,而是"天子察其行敦厚,辩论有余,习文法吏事",且又善于"缘饰以儒术"。况且,公孙弘的阿谀之态更为人所熟知,他"每朝会议,开陈其端,令人主自择,不肯面折庭争",奏事时"有不可,不庭辩之",③ 以致其他大臣当面斥责其"徒怀诈饰智以阿人主取容"。④ 清人方苞甚至认为:"由弘以前,儒之道虽郁滞,而未尝亡;由弘以后,儒之途通,而其道亡矣。"⑤ 由上述分析可知,武帝真正重视的并非儒学,也很少真正实践儒家思想。

现实政治需要使汉武帝最终抛弃"黄老之术"而接受董仲舒"表章《六经》"的建议,因为"从已经取得统治地位的集团的立场来看,道家与儒学相比,实在不适宜于长久作为统治思想。因而一待它的历史使命完成,它也就必然地被儒家取代"。⑥ 儒学作为官方的统治思想,从此开始独霸中国思想舞台。然而儒学的独尊,并不意味着其他思想特别是法家思想的销声匿迹。对于雄才大略的汉武帝而言,维护集权统治是不可能仅仅依靠儒家的仁义道德说教来实现的,而法家的严刑峻法在某些情况下效果反而会更明显。因此,法家思想逐渐与儒家思想合流,出现了儒法并用、内法外儒的新局面。汉宣帝在总结西汉统治思想时也说:"汉家自有制度,本以霸王道杂之,奈何纯(住)〔任〕德教,用周政乎?"⑦ 可见,法家的刑法思想是统治中不可缺少的组成部分,只是程度不同而已。所以,汉代的统治思想是

---

① 《史记》卷一二一《儒林列传》,第 3127 ~ 3128 页。

② 《汉书》卷五八《兒宽传》,第 2629 页。

③ 《史记》卷一一二《平津侯主父列传》,第 2950 页。

④ 《史记》卷一二〇《汲郑列传》,第 3108 页。

⑤ 《方苞集·又书儒林传后》,(清)方苞:《方苞集》,刘季高校点,上海古籍出版社,1983,第 54 页。

⑥ 王铁:《汉代学术史》,华东师范大学出版社,1995,第 15 页。

⑦ 《汉书》卷九《元帝纪》,第 277 页。

"道家思想和儒家思想先后成为汉代政治的指导思想，法家思想可以说是或隐或显地贯穿于两汉政治的始终"。①

"弃老隆儒"其实也是汉武帝整顿吏治的需要。汉初因循秦代官制，吏治败坏，基层官吏"大都是被汉王朝接收过来的原秦朝及各地诸侯国官署中经办具体事务的旧吏，价值观念复杂，对于他们来说，最高政权的更迭并未能对其生存条件构成直接威胁，他们更关心的是自己的衣食富贵，对于大汉的前途和命运自然冷漠、不负责任"，而汉初统治者在黄老思想的指导下，其人才政策表现出近乎守株式的消极，只注重从社会中选用官吏，而没有对教育进行投入。② 儒学所极力提倡兴办教育、教化民俗的主张，正好可以弥补这一缺陷。汉武帝也正是看中了这一点，才企图利用儒家的仁义道德来广教化、匡正民风，培养一支忠君爱民、推广德教的官吏队伍。所以，当董仲舒提出兴办太学之时，汉武帝果断地采纳了这一建议。

《汉书·武帝纪》载有元朔五年（前 124 年）太学招生一事，"诏曰：'盖闻导民以礼，风之以乐，今礼坏乐崩，朕甚闵焉。故详延天下方闻之士，咸荐诸朝。其令礼官劝学，讲议洽闻，举遗兴礼，以为天下先。太常其议予博士弟子，崇乡党之化，以厉贤材焉'。丞相弘请为博士置弟子员，学者益广"，③ 真正的官办大学就此建立发展起来。钱穆在《中国文化史导论》中说："一到汉武帝时代，中央再度统一，社会重臻繁荣，要求学术与政治的密切合作，遂有建立《五经》博士之举……规定《五经》博士教授弟子的新职，这是中国史上有正式的国立大学校之开始。"④ 创建太学、兴办教育之举，顺应了历史发展的潮流，对推动历史的发展做出了重要贡献。

柳诒徵尝言："世多谓汉武帝绌诸子，崇儒学，为束缚思想之主因。然古先圣哲思想之流传，实武帝之功。以功为罪，正与事实相反。"⑤ 的确，武帝时期，在汉初"广开献书之路"的基础上，汉武

---

① 王铁：《汉代学术史》，第 19 页。
② 参见李瑞兰《汉初人才问题与汉武帝隆儒抑老之策》，《历史教学》1994 年第 7 期。
③ 《汉书》卷六《武帝纪》，第 171～172 页。
④ 钱穆：《中国文化史导论（修订本）》，第 102 页。
⑤ 柳诒徵编著《中国文化史》，东方出版中心，1988，第 311 页。

帝"建藏书之策，置写书之官，下及诸子传说，皆充秘府"。① 自武帝置五经博士至东汉，"游学增盛，至三万余生"，② 班固《两都赋》遂有"四海之内，学校如林，庠序盈门"③ 之语。即使是居家教授者，其生徒也相当可观，如楼望，"诸生著录九千余人"；④ 蔡玄，"其著录者万六千人"。⑤

伴随着社会经济的繁荣和儒家思想统治地位的确立，风俗文化被提到汉王朝的议事日程上来，并受到时人的普遍关注。武帝下诏广施教化，认为"扶世导民，莫善于德"，"今天下孝子顺孙愿自竭尽以承其亲，外迫公事，内乏资财，是以孝心阙焉。朕甚哀之。民年九十以上，已有受鬻法，为复子若孙，令得身帅妻妾遂其供养之事"。⑥ 要求"公卿大夫，所使总方略，一统类，广教化，美风俗"，使"兴廉举孝，庶几成风"。基于"孝慈则忠"的逻辑，汉武帝把举孝廉定为选拔官吏的制度之一。让中二千石、礼官、博士"议不举者罪"，"进贤受上赏，蔽贤蒙显戮"，"在上位而不能进贤者退"，"不举孝，不奉诏，当以不敬论。不察廉，不胜任也，当免"。⑦

但直到西汉中期，统治者对各地风俗文化面貌的差异仍不急于改变，也无太多的闲暇去做改变。董仲舒在对策中说汉武帝"废先王之德教，独用执法之吏治民，而欲德化被四海，故难成也"，"是时，上方征讨四夷，锐志武功，不暇留意礼文之事"，⑧ 也证明武帝虽推崇儒学，却并不务德政、教化，而是"以刑为治"，法家的严刑峻法才是其重要的统治之术。他重用的是酷吏，"御史大夫张汤方隆贵用事，减宣、杜周等为中丞，义纵、尹齐、王温舒等用惨急刻深为九卿"。⑨

---

① 《汉书》卷三〇《艺文志》，第1701页。
② 《后汉书》卷七九《儒林列传》，中华书局，1965，第2547页。
③ 《后汉书》卷四〇《班固列传》，第1368页。
④ 《后汉书》卷七九《儒林列传·楼望》，第2580页。
⑤ 《后汉书》卷七九《儒林列传·蔡玄》，第2588页。
⑥ 《汉书》卷六《武帝纪》，第156页。
⑦ 《汉书》卷六《武帝纪》，第166～167页。
⑧ 《汉书》卷二二《礼乐志》，第1032页。
⑨ 《史记》卷三〇《平准书》，第1433页。

可见，汉武帝只是把儒家思想作为招牌，借以来宣化风俗，并没有赋予儒生管理国家的权力，"反而任用并不信奉儒家观念的胥吏来进行残酷的治理"，① 采用的是阳儒阴法之术。在这种政策的影响下，汉儒对风俗的齐整并不深入，因此汉代风俗至此仍未发生大的变化。如《史记·武安侯列传》载，丞相田蚡举办家宴时，田蚡坐在东向的首席上，他的哥哥坐在仅次于他的南向座位上。这一严格遵守儒家尊卑贵贱秩序的行为，反倒受到司马迁的讥讽。② 不过，如何磨合、消弭承秦而来的 "汉法" 与关东文化、习俗之间的矛盾、冲突，实现文化统一，以进一步巩固统治，则仍是继文、景二帝之后武帝主张转变统治思想、提倡尊崇儒术、 "变更制度"、探索 "霸王道杂之" 的 "汉道" 的基本出发点。

二 《淮南子》对风俗的论述

《淮南子》是由淮南王刘安及其众多门客集体编写，然后呈献给汉武帝的一部著作。史载："淮南王安为人好书，鼓琴，不喜弋猎狗马驰骋，亦欲以行阴德拊循百姓，流名誉。招致宾客方术之士数千人，作为《内书》二十一篇，《外书》甚众，又有《中篇》八卷，言神仙黄白之术，亦二十余万言。时武帝方好艺文，以安属为诸父，辩博善为文辞，甚尊重之。每为报书及赐，常召司马相如等视草乃遣。初，安入朝，献所作《内篇》，新出，上爱秘之。"③ 其中，"《内书》二十一篇""《内篇》"指的就是《淮南子》。由于《淮南子》成书于建元二年（前 139 年）④，距董仲舒对策尚有五年之久，⑤ 当时已实行六十多年的黄老无为政治风气还很浓厚，因而受尊崇儒术的政治和

---

① 余杰：《君·吏·士——解读〈史记·酷吏列传〉》，《社会科学论坛》2001 年第 8 期。
② 《史记》卷一〇七《武安侯列传》，第 2844 页。
③ 《汉书》卷四四《淮南厉王刘长传》，第 2145 页。
④ 牟钟鉴说："查刘安入朝在建元二年，把这一年定为《淮南子》成书的年代是恰当的。"牟钟鉴：《〈吕氏春秋〉与〈淮南子〉思想研究》，齐鲁书社，1987，第 160 页。
⑤ 《汉书》卷六《武帝纪》载："元光元年，冬十一月，初令郡国举孝廉各一人……于是董仲舒、公孙弘等出焉。"（第 160～161 页）元光元年即公元前 134 年，同建元二年（前 139 年）相差五年。

学术思想的影响并不太多。全书载录了许多神话、寓言以及民俗事象，具有珍贵的风俗史料价值，并且还对风俗进行了一些抽象的论述，反映出众作者特别是淮南王刘安的风俗观念。有学者认为，"《淮南子》的风俗论，综合反映了西汉前期较有影响的社会观、历史观、文化观，包含不少有多重价值的思想资料"，① 因此值得我们加以重视。

《淮南子》一书中对风俗问题的讨论，以《齐俗训》最为集中，其他各篇也偶有涉及。对于风俗何以形成、因何变化、不同群体有着不同的风俗以及对不同风俗应如何评价等问题，淮南王刘安及其门客都有所论述，提出了自己的一些见解。

（一）风俗所受于外，时移则俗易

风俗往往是指包括语言、服饰及礼俗等有别于另一区域的一切生活习惯。两汉之前，除黄河中游地区的中原风俗外，中国境内还存在许多各具特色的地域性风俗，其间差异非常明显。其中，特色鲜明、影响颇大的主要有楚、齐鲁、中原和秦四大区域风俗。②

《淮南子》认识到基于时代、地域的差异，风俗具有地域性和多样性。在此基础上，《淮南子》认为，人类任何风俗的形成都与其生活的社会环境和时代氛围相适应。如上古三代的礼仪风俗，都是当时社会的产物，"所谓礼义者，五帝三王之法籍、风俗，一世之迹也"③，各有自己不同的特点。《淮南子》还具体分析了各地的方言现象，明确指出风俗并非先天就有，而是由生活环境所造就的。它说，"羌氏僰翟，婴儿生皆同声"，及其长大成人，却有着各自不同的方言，相互"不能通其言"，究其原因，就在于"教俗殊也"，生长的社会环境有很大的差异。④ 它还举例说，如果把才三个月大小的婴儿"生而徙国"，那么他长大以后"则不能知其故俗"。⑤ 可见，生活于

---

① 丁毅华：《〈淮南子〉的风俗论》，《学术月刊》1991 年第 6 期。
② 参见万建中《秦汉风俗文化的演变趋势》，《南昌大学学报》1999 年第 2 期。
③ 《淮南子·齐俗训》，何宁撰《淮南子集释》，第 792 页。
④ 《淮南子·齐俗训》，何宁撰《淮南子集释》，第 774～775 页。
⑤ 《淮南子·齐俗训》，何宁撰《淮南子集释》，第 775 页。

不同社会环境中的人们之所以有不同的风俗，是人类社会中存在的群体规范和由此逐渐固定下来的普遍心理认同的结果，而与先天并没有关系。据此，《淮南子》得出结论："由此观之，衣服礼俗者，非人之性也，所受于外也。"① 也就是说，风俗的形成并非由人的先天本性决定，而是后天受外界影响的结果。

为此，《淮南子》注意到了地理因素、自然条件对社会风俗形成的影响。它说："其导万民也，水处者渔，山处者木，谷处者牧，陆处者农，地宜其事，事宜其械，械宜其用，用宜其人。"② 首篇《原道训》也曾谈到各地由于自然条件的差异形成的不同风俗："九疑之南，陆事寡而水事众，于是民人被发文身，以像鳞虫，短绻不绔，以便涉游，短袂攘卷，以便刺舟，因之也。雁门之北，狄不谷食，贱长贵壮，俗尚气力，人不弛弓，马不解勒，便之也。"③ 这里以南北两种典型生活为例，描述了生活于不同地区的人们在一定的环境、条件下所形成的生活方式和生活习惯。所谓"因之""便之"，就是适应环境、利用条件来生存发展。饮食习俗向来也具有鲜明的地域特征。如《淮南子》举了一个很生动典型的南北风习差异的实例："越人得髯蛇以为上肴，中国得而弃之无用。"④

大多数民族都有自己独特的风俗，民族区别也是风俗形成的重要原因。《齐俗训》中所说的"胡人便于马，越人便于舟，异形殊类，易事而悖"，⑤ 就是兼指生活方式、风俗习惯上的民族差别和地域差异。

《淮南子》对社会经济与风俗之间的关系也有所认识。它提出"物丰则欲省，求澹（赡）则争止"，⑥ 强调了物质生产状况对社会关系和面貌的决定作用，是决定风俗的重要因素。在《淮南了》中还有"人之情不能无衣食，衣食之道，必始于耕织，万民之所公见也"⑦

① 《淮南子·齐俗训》，何宁撰《淮南子集释》，第775页。
② 《淮南子·齐俗训》，何宁撰《淮南子集释》，第772页。
③ 《淮南子·原道训》，何宁撰《淮南子集释》，第38～39页。
④ 《淮南子·精神训》，何宁撰《淮南子集释》，第551页。
⑤ 《淮南子·齐俗训》，何宁撰《淮南子集释》，第811页。
⑥ 《淮南子·齐俗训》，何宁撰《淮南子集释》，第826页。
⑦ 《淮南子·主术训》，何宁撰《淮南子集释》，第699页。

"宁民之本，在于足用"① 等语，都强调了发展经济的重要性。

由于风俗是后天外加于人的，受外界影响形成，因此必然随着所处地域的生活习惯而改变，随着外界环境的变化而变化。为此，《齐俗训》提出了"世异则事变，时移则俗易"② 的原则，要求根据当世的实际情况来齐整风俗。《氾论训》说得更具体："故圣人法与时变，礼与俗化，衣服器械，各便其用，法度制令，各因其宜。故变古未可非，而循俗未足多也。"③ 主张风俗因时而变，接受时移事异的事实，不赞成泥古不化的行为。作者还提出"苟利于民，不必法古；苟周于事，不必循旧"，④ 以此作为变革风俗所应遵循的基本原则。

《淮南子》对风俗的形成演变也进行了历史考察。它说，"古之人"曾经是"无庆贺之利，刑罚之威，礼义廉耻不设，毁誉仁鄙不立，而万民莫相侵欺暴虐"，以后"逮至衰世"，"忿争生"，"是以贵仁"；"信失"，"是以贵义"，"男女群居杂处而无别"，"是以贵礼"；"性命之情""不和"，"是以贵乐"。⑤ 因此，它认为："夫仁者所以救争也，义者所以救失也，礼者所以救淫也，乐者所以救忧也。"⑥ 按照这种历史观，仁义礼乐以及在其影响、调节下的风俗，是人类原始淳朴美质失落的产物，其作用都只在于"救败"。可见，《淮南子》继承了先秦道家是古非今的基调，指出人类社会文明发展带来的某些消极后果。不过，经常将"上古"与"晚世""衰世"进行比较，是两汉时人以风俗论政的一个重要特点。⑦

《淮南子》还把人性和世俗放在一起考察。《齐俗训》认为，风俗对人的影响颇大，"人之性无邪，久湛于俗则易"，可以使人"易而忘本，合于若性"，风俗会渐渐内化于人性之中，强调社会环境对人的塑造作用。该篇还谈到"人性欲平，嗜欲害之"，认为过度的物欲

---

① 《淮南子·泰族训》，何宁撰《淮南子集释》，第 1413 页。
② 《淮南子·齐俗训》，何宁撰《淮南子集释》，第 796 页。
③ 《淮南子·氾论训》，何宁撰《淮南子集释》，第 922 页。
④ 《淮南子·氾论训》，何宁撰《淮南子集释》，第 921 页。
⑤ 《淮南子·本经训》，何宁撰《淮南子集释》，第 568 页。
⑥ 《淮南子·本经训》，何宁撰《淮南子集释》，第 569 页。
⑦ 丁毅华：《〈淮南子〉的风俗论》，《学术月刊》1991 年第 6 期。

追求是人性堕落的主要原因。① 那么应该如何对待"风俗"呢？书中结合当时社会实际，反对奢靡、腐化的习气，抨击"浇天下之淳，析天下之朴"的"衰世之俗"。②

《淮南子》认为，风俗因地而异，故应使人们顺应各地风俗，"各便其性，安其居，处其宜，为其能"。③ 对待风俗要肯定有其存在的合理性，要入乡随俗，不可强之为一。风俗不是亘古不变的，也会随时而迁。故"圣人论世而立法，随时而举事"，④ 对待风俗不可一劳永逸，而应顺时而变。

对于通过礼乐教化以"移风易俗"，《淮南子》持不置可否的观点。它首先肯定"礼乐"的教化功能："所谓礼义者，五帝三王之法籍、风俗，一世之迹也。"⑤ 也就是说，"五帝三王"以礼乐教化民众，但礼乐教化的内容不应一成不变，而要随时、事而异："先王之制，不宜则废之，末世之事，善则著之：是故礼乐未始有常也。故圣人制礼乐，而不制于礼乐。"⑥ 只要"衣足以覆形"，就应"从《典》、《坟》，虚循挠，便身体，适行步，不务于奇丽之容，隅眦之削；带足以结纽收袥，束牢连固，不亟于为文句疏短之鞵：故制礼义，行至德，而不拘于儒、墨"。⑦ 主张随世事移而变礼乐，反对"儒墨"过分重礼乐或轻礼乐之类削足适履的做法。

（二）岂必邹鲁之礼之谓礼乎

不同人群所对应的风俗，往往有着不同程度的差异，有的体现了根本不同甚至完全相反的价值标准、思维方式、审美情趣以及行为习惯等。对此，《淮南子》十分注意，它对风俗的异同进行比较，并做出了自己的评判。

《淮南子》首先批判了"世各是其所是而非其所非"的现象，认

---

① 《淮南子·齐俗训》，何宁撰《淮南子集释》，第775～776页。
② 《淮南子·齐俗训》，何宁撰《淮南子集释》，第822页。
③ 《淮南子·齐俗训》，何宁撰《淮南子集释》，第768页。
④ 《淮南子·齐俗训》，何宁撰《淮南子集释》，第796页。
⑤ 《淮南子·齐俗训》，何宁撰《淮南子集释》，第792页。
⑥ 《淮南子·氾论训》，何宁撰《淮南子集释》，第921页。
⑦ 《淮南子·齐俗训》，何宁撰《淮南子集释》，第790～791页。

为正是这一判断标准，造成人们在风俗评价上"皆自是而非人"的非理性判断，"求是者，非求道理也，求合于己者也"。① 它认为，正确的判断标准应该是这样的："是非有处，得其处则无非，失其处则无是……此之是，非彼之是也；此之非，非彼之非也。"②

由此出发，《淮南子》对各地区、各民族的风俗进行了评价。《齐俗训》说："故胡人弹骨，越人契臂，中国歃血也，所由各异，其于信，一也。三苗髽首，羌人括领，中国冠笄，越人劗鬋，其于服，一也……故四夷之礼不同，皆尊其主而爱其亲，敬其兄；猃狁之俗相反，皆慈其子而严其上。"③ 尽管各地区、各民族的风俗在形式上有很大差异，形成"殊俗异习"的现象，但其实质内容即通过不同的方式所表达出来的尊主、事亲、敬上等则是一致的。

从论证礼的多样性、多元性着手，《齐俗训》还更具体地比较了各地区、各民族的风俗：

> 鲁国服儒者之礼，行孔子之术，地削名卑，不能亲近来远。越王勾践劗发文身，无皮弁搢笏之服，拘罢拒折之容，然而胜夫差于五湖，南面而霸天下，泗上十二诸侯，皆率九夷以朝。胡、貉、匈奴之国，纵体拖发，箕倨反言，而国不亡者，未必无礼也。④

鲁国"服儒者之礼，行孔子之术"，却国威不振，"地削名卑"，表明"邹鲁之礼"因其实际效能而不足为图强者用；"越王勾践劗发文身"而"霸天下"，"胡、貉、匈奴之国，纵体拖发"仍"国不亡"，可见他们的风俗尽管与中原居民不同，但"未必无礼也"。

在《精神训》中，作者还批评儒者道："今夫儒者，不本其所以欲，而禁其所欲，不原其所以乐，而闭其所乐，是犹决江河之源而障之以手也。"⑤《齐俗训》则进一步提出"岂必邹、鲁之礼之谓礼乎"的质疑，主张"礼因人情而为之节文"，并把"礼不过实，仁不溢

---

① 《淮南子·齐俗训》，何宁撰《淮南子集释》，第 803 页。
② 《淮南子·氾论训》，何宁撰《淮南子集释》，第 940~941 页。
③ 《淮南子·齐俗训》，何宁撰《淮南子集释》，第 779~781 页。
④ 《淮南子·齐俗训》，何宁撰《淮南子集释》，第 781~783 页。
⑤ 《淮南子·精神训》，何宁撰《淮南子集释》，第 549 页。

恩"称为"治世之道",再度批评"夫儒墨不原人情之终始",认为儒家的发源地——鲁国的政治"治礼而削,知礼而不知体也"。[①]"体"就是体察世情、人情。批评儒家礼乐的不合情理、不切实际,甚至连他们自己都易言难行,实际上是严人宽己。

《淮南子》对胡、越与中原大相异趣的风俗持比较平允的态度,以宽宏、豁达的心胸来看待不同地区特别是不同民族的风俗。当时中原人士普遍存在一定程度上的民族偏见,他们视周边的少数民族居民为蛮荒野人,认为其不知礼义,社会风俗败坏。而《淮南子》的这一态度,无疑令人耳目一新。

对此,有学者认为,"这反映了《淮南子》作者一定程度上的民族平等思想"。[②] 这一看法不无道理,但似乎有过于拔高的嫌疑。事实上,《淮南子》之所以能持尊重各民族风俗习惯的态度,明确表示对风俗多样性的尊重,认为各民族不同的风俗是由其生活环境、历史传统等因素决定的,主张不同类型的风俗在其所处的时代、地域都有着同等的价值,不能要求他们有与中原地区一样的风俗,这一切都是为了表明其反对将某种风俗列为权威,反对以一种风俗压制、阻碍另一种风俗的存在与发展的立场。其对"邹鲁之礼"的鄙薄,更是为了表明一种政治立场:当今皇帝若单纯采取推崇邹鲁之礼的方式来齐整、统一风俗,未必能够使诸侯归心向上;若以此来影响、压制各地的风俗,更是不可能取得诸侯的维护和百姓的拥戴。

作为诸侯王,刘安虽然支持统一,但他所支持的是松散的统一,是能确保他得到更多自主权的统一。他害怕中央集权的无限扩张,更痛恨中央打着仁爱、礼义的旗号使其动辄受到削藩甚至讨伐的威胁。因此,他十分反感对风俗礼制的强行统一,希望封国内包括风俗在内的所有事务都不受中央政府的干扰与压制。

《淮南子》由刘安及其门客编写而成,其成书之际,黄老道家学说虽仍暂居优势,但自战国时起就被公认为"显学"的儒家,[③] 正以

---

① 《淮南子·齐俗训》,何宁撰《淮南子集释》,第784、784~785、788页。
② 丁毅华:《〈淮南子〉的风俗论》,《学术月刊》1991年第6期。
③ 《韩非子·显学》曰:"世之显学,儒、墨也。"(清)王先慎撰《韩非子集解》,第456页。

其特殊优势，显示着将要占据思想文化领域独尊地位的动向。《淮南子》努力维护黄老道家学说的统治地位，同时不得不应对儒家学说的挑战。作者通过各民族、各地域风俗的对比，试图以此来降低"邹鲁之礼"的地位，显示出淮南王刘安反对用"邹鲁之礼"来齐整风俗的政治立场。

而且，在武帝时代以前，大一统充其量只是就上层文化而言，很难切实贯彻到下层文化之中。"车同轨，书同文"的步子迈得越快、越大，"行同伦"的风俗文化差异性、矛盾性、复杂性就越突出。有学者甚至认为，排斥统一、拒绝同化正是秦汉民俗文化的本质所在。① 这一观点虽然比较偏激，但反映出风俗文化变革的长期性、艰巨性。《淮南子》主张存异随俗，一方面符合当时的客观实际，另一方面是为了维护自己的政治立场。

（三）移风易俗者，神化为贵，其唯心行者乎

《淮南子》认为："百家殊业而皆务于治。"② 刘安及其门客宣称他们编写《淮南子》的宗旨就是"纪纲道德，经纬人事，上考之天，下揆之地，中通诸理"；并且在书成之后不无得意地宣称："故著书二十篇，则天地之理究矣，人间之事接矣，帝王之道备矣。"③ 可见，淮南王刘安等重视风俗问题，不仅认为风俗现象深蕴"天地之理"，是"人间之事"的重要内容，而且坚信如何调理风俗是"帝王之道"不可缺少的组成部分。

《淮南子》对风俗和政治关系的探讨，在书中占有重要的地位。虽然《说山训》中说"亡国之法有可随者，治国之俗有可非者"，④ 主张对法度风俗进行具体分析，并不能完全以政治成败来评价，但书中谈得更多的仍是作者所愤恨的"奸乱之俗，亡国之风"。⑤ 风俗

---

① 万建中：《试论秦汉风俗的时代特征》，《民俗研究》2002 年第 2 期。
② 《淮南子·氾论训》，何宁撰《淮南子集释》，第 922 页。
③ 《淮南子·要略》，何宁撰《淮南子集释》，第 1437、1454 页。
④ 《淮南子·说山训》，何宁撰《淮南子集释》，第 1149 页。
⑤ 《淮南子·主术训》，何宁撰《淮南子集释》，第 632 页。

往往是政治状况的镜子，"风俗浊于世，而诽誉萌于朝"，① 像《本经训》中所写的"晚世风流俗败，嗜欲多，礼义废，君臣相欺，父子相疑"② 的风俗败坏状况就是政坏世乱的表征，危及国家统治的稳固。

由于看到了风俗对治国理民的重要意义，《淮南子》主张"修风俗"，认为"若不修其风俗，而纵之淫辟，乃随之以刑，绳之以法，（法）虽残贼天下，弗能禁也"。③

至于如何"修风俗"，《淮南子》在不同场合由于侧重不同而存在自相抵牾的情况。最突出的表现就是能否运用法律来干预风俗。对此，《淮南子》表达了两种看似截然相反的观点。《氾论训》承认法律对风俗的制约作用，"法度者，所以论民俗而节缓急也"④，把法度视为调节风俗的手段。《主术训》却认为"刑罚不足以移风，杀戮不足以禁奸，唯神化为贵"，⑤ 对刑杀持否定意见。有学者认为，《淮南子》成于多人之手，因此这些相反的看法"应是当时不同意见的记录"。⑥ 这一观点有一定的合理性。但是，我们若从《淮南子》全书的基本倾向来看，也不难对这一矛盾做出合理的解释。

在《淮南子》看来，风俗问题最理想的效果是"道胜而理达"⑦。《原道训》认为："夫能理三苗，朝羽民，徙裸国，纳肃慎，未发号施生（令）而移风易俗者，其唯心行者乎！法度刑罚何足以致之也？"⑧

"心"是《淮南子》作者考察风俗问题时视线投射最多的对象。⑨《淮南子》反对专任刑罚，强调用诚心感化来移风易俗，提出："县（悬）法设赏，而不能移风易俗者，其诚心弗施也。宁戚商歌车下，

①　《淮南子·齐俗训》，何宁撰《淮南子集释》，第 788 页。
②　《淮南子·本经训》，何宁撰《淮南子集释》第 602 页。
③　《淮南子·泰族训》，何宁撰《淮南子集释》，第 1403 页。
④　《淮南子·氾论训》，何宁撰《淮南子集释》，第 931 页。
⑤　《淮南子·主术训》，何宁撰《淮南子集释》，第 614 页。
⑥　彭卫、杨振红：《中国风俗通史·秦汉卷》，第 6 页。
⑦　《淮南子·主术训》，何宁撰《淮南子集释》，第 661 页。
⑧　《淮南子·原道训》，何宁撰《淮南子集释》，第 47~48 页。
⑨　丁毅华：《〈淮南子〉的风俗论》，《学术月刊》1991 年第 6 期。

桓公喟然而窹，至精入人深矣！故曰：乐，听其音则知其俗，见其俗则知其化。"① 圣人以无为顺应人的自然本性改善风俗，"因其喜音而正雅颂之声，故风俗不流"，② 即使是雅颂之声的制作，也是适应人"喜音"的本性，使本有的风俗不流，而不是要改变风俗民性。

《淮南子》称"无为者，道之宗"③，主张"循理而举事，因资而立权自然之势"④ 的"无为"，提出以政治影响引导风俗的思想。"故圣人怀天气，抱天心，执中含和，不下庙堂而衍四海，变习易俗，民化而迁善，若性诸己，能以神化也。"⑤ 圣人之治在于依照天道，天以无为化育万物，圣人也必须以清静无为治国，主张移风易俗的方式以"神化为贵"⑥，只有以最高的精神境界去感化民众，才能移风易俗。"洞然无为而天下自和，憺然无欲而民自朴"⑦ 是《淮南子》作者"修风俗"的目的，也是一种理想的社会秩序。

由此可见，"神化为贵"是针对法度刑罚之弊提出的。简单来说，《淮南子》以黄老道家思想为主，虽然并不排除刑法所能起到的作用，但根本上还是认为"神化为贵"。《淮南子·泰族训》认为："治国，太上养化，其次正法"。⑧ 这可以说是《淮南子》全书在如何移风易俗问题上的基本倾向和基本观点。

谈到"移风易俗"，《淮南子》常提到"圣人""先王"的作用，肯定居于统治地位的权要人物对社会风俗的特殊作用，即"权势之柄，其以移风易俗矣""贤不足以为治，而势可以易俗明矣"，主张统治者行"处静以修身，俭约以率下"的"君人之道"，引导风俗，劝善向化。⑨ 在《泰族训》中，作者以水流为喻，说明风俗与水流一样，也是一个"通之与不通"的问题。作者认为，对待风俗问题，

---

① 《淮南子·主术训》，何宁撰《淮南子集释》，第 619～620 页。
② 《淮南子·泰族训》，何宁撰《淮南子集释》，第 1386 页。
③ 《淮南子·主术训》，何宁撰《淮南子集释》，第 624 页。
④ 《淮南子·修务训》，何宁撰《淮南子集释》，第 1322 页。
⑤ 《淮南子·泰族训》，何宁撰《淮南子集释》，第 1378 页。
⑥ 《淮南子·主术训》，何宁撰《淮南子集释》，第 614 页。
⑦ 《淮南子·本经训》，何宁撰《淮南子集释》，第 572 页。
⑧ 《淮南子·泰族训》，何宁撰《淮南子集释》，第 1401 页。
⑨ 《淮南子·主术训》，何宁撰《淮南子集释》，第 643、649 页。

"诚决其善志，防其邪心，启其善道，塞其奸路，与同出一道，则民性可善，而风俗可美也"。① 《泰族训》中还强调全书多次提到的"因"，"故先王之教也，因其所喜而劝善，因其所恶以禁奸"，② 对待风俗亦应如此。

"风俗"有好恶，《淮南子》也肯定了好的风俗会因受一些外部不良因素影响而败坏。如《主术训》载："灵王好细腰，而民有杀食自饥也；赵王好勇，而民皆处危争死。"③ 统治者的不良嗜好会导致风俗衰败，故要对不合理的风俗加以影响，给予正确的引导。反过来说，统治者若能准确把握"移风易俗"之法，也能达到至治。

《淮南子》虽没有像《荀子》那样区分"美俗""恶俗"，④ 但认为风俗应合情合理，为多数人所接受和自愿遵行。《齐俗训》指出，对风俗的改善，必须立足于实际，充分考虑到全社会的接受能力，不能以某些卓越人物的志节操行去规范社会习俗。"行齐于俗，可随也；事周于能，易为也。矜伪以惑世，伉行以违众，圣人不以为民俗。""敖世轻物，不污于俗，士之伉行也，而治世不以为民化……高不可及者，不可以为人量；行不可违者，不可以为国俗。"⑤ 这反映了《淮南子》的一些基本风俗观：主张自然，反对矫伪；主张顺世，反对违众。《淮南子》把礼乐视为"诈伪萌兴"的产物，对所谓"伉行"显得漠然，原因就是觉得此类表现有炫世惑众的"诈伪"成分在内。

《齐俗训》还认为衰世之俗、衰败之风主要是由统治者治国政策的失误所造成的，欲改善风俗，必须以建立合理的社会秩序、提供基本的生活条件为基础。"世治则小人守政，而利不能诱也；世乱则君子为奸，而法弗能禁也。"⑥《淮南子》看到君主对民众施行教化、移风易俗所能起到的作用，指出移风易俗不能依赖于政令，而应出自统

① 《淮南子·泰族训》，何宁撰《淮南子集释》，第 1403 页。
② 《淮南子·泰族训》，何宁撰《淮南子集释》，第 1387 页。
③ 《淮南子·主术训》，何宁撰《淮南子集释》，第 642～643 页。
④ 《荀子·王霸》："无国而不有美俗，无国而不有恶俗。"（清）王先谦撰《荀子集解》，第 219 页。
⑤ 《淮南子·齐俗训》，何宁撰《淮南子集释》，第 767、811～812 页。
⑥ 《淮南子·齐俗训》，何宁撰《淮南子集释》，第 826 页。

治者的精心诚意和率先示范。《淮南子》不仅赞同"入境问俗"，还特别肯定和赞扬"禹之裸国，解衣而入，衣带而出"①的做法。

《淮南子》还提出"齐俗"的问题。前已分析，《淮南子》作者是尊重各地区、各民族风俗的，因此"齐俗"不是以行政手段"整齐风俗"，而是在天下统一的政治条件下让各种风俗在共存中比较，在形式上存异，在交流中取长补短，《齐俗训》中的"齐"正是"以道论者，总而齐之"。②有学者已指出："《齐俗训》以'齐俗'命篇，其真意是以不齐为齐，承认差别，统而包容之。"③诸如《主术训》中的"毋小大修短，各得其宜，则天下一齐，无以相过也"，④《齐俗训》中的"故伊尹之兴土功也，修胫者使之跖钁，强脊者使之负土，眇者使之准，伛者使之涂，各有所宜，而人性齐矣"，⑤都强调各地礼俗固然不同，但皆能达于治，所以不必追求统一，可各任其俗，以不齐为齐。为此，《淮南子》认为对待风俗应该"入其国者从其俗，入其家者避其讳，不犯禁而入，不忤逆而进，虽之夷狄徒倮之国，结轨乎远方之外，而无所困矣"。⑥

三　董仲舒美化风俗的理想设计

要巩固大一统帝国，就必须在意识形态领域中有一个统一的思想。武帝时代，董仲舒在对策中提出"罢黜百家，表章《六经》"的主张。他说："《春秋》大一统者，天地之常经，古今之通谊也。今师异道，人异论，百家殊方，指意不同，是以上亡以持一统；法制数变，下不知所守。臣愚以为诸不在六艺之科孔子之术者，皆绝其道，勿使并进。邪辟之说灭息，然后统纪可一而法度可明，民知所从矣。"⑦这种主张对巩固发展中央集权有着至关重要的作用。它适应

---

① 《淮南子·原道训》，何宁撰《淮南子集释》，第 40 页。
② 《淮南子·齐俗训》，何宁撰《淮南子集释》，第 820 页。
③ 详见任继愈主编《中国哲学发展史（秦汉）》，人民出版社，1985，第 291～292 页。
④ 《淮南子·主术训》，何宁撰《淮南子集释》，第 640 页。
⑤ 《淮南子·齐俗训》，何宁撰《淮南子集释》，第 810～811 页。
⑥ 《淮南子·齐俗训》，何宁撰《淮南子集释》，第 784 页。
⑦ 《汉书》卷五六《董仲舒传》，第 2523 页。

了当时的政治需要，在汉武帝的支持下完成了汉帝国统治思想的转变，奠定了中国古代社会中定儒学为一尊的思想格局。董仲舒对这种观点在《春秋繁露》中做了进一步充实、发展，形成了一整套思想体系。从此，儒家思想一直统治着中国古代社会的意识形态领域。

其中，董仲舒就社会风气问题发表了不少言论。他认为，当时的社会问题仍然是"习俗薄恶"，统治者"亡以化民"，不能给社会风气以有力的引导和影响。[1] 因此，董仲舒主张应以儒家思想治国，推行礼乐教化；兴办太学，培养教化风俗的人才；选拔贤士，示民表率，移风易俗。

（一）教化行而习俗美

在两汉士人的著作言论中，以董仲舒对教化的论述最为显著。他明确提出用儒家思想来统一人们的思想意识，主张以教化治国，从而达到美化风俗的目的。

在董仲舒看来，"万民之性，有其质而未能觉，譬如瞑者待觉，教之然后善"。[2] 在《实性》中，他说："性者，天质之朴也；善者，王教之化也。无其质，则王教不能化；无其王教，则质朴不能善。"[3] "不以教化堤防之，不能止也。是故教化立而奸邪皆止者，其堤防完也；教化废而奸邪并出……教化行而习俗美也。"[4] 在《为人者天》中又说："圣人之道，不能独以威势成政，必有教化。"[5]

董仲舒认为，教化与政治密不可分，政权巩固、国家昌盛必须依靠教化。"继治世者其道同，继乱世者其道变"，"圣王之继乱世也，扫除其迹而悉去之，复修教化而崇起之。教化已明，习俗已成，子孙循之，行五六百岁尚未败也"。[6] 而秦朝败坏风俗之弊，至汉犹存，

① 《汉书》卷五六《董仲舒传》，第2504、2515页。
② 《春秋繁露·深察名号》，苏舆撰《春秋繁露义证》，钟哲点校，中华书局，1992，第297页。
③ 《春秋繁露·实性》，苏舆撰《春秋繁露义证》，第313页。
④ 《汉书》卷五六《董仲舒传》，第2503~2504页。
⑤ 《春秋繁露·为人者天》，苏舆撰《春秋繁露义证》，第319页。
⑥ 《汉书》卷五六《董仲舒传》，第2519、2504页。

"昔秦受亡周之敝，而亡以化之；汉受亡秦之敝，又亡以化之。夫继二敝之后，承其下流，兼受其猥，难治甚矣"。① "自古以来，未尝有以乱济乱，大败天下之民如秦者也。其遗毒余烈，至今未灭，使习俗薄恶，民众嚣顽。"他认为"世俗之靡薄"，一直是汉代统治者不得不面对的既成事实，只有改弦更张，推行教化，才能"上下和睦，习俗美盛"。②

为此，董仲舒主张借助复古观念，以儒家思想为指导对秦朝遗留的弊政进行全面变革。他说："政有三端：父子不亲，则致其爱慈；大臣不和，则敬顺其礼；百姓不安，则力其孝弟。孝弟者，所以安百姓也。力者，勉行之身以化之……圣人之道，不能独以威势成政，必有教化。故曰：先之以博爱，教以仁也；难得者，君子不贵，教以义也。虽天子必有尊也，教以孝也；必有先也，教以弟也。此威势之不足独恃，而教化之功不大乎？"③ 认为以教化治国的方略，对建立、巩固和完善社会秩序具有巨大的作用。

在《贤良对策》中，董仲舒提出以教化治国的方略，就是要从根本上革除秦朝留下的弊政，用一系列仁义礼乐来治民兴国。他说："至周末世，大为无道，以失天下。秦继其后，又益甚之。……今汉继秦之后，虽欲治之，无可奈何。法出而奸生，令下而诈起，一岁之狱以万千数，如以汤止沸，沸俞甚而无益。辟之琴瑟不调，甚者必解而更张之，乃可鼓也。为政而不行，甚者必变而更化之，乃可理也。故汉得天下以来，常欲善治，而至今不能胜残去杀者，失之当更化而不能更化也。古人有言：'临渊羡鱼，不如归而结网。'今临政而愿治七十余岁矣，不如退而更化。更化则可善治，而灾害日去，福禄日来矣。"④ 主张彻底扫除秦暴政酷刑的遗风余毒，用儒家仁义之道去治国教民。只有如此，才能使武帝的伟业"至尊休德，传之亡穷"。⑤

---

① 《汉书》卷二七《五行志》，第 1332 页。
② 《汉书》卷五六《董仲舒传》，第 2504、2519～2520 页。
③ 《春秋繁露·为人者天》，苏舆撰《春秋繁露义证》，第 319～320 页。
④ 《汉书》卷二二《礼乐志》，第 1032 页。
⑤ 《汉书》卷五六《董仲舒传》，第 2495 页。

　　董仲舒还利用天在人们心目中的神圣性，首先将其道德化，认为天好仁恶杀，然后以帝王配天，为"百神之大君"，① 认为"王者承天意以从事，故任德教而不任刑"。② 又由于"屈民而伸君，屈君而伸天，《春秋》之大义也"③，因此王者不可以不知天，"为人主者，予夺生杀，各当其义，若四时；列官置吏，必以其能，若五行；好仁恶戾，任德远刑，若阴阳。此之谓能配天"。④ 这就为在政治中推行教化提供了理论依据，从而实现教与政的结合。也正是这番教化理论确立了儒学在汉代的特殊地位，它所表达的政治理想成为众多儒家士大夫自觉躬行践履的政治主张和文化目标。

　　董仲舒激励汉武帝奋发有为，重建"教化行而习俗美"的盛世。他说："臣闻尧受命，以天下为忧，而未以位为乐也，故……众圣辅德，贤能佐职，教化大行，天下和洽，万民皆安仁乐谊，各得其宜，动作应礼，从容中道。""教化不立而万民不正……古之王者明于此，是故南面而治天下，莫不以教化为大务。立大学以教于国，设庠序以化于邑。"如此，则王道可期："人有父子兄弟之亲，出有君臣上下之谊，会聚相遇，则有耆老长幼之施；粲然有文以相接，欢然有恩以相爱。"最后，他总结道："天令之谓命，命非圣人不行；质朴之谓性，性非教化不成；人欲之谓情，情非制度不节。是故王者上谨于承天意，以顺命也；下务明教化民，以成性也；正法度之宜，别上下之序，以防欲也：修此三者，而大本举矣。"⑤

（二）乐者，所以变民风，化民俗也

　　有学者说："我国古代无民俗明确之观念，然而，礼乐之论，却发展了民俗之论。欲寻民俗之论，也必求于礼乐之论。这是中国文化史上一种特殊的现象。"⑥ 董仲舒就是两汉时期重视礼乐教化的典型代

---

① 《春秋繁露·郊语》，苏舆撰《春秋繁露义证》，第398页。
② 《汉书》卷五六《董仲舒传》，第2502页。
③ 《春秋繁露·玉杯》，苏舆撰《春秋繁露义证》，第32页。
④ 《春秋繁露·天地阴阳》，苏舆撰《春秋繁露义证》，第467～468页。
⑤ 《汉书》卷五六《董仲舒传》，第2508、2503、2516、2515～2516页。
⑥ 张紫晨：《中国民俗学史》，第48页。

表之一。

董仲舒提出重礼乐的理论，认为"无礼乐，则亡其所以成也"。①在向汉武帝对策中特别论到"礼乐教化之功"，并把它归为子孙长久安宁数百岁的主要之功。他说："王者未作乐之时，乃用先王之乐宜于世者，而以深入教化于民。"②为使儒家在汉代定于一尊，董仲舒极力倡导用礼乐教化来美化风俗。在《贤良对策》中，董仲舒提出礼乐的作用即在于移风易俗。他说："道者，所繇（由）适于治之路也，仁义礼乐皆其具也。故圣王已没，而子孙长久安宁数百岁，此皆礼乐教化之功也……乐者，所以变民风，化民俗也；其变民也易，其化人也著。故声发于和而本于情，接于肌肤，藏于骨髓。故王道虽微缺，而筦弦之声未衰也。"③认为王道必以仁义礼乐教化为本才能长久，其中特别肯定了音乐能针对人的自然感性，进而易于移风易俗的作用。

董仲舒认为儒道是治国之路，仁义礼乐是治国之具。④礼能"正法度之宜，别上下之序，以防欲也"。⑤乐的作用则在于纠正坏的民风，改变人们坏的习俗。《孟子·尽心上》中就有"仁言不如仁声之入人深也"的说法。显然，董仲舒继承并发展了这种思想。

由于礼乐一体，所以就应"立辟雍庠序，修孝悌敬让，明以教化，感以礼乐，所以奉人本也"。⑥施行礼乐教化需要有贤人去执行，不然，礼乐再好也难以奏效。在《春秋繁露》中，董仲舒从天人合一的宇宙论出发，论证了礼乐移风易俗的根本在于君王有德。他把天看作一切的最高主宰，以"人副天数"、人的情感对应天之四时，从类的意义上得出"天人合一"、人理应效法天道的结论。又由同类相动的原理推出天人感应的神学目的论，提出君王必须效法天之阴阳的运行规律，主张务德不务刑。"先王显德以示民，民乐而歌之以为诗，

---

① 《春秋繁露·立元神》，苏舆撰《春秋繁露义证》，第168页。

② 《汉书》卷五六《董仲舒传》，第2499页。

③ 《汉书》卷五六《董仲舒传》，第2499页。

④ 刘兆伟：《论董仲舒以教化治国之方略》，《辽宁高等教育研究》1989年第2期。

⑤ 《汉书》卷五六《董仲舒传》，第2515页。

⑥ 《春秋繁露·立元神》，苏舆撰《春秋繁露义证》，第169页。

说而化之以为俗"，① 唯其如此，礼乐才能化民成俗。

董仲舒以天人合一的宇宙论和天人感应的神学目的论，强化了礼乐教化尤其是音乐的移风易俗作用。同时，他又以阴阳五行言灾异，把神秘化的阴阳五行学说与儒家学说结合起来，使儒学神学化，导致西汉末年谶纬迷信盛行，移风易俗被神学化，统治者得以借助神学迷信的力量来强化对意识形态的控制。受董仲舒的影响，《史记》《汉书》《白虎通》等都把神秘化的阴阳五行与乐论相结合，夸大音乐的作用，最终使移风易俗被统治者确定为官方意识形态的重要内容。

董仲舒既是以儒学大师的地位，又是以政治家的身份来宣扬礼乐的风俗教化功能，认为礼乐教化的最终目的是移风易俗、美化社会风气。面对腐朽堕落的社会风气，董仲舒化民成俗的政治主张表明其强烈意识到重建社会文化秩序的重要性，而要建立新的社会文化秩序，就要推行礼乐教化，化民成俗。这是儒者治国的主要途径，他们相信只有通过礼乐来教化风俗，才能实现"六合同风，九州共贯"的社会理想。

（三）太学者，教化之本原也

董仲舒认为，要想以礼乐巩固大一统帝国，必须有宣传、贯彻、实施儒道的人才。有了这样的人才，才能真正实现以礼乐教化治国。但这样的人才不是凭空而来的，还要靠教育来培养，"君子不学，不成其德"。② 董仲舒说，武帝虽也注重求贤治国，却无法求得足够的贤才。究其原因，主要在于平素忽略了对人才的培养。为此，他提出应兴建太学：

> 夫不素养士而欲求贤，譬犹不（璓）〔琢〕玉而求文采也。故养士之大者，莫大（虙）〔乎〕太学；太学者，贤士之所关也，教化之本原也。今以一郡一国之众，对亡应书者，是王道往往而绝也。臣愿陛下兴太学，置明师，以养天下之士，数考问以

---

① 《春秋繁露·身之养重于义》，苏舆撰《春秋繁露义证》，第 265 页。
② 《汉书》卷五六《董仲舒传》，第 2510 页。

尽其材，则英俊宜可得矣。①

在此，董仲舒强调要想求贤治国，就需首先教育培养人才，而培养人才的最好办法是兴办太学，聘请贤德明师执教，严加教诲考察，就一定能培养出英俊贤士。他还认为，当前政府官吏大多不能做民表率，不能宣扬教化，有些官吏甚至欺诈良民，掳掠孤弱。而这些问题之所以存在，就是由于官吏缺乏教育培养。所以，兴办太学乃当务之急。

董仲舒还从美化风俗的角度来论兴建太学之必要："立大学以教于国，设庠序以化于邑，渐民以仁，摩民以谊，节民以礼，故其刑罚甚轻而禁不犯者，教化行而习俗美也。"②

这一主张在当时很有见地。汉兴至武帝的七十余年间，官吏多为功臣或功臣后代，这一时期可称为"功臣功臣子政治"时代。《史记·陈丞相世家》载，文帝即位之初，以周勃为右相，陈平为左相。不久，汉文帝与右、左二相及诸大臣商讨国家大事，问周勃"天下一岁决狱几何？""天下一岁钱谷出入几何？"周勃均回答"不知"，以致"汗出沾背，愧不能对"。当汉文帝问及陈平时，陈平给出了令汉文帝赞服的回答。后来汉文帝用"陈平专为一丞相"。③ 这一事例表明，随着汉朝统治术的变化，其用人标准也随之发生变化。汉文帝时期，战将周勃显然已不能适应主宰朝廷行政的丞相职务。到汉武帝时，这一用人矛盾日渐突出，汉初叔孙通所提出的儒者"可与守成"观念已得到普遍认可，政府亦渐趋重视知识型人才。可见，兴办太学是完全有必要的，也是历史发展的必然。王夫之《读通鉴论》就说"仲舒之策，首重太学，庶知本矣"，④ 称赞董仲舒建议兴太学是"知本"之举。

董仲舒兴建太学以培养人才的建议也得到了执政者的认同。元朔五年（前124年），汉武帝下诏立太学，并阐述了自己的目的和用意：

---

① 《汉书》卷五六《董仲舒传》，第 2512 页。
② 《汉书》卷五六《董仲舒传》，第 2503～2504 页。
③ 《史记》卷五六《陈丞相世家》，第 2061～2062 页。
④ （清）王夫之：《读通鉴论》卷三《武帝》，舒士彦点校，中华书局，1975，第 50 页。

"盖闻导民以礼，风之以乐。今礼坏乐崩，朕甚闵焉。故详延天下方闻之士，咸荐诸朝。其令礼官劝学，讲议洽闻，举遗兴礼，以为天下先。太常其议予博士弟子，崇乡党之化，以厉贤材焉。"①

（四）郡守县令，民之师帅，所使承流而宣化也

选拔什么样的人才为官吏，决定着教化治国方略的成败。为此，董仲舒在要求兴办太学培养人才的同时，还主张重视察举，扩大选士范围。他反对过去那种只从高官厚禄者子弟中选拔官吏和以资历论优劣的做法："夫长吏多出于郎中、中郎，吏二千石子弟选郎吏，又以富訾，未必贤也。且古所谓功者，以任官称职为差，非（所）谓积日累久也。故小材虽累日，不离于小官；贤材虽未久，不害为辅佐。是以有司竭力尽知，务治其业而以赴功。今则不然。（累）〔累〕日以取贵，积久以致官，是以廉耻贸乱，贤不肖浑殽，未得其真。"② 董仲舒还在对策中指出，独用执法之吏则教化难成，"废先王之德教，独用执法之吏治民，而欲德化被四海，故难成也"，③ 并将"群生寡遂，黎民未济"归咎于"长吏不明"。④

针对存在的问题，董仲舒提出了自己的主张："使诸列侯、郡守、二千石各择其吏民之贤者，岁贡各二人以给宿卫，且以观大臣之能；所贡贤者有赏，所贡不肖者有罚。夫如是，诸侯、吏二千石皆尽心于求贤，天下之士可得而官使也……毋以日月为功，实试贤能为上，量材而授官，录德而定位，则廉耻殊路，贤不肖异处矣。"⑤

董仲舒还向丞相公孙弘提出任贤的建议："仲舒窃见宰职任天下之重，群心所归，惟须贤佐，以成圣化。愿君侯大开萧相国求贤之路，广选举之门。既得其人，接以周公下士之意，即奇伟隐世异伦之人，各思竭愚，归往圣德，英俊满朝，百能备具。既君侯大立，则道德弘通，化流四极。"面对"廉耻贸乱，贤不肖浑殽"、官史奢侈僭越的情况，董仲舒提

---

① 《汉书》卷六《武帝纪》，第 171 ~ 172 页。
② 《汉书》卷五六《董仲舒传》，第 2512 ~ 2513 页。
③ 《汉书》卷二二《礼乐志》，第 1032 页。
④ 《汉书》卷五六《董仲舒传》，第 2512 页。
⑤ 《汉书》卷五六《董仲舒传》，第 2513 页。

出"扶衰止奸，本在吏耳，宜一考察天下领民之吏，留心署置，以明消灭邪枉之迹，使百姓各安其产业，无有寇盗之患，以蠲主忧"。①

教化治国方略要想得到很好的实施，还必须要有统治者的表率作用来保证。孔子曾说："政者，正也。子帅以正，孰敢不正?"② 又说："其身正，不令而行；其身不正，虽令不从。"③ 董仲舒继承了这一思想，认为官僚士大夫的举止行为，对民风民俗有潜移默化之效，"尔好谊，则民乡仁而俗善；尔好利，则民好邪而俗败"④。因此，皇帝和大臣们都应有各自的表率规范。在《贤良对策》中，董仲舒说："为人君者，正心以正朝廷，正朝廷以正百官，正百官以正万民，正万民以正四方。四方正，远近莫敢不一于正，而亡有邪气奸其间者。"⑤ 这就可以看出董仲舒要求皇帝做臣民的表率。董仲舒所说的"正心"，是指用儒家道德修养思想去正心。《礼记·大学》曰："心正而后身修，身修而后家齐，家齐而后国治，国治而后天下平。自天子至于庶人，一是皆以修身为本。"⑥ 只有皇帝先正心、修身，全国臣民才能趋正去邪，以儒道风尚去做人处事，那么社会统治就会长治久安。

董仲舒在《贤良对策》中说："今之郡守、县令，民之师帅，所使承流而宣化也；故师帅不贤，则主德不宣，恩泽不流。今吏既亡教训于下，或不承用主上之法，暴虐百姓，与奸为市，贫穷孤弱，冤苦失职，甚不称陛下之意。……皆长吏不明，使至于此也。"⑦ 针对朝廷大臣及地方主要官吏存在的问题，董仲舒提出了具体要求，要求各级官吏加强自身修养，真正做到为民师表，既能把皇帝的道德教化思想宣传给百姓，又能对百姓进行教化，督民去恶，导民从善。

为此，董仲舒主张为官者绝不要与民争利。他说："身宠而载高

---

① 《全汉文》卷二四董仲舒《诣丞相公孙弘记室书》，（清）严可均校辑《全上古三代秦汉三国六朝文》，第 258 页。

② 《论语·颜渊》，杨伯峻译注《论语译注》，第 129 页。

③ 《论语·子路》，杨伯峻译注《论语译注》，第 136 页。

④ 《汉书》卷五六《董仲舒传》，第 2521 页。

⑤ 《汉书》卷五六《董仲舒传》，第 2502～2503 页。

⑥ 《礼记·大学》，《礼记正义》，（清）阮元校刻《十三经注疏（附校勘记）》，第 1673 页。

⑦ 《汉书》卷五六《董仲舒传》，第 2512 页。

位，家温而食厚禄，因乘富贵之资力，以与民争利于下，民安能如之哉！是故众其奴婢，多其牛羊，广其田宅，博其产业，畜其积委，务此而亡已，以迫蹴民，民日削月朘，浸以大穷。富者奢侈羡溢，贫者穷急愁苦；穷急愁苦而上不救，则民不乐生；民不乐生，尚不避死，安能避罪！此刑罚之所以蕃而奸邪不可胜者也。故受禄之家，食禄而已，不与民争业，然后利可均布，而民可家足……古之贤人君子在列位者皆如是，是故下高其行而从其教，民化其廉而不贪鄙。"① 这就是说，为民表率不是空的，须不与民争利，为民考虑问题，使民得以安生，然后才能在民众心目中树立起官长的模范形象。民众心目中有了官长的崇高地位，就能由衷地服从其教化。这样才能起到以德化民、教民的表率作用，才能形成良好的社会风气。

无论是皇帝还是官吏，都要起到表率作用。尤其是皇帝更应做民众的表率，因为其表率作用最有说服力。董仲舒认为，君主作为最高统治者，是举国上下的中心，其一言一行为"万物之枢机"。就君民关系而言，他说："传曰：……君者，民之心也；民者，君之体也。心之所好，体必安之；君之所好，民必从之。故君民者，贵孝弟而好礼义，重仁廉而轻财利，躬亲职此于上，而万民听，生善于下矣。"② 所以，要在天下施行社会伦常教化，皇帝自然应该是全国臣民的典范。各级官吏上以皇帝为楷模，而对下要做民众的楷模。全国上下，层层对上下负责，道德教化就不难推而广之。建元六年（前 135 年）二月乙未辽东高庙灾，四月壬子高园便殿火，董仲舒在解释其原因时说道："多兄弟亲戚骨肉之连，骄扬奢侈恣睢者众，所谓重难之时者也。陛下正当大敝之后，又遭重难之时，甚可忧也。故天灾若语陛下：'……视亲戚贵属在诸侯远正最甚者，忍而诛之，如吾燔辽〔东〕高庙乃可；视近臣在国中处旁仄及贵而不正者，忍而诛之，如吾燔高园殿乃可'云尔。在外而不正者，虽贵如高庙，犹灾燔之，况诸侯乎！在内不正者，虽贵如高园殿，犹燔灾之，况大臣乎！此天意也。"③

---

① 《汉书》卷五六《董仲舒传》，第 2520 页。
② 《春秋繁露·为人者天》，苏舆撰《春秋繁露义证》，第 320 页。
③ 《汉书》卷二七《五行志》，第 1332 页。

因此，君主应"固守其德，以附其民"。① 如果君主无德，那么，因"德不温，则众不亲安；众不亲安，则离散不群；离散不群，则不全于君"。② 君主在行使王权时，务必避免"无辅自诎""强凌弱""逆理近色""妄杀无罪""贪财枉法""骄奢淫泆"③ 等过错。"善为师者，既美其道，有慎其行，齐时蚤晚，任多少，适疾徐，造而勿趋，稽而勿苦，省其所为，而成其所湛，故力不劳而身大成。此之谓圣化，吾取之。"④

董仲舒以教化治国的思想方略，既是时代的产物，又是历史发展的必然要求。这一教化治国思想对完善、巩固中国古代社会秩序做出了不可抹煞的功绩。"圣王之治天下也，少则习之学，长则材诸位，爵禄以养其德，刑罚以威其恶，故民晓于礼谊而耻犯其上。"⑤ 有学者认为，董氏之术，取先秦诸儒之粹而用于为政之实者也。如果政治与教化对举，政是治民，教则是化民。在秦汉大一统帝国确立的背景下，董仲舒所做的是为"教"争取一席之地，使之与"政"结合起来。⑥ 在《汉书·董仲舒传》中，班固评论说："推明孔氏，抑黜百家，立学校之官，州郡举茂材孝廉，皆自仲舒发之。"⑦ 这表明董仲舒的思想主张在汉代得到肯定。自汉武帝起，关于教化的主张为统治者所接受，统治者开始实施立五经博士、开办太学、设立地方官学、招收博士弟子等一系列和化民成俗有关的政府行为。

四 司马迁对风俗的新认识

作为一位有识见的史学家、思想家，司马迁对风俗十分重视，他通过"游江、淮，上会稽""涉汶、泗""过梁、楚"⑧ 等壮游全国的

---

① 《春秋繁露·保位权》，苏舆撰《春秋繁露义证》，第 175 页。
② 《春秋繁露·深察名号》，苏舆撰《春秋繁露义证》，第 290 页。
③ 《春秋繁露·王道》，苏舆撰《春秋繁露义证》，第 130 页。
④ 《春秋繁露·玉杯》，苏舆撰《春秋繁露义证》，第 37～38 页。
⑤ 《汉书》卷五六《董仲舒传》，第 2510 页。
⑥ 陈明：《儒学与汉代吏》，《原道》第一辑，北京大学出版社，1994。
⑦ 《汉书》卷五六《董仲舒传》，第 2525 页。
⑧ 《史记》卷一三〇《太史公自序》，第 3293 页。

社会实践，对各地的风俗进行了一番广泛深入的调查和了解。① 在编撰《史记》时，司马迁"上序轩黄，中述战国，或得之于名山坏壁，或取之以旧俗风谣"，② 把它们有机地整理到《史记》的相关篇章中，特别在叙述各地风物人情的《史记·货殖列传》中，司马迁将"旧俗风谣"视为反映各地民风性格、价值观念、社会风貌等的重要信息，且多与政治生活、政治事件等密切相关。

这些丰富的风俗资料，为我们今天研究西汉及其以前各地域、各民族的风俗发展状况提供了极大的方便。不过，我们所关注的焦点并不在这里。真正引起我们重视的，是司马迁在记载这些风俗事象的同时，往往还直接或间接地表露出肯定或否定的态度，而这些肯定或否定的态度在一定程度上透露出司马迁对风俗的新认识。

司马迁论风俗，往往将事与论相结合，由事而生论，又由论而析事，观点融于事，事中有观点。③ 他主张因民而作，追俗为制；认为"乐者，所以移风易俗"，政府应博采风俗，助流政教。更可贵的是，司马迁明确提出风俗具有地域性特征，还发现了地域风俗同经济环境之间存在千丝万缕的联系。另外，对一些与风俗密切相关的特殊阶层的关注也是司马迁风俗观念的重要组成部分。总之，尽管没有对风俗概念明确做出理论界定，但可以发现，司马迁实际上将自己的风俗理念蕴含在具体的社会风俗撰述之中。这些独到的思想和见解构成司马迁风俗观念的主要内容，它虽以广议散评的形式出现，却开阔宏博，继承和发展了中国古代以俗助史的传统，成为西汉前期风俗观念的重要组成部分。

（一）因民而作，追俗为制

司马迁认为风俗源于社会现实的需要。他说："余至大行礼官，

---

① 徐晓青、邓文琪在《〈史记〉与汉代民俗》（《聊城师范学院学报》2001 年第 5 期）一文中指出，司马迁 20 岁时游历全国是中国历史上第一次真正意义上的民俗调查。这次调查有四个特点：一是有目的有重点；二是不仅知其然，而且探究其所以然；三是亲自参与民俗活动；四是不畏艰难险阻。此后，司马迁还多次利用公务之便调查民俗。

② 《史记索隐后序》，《史记》，"附录"，第 9 页。

③ 张紫晨：《中国民俗学史》，第 91 页。

观三代损益，乃知缘人情而制礼，依人性而作仪，其所由来尚矣。"①在《史记·货殖列传》中，司马迁更是明确地提出欲望是历史发展的动力的观点："人各任其能，竭其力，以得所欲。故物贱之征贵，贵之征贱，各劝其业，乐其事，若水之趋下，日夜无休时，不召而自来，不求而民出之。岂非道之所符，而自然之验邪？"②现代民俗学研究也已证明，习俗确实起源于社会需要，是人组成社会之后为了人与人、人与自然之间的有序而约束人类行为的准则。③两千多年前的司马迁已经有了这种认识，实在难能可贵。

由于风俗文化往往与国家政治息息相关，统治者要想有效地治理国家，使民心安定、风俗淳厚，就必须将整个社会的需要很好地纳入政府考虑的范畴。因此，对风俗的关注就成为统治者需要认真执行的重要任务之一。

统治者对风俗的关注主要表现为两种态度：一种是因其俗，简其礼；另一种则是革其俗，变其礼。司马迁赞同前者，认为统治者应根据风俗因地制宜地制定政策，"因民而作，追俗为制"，④即顺民之俗，给人之欲。他说："故善者因之，其次利道之，其次教诲之，其次整齐之，最下者与之争。"⑤主张施政要随从风俗。对此，司马迁以西周初年太公治齐与伯禽治鲁的差异为例来加以说明：

> 鲁公伯禽之初受封之鲁，三年而后报政周公。周公曰："何迟也？"伯禽曰："变其俗，革其礼，丧三年然后除之，故迟。"太公亦封于齐，五月而报政周公。周公曰："何疾也？"曰："吾简其君臣礼，从其俗为也。"及后闻伯禽报政迟，乃叹曰："呜呼，鲁后世其北面事齐矣！夫政不简不易，民不有近；平易近民，民必归之。"⑥

---

① 《史记》卷二三《礼书》，第 1157 页。
② 《史记》卷一二九《货殖列传》，第 3254 页。
③ 参见陈华文、俞樟华《司马迁的民俗观》，《民俗研究》1991 年第 1 期。
④ 《史记》卷二三《礼书》，第 1161 页。
⑤ 《史记》卷一二九《货殖列传》，第 3253 页。
⑥ 《史记》卷三三《鲁周公世家》，第 1524 页。

周初姜太公建立齐国的时候，"因其俗，简其礼，通商工之业，便鱼盐之利，而人民多归齐，齐为大国"，① 这是因循民俗而使国家富强的典型例子。鲁国的情况与此相反：鲁公伯禽在立国之初不顾商奄之地的风俗而将周的那一套照搬过去，违背了周公在分封鲁国时所谆谆告诫他的"因商奄之民"② 原则。齐国采取"从其俗"的方针，鲁国则奉行"变其俗"的策略，而周公在听到两国"报政"之后，发出了"鲁后世其北面事齐矣"的感叹。这里，司马迁无疑是把导致齐鲁两国后来盛衰不同命运的原因归结为立国之初各自所采取"因其俗"与"变其俗"的不同政策。

但是，司马迁对老子"民各甘其食，美其服，安其俗，乐其业，至老死不相往来"③ 的小国寡民思想和不思变革的风俗观念并不赞成，他赞赏的是对风俗习惯进行有节制、有目的的合理的改革，重视"与时迁移，应物变化，立俗施事"。④ 这是因为开明的统治者也应明白，随着历史的发展、时代的变迁，社会需要也必然会发生一定的改变，自己的统治策略决不能拘于古旧风俗，一成不变，而应该移风易俗，相应地做出调整变革。如果为政者不注意这一点，那么就会直接导致政治事业的失败。在《史记·平津侯主父列传》中，司马迁借严安之口，提出"向使秦缓其刑罚，薄赋敛，省徭役，贵仁义，贱权利，上笃厚，下智巧，变风易俗，化于海内，则世世必安矣。秦不行是风而（修）〔循〕其故俗，为智巧权利者进，笃厚忠信者退；法严政峻，谄谀者众，日闻其美，意广心轶"，终于亡国。⑤ 认为秦亡的主要原因之一便在于"循其故俗"，而不能"变风易俗，化于海内"。

在《史记·淮南衡山列传》中，司马迁在分析淮南王变乱的原因时指出："淮南、衡山亲为骨肉，疆土千里，列为诸侯……仍父于再亡国，各不终其身，为天下笑。此非独王过也，亦其俗薄，臣下渐靡

---

① 《史记》卷三二《齐太公世家》，第 1480 页。
② 《左传·定公四年》，杨伯峻编著《春秋左传注》，第 1537 页。
③ 《史记》卷一二九《货殖列传》，第 3253 页。
④ 《史记》卷一三〇《太史公自序》，第 3289 页。
⑤ 《史记》卷一一二《平津侯主父列传》，第 2958 页。

使然也。夫荆楚僄勇轻悍，好作乱，乃自古记之矣。"① 这里，司马迁清楚地看到荆楚之地崇尚"僄勇轻悍"的风俗，认为其对淮南王犯上作乱起到了推波助澜的不良作用。针对这一现象，司马迁认为，不仅风俗的好坏对政治的成败有着十分巨大的影响，而且移风易俗、美化风俗对社会政治统治有着无比的重要性。为此，司马迁特别强调统治者应变风易俗，顺应社会，只有这样才能达到最佳的治理效果。

司马迁高度赞赏因时因势的习俗改革事件，更是这种观念的集中体现。他通过对一些重大习俗变革的褒扬性记载来鲜明地表达自己赞同风俗的合理改革。如《史记·赵世家》中赵武灵王对"胡服"的推行，就是一场自上而下的习俗变革运动。当时，易服的主张受到很大阻力，反对者最重要的理由便是不合于俗。对此，赵武灵王详加批驳。他说："夫服者，所以便用也；礼者，所以便事也。圣人观乡而顺宜，因事而制礼，所以利其民而厚其国也。夫翦发文身，错臂左衽，瓯越之民也。黑齿雕题，却冠秫绌，大吴之国也。故礼服莫同，其便一也。乡异而用变，事异而礼易。是以圣人果可以利其国，不一其用；果可以便其事，不同其礼。儒者一师而俗异，中国同礼而教离，况于山谷之便乎？"② 认为只要能利民利国，就不应为古教古礼所束缚，而应随情势之变而变革，改胡服是最好的选择。通过记载这一习俗变化过程中的争论及其随后所带来的显著的政治、军事效果，司马迁表明了自己对风俗改革的赞成。这样的例子在《史记》一书中还有很多。如在《史记·商君列传》中，司马迁记载了商鞅的风俗改革主张和具体内容，以及这种改革给秦国带来的明显好处；在《史记·孝文本纪》中，司马迁详细地记录了汉文帝有关改革厚葬之俗的遗诏，并充分肯定汉文帝在倡导节俭、节葬方面的"仁政"。凡此种种，都表明司马迁对那些利国利民的风俗改革是坚决持肯定、鼓励的积极态度的，这是司马迁风俗观念的一个重要内容。

（二）乐者，所以移风易俗也

司马迁十分重视礼俗与音乐的关系，提出礼、乐不可分，"礼义

---

① 《史记》卷一一八《淮南衡山列传》，第 3098 页。
② 《史记》卷四三《赵世家》，第 1808 ~ 1809 页。

立，则贵贱等矣；乐文同，则上下和矣"。① 他认为把礼乐运用到风俗事象上，正在于可以通过礼教、乐和的方式使风俗上下相通。司马迁赞同荀子礼乐并举的主张，"乐至则无怨，礼至则不争。揖让而治天下者，礼乐之谓也"，② 极力推崇礼乐的教化作用。他说："若夫礼乐之施于金石，越于声音，用于宗庙社稷，事于山川鬼神，则此所以与民同也。"③ 这就使上通于下，使天子通于民，从而显示出乐的重要作用。司马迁还进一步阐述礼乐：

> 乐也者，情之不可变者也；礼也者，理之不可易者也。乐统同，礼别异，礼乐之说贯乎人情矣。穷本知变，乐之情也；著诚去伪，礼之经也。礼乐顺天地之诚，达神明之德，降兴上下之神，而凝是精粗之体，领父子君臣之节。④

其中，"乐统同，礼别异"比较准确地概括出礼乐的文化品质和社会作用。对于"乐统同"，张守节《正义》中有这样的解释："统，领也。同，和合之情者也。"裴骃《集解》则引汉代学者郑玄的解说："统同，同和合也。"⑤ 其于"和合"的意义，得以鲜明显现。其实，在汉人的社会意识中，"和合"作为一种公众愿望、一种社会理想，已被一些政论家借以构筑合理的社会政治模式。⑥

司马迁特别肯定了音乐对教化的首要作用："正教者皆始于音，音正而行正。故音乐者，所以动荡血脉，通流精神而和正心也。"⑦ 五声分别振动五脏，能使五常之德平和端正，对人性具有陶冶作用。在《乐书》中，司马迁以相当多的篇幅论述了音乐对风俗人心的影响，认为乐"可以善民心。其感人深，其风移俗易"，"故乐行而伦清，耳目聪明，血气和平，移风易俗，天下皆宁"。⑧

---

① 《史记》卷二四《乐书》，第 1187 页。
② 《史记》卷二四《乐书》，第 1188 页。
③ 《史记》卷二四《乐书》，第 1192 页。
④ 《史记》卷二四《乐书》，第 1202 页。
⑤ 《史记》卷二四《乐书》注引张守节《正义》、裴骃《集解》，第 1202 页。
⑥ 参见王子今《汉代社会意识中的"和合"观》，《社会科学》2006 年第 7 期。
⑦ 《史记》卷二四《乐书》，第 1236 页。
⑧ 《史记》卷二四《乐书》，第 1206、1211 页。

因此，在移风易俗中，司马迁更强调"乐"的作用，认为这是从根本上改善风俗的纯洁性从而最终达到统治目的的有效手段。司马迁提出："乐者，所以移风易俗也……人情之所感，远俗则怀。"① 从音乐可以感化人情感的角度，论证了其对移风易俗问题的重要作用，认为音乐能从情感上打动人心，因而是移风易俗的政教工具。他还说，"乐者，天地之和也"，"德之华也"，"心之动也"，"通于伦理者也"。② "先王之制礼乐也，非以极口腹耳目之欲也，将以教民平好恶而反人道之正也。"③ 主张通过音乐来潜移默化民众，变革风俗民心，即"乐所以内辅正心而外异贵贱也；上以事宗庙，下以变化黎庶也"。④

乐之所由来，从风俗始。乐来之于民，取之于俗。他说："凡音者，生人心者也。情动于中，故形于声，声成文谓之音。是故治世之音安以乐，其正和；乱世之音怨以怒，其正乖；亡国之音哀以思，其民困。声音之道，与正通矣。"⑤ 这是说音乐生于人之心理，而人心与政治有直接的关系。乐与政通，乐可辅政，"乐以和其声，政以一其行"。⑥

由此，司马迁重视采风入乐的做法，明确提出采风俗而助政教的观点。"州异国殊，情习不同，故博采风俗，协比声律，以补短移化，助流政教。"⑦ 从"协比声律"一语来看，"博采风俗"中的"风俗"应为民间诗歌，"博采风俗"即"采诗"，属于采风问俗的方式之一。关于"采诗"，《礼记·王制》载："天子五年一巡守……命大师陈诗，以观民风。"郑玄注曰："陈诗，谓采其诗而视之。"⑧ 人们的情感习性因环境而不同，统治者采集民歌、协调声律、制雅颂之音，可

①　《史记》卷一三〇《太史公自序》，第 3305 页。
②　《史记》卷二四《乐书》，第 1191、1214~1215、1184 页。
③　《史记》卷二四《乐书》，第 1184 页。
④　《史记》卷二四《乐书》，第 1236 页。
⑤　《史记》卷二四《乐书》，第 1181 页。
⑥　《史记》卷二四《乐书》，第 1179 页。
⑦　《史记》卷二四《乐书》，第 1175 页。
⑧　《礼记·王制》及郑玄注，《礼记正义》，（清）阮元校刻《十三经注疏（附校勘记）》，第 1327~1328 页。

以净化民性，使民风纯正。

乐来自风俗，采风俗、比声律又用以助政教，"上以承祖宗，下以化兆民"①，这是司马迁在《乐书》中的主要观点。其要旨是俗以制乐，乐以为治。② 所以，司马迁在《乐书》"太史公曰"中总结说："上古明王举乐者，非以娱心自乐，快意恣欲，将欲为治也。正教者皆始于音，音正而行正。""礼由外入，乐自内出。故君子不可须臾离礼，须臾离礼则暴慢之行穷外；不可须臾离乐，须臾离乐则奸邪之行穷内。"③

（三）地域经济风俗观念

最早分区域记述地理状况与风土人情的著作，当首推《山海经》和《尚书·禹贡》。《山海经》有对远在黄河和长江流域之外广大地区自然条件、风土人情的综合性记述；《禹贡》则对各自然分区的山水、物产、交通以及有关风俗大势做了简洁扼要的介绍。这些都是了解中国古代各地风俗情况的珍贵材料，但是，两书有关风俗观念的论述笔墨甚少，对风俗文化的理性认识依然处于萌芽阶段。司马迁在《史记·货殖列传》首次把各地风俗与地理环境和经济条件明确联系起来，为社会风俗研究开辟了新的领域。

司马迁从长安出发，历时近6个春秋，遍历全国各地，游览名山大川，向故老了解往事旧闻。调查风俗，以加深对历史的认识、丰富纪传中人物的形象，是他此番漫游的一个重要目的。如他在《史记·孟尝君列传》中追记道："吾尝过薛，其俗闾里率多暴桀子弟，与邹、鲁殊。问其故，曰：'孟尝君招致天下任侠，奸人入薛中盖六万余家矣。'世之传孟尝君好客自喜，名不虚矣。"④ 回长安后不久，司马迁旋即出使西南夷，接替父亲任太史令后，又多次随武帝出巡，对各地风土人情有了进一步了解。司马迁不仅把这些所见区域的风俗载入《史记》相关部分中，而且多次谈及自己对风俗的认识。如在

---

① 《史记》卷二四《乐书》，第1178页。
② 张紫晨：《中国民俗学史》，第88~89页。
③ 《史记》卷二四《乐书》，第1236~1237页。
④ 《史记》卷七五《孟尝君列传》，第2363页。

《史记·货殖列传》中，司马迁绘声绘色地描述了关中、三河、齐、楚、越诸地的风俗文化，从字里行间不难看出，司马迁认为风俗文化具有地域性特征。当时，世界上还有不少国家和民族仍处于原始蒙昧状态，而司马迁已提出中国风俗文化具有地域性特征的学说。因此，有学者认为，"《史记》的问世，是中国风俗文化史上一个划时代的标志"。①

但是，《隋书·经籍志》载："武帝时，计书既上太史，郡国地志，固亦在焉。而史迁所记，但述河渠而已。其后刘向略言地域，丞相张禹使属朱贡（赣）条记风俗，班固因之作《地理志》。"② 而事实上情况并非如此，"史迁所记"，亦并非"但述河渠而已"。早在朱赣条陈风俗之前，司马迁已在《史记·货殖列传》中结合地理载述了大量的风俗。梁启超甚至称赞说："古书中以地理言风俗者，莫善于《史记·货殖列传》。"③ 班固在《汉书·地理志》中对各地风土人情的记载，其中许多内容同《史记·货殖列传》的记载基本一致。如在谈到鲁国风俗时，《史记·货殖列传》载："邹、鲁滨洙、泗，犹有周公遗风，俗好儒，备于礼，故其民龊龊。颇有桑麻之业，无林泽之饶。地小人众，俭啬，畏罪远邪。及其衰，好贾趋利，甚于周人。"④ 而《汉书·地理志》亦载："其民好学，上礼义，重廉耻。……地狭民众，颇有桑麻之业，亡林泽之饶。俗俭啬爱财，趋商贾，好訾毁，多巧伪，丧祭之礼文备实寡，然其好学犹愈于它俗。"⑤

司马迁重视对不同时代、不同地域、不同群体的风俗加以记载和研究，尤其是《史记·货殖列传》描述了各地风俗的异同及其成因，着重阐述了自然环境与风俗的关系。他以风俗的形成和演变为线索，把全国划分为九大区域，有的风俗区中又分出几个亚风俗区，分论其习俗。如其言三河"天下之中，若鼎足，王者所更居也，建国各数百千岁，土地小狭，民人众，都国诸侯所聚会，故其俗纤俭习事"；齐

---

① 韩养民：《中国风俗文化研究三千年》，《民俗研究》1999 年第 2 期。
② 《隋书》卷三三《经籍志二》，中华书局，1973，第 987～988 页。
③ 梁启超：《中国地理大势论》，《饮冰室合集》第 2 册《文集之十》第 87 页。
④ 《史记》卷一二九《货殖列传》，第 3266 页。
⑤ 《汉书》卷二八《地理志》，第 1662～1663 页。

地"带山海，膏壤千里，宜桑麻，人民多文彩布帛鱼盐。临淄亦海岱之间一都会也。其俗宽缓阔达，而足智，好议论，地重，难动摇，怯于众斗，勇于持刺，故多劫人者，大国之风也。其中具五民"。同时，司马迁还注意到人文传统对习俗的影响。如关中"自虞夏之贡以为上田，而公刘适邠，大王、王季在岐，文王作丰，武王治镐，故其民犹有先王之遗风，好稼穑，殖五谷，地重，重为邪"；"夫自鸿沟以东，芒、砀以北，属巨野，此梁、宋也……其俗犹有先王遗风，重厚多君子，好稼穑，虽无山川之饶，能恶衣食，致其蓄藏"。①

司马迁还发现地域风俗同经济环境之间有着千丝万缕的联系，《货殖列传》就集中记载了生产活动与地域风俗的关系。如关中好稼穑，殖五谷；陇蜀多商贾；汉都长安之民好取巧不务根本；三河之地因土地少，人口多，故其俗多节俭；等等，大都是从经济角度来观察民俗。"总之，楚越之地，地广人希，饭稻羹鱼，或火耕而水耨，果隋蠃蛤，不待贾而足，地埶饶食，无饥馑之患，以故呰窳偷生，无积聚而多贫。是故江、淮以南，无冻饿之人，亦无千金之家。沂、泗水以北，宜五谷桑麻六畜，地小人众，数被水旱之害，民好畜藏，故秦、夏、梁、鲁好农而重民。三河、宛、陈亦然，加以商贾。齐、赵设智巧，仰机利。燕、代田畜而事蚕。"② 对于这种把中国概括为山东、山西、江南、北方四个地方物产区，然后结合各地民俗来加以阐说当时经济商业活动规律的做法，有学者认为是"开辟了中国古代经济民俗学的先河"③，这个评价应当说还是恰如其分的。

（四）对影响风俗的部分特殊群体的重视

在《史记》中，司马迁还对一些影响风俗的部分特殊群体给予了一定的关注，反映出其独特的风俗观。

司马迁首次为循吏立传。他对循吏的定义是："奉法循理之吏，不伐功矜能，百姓无称，亦无过行"④，"不教而民从其化，近者视而

---

① 《史记》卷一二九《货殖列传》，第3262～3263、3265、3261、3266页。
② 《史记》卷一二九《货殖列传》，第3270页。
③ 陈勤建：《中国民俗》，中国民间文艺出版社，1989，第224页。
④ 《史记》卷一三〇《太史公自序》，第3317页。

效之，远者四面望而法之"。① 司马迁认为，循吏的最基本特征是
"奉法循理"，即依循人情物理、依奉法令，因此往往能成为当时化民
成俗的典范，"不教而民从其化"。《史记·循吏列传》开篇就载有以
"太史公曰"为起始形式的长篇政论，论述了循吏的文化性格，将其
宣示为吏治的标范："法令所以导民也，刑罚所以禁奸也。文武不备，
良民惧然身修者，官未曾乱也。奉职循理，亦可以为治，何必威
严哉？"②

在具体论述中，《循吏列传》记载了春秋战国时期五位循吏的事
迹，他们大都重视因循风俗，施行无为之教。如对于楚相孙叔敖，司
马迁这样赞扬他的政绩："为楚相，施教导民，上下和合，世俗盛美，
政缓禁止，吏无奸邪，盗贼不起。秋冬则劝民山采，春夏以水，各得
其所便，民皆乐其生。"③ 由于政策合理，执法严明，"上下和合"，
"各得其所便"，于是社会安定，"世俗盛美"，"民皆乐其生"，所以
实现了政治的成功。

循吏重视教化，但也不忽视法律的作用。司马迁在《循吏列传》
中所收录的循吏，可谓自觉遵守法纪的楷模。如楚昭王相石奢，"坚
直廉正，无所阿避。行县，道有杀人者，相追之，乃其父也。纵其父
而还自系焉。使人言之王曰：'杀人者，臣之父也。夫以父立政，不
孝也；废法纵罪，非忠也；臣罪当死。'……自刎而死"。晋文公的狱
官李离，"过听杀人，自拘当死。文公曰：'官有贵贱，罚有轻重。下
吏有过，非子之罪也。'李离曰：'臣居官为长，不与吏让位；受禄为
多，不与下分利。今过听杀人，傅其罪下吏，非所闻也。'辞不受
令……伏剑而死。"④

在任何一个时代，统治的巩固都与意识形态的建设有着密切的关
系，要想使统治长久，必须在人心深处树立起坚实的基础，化民成
俗。司马迁所记载的这些循吏，其实并没有做出什么惊天动地的伟
业，但身为政府官员，他们身体力行，自觉遵守法律，以实际行动感

---

① 《史记》卷一一九《循吏列传》，第 3100 页。
② 《史记》卷一一九《循吏列传》，第 3099 页。
③ 《史记》卷一一九《循吏列传》，第 3099 页。
④ 《史记》卷一一九《循吏列传》，第 3102、3102 ~ 3103 页。

召、教育其下属官吏和普通民众，这比专任刑杀、血腥恫吓更易让人接受，故虽因循风俗却能化民成俗。司马迁为他们立传的目的，正是说明"文武不备，良民惧然身修者，官未曾乱也"，只有官吏以身作则，才能真正地美化社会风俗。

汉武帝时期是汉代官吏执法由"循谨"而"暴酷"的转折点。史称"自郅都、杜周十人者，此皆以酷烈为声"①。与循吏相较而言，这些酷吏以杀伐立威。他们对发展经济、为民兴利不感兴趣，更不擅长道德教化，从没有把"化人心"作为自己治政的目标，因而自然不能达到化民成俗的效果。为此，司马迁强调说："孔子曰：'导之以政，齐之以刑，民免而无耻。导之以德，齐之以礼，有耻且格。'老氏称：'上德不德，是以有德；下德不失德，是以无德。法令滋章，盗贼多有。'太史公曰：信哉是言也！法令者治之具，而非制治清浊之源也。昔天下之网尝密矣，然奸伪萌起，其极也，上下相遁，至于不振。"对酷吏而言，化俗时所必需的民众对官员的亲近感与认同感荡然无存，有的只是对"法"的敬畏。因此，司马迁认为酷吏不教而诛，难以胜任治理大任。他还进一步举证说："汉兴，破觚而为圜，斫雕而为朴，网漏于吞舟之鱼，而吏治烝烝，不至于奸，黎民艾安。"汉初法令虽"网漏于吞舟之鱼"，但风俗淳朴，秩序井然，民众安宁，可见因循风俗、无为而教才是更重要的。最后，司马迁下结论道："由是观之，在彼不在此。"② 这既是对酷吏施政策略的批评，也是对因循风俗从而最终实现化民成俗治国理想的向往。

战国秦汉之际，任侠之风盛行，游侠也构成了影响社会风俗的特殊群体。对于游侠对社会风俗所造成的影响，司马迁持赞赏的态度。在《游侠列传》中，他说："今游侠，其行虽不轨于正义，然其言必信，其行必果，已诺必诚，不爱其躯，赴士之阨困，既已存亡死生矣，而不矜其能，羞伐其德，盖亦有足多者焉。"③ 在《太史公自序》中也说："救人于厄，振人不赡，仁者有乎；不既信，不倍言，义者

① 《史记》卷一二二《酷吏列传》，第 3154 页。
② 《史记》卷一二二《酷吏列传》，第 3131 页。
③ 《史记》卷一二四《游侠列传》，第 3181 页。

有取焉。"① 不过，司马迁同时也提到："自秦以前，匹夫之侠，湮灭不见，余甚恨之。以余所闻，汉兴有朱家、田仲、王公、剧孟、郭解之徒，虽时扞当世之文罔，然其私义廉絜退让，有足称者。名不虚立，士不虚附。至如朋党宗强比周，设财役贫，豪暴侵凌孤弱，恣欲自快，游侠亦丑之。"② 可见，司马迁所赞赏和钦佩的游侠，是既不朋党比周也不设财役贫、侵凌孤弱的"匹夫之侠"，看重的是游侠对当时社会风气的影响。

不过，这样的游侠固然并不乏见，但要说游侠多是个人行为却未必符合真实情况。游侠以"其言必信，其行必果，已诺必诚，不爱其躯，赴士之阸困"为自己的道德信条。这种信条很容易使人结成有形或无形的集团。如剧孟"以任侠显诸侯"，其母死，"自远方送丧盖千乘"。吴楚七国反时，周亚夫"乘传车将至河南，得剧孟，喜曰：'吴楚举大事而不求孟，吾知其无能为已矣'"。③ 日本学者增渊龙夫在《汉代民间秩序的构成和任侠习俗》一文中，从社会学的角度对游侠的历史地位和社会意义做了比较深入的考察。他指出，游侠具有集团的性质，它的人际结合关系"作为组织原理，作用于从战国末到汉代民间社会广泛存在的、各具规模的且以豪侠、土豪为中心的地方群小势力，并转变为乡曲中强者秩序形成的原理"。④

《史记》中还有《日者列传》⑤《龟策列传》各一卷，是专为古代占候、卜筮之人所作的传记。这表明司马迁认识到，卜筮之术虽愚妄而迷信，但在当时，上至国事，下至"入家""产子"，都不能须离。"卜筮者，世俗之所贱简也"，但人们却认为"古之圣人，不居朝廷，

---

① 《史记》卷一三〇《太史公自序》，第 3318 页。
② 《史记》卷一二四《游侠列传》，第 3183 页。
③ 《史记》卷一二四《游侠列传》，第 3184 页。
④ 〔日〕增渊龙夫：《汉代民间秩序的构成和任侠习俗》，刘俊文主编《日本学者研究中国史论著选译》第 3 卷，黄金山、孔繁敏等译，中华书局，1993，第 537 页。
⑤ 世传此卷系褚少孙所补，学者也曾对之考来考去。不过，如有的学者所说，"《史记》诸篇，早已成为整体，很难分开。而且作为一个整体著作，再行分离亦无甚意义，即使褚少孙可以乱真，也说明其思想体系之一致"（张紫晨：《中国民俗学史》，第 93 页）。为此，本书对其真伪不再辨别，认为其至少在一定程度上体现出司马迁的一些思想观念。

必在卜医之中"。①

《日者列传》载有卜者司马季主与宋忠、贾谊的一场论辩，司马迁借司马季主之口谈论了卜筮对社会风俗所起到的重要影响和作用。司马季主说："今夫卜者，导惑教愚也""扫除设坐，正其冠带，然后乃言事，此有礼也。言而鬼神或以飨，忠臣以事其上，孝子以养其亲，慈父以畜其子，此有德者也。而以义置数十百钱，病者或以愈，且死或以生，患或以免，事或以成，嫁子娶妇或以养生：此之为德，岂直数十百钱哉！"由此可见，"卜筮者利大而谢少"。况且，"卜筮者之为业也，积之无委聚，藏之不用府库，徙之不用辎车，负装之不重，止而用之无尽索之时。持不尽索之物，游于无穷之世，虽庄氏之行未能增于是也"。②

其中尤值得重视的是，司马季主还提到了卜筮用于政治的情况。"昔先王之定国家，必先龟策日月，而后乃敢代；正时日，乃后入家；产子必先占吉凶，后乃有之。自伏羲作《八卦》，周文王演三百八十四《爻》而天下治。越王句践放文王《八卦》以破敌国，霸天下。由是言之，卜筮有何负哉！"③ 在《龟策列传》中，司马迁再次提到古圣王在"将建国受命，兴动事业"的时候，无不以卜筮相助，"何尝不宝卜筮以助善"，甚至"蛮夷氐羌虽无君臣之序，亦有决疑之卜。或以金石，或以草木，国不同俗。然皆可以战伐攻击，推兵求胜，各信其神，以知来事"。④

司马迁这种重视卜筮影响风俗形成的思想倾向也为深受儒家思想熏陶的班固所继承，只不过在班固的理解中，卜筮成为教化民风的一种手段。他借严君平之事说："君平卜筮于成都市，以为'卜筮者贱业，而可以惠众人。有邪恶非正之问，则依蓍龟为言利害。与人子言依于孝，与人弟言依于顺，与人臣言依于忠，各因势导之以善，从吾

① 《史记》卷一二七《日者列传》，第3216、3215页。贾谊在述说这一看法时使用了"吾闻"一语，表明当时人早已有此种观念。
② 《史记》卷一二七《日者列传》，第3219页。
③ 《史记》卷一二七《日者列传》，第3218页。
④ 《史记》卷一二八《龟策列传》，第3223页。

言者，已过半矣。'"①

　　司马迁的风俗观念代表了西汉中前期儒学仍未完全占据统治地位时的风俗思想。这一时期，思想界斗争的特点正如司马迁所说："世之学老子者则绌儒学，儒学亦绌老子。"②景帝朝两次"儒道互绌"的事件也可充分证明这一点。不过，从武帝时期开始，儒家学说逐步成为统治思想。但由于此时儒学仍未完全占据绝对优势，司马迁还没有受到儒学思想的太多浸染。他虽推崇儒学，但并不排斥百家，最终成为"子学时代""具有独立人格、学风和文风的最后一位代表人物"。③因此，他对风俗的评论，并不以儒学为唯一标准，且具有独立思考之精神。

　　同为有卓识的史学家，司马迁的风俗见解对班固风俗观念的形成产生了最直接的重大影响，可以说是班固风俗观念最直接的理论来源。不过，已被经学和皇权主义完全浸透的班固在评论司马迁时，虽承认其"善序事理，辨而不华，质而不俚，其文直，其事核，不虚美，不隐恶""有良史之材"，《史记》亦可"谓之实录"，却仍批评他"是非颇缪于圣人，论大道则先黄老而后六经，序游侠则退处士而进奸雄，述货殖则崇势利而羞贱贫，此其所蔽也"。④

第三节　风俗观念与社会政治的良性互动：
儒学独尊下的正统风俗观

一　儒学独尊与齐整风俗

　　西汉中叶以后，士大夫在中央与地方都以选拔的形式参与到政治中来，构成汉代政权的社会基础，元成以后更是形成帝室与士大夫共

---

① 《汉书》卷七二《王贡两龚鲍传》，第3056页。
② 《史记》卷六三《老子韩非列传》，第2143页。
③ 庄春波：《汉武帝评传》，南京大学出版社，2001，第5页。
④ 《汉书》卷六二《司马迁传》，第2738、2737~2738页。

天下的态势。① 在此局面下，两汉统治者越来越自觉地意识到，要想维护社会政治秩序，就必须充分接受和利用儒家学说，从而使儒家思想在真正意义上成为官方的意识形态。

"兴礼乐"，实际上就是用儒家相对宽松的统治思想作为巩固政治统治的精神工具。这其中包括试图把风俗文化纳入儒家礼义范畴的想法。社会风俗美善正是儒家一直向往的一种文化秩序。不过，要想使之成为全社会包括吏民在内自觉追求的目标，则需要一个漫长的历程。孔子曾发表过"如有王者，必世而后仁"② 的看法，汉初鲁国两位儒生也有"礼乐所由起，百年积德而后可兴也"的议论。到武帝尊崇儒术时，汉王朝已经发展近百年，随后宣帝褒奖以教化辅助吏事的良吏更为"兴礼乐"提供了契机。

在武帝尊崇儒学的影响下，学经之人开始不断涌现。如武帝戾太子刘据，从董仲舒受《公羊春秋》，从瑕丘江公受《谷梁春秋》；公孙弘以治《春秋》而白衣为相且封侯。其后，读经更是蔚然成风，儒者层出不穷。政府机构中操纵国家政权的丞相，每每由儒者担任，儒学独尊地位进一步确立。如汉元帝"少而好儒，及即位，征用儒生，委之以政，贡（禹）、薛（广德）、韦（贤）、匡（衡）迭为宰相"。③《汉书·匡张孔马传》"赞"中也说："自孝武兴学，公孙弘以儒相，其后蔡义、韦贤、玄成、匡衡、张禹、翟方进、孔光、平当、马宫及当子晏咸以儒宗居宰相位，服儒衣冠，传先王语。"④ 时人甚至有"公卿大臣当用经术明于大谊"⑤ 的说法。如外戚冯奉世，其四子各通一经，"野王字君卿，受业博士，通《诗》"；"逡字子产，通《易》"；"立字圣卿，通《春秋》"；"参字叔平，学通《尚书》"。⑥

整个东汉社会更是养成了尊儒的风气。赵翼《廿二史札记》"东汉功臣多近儒"条称，光武帝"本好学问，非同汉高之儒冠置溺"，

① 参见许倬云《西汉政权与社会势力的交互作用》，氏著《许倬云自选集》，上海教育出版社，2002，第 142~144 页。
② 《论语·子路》，杨伯峻译注《论语译注》，第 137 页。
③ 《汉书》卷九《元帝纪》，第 298~299 页。
④ 《汉书》卷八一《匡张孔马传》，第 3366 页。
⑤ 《汉书》卷七一《隽不疑传》，第 3038 页。
⑥ 《汉书》卷七九《冯奉世附四子传》，第 3302、3305~3306 页。

"虽东征西战，犹投戈讲艺，息马论道"。① 建武元年（25 年）初甫一即位，光武帝就派使者持节拜曾受业长安太学的邓禹为大司徒："制诏前将军禹：深执忠孝，与朕谋谟帷幄，决胜千里。孔子曰：'自吾有回，门人日亲。'……百姓不亲，五品不训。汝作司徒，敬敷五教，五教在宽。"② 光武帝自己也曾受业长安，他显然是希望走一条谋求社会与政治关系和谐，家齐而后天下平的儒家为国之道。对东汉儒学的盛行，《后汉书·儒林列传》概述道："及光武中兴，爱好经术，未及下车，而先访儒雅，采求阙文，补缀漏逸。……于是立《五经》博士，各以家法教授……建武五年，乃修起太学，稽式古典……中元元年，初建三雍。明帝即位，亲行其礼。……飨射礼毕，帝正坐自讲，诸儒执经问难于前，冠带缙绅之人，圜桥门而观听者盖亿万计。……建初中，大会诸儒于白虎观，考详同异，连月乃罢。肃宗亲临称制，如石渠故事，顾命史臣，著为通义。……孝和亦数幸东观，览阅书林。"③

总之，自武帝"表章《六经》"后，经学逐渐成为整个社会政治实践的一部分，甚至出现"以《禹贡》治河，以《洪范》察变，以《春秋》决狱，以三百五篇（指《诗经》——作者注）当谏书"④ 的局面。建初四年（79 年），由章帝亲自主持的白虎观会议共讨论制定了四十余类有关五经的专题内容，其中"特别着重于制度方面的规定。这套制度其实就是封建宗法等级制度"，⑤ 以期"永为后世则"。⑥ 这次会议的正式成果——《白虎通》，从理论上来看，是对董仲舒教化思想的发展；从政治上来说，则是儒家学说制度化或意识形态化的产物。《白虎通》自觉地谋求政治秩序与文化秩序的统一，表明儒家

① 卷四"东汉功臣多近儒"条，（清）赵翼著，王树民校证《廿二史札记校证（订补本）》，中华书局，1984，第 90 页。

② 《后汉书》卷一六《邓禹列传》，第 601~602 页。李贤注曰："五品，五常也：父义，母慈，兄友，弟恭，子孝。言五常之教务在宽也。"（第 602 页）

③ 《后汉书》卷七九《儒林列传》，第 2545~2546 页。

④ 《经学历史·经学昌明时代》，（清）皮锡瑞著，周予同注释《经学历史》，中华书局，1959，第 90 页。

⑤ 任继愈主编《中国哲学发展史（秦汉）》，第 476 页。

⑥ 《后汉书》卷四八《杨终列传》，第 1599 页。

思想在两汉的政治活动中扮演着越来越重要的角色。

汉王朝在意识形态领域对儒术推崇备至，但在政治上实际推崇的是"霸王道杂之"的统治之术，在日常行政中注重"以德举人"与"以能举人"相结合，即采取儒生和文吏并举的方针。《论衡·程材》言："文吏以事胜，以忠负；儒生以节优，以职劣。二者长短，各有所宜；世之将相，各有所取。取儒生者，必轨德立化者也；取文吏者，必优事理乱者也。""文吏、儒生皆有所志，然而儒生务忠良，文吏趋理事。"① 二者各有千秋，都是不可或缺的。何况，一方面，儒士参政后逐渐掌握了行政技能，也兼有"优事理乱"之才；另一方面，文吏开始涉足经传，兼染儒风。就两汉而言，儒生、文吏两大群体处于相互渗透、相互融合的状态。②

随着儒学的普及，如钱穆所云，"前汉《货殖》、《游侠》中人，后汉多走入《儒林》、《独行传》中去"。③ 儒生、文吏两大群体的相互渗透和融合，也使得两汉统治者对风俗的整饬、齐一不似秦代那么严酷强硬，而是采取政教结合、以教为主的循序渐进的方式。在齐整风俗中，两汉统治者特别注重以经易风，力图将一切风俗习惯都纳入儒家的礼义规范。

对此，有学者说，"礼是成文，经过国家制定，期于能使上下共同奉行的。而俗则是一般的惯习，不知其所以然而然的。大致说来，礼，是范围人心，引导大众为善的；而俗则是有善的，也有不善的"，"这些民俗精华，被公共认为合情合理，有范围人心和维持、安定国家社会的效用，而且易于施行，于是由政府采用，或者更加以斟酌损益，著之文书，藏之官府"。④ 如宣帝五凤二年（前56年）诏曰："夫婚姻之礼，人伦之大者也；酒食之会，所以行礼乐也。今郡国二千石或擅为苛禁，禁民嫁娶不得具酒食相贺召。由

---

① 《论衡·程材》，黄晖撰《论衡校释（附刘盼遂集解）》，中华书局，1990，第535、541页。
② 详见阎步克《察举制度变迁史稿》，辽宁大学出版社，1997。
③ 钱穆：《国史大纲（修订本）》，"引论"，第21页。
④ 陈槃：《春秋列国风俗考论》，《中央研究院历史语言研究所集刊》第47本第4分册，1976年12月，第538页。

是废乡党之礼，令民无所乐，非所以导民也。"① 汉宣帝颁此诏书的目的，在于倡导百姓在婚礼上设酒宴庆贺，顺应风俗，以俗入礼，借以导民。平帝元始元年，诏"光禄大夫刘歆等杂定婚礼。四辅、公卿、大夫、博士、郎、吏家属皆以礼娶，亲迎立轺并马"②，更是首次以国家名义制定婚礼制度。

针对"会稽俗多淫祀，好卜筮，民一以牛祭"的现象，儒学官吏主张采用教化的手段引导当地人改变这种习俗，不要把钱财浪费在无用的"淫祀"上。因此，当会稽太守第五伦下令禁绝"淫祀"时，"掾吏皆谏"，足见当时对民众风俗应以教化为主的观念已深入人心。面对这一情况，第五伦反驳道："夫建功立事在敢断，为政当信《经》义，《经》言：'淫祀无福'，'非其鬼而祭之，谄也。'《律》'不得屠杀少齿。'令鬼神有知，不妄饮食民间；使其无知，又何能祸人。"③ 其中，也是以"为政当信《经》义"这一儒家思想作为重要依据来为自己所要采取的行动辩解。

两汉统治者以经易风、以经统俗的努力使异地异俗现象呈趋同的态势。尽管由于各地经济、文化发展很不平衡，经学只能在某种程度上统一各地的生活习惯，但随着时间的推移，逐渐出现"天下为一""万里同风"的格局。不过，两汉统治者采取以儒经一统风俗，借助经学来移风易俗的做法，其目的是使"人识君臣父子之纲，家知违邪归正之路"，④ 从而自觉维护和遵守汉王朝的统治秩序。诚如钱穆所言，"其实中国人提倡礼治，正是要政府无能，而多把责任寄放在社会。因此想把风俗来代替了法律，把教育来代替了治权，把师长来代替了官吏，把情感来代替了权益"。⑤ 况且，除黄河中游地区的中原风俗外，中国境内还存在许多各具特色的地域性的风俗，其间差异非常明显。定儒学于一尊、以经统俗的做法，虽没有把两汉风俗引入死胡同，但无疑限制了社会风俗自由演化的空间。

① 《汉书》卷八《宣帝纪》，第 265 页。
② 《汉书》卷一二《平帝纪》，第 355 页。
③ 《风俗通义·怪神》，（汉）应劭撰，王利器校注《风俗通义校注》，第 401 页。
④ 《后汉书》卷七九《儒林列传》，第 2589 页。
⑤ 钱穆：《礼与法》，氏著《湖上闲思录》，生活·读书·新知三联书店，2000，第 50 页。

二　刘向的理想风俗观

刘向生活在西汉元成之世，当时儒家学说已完全占据统治地位，但政治上却出现"赵氏乱内，外家擅朝"①的局面，宦官与外戚交相干政，刘氏皇权日渐衰亡。作为"累世蒙汉厚恩"的宗室成员和以天下为己任的儒家学者，刘向目睹政风日下的状况，忧心忡忡。"吾而不言，孰当言者"的强烈责任感，促使他频频上书极谏，试图匡扶刘氏皇权，改善政风民情。②同时，刘向整理战国秦汉以来百家传记，编撰《新序》《说苑》，用以规诫天子。这些论述多是对社会政治风气的关注，体现出刘向对风俗与政治之间关系的深刻认识。

（一）编书言得失，以改善政风

目睹汉王朝政风日下的状况，刘向产生了很强的忧患意识。他多次向皇帝进言："王者必通三统，明天命所授者博，非独一姓也。""自古及今，未有不亡之国也。""世之长短，以德为效。"③这种天命靡常、有德者居之的思想，可起到规谏帝王调节统治政策、改善社会政治风气的作用。为更好地传达这种思想，从而有效改善当时政治风气，身为儒者官员的刘向采取了编书言得失的方式。

《新序》《说苑》均是刘向编撰的以讽谏为政治目的的历史故事类编。《汉书·刘向传》云："向以为王教由内及外，自近者始……及采传记行事，著《新序》、《说苑》凡五十篇奏之。数上疏言得失，陈法戒。书数十上，以助观览，补遗阙。"④可见，刘向有着十分明显的政治目的。关于《新序》《说苑》的编撰宗旨，南宋高似孙《子略》评论说："至其正纪纲、迪教化、辨邪正、黜异端，以为汉规监者，尽在此书。"⑤针对《新序》，清人谭献亦指出，其"以著述当谏

---

① 《汉书》卷一〇《成帝纪》，第 330 页。
② 《汉书》卷三六《刘向传》，第 1958 页。
③ 《汉书》卷三六《刘向传》，第 1950 ~ 1951 页。
④ 《汉书》卷三六《刘向传》，第 1957 ~ 1958 页。
⑤ 《子略》卷四，（宋）高似孙：《史略 子略》，中华书局丛书集成本，1985，第 40 页。

书，皆与封事相发，董生所谓陈古以刺今"。① 应该说，这样的理解是符合刘向著述意愿的。如《新序》专辟《善谋》篇，且屡言某某人之谋，在评论战国秦、赵战事时说："虞卿之谋行，而赵霸，此存亡之枢机，枢机之发，间不及旋踵，是故虞卿一言，而秦之震惧，趋风驰指而请备。故善谋之臣，其于国岂不重哉。"② 这完全是在借"事"发挥，以强调"善谋"的重要。

《新序》现存十卷，即杂事五、刺奢一、节士一、义勇一、善谋二。分卷较为笼统，尤其是杂事五卷，占全书卷数之半，而不别立篇目。其中节士、刺奢、义勇、善谋等卷，多与提倡社会良好风气有关，而杂事五卷，虽以杂事为题，但其论述也没有超出政事的范围，且大都是为了宣扬仁政思想。③ 可见，刘向如此分卷，目的是向成帝"言得失，陈法戒"，政事部分占很大比重，当为这一意图的鲜明体现。

在编纂《说苑》时，刘向更是一再强调君臣关系在政治生活中的重要作用。刘向认为，在国家政治中，君臣、百姓是相互依存的关系："夫君臣之与百姓，转相为本，如循环无端。……君以臣为本，臣以君为本，父以子为本，子以父为本，弃其本者，荣华槁矣。"④ 他们互相为本，如果不把对方作为自己生存的根基，那么自身也就只能衰亡了。刘向还进一步阐述君臣之间不存在绝对的隶属关系，"君道义，臣道忠"，⑤ 只有君臣双方都自守其道，才会形成默契的合作；"臣不能死无德之君"，⑥ 人臣对庸君可"三谏而不用则去"。⑦

刘向认为君主要治理好国家，就必须任用贤才、斥逐奸佞。他

① （清）谭献著，范旭仑、牟晓朋编《复堂日记》卷六，河北教育出版社，2001，第149页。

② 《新序·善谋》，（汉）刘向编著，石光瑛校释，陈新整理《新序校释》，中华书局，2001，第1252页。

③ 许素菲：《刘向〈新序〉研究》，台北：学生书局，1980。

④ 《说苑·建本》，（汉）刘向撰，向宗鲁校证《说苑校证》，中华书局，1987，第59页。

⑤ 《说苑·建本》，（汉）刘向撰，向宗鲁校证《说苑校证》，第58页。

⑥ 《说苑·谈丛》，（汉）刘向撰，向宗鲁校证《说苑校证》，第399页。

⑦ 《说苑·正谏》，（汉）刘向撰，向宗鲁校证《说苑校证》，第206页。

说："治乱之端，在乎审己而任贤也。国家之任贤而吉，任不肖而凶，案往事而视已事，其必然也如合符，此为人君者不可以不慎也。"① 所以，"举贤者，百福之宗也"。② 君主任贤贵在不疑，斥佞贵在决断。"夫执狐疑之心者，来谗贼之口；持不断之意者，开群枉之门。谗邪进则众贤退，群枉盛则正士消。……故治乱荣辱之端，在所信任；信任既贤，在于坚固而不移。……故出令则如反汗，用贤则如转石，去佞则如拔山，如此望阴阳之调，不亦难乎!"③

（二）礼乐者，行化之大者也

刘向是汉代继董仲舒之后又一位力主礼乐教化的大儒。他借晏子之口说："君子无礼，是庶人也。庶人无礼，是禽兽也。"④ 把礼作为区分君子和庶人、庶人和禽兽的标准。《说苑·杂言》则借孔子之口说："中人之情，有余则侈，不足则俭，无禁则淫，无度则失，纵欲则败。饮食有量，衣服有节，宫室有度，畜聚有数，车器有限，以防乱之源也。"⑤ 又沿用《乐记》的移风易俗论，提出："乐者，圣人之所乐也，而可以善民心。""乐之动于内，使人易道而好良；乐之动于外，使人温恭而文雅。"⑥ 认为音乐具有"善民心""使人易道而好良""使人温恭而文雅"的作用，即音乐能使人摆脱粗野，变得温良、文雅。因此，刘向十分重视礼乐，高度肯定制礼作乐的社会功能，指出："功成制礼，治定作乐。礼乐者，行化之大者也。"又借孔子之口说："移风易俗，莫善于乐；安上治民，莫善于礼。"⑦ 倡导以礼乐美化社会风俗。

刘向特别重视音乐的社会政治作用。他说："凡从外入者，莫深于声音。变人最极。故圣人因而成之以德，曰乐。乐者，德之风。……故君子以礼正外，以乐正内。内须臾离乐，则邪气生矣。外须臾离礼，

① 《说苑·尊贤》，（汉）刘向撰，向宗鲁校证《说苑校证》，第 176 页。
② 《说苑·政理》，（汉）刘向撰，向宗鲁校证《说苑校证》，第 160 页。
③ 《汉书》卷三六《刘向传》，第 1943～1944 页。
④ 《说苑·修文》，（汉）刘向撰，向宗鲁校证《说苑校证》，第 480 页。
⑤ 《说苑·杂言》，（汉）刘向撰，向宗鲁校证《说苑校证》，第 432 页。
⑥ 《说苑·修文》，（汉）刘向撰，向宗鲁校证《说苑校证》，第 502、508 页。
⑦ 《说苑·修文》，（汉）刘向撰，向宗鲁校证《说苑校证》，第 476 页。

则慢行起矣。"① 明确肯定音乐正人心的道德教化作用，而且认为音乐是对人影响最深远的外在因素，和礼互相配合，对人进行教育感化。"是故感激憔悴之音作，而民思忧。啴谐慢易繁文简节之音作，而民康乐。粗厉猛奋广贲之音作，而民刚毅。廉直劲正庄诚之音作，而民肃敬。"② 朱光潜认为音乐对人生至少有三个重大功用，即表现、感动和感化。③ 在加强人的品德修养、提高人的精神境界方面，音乐所起的作用不言而喻。刘向可能是初步意识到了这一点，所以主张政府应通过礼乐教化来化风美俗。

刘向主张礼乐教化，其出发点是挽救汉皇室即将被颠覆的命运，扭转政风，维护和巩固刘氏政权。在刘向看来，要达到这一目的，就必须从统治集团做起，因为统治者必须有较高的道德修养才能治国安邦。他明确地说："是故圣王修礼文，设庠序，陈钟鼓……所以行德化。"④ 制礼作乐的目的完全是施行道德教化，美化社会风俗。

刘向还把礼乐当作政治的工具，将礼乐与刑政相提并论，认为礼乐和刑政都是为了"同民心而立治道"，"礼以定其意，乐以和其性，政以一其行，刑以防其奸。礼乐刑政，其极一也。所以同民心而立治道也"。⑤ 可见，刘向对礼乐的提倡，是要将礼乐当作实现伦理政治目的的工具和手段。他还把礼乐教化当作治国的根本，认为刑法只能起辅助作用，"教化，所恃以为治也，刑法所以助治也"。⑥ 舍教化重刑法只会带来风俗败坏的严重后果：

> 始皇……无道德之教、仁义之化，以缀天下之心。任刑罚以为治，信小术以为道，遂燔烧诗书，坑杀儒士。上小尧舜，下邈三王。二世愈甚，惠不下施，情不上达，君臣相疑，骨肉相疏，

---

① 《说苑·修文》，（汉）刘向撰，向宗鲁校证《说苑校证》，第 508 页。
② 《说苑·修文》，（汉）刘向撰，向宗鲁校证《说苑校证》，第 503 页。
③ 朱光潜：《音乐与教育》，氏著《朱光潜美学文集》第 9 卷，安徽教育出版社，1993，第 144 页。
④ 《说苑·修文》，（汉）刘向撰，向宗鲁校证《说苑校证》，第 476 页。
⑤ 《说苑·修文》，（汉）刘向撰，向宗鲁校证《说苑校证》，第 507 页。
⑥ 《汉书》卷二二《礼乐志》，第 1034 页。

化道浅薄，纲纪坏败。民不见义，而悬于不宁，抚天下十四岁，天下大溃，诈伪之弊也。

只有"导之以礼乐"，才能"民和睦"，美化风俗，致天下太平：

> 周室自文武始兴，崇道德，隆礼义，设辟雍泮宫庠序之教，陈礼乐弦歌移风之化。叙人伦，正夫妇，天下莫不晓然。论孝弟之义，惇笃之行，故仁义之道满乎天下，卒致之刑错四十余年，远方慕义，莫不宾服，雅颂歌咏，以思其德。①

为此，刘向上书成帝："今废所恃而独立其所助，非所以致太平也。自京师有誖（悖）逆不顺之子孙，至于陷大辟受刑戮者不绝，繇不习五常之道也。夫承千岁之衰周，继暴秦之余敝，民渐渍恶俗，贪饕险波，不闲义理，不示以大化，而独驱以刑罚，终已不改。"② 认为当时政府偏重刑法，忽略礼乐教化，以致"民渐渍恶俗，贪餐险陂，不闲义理"。他建议道："宜兴辟雍，设庠序，陈礼乐，隆雅颂之声，盛揖攘（让）之容，以风化天下。如此而不治者，未之有也。"③

刘向虽然强调礼乐的道德教化功能，但更强调礼乐的政治作用，把礼乐教化当作治国安邦的手段。而以往儒家虽然看到礼乐在政治中的作用，但主要是把礼乐当作伦理工具，用礼乐来调节人际关系，使整个社会秩序达到最大限度的协调与和谐。从强调伦理关系到强调政治目的，这是刘向对儒家礼乐文化的变革。④

（三）正己率道，化及万民

针对当时矛盾重重、衰微破败的政治局面，刘向提出了一些缓和社会危机的积极主张。他借古人之口强调："人君之道，清净无为，

---

① 《全汉文》卷三七刘向《战国策书录》，（清）严可均校辑《全上古三代秦汉三国六朝文》，第 331 页。
② 《汉书》卷二二《礼乐志》，第 1034 页。
③ 《汉书》卷二二《礼乐志》，第 1033 页。
④ 参见吴全兰《试论刘向的德育思想》，《河北师范大学学报》2003 年第 4 期。

务在博爱。"① 认为君主只有正身修己，为政以德，崇俭抑奢，才能化及万民、美化社会风俗、稳定政治统治。

刘向继承了先秦儒家的仁政思想。他认为，所谓"仁政"，就是要"尊天事地，敬社稷，固四国，慈爱万民，薄赋敛，轻租税"，② 就是要"恤鳏寡，而存孤独；出仓粟，发币帛，而振不足；罢去后宫不御者，出以妻鳏夫"，③ 就是要"有德于天，而惠于民"。④ 而要实现仁政，君主必须做到"为政以德"。如在《新序·杂事四》"楚惠王食寒菹而得蛭"中，他借楚令尹之口指出："天道无亲，惟德是辅。君有仁德，天之所奉也。"⑤ 因此，他极力主张仁政德治，希望君主正己率道，化及万民，进而实现国家的长治久安。

刘向认为，修德是君主能够保有天下的最好办法，依靠卜祝、风水等迷信手段则无济于事。他说："若德之回乱，民将流亡，祝史之为，无能补也。"⑥ 如在《新序·杂事五》"哀公问于孔子"中，哀公问孔子东益宅是否不祥之举，刘向借孔子之口指出："不祥有五，而东益宅不与焉。夫损人而益己，身之不祥也；弃老取幼，家之不祥也；释贤用不肖，国之不祥也；老者不教，幼者不学，俗之不祥也；圣人伏匿，天下之不祥也。"⑦ 说到底，不论大国小家，都必须行德。而《说苑·贵德》更是专讲品德修养的篇章。

同时，刘向还认为，只要修德，就能驱除不祥的征兆。在《新序·杂事二》中，刘向通过晋文公之口指出："诸侯梦恶则修德，大夫梦恶则修官，士梦恶则修身，如是而祸不至矣。""神不胜道，而妖亦不胜德，祸福未发，犹可化也。"刘向强调天人之间有"理"可据，人

---

① 《说苑·君道》，（汉）刘向撰，向宗鲁校证《说苑校证》，第 1 页。
② 《新序·杂事二》，（汉）刘向编著，石光瑛校释，陈新整理《新序校释》，第 229 页。
③ 《新序·杂事二》，（汉）刘向编著，石光瑛校释，陈新整理《新序校释》，第 200 页。
④ 《新序·杂事二》，（汉）刘向编著，石光瑛校释，陈新整理《新序校释》，第 222 页。
⑤ 《新序·杂事四》，（汉）刘向编著，石光瑛校释，陈新整理《新序校释》，第 561 页。
⑥ 《新序·杂事四》，（汉）刘向编著，石光瑛校释，陈新整理《新序校释》，第 625 页。
⑦ 《新序·杂事五》，（汉）刘向编著，石光瑛校释，陈新整理《新序校释》，第 705～706 页。

应"究理"而"行德"，天之所以施恩泽于君国，是因为其"有德于天，而惠于民也"。① 反之，不修德而行恶，吉祥的征兆也会变成灾祸。刘向举了宋康王见祥而为恶，最后导致灭亡的故事，从反面为自己的观点做了有力的佐证。②

刘向认为，只有百姓富足，国家才会安定："王者以民为天，而民以食为天。"③ "夫谷者，国家所以昌炽，士女所以姣好，礼义所以行，而人心所以安也。"④ 为了保证百姓的富足，就要在施政中遵行不穷民力的原则。他通过颜渊之口指出穷民之力的危害："兽穷则触，鸟穷则啄，人穷则诈，自古及今，穷其下能无危者，未之有也。"⑤ 为此，刘向主张为君者要崇俭抑奢。他认为，聚敛财富、奢侈浪费必然加重民众的负担，从而招致民怨，最终导致亡国。他指出："船车饰则赋敛厚，赋敛厚则民怨谤，诅矣。"⑥ "盖闻困（囷）仓粟有余者，国有饿民；后宫有幽女者，下民多旷夫；余衍之蓄，聚于府库者，境内多贫困之民：皆失君人之道。故庖有肥鱼，厩有肥马，民有饿色，是以亡国之君，藏于府库。"⑦ 可见，君主应当俭以率下，力戒奢靡。

针对成帝"营起昌陵，数年不成，复还归延陵，制度泰奢"的行为，刘向上《谏营起昌陵书》，列举周秦以来君主躬亲节俭而昌、残暴奢靡而亡的史实，尖锐地批评成帝大兴陵墓之弊，造成"死者恨于下，生者愁于上，怨气感动阴阳，因之以饥馑，物故流离以十万数"的严重后果，劝谏成帝弃奢就俭，"以息众庶"。他甚至把实行薄葬与否当作衡量君主德之厚薄的标准，认为"德弥厚者葬弥薄，知愈深者葬愈微。无德寡知，其葬愈厚，丘陇弥高，宫庙甚丽，发掘必速"，

---

① 《新序·杂事二》，（汉）刘向编著，石光瑛校释，陈新整理《新序校释》，第216、216～217、222页。
② 《新序·杂事四》，（汉）刘向编著，石光瑛校释，陈新整理《新序校释》，第633～637页。
③ 《新序·善谋下》，（汉）刘向编著，石光瑛校释，陈新整理《新序校释》，第1286页。
④ 《说苑·建本》，（汉）刘向撰，向宗鲁校证《说苑校证》，第73页。
⑤ 《新序·杂事五》，（汉）刘向编著，石光瑛校释，陈新整理《新序校释》，第713～714页。
⑥ 《新序·杂事一》，（汉）刘向编著，石光瑛校释，陈新整理《新序校释》，第91页。
⑦ 《新序·杂事二》，（汉）刘向编著，石光瑛校释，陈新整理《新序校释》，第199页。

抒发了对君主奢侈罢民的深恶痛绝之情。①

在《新序》中，刘向还专设《刺奢》一卷，对君主奢侈淫乱、残害百姓的行为给予深刻揭露和批判。《说苑·反质》也专讲崇俭戒奢，限制统治者奢侈腐化的贪欲。他引用李克的话说："凡奸邪之心，饥寒而起。淫佚者，久饥之诡也。雕文刻镂，害农事者也。锦绣纂组，伤女工者也。农事害，则饥之本也；女工伤，则寒之原（源）也。"② 其他诸如"君子以德华国""以俭为礼""以俭得之，以奢失之"等言论，更是直接明确地表达了这一观点。③

三　班固的"中和"风俗观

班固是第一位自觉认识并阐释风俗概念，进而确立传统风俗观的学者。张亮采的《中国风俗史》在谈到班固的风俗观时认为，"汉人自述当时风俗，以《史记·货殖列传》为最确。《汉书·地理志》微有增益，然究不离《史记》范围"，进而采取"摘《货殖传》，而以班志之增益者附下"，可以说并未能准确认识到班固风俗观的地位和价值所在。④ 钟敬文主编的《民俗学概论》专辟"中国民俗学史略"一章，然其中两汉部分仅有司马迁、王充的民俗观，对班固则漠然视之，这不能不说是其一不足之处。

事实上，作为第一位对风俗做出明确阐释的学者，班固似更应成为主要的关注对象。他在《汉书·地理志》中对成帝时张禹属员朱赣所条理的各地风俗"辑而论之"，并且对"风俗"概念做出明确阐释。他说："凡民函五常之性，而其刚柔缓急，音声不同，系水土之风气，故谓之风；好恶取舍，动静亡常，随君上之情欲，故谓之俗。"⑤ 认为风俗是地理环境和社会教化共同作用的产物。唐代孔颖达肯定班固此语"是解风俗之事也"，却认为"风与俗对则小别，散则

---

① 《汉书》卷三六《刘向传》，第 1950、1956~1957、1955 页。
② 《说苑·反质》，（汉）刘向撰，向宗鲁校证《说苑校证》，第 519 页。
③ 《说苑·反质》，（汉）刘向撰，向宗鲁校证《说苑校证》，第 525~526、519 页。
④ 张亮采：《中国风俗史》，第 42 页。
⑤ 《汉书》卷二八《地理志》，第 1640 页。

义通"，[①] 未能对"风"与"俗"的区别给予相应的重视。而这一点却恰恰正是班固所想要表达的。其实，在汉代，风俗概念虽仍十分模糊，但"风"与"俗"的区别却早已不太明显，班固刻意进行划分，加以定义，以示区别，目的正是阐释自己的风俗观。孔氏所言，应该说并未揣摩到班固的真实意图，反而成为后世误解或忽视班固风俗观的开端，不能不说是一大遗憾。

笔者认为，班固刻意把"风"与"俗"对举，其阐释的"风俗"实应有三层含义。其一，风俗之"风"，"系水土之风气"，指的是人的本性受水土、物产等自然地理环境和经济条件的影响而形成的性格品质、社会意识、行为方式及生活习惯等，强调了风俗形成的地域差异性。其二，风俗之"俗"，"随君上之情欲"，侧重的是历史文化传统特别是统治阶层的引导和教化的积淀所形成的特征，强调了风俗演化过程的传承性和变易性。其三，将风俗作为一个整体概念总而释之。他说："圣王在上，统理人伦，必移其本，而易其末，此混同天下一之虖中和，然后王教成也。"[②] 企图将因自然环境不同形成的"风"和社会条件发展下形成的"俗"统一于王道教化这一"中和"的理想境界，从而成就君主的德教，形成理想化的风俗。

（一）系水土之风气

某一地域的人，生于其中，长乎其间，受水土地气的滋养，秉性天成，所以地理环境是区域风俗初始状态形成的重要因素。

《山海经》和《尚书·禹贡》最早分区域记述地理状况与风土人情，但这两部地理杰作对风俗的论述笔墨甚少，对风俗地域性的认识，依然处于萌芽阶段。至于儒家大师荀子，尽管在其著作中较早提出"风俗"一词，也曾西行入秦"观其风俗"，但对风俗文化的地域性尚无明晰的论述。司马迁首先提出中国风俗具有地域性特征，却主要是从经济条件的差异来研究风俗的。

及至东汉，班固第一次用"地理"作为篇名，《汉书·地理志》

---

① 《毛诗正义》孔颖达疏，（清）阮元校刻《十三经注疏（附校勘记）》，第459页。
② 《汉书》卷二八《地理志》，第1640页。

篇末采获旧闻，把视野转向风俗与地理环境关系的论述。他首先提出："凡民函五常之性，而其刚柔缓急，音声不同，系水土之风气。"各地民众的生活方式、生活习惯受自然环境制约，从而使各地区风俗有着巨大的地域差异。他又辑录了汉成帝时刘向所言的"域分"和朱赣所条理的各地风俗"辑而论之"。由此而言，《汉书·地理志》实际上是一部以《史记·货殖列传》为蓝本，在其基础上补充、扩展，全面准确反映其风俗观念的专著，是比《史记·货殖列传》更加完备的关于地域风俗关系的总论。有学者指出，系统而全面的地理民俗观形成于汉代，班固在《汉书·地理志》中扩充了司马迁的民俗区划思想并做了理论升华，"《地理志》结合地理，载述民俗，所展现的民俗事项更为广阔"，班固的民俗见解"构成我国地理民俗观的代表性的言论"，"从此，使中国传统民俗学朝着一个比较稳定的新轨道发展"。①

在《汉书·地理志》中，班固首先从地理环境的差异对先秦、秦汉的风俗进行了区域划分。在地域上，以春秋战国之际的列国旧疆为基础，分为十五个区域：秦、魏、周、韩、郑、赵、燕、齐、鲁、宋、卫、楚、吴、越、粤。同时，在各类风俗区域中又划分出更小的区域。针对不同的区域，班固又注意对本区域自然地理环境的描述。如秦地"有鄠、杜竹林，南山檀柘，号称陆海，为九州膏腴"；河东"土地平易，有盐铁之饶"；等等。②

其次，班固认识到各区域地理环境的特殊性影响着各区域人民的性格品质，在一定程度上决定着人们最初的社会意识、行为方式以及生活习惯等。如秦地天水、陇西六郡，因"山多林木"，其民生活习惯"以板为室屋"，莽莽林海，交通不便也塑造了那里山民"民俗质木"的性格品质，又因为"迫近戎狄"的特殊地理位置，他们时刻处于战备警戒状态，"修习战备，高上气力，以射猎为先"，培养其尚武、勇敢、好杀伐的民性，"不耻寇盗"。随着尚武风气愈演愈烈，到了西汉，"六郡良家子"大都被选拔进羽林、期门这样的特别部队，"以材力为

---

① 张紫晨：《中国民俗学史》，第 100~103 页。
② 《汉书》卷二八《地理志》，第 1642、1648 页。

官", "名将多出焉"。① 班固还在《汉书·赵充国辛庆忌传》"赞"中特意举出"郁郅王围、甘延寿，义渠公孙贺、傅介子，成纪李广、李蔡，杜陵苏建、苏武，上邽上官桀、赵充国，襄武廉褒，狄道辛武贤、庆忌"等名将，并探讨这些人成为名将的原因："山西天水、陇西、安定、北地处势迫近羌胡，民俗修习战备，高上勇力鞍马骑射"，将其归于地理位置因素。② 再如郑、卫两地，素以淫风著称，班固也试图从地理环境上找原因。他说，郑"土狭而险，山居谷汲，男女亟聚会，故其俗淫"，③ 卫有"桑间濮上之阻，男女亦亟聚会，声色生焉，故俗称郑卫之音"，④ 这种说法甚至一直延续至今。

最后，班固还看到地理环境的优劣对风俗的形成起着至关重要的作用。关中"为九州膏腴"的地理条件，使生活在这里的民众"好稼穑，务本业……农桑衣食之本甚备"。然而，得天独厚的自然环境，有时反而容易产生坐享其成的心理和养成懒惰苟安的习性。如巴蜀地区"土地肥美，有江水沃野，山林竹木疏食果实之饶。……民食稻鱼，亡凶年忧，俗不愁苦，而轻易淫泆，柔弱褊阸"；楚"有江汉川泽山林之饶……果蓏嬴蛤，食物常足。故呰窳媮生，而亡积聚，饮食还给，不忧冻饿，亦亡千金之家"。当然，环境过于恶劣更易导致风俗不正。如赵、中山"地薄人众"，结果"丈夫相聚游戏，悲歌忼慨，起则椎剽掘冢，作奸巧，多弄物，为倡优。女子弹弦跕躧，游媚富贵，遍诸侯之后宫"。雁门、代郡、燕地等，因降水稀少，气候寒冷，且近北狄，民众"不事农商"，"其民鄙朴，少礼文"，"好射猎"，在婚娶方面，"宾客相过，以妇侍宿，嫁取（娶）之夕，男女无别，反以为荣"。⑤

（二）随君上之情欲

班固所谓的"君上"，只是一个相对概念，相对于下层而言，包

---

① 《汉书》卷二八《地理志》，第 1644 页。
② 《汉书》卷六九《赵充国辛庆忌传》赞，第 2998～2999 页。
③ 《汉书》卷二八《地理志》，第 1652 页。
④ 《汉书》卷二八《地理志》，第 1665 页。
⑤ 《汉书》卷二八《地理志》，第 1642、1645、1666、1655、1656～1657 页。

括但不专指国君，而是统指各个层次各个环境中地位较高和影响较大者，众人受其影响，随其情欲而形成习尚。

历史上，君主政治、王道教化的长期积淀形成了历史文化传统，这是一个不断积累的变动的过程。这种厚重的积淀，规定着风俗演变的内在轨迹和特质，特别是统治阶层的提倡和诱导对风俗演变起关键作用。班固之所以以春秋战国的旧疆为基础进行风俗区域的划分，就是出于对历史文化传统的高度重视，反映了作为一个史学家，其对历史认识的敏感性和深刻性。他考迹《诗》《书》，以此再现风俗状况，又进一步从历史文化传统的角度对各地的风俗进行分析理解，体现了其独特的历史风俗观念。

秦地是周王朝的发祥地，周始祖后稷居此，此后"公刘处豳，大王徙岐"，文王、武王先后建都丰、镐。因后稷好农耕，种五谷，班固便认为重视农业为秦地的传统精神和历代相沿的风俗，称这里的民众"有先王遗风，好稼穑，务本业"。

魏地河东，"本唐尧所居"，因此，"其民有先王遗教，君子深思，小人俭陋"。班固又进一步举《唐诗》中《蟋蟀》《山枢》《葛生》等篇，认为其民"皆思奢俭之中，念死生之虑"。

齐地为西周名臣太公封地，"初太公治齐，修道术，尊贤智，赏有功，故至今其土多好经术，矜功名，舒缓阔达而足智"。

鲁地是西周政治家周公旦的封地，"其民有圣人之教化"，孔子时"俗既益薄，长老不自安，与幼小相让"，孔子"闵王道将废，乃修六经，以述唐虞三代之道"，"是以其民好学，上礼义，重廉耻"。汉兴以来，虽然"去圣久远，周公遗化销微，孔氏庠序衰坏"，但是"其好学犹愈于它俗"，由此"多至卿相"。

宋地则因为"昔尧作游成阳，舜渔雷泽，汤止于亳"，"故其民犹有先王遗风，重厚多君子，好稼穑，恶衣食，以致畜藏"。

班固认为，正是由于先王历史文化教化传统遗风的浸润，这些地区风俗纯正。反之，暴君淫主带来的则是风俗败坏。

燕地，太子丹不爱后宫美女而宾养勇士，"民化以为俗，至今犹然。宾客相过，以妇侍宿，嫁取（娶）之夕，男女无别，反以为荣"。

赵、中山是"纣淫乱余民"所居之地，结果男子不事农商，女子以色相求媚。

齐地因桓公兄襄公淫乱，姑姊妹不嫁，"于是令国中民家长女不得嫁，名曰'巫儿'，为家主祠，嫁者不利其家，民至今以为俗"。班固对之甚加痛惜，大呼："痛乎，道民之道，可不慎哉！"①

班固在分析历史文化传统中统治阶层好恶对风俗演变轨迹的影响的同时，更关注汉代的状况，认为当代统治者的政策引导和示范对风俗的演变起着直接的关键作用。

在为文帝、景帝作传时，《汉书》与《史记》明显的不同之处就在于班固增补了大量的诏令，向后人展示了一代明君贤主如何以身作则、关注民生、使民以时、引导风俗的史实。例如，在文帝、景帝的诏令中，"朕亲率耕""朕亲率天下农""朕亲率天下农耕"等言论多处可见，强调教导民众，并以身作则，引导社会风俗。

班固对这种实行仁政、轻徭薄赋、使民以时、以身作则、以教化化育百姓、纯化风俗的政治行为表示了高度的肯定与赞许。他在《汉书·景帝纪》"赞"中写道："周秦之敝，罔密文峻，而奸轨不胜。汉兴，扫除烦苛，与民休息。至于孝文，加之以恭俭，孝景遵业，五六十载之间，至于移风易俗，黎民醇厚。周云成康，汉言文景，美矣！"②把西汉文景时期与被世人称道的西周成康治业相媲美，认为文景时期是历史上政治清明、社会风俗纯正、民众安居乐业的好时代，因而被称为"文景之治"。

反之，统治阶层的恣意妄为和政策的烦苛，带来的只能是风俗的败坏。

汉武帝时期，连年征战，自恃开拓边疆有功，为所欲为，在国家财政困难时随意改变汉初的法令，造成天下奢侈成风、官吏违法乱纪、风俗败坏的局面。班固借用《汉书·贡禹传》中贡禹的一段言论，对此做了深刻的论述："武帝始临天下，尊贤用士，辟地广境数千里，自见功大威行，遂从奢欲，用度不足，乃行一切之变，使犯法

---

① 《汉书》卷二八《地理志》，第 1642、1648 ~ 1649、1661、1662 ~ 1663、1664、1657、1655、1661 页。

② 《汉书》卷五《景帝纪》，第 153 页。

者赎罪，入谷者补吏，是以天下奢侈，官乱民贫，盗贼并起，亡命者众。郡国恐伏其诛，则择便巧史书习于计簿能欺上府者，以为右职；奸轨不胜，则取勇猛能操切百姓者，以苛暴威服下者，使居大位。故亡义而有财者显于世，欺谩而善书者尊于朝，悖逆而勇猛者贵于官。故俗皆曰：'何以孝弟为？财多而光荣。何以礼义为？史书而仕宦。何以谨慎为？勇猛而临官。'故黥劓而髡钳者犹复攘臂为政于世，行虽犬彘，家富势足，目指气使，是为贤耳。故谓居官而置富者为雄桀，处奸而得利者为壮士，兄劝其弟，父勉其子，俗之坏败，乃至于是！察其所以然者，皆以犯法得赎罪，求士不得真贤，相守崇财利，诛不行之所致也。"①

再如故秦地，汉朝统治者为了加强中央集权，采取强干弱枝的统治政策，大规模的移民迁徙改变了当地的人口构成，结果"五方杂厝，风俗不纯。其世家则好礼文，富人则商贾为利，豪桀则游侠通奸"，达官贵人的奢侈之风波及普通百姓，导致"民去本就末，列侯贵人车服僭上，众庶放效，羞不相及，嫁娶尤崇侈靡，送死过度"。②

（三）混同天下一之虖中和

在漫长无边的历史长河中，自然地理环境的变化异常缓慢，它更多地影响着风俗形成的初始状态；历史文化传统则是长期的历史积淀，它规定着风俗演变的轨迹，是一个动态过程，其中当代统治阶层的引导起着至关重要的作用。班固试图将两者加以综合，在当时的社会中使两者协调发展，达到"混同天下一之虖中和"的理想风俗境界。要实现这一目标，就要依靠王道教化的力量，王道教化对风俗的转化起着决定性作用。班固认为，王道教化是一种和谐观，只有在"食足货通，然后国实民富"的经济基础上才能"教化成"，而教化奉行的则是"德主刑辅，各得其用"的指导原则。王道教化的实现，便意味着社会的和谐和风俗的纯正。

---

① 《汉书》卷七二《贡禹传》，第 3077 页。
② 《汉书》卷二八《地理志》，第 1642～1643 页。

　　班固继承了司马迁从经济环境角度考察风俗的观念，提出了"食足货通，然后国实民富，而教化成"①的思想，对风俗的形成有了更深刻的认识。"食足货通"就是发展农业和工商业，发展经济。他说，"财者，帝王所以聚人守位，养成群生，奉顺天德，治国安民之本也"，②把发展经济看作治国安民之本，深刻认识到经济活动对历史发展的作用。对社会风俗的形成，班固明确提出"衣食足而知荣辱，廉让生而争讼息"③的思想，认为只有"国实民富"才能"教化成"。可见，班固十分重视经济对社会风俗形成所起的重要作用。

　　但同时，班固也认为美好的风俗不是自发形成的，主张"富而教之"。④班固不同意司马迁"善者因之"的观点。在班固看来，对经济发展采取放任方式，必然导致人们贪欲的增加，风俗会日益败坏。对"乘上之急，所卖必倍"，"以币之变，多积货逐利"的行为，班固坚决反对。⑤"食货"发展过程出现的一系列问题，导致风俗败坏，出现"商通难得之货，工作亡用之器，士设反道之行，以追时好而取世资。伪民背实而要名，奸夫犯害而求利"，甚至有"掘冢搏掩，犯奸成富"者，班固认为其致富手段"犹复齿列，伤化败俗，大乱之道也"。⑥

　　因此，班固主张要充分发挥国家的管理职能，依靠加强礼制和道德建设来美化风俗，使经济与风俗协调健康发展。他认为，要美化风俗，就应该以儒家思想为准绳，"道之以德，齐之以礼"，"贵谊而贱利"。⑦他也不同意司马迁"人富而仁义附焉"⑧的说法，认为人富了不一定就"仁义"，为富不仁者不在少数。他非常赞同董仲舒的话，"夫万民之从利也，如水之走下，不以教化堤防之，不能止也"，⑨认

①　《汉书》卷二四《食货志》，第 1117 页。
②　《汉书》卷二四《食货志》，第 1117 页。
③　《汉书》卷二四《食货志》，第 1123 页。
④　《汉书》卷二四《食货志》，第 1123 页。
⑤　《汉书》卷二四《食货志》，第 1132、1166 页。
⑥　《汉书》卷九一《货殖传》，第 3682、3694 页。
⑦　《汉书》卷九一《货殖传》，第 3680 页。
⑧　《史记》卷一二九《货殖列传》，第 3255 页。
⑨　《汉书》卷五六《董仲舒传》，第 2503 页。

为社会上无论上层人物、下层人物，无论穷人、富人，都需要教化，只有在中央和地方广泛设置学校，"里有序而乡有庠。序以明教，庠则行礼而视化焉"，① 进行文化和道德的教育，才能真正地美化风俗，实现"揖让而天下治"② 的理想。这种既重视经济对风俗形成所起的重要作用又意识到风俗需"教化之"的思想，应该比只重视经济对风俗形成的重要作用的看法高出一筹。

统治者的教化对风俗转变的影响很大。首先，政府管理的宽严苛缓与否至关重要。从《汉书·刑法志》及有关《纪》《传》的论述中，可以看出，班固极力反对酷刑，赞赏轻刑，但又不同意刑罚过轻，实际上主张轻重适宜。只有这样，才既不会因刑重"赭衣塞路，囹圄成市，天下愁怨，溃而叛之"，又不会因刑轻"民易犯之"。③ 班固看到，汉兴之初，"反秦之敝，与民休息"，结果"天下晏然，民务稼穑，衣食滋殖"，到文景时期，"移风易俗"，"民从化"。他反对汉武帝滥用酷刑，认为其"内改法度"，结果却造成"民用彫敝，奸轨不禁。时少能以化治称者"，仅有的三位却也是"以经术润饰吏事"的董仲舒、公孙弘、兒宽。④ 反倒是秦地河西四郡，本为匈奴领地，武帝时迁徙大量内地居民住于此，"习俗颇殊"，理应不易治理，但由于二千石"咸以兵马为务；酒礼之会，上下通焉，吏民相亲"，反而"其俗风雨时节，谷籴常贱，少盗贼，有和气之应，贤于内郡"。班固将之归结于"此政宽厚，吏不苛刻之所致也"。⑤

更重要的是道德教化的实施。班固认为，治理国家、美化风俗应该礼法并用。他说："礼乐政刑四达而不悖，则王道备矣。"⑥ 班固非常赞赏贾谊"夫礼者禁于将然之前，而法者禁于已然之后"，应该"贵绝恶于未萌，而起教于微眇"的观点，⑦ 认为治理国家、美化风俗不是等风俗败坏后再去治理，而是应该塑造一种美好的风俗。这

① 《汉书》卷二四《食货志》，第 1121 页。
② 《汉书》卷二二《礼乐志》，第 1028 页。
③ 《汉书》卷二三《刑法志》，第 1096、1100 页。
④ 《汉书》卷八九《循吏传》，第 3623～3624 页。
⑤ 《汉书》卷二八《地理志》，第 1645 页。
⑥ 《汉书》卷二二《礼乐志》，第 1028 页。
⑦ 《汉书》卷四八《贾谊传》，第 2252 页。

样，国家就会稳定，社会也会协调发展。首先，班固继承了先秦的乐教思想，赞同孔子"安上治民，莫善于礼；移风易俗，莫善于乐"的观点，认为礼乐可以"通神明，立人伦，正情性，节万事"。① 其次，班固重视道德教化的实施。南阳，本韩国故地，秦灭韩后，"徙天下不轨之民于南阳，故其俗夸奢，上气力，好商贾渔猎，藏匿难制御也"。到汉宣帝时，召信臣任南阳太守，"劝民农桑，去末归本"，结果"郡以殷富"。颍川，韩国都城，因申不害、韩非而"好文法，民以贪遴争讼生分为失"，韩延寿为太守，"先之以敬让"，黄霸继之，结果"教化大行"。② 汉宣帝也称"与我共此者，其唯良二千石乎"，认为"太守，吏民之本也"，主张官吏以教化导民。③ 于是，班固发出"'君子之德风也，小人之德草也'，信矣"④ 的感悟。甚至在蛮夷之地，如巴蜀，班固看到，由于景武间蜀守文翁"教民读书法令"，司马相如文辞显于世而"乡党慕循其迹"，出现"王褒、严遵、扬雄之徒，文章冠天下"的局面。班固将之归因于"文翁倡其教，相如为之师"，并引孔子"有教亡类"作为结语以显明道德教化的巨大潜力。⑤

概而言之，班固第一个对"风俗"概念进行阐释，认为风俗是地理环境和社会教化的共同产物。他真正所想要表达的风俗观主要有三个方面的内容。其一，地理环境影响风俗形成的初始状态；其二，历史文化传统规定风俗演变的内在轨迹；其三，王道教化对两者的"中和"使之和谐，决定着风俗转化的理想状态。

要对班固的风俗观念做出正确合理的评价，首先需要扭转和消除一种史学评价的风气和偏见。中国古代社会取得巨大的成绩，其中起决定性作用的应是历史中的正统而非异端。我们更应注重对正统思想的研究，其对当时乃至以后的社会影响更为深远。班固思想处于儒学正统化的正式确立阶段，其风俗观的形成奠定了两千年来中国传统风

① 《汉书》卷二二《礼乐志》，第 1027 页。
② 《汉书》卷二八《地理志》，第 1654 页。
③ 《汉书》卷八九《循吏传》，第 3624 页。
④ 《汉书》卷二八《地理志》，第 1654 页。
⑤ 《汉书》卷二八《地理志》，第 1645 页。

俗理论的大致范围，要对中国古代风俗加以研究并继承发展，都不可能绕过这一阶段。

班固以前，许多学者对风俗做了大量的研究工作，到班固撰写《地理志》时，已经积累起许多可供参考吸收的学术成果。受正统儒家文化浸染的班固，直接继承了司马迁的地域经济风俗观和风俗变革思想，进一步以儒家正统观念加以改造、完善，扭转了司马迁一味强调经济而忽视其他因素的偏颇倾向，并形成一种自觉认识。他综合各方面，对风俗做了较为详细的界定，在司马迁仅提及自然环境的基础上进一步突出了社会环境因素，不但在深度和广度上比司马迁前进了一大步，而且对风俗的认识得到理论的升华，形成了相当系统的结论。这一风俗观反映了当时整个社会对风俗的最高认知水平。两千年来，在中国传统人文社会领域，人们对风俗的认知甚至从未超出这一范围。

作为一位史学家，班固从历史文化传统积淀的角度来观察风俗，体现了其独特的风俗观。另外，班固还考迹《诗》《书》，将其纳入风俗史的考察之中，引《诗》证俗，从《诗》的角度再现当日的风俗。在《汉书·艺文志》中，班固将"采诗"与《诗经》联系在一起，把《诗经》看成王官从民间采集而来，是民间风俗人情的重要载体，从中可以"观风俗，知得失"。因此，班固将《诗经》作为风俗史的重要材料甚至风俗的重要组成部分，在介绍各地风俗时，不时地加以引用，以期再现当日的风俗状况。班固对历史文化传统的重视，反映了其对风俗的传承性的认识，试图从中找到风俗演变的历史规律，确立了风俗研究的正确路径。

班固风俗观中最重要的内容是其王道教化移风易俗思想。经过汉武帝独尊儒术、汉宣帝石渠阁会议、汉章帝白虎观会议，产生了《白虎通》中体系化的正宗思想和神学观念，儒家的正宗思想进一步成为官方的支配思想，并法典化和神学化。班固撰写《汉书》的时候，正是儒家正宗思想神学化的兴盛期，班固的思想不可能不受其影响。儒家的政治理想是实行仁政、轻徭薄赋、使民以时、以教化化育百姓。班固的王道教化风俗观力求使风俗达到理想化状态，正体现了这一点。他的《两都赋》作为京都赋的奠基之作，有学者认为其西京部分既写朝政，又写民俗，而在东京部分，只有朝政，没有民俗。① 其实不然，而是班固将东京的风俗齐同化，企图以朝政代替风俗的结果。班固强调风俗的等齐化一，毫无疑问，这是一种无法实现的理想化状态，却常常是古人追求的目标。

总之，班固的风俗观是在对前人特别是司马迁风俗思想继承的基础上，首次以理论化的形式表述出来，奠定了中国古代传统风俗理论的基础。自此以后，尽管对风俗的研究不断发展，但其体制、风貌大都没有脱离这个基本范畴。

第四节　风俗观念对社会政治的反动（一）：谶纬盛行下的风俗批判

一　谶纬盛行与风俗批判

汉代是神鬼横行、谶纬迷信大盛的时代。有学者说，"汉代仍为一迷信之世界"，"若两汉，固仍一鬼神术数之世界也"。② 在当时，从社会上层到乡村僻野的平民百姓，无不笼罩在一片神秘的迷雾当中。

对鬼神的信仰在两汉一直很盛行。上至帝王将相，如武帝初即位，"尤敬鬼神之祀"，③ 下及普通民众，祭祀鬼神之风相当普遍，且呈多样化、世俗化的倾向，如荆州地区"率敬鬼，尤重祠祀之事"④，会稽"俗多淫祀，好卜筮"⑤ 等。

谶纬神学是两汉之际逐渐盛行起来的一种社会思潮。谶原是预言，张衡说："立言于前，有征于后，故智者贵焉，谓之谶书。"⑥ 纬

---

① 李炳海：《朝政与民俗事象的消长——古代京都赋文化指向蠡测》，《社会科学战线》2000 年第 4 期。
② 吕思勉：《秦汉史》，第 729 页。
③ 《史记》卷一二《孝武本纪》（第 451 页）、《史记》卷二八《封禅书》（第 1384 页）、《汉书》卷二五《郊祀志》（第 1215 页）均有记载。
④ 《隋书》卷三一《地理志下》，第 897 页。
⑤ 《后汉书》卷四一《第五伦列传》，第 1397 页。
⑥ 《后汉书》卷五九《张衡列传》，第 1912 页。

则是对儒经的解释。两汉之际，统治者把谶纬与儒经糅合在一起，从理论上提出一套君权神授学说，旨在宣扬宗教迷信和神学思想，维护社会统治。

西汉后期，王莽为实现代汉的目的，借助谶纬来广造舆论。其各种政教设施、职官制度都以谶纬为纲纪，一些儒士为个人利禄也纷纷迎合王莽，争相制造符命，妄称谶记。其后，光武帝刘秀在夺取政权的过程中也多引"刘秀发兵捕不道，四夷云集龙斗野，四七之际火为主""刘秀发兵捕不道，卯金修德为天子"等谶语，为争夺帝位制造舆论。① 对此，《隋书·经籍志》概括说："起王莽好符命，光武以图谶兴，遂盛行于世……言五经者，皆凭谶为说。"②

为进一步发挥谶纬学说在维护政权方面的作用，建立起统一的谶纬神学思想体系，光武帝还亲自主持审定有关谶纬的典籍。建武三十二年，即建武中元元年（56 年），刘秀更是正式"宣布图谶于天下"，③ 在封禅前"按索《河》《洛》谶文"，在封禅文告中大量引用谶文且宣称"皇帝惟慎《河图》、《洛书》正文"，④ 而《河》或《河图》、《洛》或《洛书》正是谶纬之书。

光武帝后，"显宗、肃宗因祖述焉"。⑤ 明帝时，樊鯈与公卿杂定郊祠礼仪，当谶纬与五经内容有矛盾时，要求"以谶记正《五经》异说"。⑥ 建初四年（79 年），章帝更是直接召集儒生云集白虎观以谶纬统一五经，产生了统一谶纬经学各种异说的法典性文献《白虎通》。《白虎通》以天人感应为宗旨，在把万事万物神学化的基础上，使自然和人事统一起来，全面系统地论证了谶纬的神学体系，并以此作为社会统治的理论依据。至此，汉王朝最终在意识形态领域内建立了统一的谶纬神学思想理论。

由于最高统治者的大力支持，谶纬神学成为东汉王朝的统治思

---

① 《后汉书》卷一《光武帝纪》，第 21~22 页。
② 《隋书》卷三二《经籍志一》，第 941 页。
③ 《后汉书》卷一《光武帝纪》，第 84 页。
④ 《通典·礼十四》，（唐）杜佑撰《通典》，王文锦等点校，中华书局，1988，第 1509、1512 页。
⑤ 《后汉书》卷五九《张衡列传》，第 1911 页。
⑥ 《后汉书》卷三二《樊鯈列传》，第 1122 页。

想，而且直接影响到当时社会文化的各个领域。如儒生博士就大多是谶纬神学的热烈信奉者和积极宣扬者。史载，《易》经博士苏竟"善图纬"；① 《韩诗》博士薛汉"尤善说灾异谶纬"，后"受诏校定图谶"；② 博士郭凤"亦好图谶"；③ 兼明五经的樊英"善风角、星算（算）、《河》《洛》七纬"；④ 等等。一大批经学大师如贾逵、班彪、郑玄等人，也无不受到谶纬神学的影响，就连与王符"友善"⑤ 的东汉大经学家马融也"集诸生考论图纬"。⑥ 正如《后汉书·方术列传》所说："汉自武帝颇好方术，天下怀协道艺之士，莫不负策抵掌，顺风而届焉。后王莽矫用符命，及光武尤信谶言，士之赴趣时宜者，皆骋驰穿凿，争谈之也……自是习为内学，尚奇文，贵异数，不乏于时矣。"⑦

谶纬盛行的情形在汉代碑刻中亦清晰可见。如清代著名金石家王昶曾说："汉时碑刻多用谶纬成文。"经学家皮锡瑞在所撰《汉碑引纬考》中列举有 19 种。1960 年，日本学者中村璋八发表《汉碑中所见的纬书说》一文，补充了 22 种。吕宗力在这 41 种之外又增加了 45 种，共达 86 种。从碑刻内容来看，其中提及的"通纬"之人，上自三公，下至郡县长官、州郡曹吏，以及各地名士、豪族大姓，几乎涵盖了当时官僚士大夫的各个阶层。⑧ 由此可以看出谶纬神学在当时社会势力之强大。

社会上层流行谶纬神学，下层则盛行各种巫术迷信。当然，社会上层、下层之间的信仰也互相渗透和影响。民间的巫术迷信，不仅有群众性，而且有一定的组织形式。如哀帝建平四年（前 3 年），"关东民传行西王母筹，经历郡国，西入关至京师。民又会聚祠西王母，或夜持火

①　《后汉书》卷三〇《苏竟列传》，第 1041 页。

②　《后汉书》卷七九《儒林列传·薛汉》，第 2573 页。

③　《后汉书》卷八二《方术列传》，第 2715 页。

④　《后汉书》卷八二《方术列传·樊英》，第 2721 页。

⑤　《后汉书》卷四九《王符列传》，第 1630 页。

⑥　《后汉书》卷三五《郑玄列传》，第 1207 页。

⑦　《后汉书》卷八二《方术列传》，第 2705 页。

⑧　以上参见吕宗力《东汉碑刻与谶纬神学》，《学习与思考》1982 年第 5 期。

上屋，击鼓号呼相惊恐"。① 所谓"传行西王母筹"，即假借西王母之名，传送筹策。这次群众性的"行诏筹"，"或被发徒践，或夜折关，或逾墙入，或乘车骑奔驰，以置驿传行，经历郡国二十六，至京师"。②

对于谶纬神学学说的性质，李学勤认为"不能以愚昧迷信完全概括"，③一言以蔽之，曰"神学迷信"。实际上，"纬学"与"经学"呈并行互补之势。《白虎通》更是通过以谶证经的方式将谶纬与经学结合，形成"经学本为政治的附庸，谶纬又为经学的附庸，并最终为政治服务"④ 的局面。

不过，儒经谶纬化使其偏离了原始儒学的本旨，失去了原来的积极意义，最终导致儒学庸俗化、神秘化。再加上这些谶纬化的儒经是决策行政的理论依据，最终致使当时整个社会政治趋向虚妄和迷信，谶纬迷信泛滥成灾。

两汉有识之士正是看到了谶纬神学的这种社会危害，才掀起了一股反儒学谶纬化的思潮。早在西汉末年，就有以扬雄为代表的儒者对谶纬神学提出了怀疑，表达了不满。到东汉，桓谭更是多次向光武帝上书反对图谶，其所著《新论》以烛火论形神，说"精神居形体，犹火之然烛矣"，"烛无火，亦不能独行于虚空"。⑤ 这虽然只是一种譬喻、一种朴素的认识，但以烛火喻形神还是准确抓住了某些本质性的关系。张衡则直接上书汉顺帝，详细分析图谶产生的时代和原因，对谶纬的荒谬和虚妄进行系统地分析和批评，指出谶纬"欺世罔俗，以昧埶位，情伪较然，莫之纠禁"，要求"宜收藏图谶，一禁绝之"。⑥

可是，桓谭的上疏谏言却未引起光武帝的重视，统治者仍把谶纬神学作为维护其社会统治的法宝。一次，光武帝要用谶记来决定建造灵台的地址，征求桓谭的意见，桓谭表示"不读谶"，"帝问其故，谭

① 《汉书》卷一一《哀帝纪》，第 342 页。
② 《汉书》卷二七《五行志》，第 1476 页。
③ 李学勤：《〈易纬·乾凿度〉的几点研究》，葛兆光主编《清华汉学研究》第一辑，清华大学出版社，1994，第 25 页。
④ 余江：《谶纬与两汉经学》，《天府新论》2002 年第 1 期。
⑤ 《全后汉文》卷一四桓谭《新论·祛蔽第八》，（清）严可均校辑《全上古三代秦汉三国六朝文》，第 544 页。
⑥ 《后汉书》卷五九《张衡列传》，第 1912 页。

复极言谶之非经"，结果光武帝大怒，以桓谭"非圣无法"，要将其处
以死刑。① 类似的事件还发生在郑兴的头上。史载："帝（光武帝）
尝问兴郊祀事，曰：'吾欲以谶断之，何如？'兴对曰：'臣不为谶。'
帝怒曰：'卿之不为谶，非之邪？'兴惶恐曰：'臣于书有所未学，而
无所非也。'帝意乃解。兴数言政事，依经守义，文章温雅，然以不
善谶故不能任。"② 另外，光武帝曾有"兴立《左氏》、《谷梁》"的
意愿，但由于二传先师"不晓图谶，故令中道而废"。③ 可见，谶纬
在东汉时已掌握了"话语霸权"。

梁启超曾说："中国之学术思想，常随政治为转移。"④ "汉自武
帝颇好方术……后王莽矫用符命，及光武尤信谶言，士之赴趣时宜
者，皆骋驰穿凿，争谈之也"，⑤ 文人士大夫多以阴阳灾异解说时事政
治，"自哀平陵替，光武中兴，深怀图谶，颇略文华"，⑥ 同时，"令
诸巧慧小才伎数之人，增益图书，矫称谶记"，⑦ "于是五经为外学，
七纬为内学，遂成一代风气"。⑧ 在民间，谶谣兴盛，灾异之说横行。
如《风俗通义·怪神》中虽多是对民间各种将捕风捉影之事引以为神
灵的荒唐之举的批判，但也反映出当时民间盛传谶纬之说。伴随谶纬
之说而起的是两汉特别是东汉士人、学者的愤激之谈。他们针对现实生活
中泛滥成灾、虚妄荒诞的妖异邪说著书立说，指讦时短，针砭时弊，形
成了一股反谶纬的社会思潮。而王充当为其中最杰出的代表人物。

二　"匡济薄俗"：王充对迷信风俗之批判

东汉初年，谶纬神学思想盛行，世俗迷信泛滥，各种"虚妄"之

---

① 《后汉书》卷二八《桓谭列传》，第961页。
② 《后汉书》卷三六《郑兴列传》，第1223页。
③ 《后汉书》卷三六《贾逵列传》，第1237页。
④ 梁启超：《论中国学术思想变迁之大势》，《饮冰室合集》第1册《文集之七》，第
　38页。
⑤ 《后汉书》卷八二《方术列传》，第2705页。
⑥ 《文心雕龙·时序》，黄叔琳注，李详补注，杨明照校注拾遗《增订文心雕龙校
　注》，中华书局，2000，第540页。
⑦ 《后汉书》卷二八《桓谭列传》，第960页。
⑧ 《经学历史·经学极盛时代》，（清）皮锡瑞著，周予同注释《经学历史》，第109页。

说充斥社会生活。王充曾"仕郡为功曹,以数谏争不合去",① 《论衡·自纪》亦自称"涉世落魄,仕数黜斥","仕路隔绝,志穷无如"。② 但其关心政治、关心社会风气的热情不减,主张"进则尽忠宣化,以明朝廷;退则称论贬说,以觉失俗"。③ 针对学界和政界"南面称师,赋奸伪之说;典城佩紫,读虚妄之书",以致"虚妄显于真,实诚乱于伪"的局面,王充"疾心伤之"。④ 他高举"疾虚妄"⑤的大旗,决心用"以九德检其行,以事效考其言"⑥ 的精神来"订其真伪,辨其实虚",⑦ 进行彻底的风俗批判。

王充认为大多数人的本性"有善有恶"⑧ "善恶杂厕"⑨ "无分于善恶,可推移者,谓中人也,不善不恶,须教成者也",⑩ 强调先天"有善有恶"的人性可随后天客观环境的"渐""化"而相互转化:"论人之性,定有善有恶。其善者,固自善矣;其恶者,故可教告率勉,使之为善。……善渐于恶,恶化于善,成为性行。"⑪ "善以化渥,酿其教令,变更为善,善则且更宜反过于往善。犹下地增加镬锸,更崇于高地也。"⑫ 这说明后天"为善"高于先天"往善"。为此,王充主张"教导以学,渐渍以德,亦将日有仁义之操"。⑬

王充还提出生存环境决定社会风俗,而社会风俗制约个人秉性的观点。他说:"凡含血气者,教之所以异化也","楚、越之人,处庄、岳之间,经历岁月,变为舒缓,风俗移也。故曰:'齐舒缓,秦慢易,楚促急,燕憨投。'以庄、岳言之,四国之民,更相出入,久居单处,

---

① 《后汉书》卷四九《王充列传》,第 1629 页。
② 《论衡·自纪》,黄晖撰《论衡校释(附刘盼遂集解)》,第 1204、1208 页。
③ 《论衡·对作》,黄晖撰《论衡校释(附刘盼遂集解)》,第 1178 页。
④ 《论衡·对作》,黄晖撰《论衡校释(附刘盼遂集解)》,第 1179 页。
⑤ 《论衡·佚文》,黄晖撰《论衡校释(附刘盼遂集解)》,第 870 页。
⑥ 《论衡·答佞》,黄晖撰《论衡校释(附刘盼遂集解)》,第 518 页。
⑦ 《论衡·对作》,黄晖撰《论衡校释(附刘盼遂集解)》,第 1181 页。
⑧ 《论衡·率性》,黄晖撰《论衡校释(附刘盼遂集解)》,第 68 页。
⑨ 《论衡·齐世》,黄晖撰《论衡校释(附刘盼遂集解)》,第 809 页。
⑩ 《论衡·本性》,黄晖撰《论衡校释(附刘盼遂集解)》,第 137 页。
⑪ 《论衡·率性》,黄晖撰《论衡校释(附刘盼遂集解)》,第 68 页。
⑫ 《论衡·率性》,黄晖撰《论衡校释(附刘盼遂集解)》,第 74 页。
⑬ 《论衡·率性》,黄晖撰《论衡校释(附刘盼遂集解)》,第 78 页。

性必变易。"① 这表明风俗虽有历史传承性，但并非一成不变，而是随着社会的发展而变化、更新。因此，变风易俗应成为政府的重要任务之一。

总之，王充对风俗的理解和认识带有科学的成分。在《论衡》中，他采取批判的方式，以理智的求实精神来看待各种迷信风俗和虚妄之言，对各种风俗现象和迷信观念进行概括、分析，以求"匡济薄俗"。②

（一）著述文章，匡济薄俗

王充的著作，据《论衡·自纪》载，有《讥俗节义》《政务》《养性》《论衡》四种。其中前三种现均已亡佚，《论衡》八十五篇亦亡《招致》一篇。③ 但朱谦之通过考证认为，王充的《政务》之书、《讥俗》之书、《养性》之书均未亡佚，实已包括在今本《论衡》之内；王充的整个思想体系，实已包括在今本《论衡》之中。④ 本书认为，朱谦之的结论前半部分未免过于绝对或武断，不过后半部分却分析得很有道理。在此基础上，以今本《论衡》作为探讨王充风俗观念的核心材料当不会存在什么问题。尤其值得注意的是，在《对作》《自纪》等篇中，王充详细阐述了自己著述各类文章的目的，即"匡济薄俗"。如《论衡·自纪》云："充既疾俗情，作《讥俗》之书；又闵人君之政，徒欲治人，不得其宜，不晓其务，愁精苦思，不睹所趋，故作《政务》之书。又伤伪书俗文多不实诚，故为《论衡》之书。"⑤

关于《政务》之书，《论衡·对作》云"其《政务》言治民之道"，又说"《政务》为郡国守相、县邑令长陈通政事所当尚务，欲

---

① 《论衡·率性》，黄晖撰《论衡校释（附刘盼遂集解）》，第 78~79 页。
② 《论衡·对作》，黄晖撰《论衡校释（附刘盼遂集解）》，第 1177 页。
③ 张宗祥在其《论衡校订三卷附记》中亦云："充之著作，凡分四部：一《讥俗》之书，二《政务》之书，三《论衡》之书，四《养性》之书，皆见《自纪》。《讥俗》之书十二篇，《养性》之书十六篇。《政务》之书不悉篇数，所可考者，《备乏》、《禁酒》二篇耳。然诸书皆不传，所传者独《论衡》之书八十五篇耳。"《论衡集解附录》，黄晖撰《论衡校释（附刘盼遂集解）》，第 1358~1359 页。
④ 朱谦之：《王充著作考》，《文史》第一辑，中华书局，1962。
⑤ 《论衡·自纪》，黄晖撰《论衡校释（附刘盼遂集解）》，第 1194 页。

令全民立化，奉称国恩"。对于著述《备乏》《禁酒》两篇的缘由，王充写道："建初孟年，中州颇歉，颍川、汝南民流四散。圣主忧怀，诏书数至。《论衡》之人，奏记郡守，宜禁奢侈，以备困乏。言不纳用，退题记草，名曰《备乏》。酒麋五谷，生起盗贼，沉湎饮酒，盗贼不绝，奏记郡守，禁民酒。退题记草，名曰《禁酒》。"① 中州歉收，王充上书郡守，主张厉行节俭，以备困乏；时俗嗜酒，王充以为酒耗五谷，又有酗酒滋事之忧，奏记郡守，主张禁酒。从中可以看到，这两篇文章所讲的均为治民之道的具体政治主张，王充整理成文，目的就是希图引起后人警戒，以期整治社会风俗。

王充还将《政务》《论衡》比作可供王者览观风俗的《诗经》。他说："古有命使采爵，欲观风俗，知下情也。……《论衡》、《政务》，其犹诗也，冀望见采，而云有过。斯盖《论衡》之书所以兴也。"② 《佚文》篇则直接表明王充写《论衡》的宗旨："《诗》三百，一言以蔽之，曰：'思无邪。'《论衡》篇以十数，亦一言也，曰：'疾虚妄。'"③ 王充以《诗》作比，也是为了批判当时的世俗迷信和高古贱今的社会风气。他在《对作》篇中说："虚妄显于真，实诚乱于伪，世人不悟，是非不定，紫朱杂厕，瓦玉集糅，以情言之，岂吾心所能忍哉！""今《论衡》就世俗之书，订其真伪，辩其实虚"，"铨轻重之言，立真伪之平"。④ 至于辨真伪虚实的目的，《对作》篇亦有云："若夫九虚、三增、《论死》、《订鬼》，世俗所久惑，人所不能觉也。人君遭弊，改教于上；人臣愚（遇）惑，作论于下。〔下〕实得，则上教从矣。冀悟迷惑之心，使知虚实之分。虚实之分定，而华伪之文灭；华伪之文灭，则纯诚之化日以孳矣。"⑤ 也就是"匡济薄俗，驱民使之归实诚也"，⑥ 通过"疾虚妄"来移风易俗，使社会风气"归实诚"。

王充认为，要想社会风气美好，就必须使民众丰衣足食。为此，

---

① 《论衡·对作》，黄晖撰《论衡校释（附刘盼遂集解）》，第 1180、1184、1181 ~ 1182 页。

② 《论衡·对作》，黄晖撰《论衡校释（附刘盼遂集解）》，第 1185 页。

③ 《论衡·佚文》，黄晖撰《论衡校释（附刘盼遂集解）》，第 870 页。

④ 《论衡·对作》，黄晖撰《论衡校释（附刘盼遂集解）》，第 1179、1181、1179 页。

⑤ 《论衡·对作》，黄晖撰《论衡校释（附刘盼遂集解）》，第 1180 页。

⑥ 《论衡·对作》，黄晖撰《论衡校释（附刘盼遂集解）》，第 1177 页。

在《明雩》篇中王充称赞臧文仲"修城郭，贬食省用，务啬劝分"的政绩，褒扬汉帝"转谷赈赡，损鄷（丰）济耗"的行为。① 而《论死》《死伪》《订鬼》诸篇，其目的正在于"使俗薄丧葬"，"冀观览者将一晓解约葬，更为节俭"。②

关于《讥俗》之书，《论衡·自纪》篇有云："俗性贪进忽退，收成弃败。充升擢在位之时，众人蚁附；废退穷居，旧故叛去。志俗人之寡恩，故闲居作《讥俗节义》十二篇。"同篇又曰："《讥俗》之书，欲悟俗人，故形露其指，为分别之文；《论衡》之书，何为复然？"③ 可见"形露其指，为分别之文"，不仅《讥俗》一书如此，《论衡》也是如此，贯穿了"讥世俗"的精神，所谓"尽思极心，以机（讥）世俗"，"解释世俗之疑，辩照是非之理"。④ 总的说来，《讥俗》之书、《论衡》之书都是以"讥世俗"为其中心内容。

王充不仅强调自己著述文章的真实用意，而且也提倡学习传统文献并从中汲取经验。例如，他十分强调"礼义"的作用，认为"礼义至重，不可失也。……使礼义废，纲纪败，上下乱而阴阳缪，水旱失时，五谷不登，万民饥死，农不得耕，士不得战也。"礼义甚至关系到国家的存亡，"国之所以存者，礼义也。民无礼义，倾国危主"。⑤ 在这种认识的基础上，他说："化民须礼义，礼义须文章。"⑥ 认为教化民众需要学习礼义，而对礼义的学习还需要通过"文章"来贯彻，即对儒家经典和诸子百家之言加以阐发，目的在于使人循道而行，"五经以道为务，事不如道，道行事立，无道不成"。⑦

王充强调通过文章著述来匡济薄俗、驱民归正，但实际上也如有的学者所说，"将文化创造与衰世联系起来的事实本身，无疑便透露了汉代士人对文章著述之为时势刺激的直观感受，并且承认了文章与

---

① 《论衡·明雩》，黄晖撰《论衡校释（附刘盼遂集解）》，第 673 页。
② 《论衡·对作》，黄晖撰《论衡校释（附刘盼遂集解）》，第 1184 页。
③ 《论衡·自纪》，黄晖撰《论衡校释（附刘盼遂集解）》，第 1192、1195 页。
④ 《论衡·对作》，黄晖撰《论衡校释（附刘盼遂集解）》，第 1179、1183 页。
⑤ 《论衡·非韩》，黄晖撰《论衡校释（附刘盼遂集解）》，第 432～433、434 页。
⑥ 《论衡·效力》，黄晖撰《论衡校释（附刘盼遂集解）》，第 580 页。
⑦ 《论衡·程材》，黄晖撰《论衡校释（附刘盼遂集解）》，第 543 页。

政治、时代兴衰隆替之间的相反相成"。①

（二）释物类同异，正时俗嫌疑

王充生活的时代，正是谶纬迷信大盛时期。各种纬书充满了迷信的说教和荒诞的记载，而全国上下却笃信不渝。王充则对神学迷信、俗说妄语深不以为然。他反对迷信，主张实事求是，用他自己的话即是"疾虚妄""务实诚"。王充说："虚妄之语不黜，则华文不见息；华文放流，则实事不见用。"② 为此，王充在《论衡》中对古往今来的许多虚妄不实之词都进行了批判和检讨。

王充对当时充斥于各种"俗传""俗书""虚妄之书"中的天人感应谬论和谶纬迷信等"虚妄之言"感到"疾心伤之"，他悲愤地指出："今吾不得已也。虚妄显于真，实诚乱于伪，世人不悟，是非不定，紫朱杂厕，瓦玉集糅，以情言之，岂吾心所能忍哉！"③

他不能容忍这些虚伪和矫饰，《论衡》一书就是对这些"虚妄"的东西的彻底驳斥，"细说微论，解释世俗之疑，辩照是非之理"，④ 辨明世俗的疑惑，解决生活中的疑难问题。"是故《论衡》之造也，起众书并失实，虚妄之言胜真美也。……其本皆起人间有非，故尽思极心，以机（讥）世俗。世俗之性，好奇怪之语，说（悦）虚妄之文。何则？实事不能快意，而华虚惊耳动心也。是故才能之士，好谈论者，增益实事，为美盛之语；用笔墨者，造生空文，为虚妄之传。""世间书传，多若等类，浮妄虚伪，没夺正是。心愤涌，笔手扰，安能不论？"⑤ 王充以为，只有对这些虚妄的东西予以彻底的揭露与批驳，方才有一种扎实、朴素的学风。因此，王充高举"疾虚妄"的大旗，对当时种种不良风气及虚假现象给予了无情的揭露和批判。综观《论衡》八十四篇，几乎没有一篇不是"疾虚妄"的文章。

---

① 于迎春：《汉代文人与文学观念的演进》，东方出版社，1997，第 67 页。
② 《论衡·对作》，黄晖撰《论衡校释（附刘盼遂集解）》，第 1179 页。
③ 《论衡·对作》，黄晖撰《论衡校释（附刘盼遂集解）》，第 1179 页。
④ 《论衡·对作》，黄晖撰《论衡校释（附刘盼遂集解）》，第 1183 页。
⑤ 《论衡·对作》，黄晖撰《论衡校释（附刘盼遂集解）》，第 1179、1183 页。

王充对儒学谶纬化的原因及流变进行了深入的探讨和批评。他认为经学的谶纬化与政治有着直接的关系。他说："儒者说五经，多失其实。前儒不见本末，空生虚说；后儒信前师之言，随旧述故，滑习辞语，苟名一师之学，趋为师教授，及时蚤（早）仕，汲汲竞进，不暇留精用心，考实根核。故虚说传而不绝，实事没而不见，五经并失其实。"① 也就是说，五经失实而趋向虚妄是因为儒生以经学作为入仕的敲门砖，为早仕而通一经，只传师说而不究其旨。再者，士人要想入仕，就必须迎合统治者，按统治者的意图制造符瑞，宣扬谶纬迷信，而对儒经的学习和研究则没有深入，以致越来越偏离儒家思想的本旨。

而谶记、符命之说事实上与自然之天并没有什么关系，是衰乱之时人为编造的。对此，王充解释说："末世衰微，上下相非，灾异时至，则造遣告人言矣。……遣告之言，衰乱之语也，而谓之上天为之，斯盖所以疑也。"② 这就从根本上否定了灾异、符命、谶记是上天对人事感应的学说。

王充对当时社会的颓风陋俗也进行了猛烈的批判。《四讳》《讥日》《卜筮》《辨祟》等篇批判了佞卜、讳忌等陋俗。《辨祟》篇分析说："世俗信祸祟，以为人之疾病死亡，及更患被罪，戮辱欢笑，皆有所犯。起功、移徙、祭祀、丧葬、行作、入官、嫁娶，不择吉日，不避岁、月，触鬼逢神，忌时相害。故发病生祸，絓法入罪，至于死亡，殚家灭门，皆不重慎，犯触忌讳之所致也。如实论之，乃妄言也。……世间不行道德，莫过桀、纣；妄行不轨，莫过幽、厉，桀、纣不早死，幽、厉不夭折。由此言之，逢福获喜，不在择日避时；涉患丽祸，不在触岁犯月，明矣。"③ 在《四讳》中，王充列举了俗传的四大讳：讳西益宅；讳被刑为徒，不上丘墓；讳妇人乳子，以为不吉；讳举正月、五月子。对此，王充并不是简简单单地批判，而是先解释其产生的根源，然后辩驳其虚妄的地方。如"讳举正月、

---

① 《论衡·正说》，黄晖撰《论衡校释（附刘盼遂集解）》，第1123页。
② 《论衡·自然》，黄晖撰《论衡校释（附刘盼遂集解）》，第784页。
③ 《论衡·辨祟》，黄晖撰《论衡校释（附刘盼遂集解）》，第1008~1009页。

五月子"，王充举例道："昔齐相田婴贱妾有子，名之曰文。文以五月生，婴告其母勿举也，其母窃举生之。……后使文主家，待宾客，宾客日进，名闻诸侯。文长过户而婴不死。"进而指出"以田文之说言之，以田婴不死效之，世俗所讳，虚妄之言也"。接着，王充分析其原因，"实说世俗讳之，亦有缘也。夫正月岁始，五月盛阳，子以〔此月〕生，精炽热烈，厌胜父母，父母不堪，将受其患。传相放（仿）效，莫谓不然。有空讳之言，无实凶之效，世俗惑之，误非之甚也"。①

（三）无神论与薄葬观

鬼神问题，在中国古代社会一直是困扰人们心灵的重要问题，也是儒家在宣扬孝道过程中所面临的棘手问题。当子路向孔子请教鬼神之事时，孔子反问："未能事人，焉能事鬼？"而请教人死后境况时，孔子仍然未给予正面回答："未知生，焉知死？"② 似乎孔子对鬼神生死之事并不太关心。但是，孔子又重视"丧、祭"之礼，③ 主张"祭神如神在"，④ 称赞大禹"致孝乎鬼神"。⑤ 两者看似矛盾，其实不然，因为孔子提倡的孝道关键在于"心"。关于此点，后文还将进一步展开论述。

王充则对当时社会风俗中普遍存在的鬼神迷信展开了全面批判，其《订鬼》《论死》《死伪》《纪妖》等篇批判了人死为鬼说。

王充继承了桓谭的"形亡神灭"理论，并在此基础上提出"神以形存，形死神灭"的观点："形须气而成，气须形而知""人未生，在元气之中；既死，复归元气。"⑥ 王充说："人之所以生者，精气也，死而精气灭。能为精气者，血脉也。人死血脉竭，竭而精气灭，灭而形体朽，朽而成灰土，何用为鬼？""人之死，犹火之灭也……火

---

① 《论衡·四讳》，黄晖撰《论衡校释（附刘盼遂集解）》，第 978 ~ 979 页。
② 《论语·先进》，杨伯峻译注《论语译注》，第 113 页。
③ 《论语·尧曰》，杨伯峻译注《论语译注》，第 209 页。
④ 《论语·八佾》，杨伯峻译注《论语译注》，第 27 页。
⑤ 《论语·泰伯》，杨伯峻译注《论语译注》，第 84 页。
⑥ 《论衡·论死》，黄晖撰《论衡校释（附刘盼遂集解）》，第 875 页。

灭光消而烛在，人死精亡而形存，谓人死有知，是谓火灭复有光也。"可见，"天下无独燃之火，世间安得有无体独知之精?"① 因此，"人死无知，其精不能为鬼"，② "人死不为鬼，无知，不能语言，则不能害人"，③ 这体现了王充不信鬼神、人死灵魂灭的无神论思想。至于世间俗传的鬼神现象，王充则用生理常识来解释说："天地之间有鬼，非人死精神为之也，皆人思念存想之所致也。"特别重病垂危之人见鬼，更是"畏惧则存想，存想则目虚见"，根本不是实有其鬼。④ 否则"计今人之数，不若死者多。如人死辄为鬼，则道路之上，一步一鬼也"。⑤

基于对人死无知和死不为鬼的认识，王充对当世的厚葬陋习和淫祀之风进行了猛烈的抨击。他指出，厚葬不仅造成物质上的损失，而且也是诱人为奸的原因之一，而厚葬流弊之所致，又有以生人殉葬者，其残酷及给民众带来的灾难和不幸，比以宝物殉葬更令人发指。正如《薄葬》篇所说，"世俗轻愚信祸福者，畏（死）［鬼］不惧义，重死不顾生，竭财以事神，空家以送终"，以致出现"破家尽业，以充死棺；杀人（以）殉葬，以快生意"的行为，这完全是荒唐的败坏风俗的举动。⑥

王充还将厚葬提到关乎国家危亡的高度："苏秦为燕，使齐国之民高大丘冢，多藏财物，苏秦身（弗）［弗］以劝勉之。财尽民（贪）［贫］，国空兵弱，燕军卒至，无以自卫，国破城亡，主出民散。今不明死之无知，使民自竭以厚葬亲，与苏秦奸计同一败。"⑦

为彻底批判厚葬陋习，王充详细分析了当时人们厚葬的心理原因：

> 贤圣之业，皆以薄葬省用为务。然而世尚厚葬，有奢泰之失

---

① 《论衡·论死》，黄晖撰《论衡校释（附刘盼遂集解）》，第871、877、875页。
② 《论衡·祭意》，黄晖撰《论衡校释（附刘盼遂集解）》，第1067~1068页。
③ 《论衡·论死》，黄晖撰《论衡校释（附刘盼遂集解）》，第880页。
④ 《论衡·订鬼》，黄晖撰《论衡校释（附刘盼遂集解）》，第931页。
⑤ 《论衡·论死》，黄晖撰《论衡校释（附刘盼遂集解）》，第873~874页。
⑥ 《论衡·薄葬》，黄晖撰《论衡校释（附刘盼遂集解）》，第962、961页。
⑦ 《论衡·薄葬》，黄晖撰《论衡校释（附刘盼遂集解）》，第966页。

者，儒家论不明，墨家议之非故也。墨家之议右鬼，以为人死辄为神鬼而有知，能形而害人，故引杜伯之类以为效验。儒家不从，以为死人无知，不能为鬼，然而赙祭备物者，示不负死以观生也。陆贾依儒家而说，故其立语，不肯明处。刘子政举薄葬之奏，务欲省用，不能极论。是以世俗内持狐疑之议，外闻杜伯之类，又见病且终者，墓中死人来与相见，故遂信是，谓死如生。闵死独葬，魂孤无副，丘墓闭藏，谷物乏匮，故作偶人以侍尸柩，多藏食物以歆精魂。积浸流至，或破家尽业，以充死棺；杀人以殉葬，以快生意。非知其内无益，而奢侈之心外相慕也。

以为死人有知，与生人无以异，孔子非之，而亦无以定实然。而陆贾之论，两无所处。刘子政奏，亦不能明。儒家无[无]知之验，墨家有[有]知之（故）[效]。事莫明于有效，论莫定于有证。空言虚语，虽得道心，人犹不信。①

世俗之徒虽未明见神鬼，但由于愚昧和传统习俗的原因，还是宁愿信其有，而不愿信其无。那么，孔子面对鬼神问题为何避而不谈，对丧祭之事不加制止呢？王充认为，此乃"圣人惧开不孝之源，故不明死[人]无知之实"。② 这种说法在刘向的《说苑·辨物》中也有记载。子贡问人死之后有知还是无知，孔子说："吾欲言死者有知也，恐孝子顺孙妨生以送死也；欲言无知，恐不孝子孙弃不葬也。"③

对于祭祀，王充亦明确指出，"百祀无鬼，死人无知"，"祭之无福，不祭无祸"。④ 至于为什么要祭祀，王充解释说，帝王祭天祀地，是因为王者父天母地，"推人事父母之事，故亦有祭天地之祀"。⑤ 至于天地以下的祭祀，则多出于报功和报恩的考虑，并不是实有其福，

① 《论衡·薄葬》，黄晖撰《论衡校释（附刘盼遂集解）》，第 961~962 页。
② 《论衡·薄葬》，黄晖撰《论衡校释（附刘盼遂集解）》，第 964 页。
③ 《说苑·辨物》，（汉）刘向撰，向宗鲁校证《说苑校证》，第 474 页。
④ 《论衡·讥日》，黄晖撰《论衡校释（附刘盼遂集解）》，第 992 页。
⑤ 《论衡·祭意》，黄晖撰《论衡校释（附刘盼遂集解）》，第 1057 页。

真有其祸。

推而广之，诸如卜筮禁忌，也不过是从中表达某种命意而已。譬如占卜，"从之未必有福，违之未必有祸"。针对"《书》列七卜，《易》载八卦"现象，王充解释其原因乃"圣人举事，先定于义，义已定立，决以卜筮，示不专己，明与鬼神同意共指，欲令众下信用不疑"。① 这种理解，实际上与孔子的"不占"之义、《易传》的"神道设教"之理是一致的。

由此可见，世间无神无鬼，一切迷信活动都于事无补，人的福祸，只能系于自身。对此，王充总结说："夫论解除，解除无益；论祭祀，祭祀无补；论巫祝，巫视无力。意在人不在鬼，在德不在祀，明矣哉！"②

对《论衡》在风俗批判方面所起的作用，冯友兰评价说："《论衡》一书，对于当时迷信之空气，有摧陷廓清之功；但其书中所说，多攻击破坏，而少建树，故其书之价值，实不如近人所想象之大也。"③ 徐复观也觉得"就东汉思想而言，王充的代表性不大"，④ 不过却认为在"灾异说把皇帝的精神压得透不过气来"的时候，王充提出天道自然观，"把感应灾异之说打倒了，而一切归于不可知，亦无可奈何的命运，这对于皇帝，对于朝廷，的确是精神上的一大解放，同时在政治上也是他的一大贡献"。⑤ 的确，在整个中国古代社会，要想使普通民众信仰无神论是一件不太容易的事情，更何况是在鬼神观念盛行的汉代。因此，在当时，王充的风俗批判思想，对于长期以来根深蒂固地信仰灵魂不灭观念的统治者和民众来说，其影响和作用相对来说毕竟还是非常有限的。但是，王充在《论衡》一书里不流俗，不盲从，放言高论，对各种恶风陋俗进行了猛烈的批判。在天人感应思潮和谶纬迷信学说弥漫的时代，王充的风俗批判思想犹如黑暗中的一道闪电，给当时的思想界带去一线光明。

① 《论衡·辨祟》，黄晖撰《论衡校释（附刘盼遂集解）》，第 1009 页。
② 《论衡·解除》，黄晖撰《论衡校释（附刘盼遂集解）》，第 1046 页。
③ 冯友兰：《中国哲学史》，第 588 页。
④ 徐复观：《两汉思想史》第 2 卷，"自序"，第 2 页。
⑤ 徐复观：《王充论考》，氏著《两汉思想史》第 2 卷，第 381 页。

第五节　风俗观念对社会政治的反动（二）：
汉末政治与风俗整顿

一　汉末政治与风俗整顿

自章帝始，汉王朝实际上一直处于宦官与外戚两大集团交替专政的状态，政权变更繁迭，中央集权日趋微弱，甚至衰竭。同时，吏治腐败，土地兼并加剧，赋税日趋沉重，社会动荡不安，百姓流离失所，甚至出现"河内人妇食夫，河南人夫食妇"① 的悲惨现象。再者，小规模的战争此落彼起，政府内忧外患连绵不断。外有羌胡之乱，朝廷征伐，每战辄败，战争使年轻劳壮力急剧减少，社会生产难以为继。如桓帝之初天下童谣曰："小麦青青大麦枯，谁当获者妇与姑。丈人何在西击胡，吏买马，君具车，请为诸君鼓咙胡。"范晔也对此注解说："麦多委弃，但有妇女获刈之也。吏买马，君具车者，言调发重及有秩者也。"② 内则有党锢之祸，"逮桓灵之间，主荒政缪，国命委于阉寺，士子羞与为伍，故匹夫抗愤，处士横议，遂乃激扬名声，互相题拂，品核公卿，裁量执政，婞直之风，于斯行矣"。③ 对于党锢之祸，吕思勉认为，"上刑赏贸乱，则下务立名以为高。上肆其虐，下务其名以相角，意气所激，不顾一切以徇之，而天下事不可为矣。历代之党锢祸是也。然后汉党祸，本起于小人之依附权势，互相讦评"，最终致使"后汉国事，大坏于桓、灵"。④ 桓灵时期，社会出现空前危机，政治腐败，法令弛废，贿赂公行，导致东汉末年"田野空，朝廷空，仓库空"⑤ 的"三空之厄"。

① 《后汉书》卷八《灵帝纪》，第331页。
② 《后汉书·五行志一》，第3281页。
③ 《后汉书》卷六七《党锢列传》，第2185页。
④ 吕思勉：《秦汉史》，第289、291页。
⑤ 《后汉书》卷六六《陈蕃列传》，第2162页。

随着社会危机的加深和经学的日趋衰落，社会上出现一股猛烈抨击当时腐朽的社会风气，要求整顿社会风俗的批判主义思潮。王符、应劭和曹操等人是其中较为杰出的代表。在他们所处的时代，经学逐渐丧失其作为统治思想的地位，而且吏治腐败，社会上层奢侈腐化，百姓流离失所，风俗极为败坏。为此，除了反对神学迷信外，这些人把更大的气力用在反对官场和社会中的恶风陋俗上。如王符针对当时的浮侈世风展开批判，主张政府应采用教化和法制的双重手段来整顿风俗，同时，他还高度强调了统治者在整顿风俗中起着极为关键的作用。应劭则将观察风俗的视野深入到下层民众之中，使风俗概念具体化，提出"为政之要，辩风正俗，最其上"的主张，以图"匡正时俗"。曹操直接从对具体风俗的整顿入手，在崇尚使用法律手段禁止恶风陋俗的同时，也时刻不忘强调道德和教化在整顿风俗中所起到的重要作用。

二　"变风易俗，以致太平"：王符对世风的批判和期待

王符"少好学，有志操"，"耿介不同于俗，以此遂不得升进"，志意蕴愤，乃隐居著书三十余篇，以讥评时政得失，因"不欲章显其名"而将其所著之书命名为《潜夫论》。① 通过该书，王符对东汉社会的道德堕落状况展开批判，其矛头直指东汉末期的腐败政治，内容涉及东汉社会的各个方面，见解深刻，发人深省。其中有关对社会风俗的批判，"诸所讥刺，自衣食器用之靡，车舆庐舍之僭，下至游敖博弈之纷，俳倡戏弄之巧，巫觋祝祷之诞，婚姻礼节之繁，无巨细咸列举之，而尤痛疾于丧葬祠祭之滥"。② 通过批判骄奢淫靡之风、巫祝迷信之俗、以阀阅取仕之弊等，王符力倡政府以民为基，富而教之，实施德法并用、知贤用贤等统治政策来加强对社会风俗的整顿，对东汉世风的改善也充满期待。

---

① 《后汉书》卷四九《王符列传》，第 1630 页。
② 《潜夫论·浮侈》彭铎按语，（汉）王符著，（清）汪继培笺，彭铎校正《潜夫论笺校正》，中华书局，1985，第 120 页。

(一) 反对浮侈，提倡务本

东汉后期，社会风尚日趋腐败堕落，骄淫浮侈之风盛行，离本逐末之俗泛滥。对此，王符进行了深刻的揭露和批判。

针对当时世族贵戚的骄奢淫靡之风，王符通过对比揭露说，汉文帝"盛夏苦暑，欲起一台，计直百万，以为奢费而不作也"，而当今"京师贵戚，衣服、饮食、车舆、文饰、庐舍，皆过王制，僭上甚矣"，且"骄奢僭主，转相夸诧"。在这种奢靡之风的影响下，"富者竞欲相过，贫者耻不逮及"，形成了竞相奢华的不良的社会意识和风气，从而造成"一飨之所费，破终身之本业"的恶果。①

王符对东汉社会竞相崇丧、极尽奢侈的风习予以无情的鞭挞，并指出其对社会的危害。他说，"古之葬者，厚衣之以薪，葬之中野，不封不树"，"古者墓而不崇。仲尼丧母，冢高四尺，遇雨而堕"。②汉文帝、明帝葬时，墓中"皆不藏珠宝，不造庙，不起山陵"，却"陵墓虽卑而圣高"。③也就是说，汉文帝、汉明帝陵墓虽矮小，但留给人们的形象却很高大。而"京师贵戚，郡县豪家"出现"生不极养，死乃崇丧"的陋习，在丧葬之时，他们"刻金镂玉，檽梓楩柟，良田造茔，黄壤致藏，多埋珍宝偶人车马，造起大冢，广种松柏，庐舍祠堂，崇侈上僭"，大事铺张浪费，棺木材料"必欲江南檽梓豫章楩柟"，致使"边远下土，亦竞相仿效"。④此外，"宠臣贵戚，州郡世家，每有丧葬，都官属县，各当遣吏赍奉，车马帷帐，贷假待客之具，竞为华观"。对这种风气和行为，王符一针见血地指出，其"无益于奉终，无增于孝行"，只能是"作烦搅扰，

---

① 《潜夫论·浮侈》，（汉）王符著，（清）汪继培笺，彭铎校正《潜夫论笺校正》，第 130 页。

② 《潜夫论·浮侈》，（汉）王符著，（清）汪继培笺，彭铎校正《潜夫论笺校正》，第 134、137 页。

③ 《潜夫论·浮侈》，（汉）王符著，（清）汪继培笺，彭铎校正《潜夫论笺校正》，第 137 页。

④ 《潜夫论·浮侈》，（汉）王符著，（清）汪继培笺，彭铎校正《潜夫论笺校正》，第 137、134 页。

伤害吏民"而已。①

王符还详尽叙述了豪门贵族为置办棺木所需花费的代价，对其兴师动众、搅扰吏民的行径极为愤慨。他说："夫檽梓豫章，所出殊远，又乃生于深山穷谷，经历山岑，立千步之高，百丈之谿，倾倚险阻，崎岖不便，求之连日然后见之，伐斫连月然后讫，会众然后能动担，牛列然后能致水，油溃入海，连淮逆河，行数千里，然后到雒。工匠雕治，积累日月，计一棺之成，功将千万。夫既其终用，重且万斤，非大众不能举，非大车不能挽。"并且这种行为成风，以致"东至乐浪，西至敦煌，万里之中，相竞用之"。对此，王符感叹道："此之费功伤农，可为痛心"，显示出其反对厚葬、反对奢侈社会风气的鲜明态度和立场。②

王符还把奢侈之风与社会的治乱联系起来，认为奢靡风气会危及社会的安定和国家的根本。他说，"今举世舍农桑，趋商贾，牛马车舆，填塞道路，游手为巧，充盈都邑，治本者少，浮食者众"，"浮末者什于农夫，虚伪游手者什于浮末"，因为这种"一夫耕，百人食之，一妇桑，百人衣之"，"天下百郡千县，市邑万数，类皆如此"的状况，"民安得不饥寒"。民众"饥寒并至，则安能不为非？为非则奸宄，奸宄繁多，则吏安能无严酷？严酷数加，则下安能无愁怨"，必然造成"愁怨者多，则咎征并臻，下民无聊，而上天降灾，则国危矣"的严重局面。③ 由此可见，奢侈浪费之风事关国之兴亡，不可小视。

要转变社会的浮侈风气，王符认为，必须先从治本开始，理顺本末关系。治理国家的纲领，没有比抑末务本更好的，也没有比离本守末更糟的。他说："凡为治之大体，莫善于抑末而务本，莫不善于离本而饰末。"④ 强调必须守本务实。具体来说，"富民者，以农桑为本，以游业为末；百工者，以致用为本，以巧饰为末；商贾者，以通货为本，以鬻

① 《潜夫论·浮侈》，（汉）王符著，（清）汪继培笺，彭铎校正《潜夫论笺校正》，第137页。
② 《潜夫论·浮侈》，（汉）王符著，（清）汪继培笺，彭铎校正《潜夫论笺校正》，第134页。
③ 《潜夫论·浮侈》，（汉）王符著，（清）汪继培笺，彭铎校正《潜夫论笺校正》，第120页。
④ 《潜夫论·务本》，（汉）王符著，（清）汪继培笺，彭铎校正《潜夫论笺校正》，第14页。

奇为末：三者守本离末则民富，离本守末则民贫"。① 为此，王符对喜"游业"的浮食者、善"巧饰"的"奸工"和好"鬻奇"的"淫商"——进行了批判，认为他们"外虽有勤力富家之私名，然内有损民贫国之公实"。由此出发，王符主张"为政者，明督工商，勿使淫伪，困辱游业，勿使擅利，宽假本农，而宠遂学士，则民富而国平矣"。②

在日常教化中，王符认为："教训者，以道义为本，以巧辩为末；辞语者，以信顺为本，以诡丽为末；列士者，以孝悌为本，以交游为末；孝悌者，以致养为本，以华观为末；人臣者，以忠正为本，以媚爱为末：五者守本离末则仁义兴，离本守末则道德崩。慎本略末犹可也，舍本务末则恶矣。"③ 要想成为有德之人，必须按照道德规范的具体要求去做；否则，如果只是为求得虚名浮利而大做表面文章，"争著雕丽之文"，"竞陈诬罔无然之事"，"务交游以结党助"，"崇饬丧纪以言孝"，"奸谀以取媚"，就会严重损害道德之实。④

（二）观民设教，乃能变风易俗

王符对统治集团的奢泰浮逸和社会风气的每况愈下，痛心疾首。他认为，道德沦丧、衣食奢侈、尚巫事神、嫁娶过制、厚葬破业、浮侈离本之风皆为腐风陋习，是"衰世之务"，是国家政治昏暗的表象，并指出若不推行善政以易俗，国家将面临危亡之祸。

面对"天下浮侈离本，僭奢过上"的局面，王符主张应像"景帝时，武原侯卫不害坐葬过律夺国。明帝时，桑民搅阳侯坐冢过制髡削"那样，采取律令严厉禁止。⑤

---

① 《潜夫论·务本》，（汉）王符著，（清）汪继培笺，彭铎校正《潜夫论笺校正》，第 15～16 页。
② 《潜夫论·务本》，（汉）王符著，（清）汪继培笺，彭铎校正《潜夫论笺校正》，第 17 页。
③ 《潜夫论·务本》，（汉）王符著，（清）汪继培笺，彭铎校正《潜夫论笺校正》，第 16 页。
④ 《潜夫论·务本》，（汉）王符著，（清）汪继培笺，彭铎校正《潜夫论笺校正》，第 19～20 页。
⑤ 《潜夫论·浮侈》，（汉）王符著，（清）汪继培笺，彭铎校正《潜夫论笺校正》，第 140 页。

但他同时也看到，这些腐朽风气并非出自百姓的本性，根本原因在于政治昏乱和德行教化的薄弱。"凡诸所讥，皆非民性，而竞务者，乱政薄化使之然也。"对此，王符认为应在以民为本的基础上实行德政，富而教之，"观民设教，乃能变风易俗，以致太平"。①

王符认为，"天以民为心，民安乐则天心顺，民愁苦则天心逆"，②民心是社会治乱的决定因素。"国之所以为国者，以有民也"，③若"不纳卿士之箴规，不受民氓之谣言……国已乱而上不知，祸既作而下不救"，则"非众共弃君"，而是人君"自绝于民也"。④因此，人君治国必须重民，"以民为基"。⑤

为此，王符指出，政治统治的根本"不务治民事而务治民心"。"民有性，有情，有化，有俗。情性者，心也，本也。化俗者，行也，末也。末生于本，行起于心。是以上君抚世，先其本而后其末，顺其心而理其行。"⑥

要"化变民心"，就需要实行德政。"夫化变民心也，犹政变民体也。德政加于民，则多涤畅姣好坚强考寿；恶政加于民，则多罢癃尪病夭昏札瘥。"⑦这是因为德治是"原元而本本"之举，是人君治理国家所应遵循的根本原则。"夫欲历三王之绝迹，臻帝、皇之极功者，必先原元而本本，兴道而致和，以淳粹之气，生敦庞之民，明德义之表，作信厚之心，然后化可美而功可成

---

① 《潜夫论·浮侈》，（汉）王符著，（清）汪继培笺，彭铎校正《潜夫论笺校正》，第 140 页。
② 《潜夫论·本政》，（汉）王符著，（清）汪继培笺，彭铎校正《潜夫论笺校正》，第 88 页。
③ 《潜夫论·爱日》，（汉）王符著，（清）汪继培笺，彭铎校正《潜夫论笺校正》，第 210 页。
④ 《潜夫论·明暗》，（汉）王符著，（清）汪继培笺，彭铎校正《潜夫论笺校正》，第 59 页。
⑤ 《潜夫论·救边》，（汉）王符著，（清）汪继培笺，彭铎校正《潜夫论笺校正》，第 266 页。
⑥ 《潜夫论·德化》，（汉）王符著，（清）汪继培笺，彭铎校正《潜夫论笺校正》，第 376、371 页。
⑦ 《潜夫论·德化》，（汉）王符著，（清）汪继培笺，彭铎校正《潜夫论笺校正》，第 372 页。

也。"① 因此，君主应该"正己以为表，明礼义以为教"。②

不过，在对百姓进行教育之时必须让他们富裕起来。王符说："夫为国者以富民为本，以正学为□［基］。民富乃可教，学正乃得义，民贫则背善，学淫则诈伪，入学则不乱，得义则忠孝。故明君之法，务此二者，以为成太平之基，致休征之祥。"③ 明确提出只有富而教之，才能够维护国家的太平之基。

从思想渊源来看，王符的"以富民为本，以正学为基"思想与孔子"富而后教"的主张一脉相承。在王符看来，民是国之根本，"礼义生于富足，盗窃起于贫穷"，④ 民富足则知礼节，国家才能安定昌盛。因此，作为统治者要治理国家，首先要务本，要养民富民，爱惜民力，"安而利之，养而济之"，⑤ 使百姓生活富足。

有了必要的物质基础，也就为下一步的教民创造了条件。"贫则陋而忘善，富则乐而可教"，⑥ 对民众进行道德教化紧随富民之后。王符说："导之以德，齐之以礼，务厚其情而明则务义，民亲爱则无相害伤之意，动思义则无奸邪之心。夫若此者，非法律之所使也，非威刑之所强也，此乃教化之所致也。"⑦ 教育可以培养民众敦厚善良的心性，通过后天的道德教化导民向善，进而移风易俗。"王者统世，观民设教，乃能变风易俗，以致太平"，⑧ 通过教育，改变不合时代的风

---

① 《潜夫论·本训》，（汉）王符著，（清）汪继培笺，彭铎校正《潜夫论笺校正》，第 370 ~ 371 页。
② 《潜夫论·德化》，（汉）王符著，（清）汪继培笺，彭铎校正《潜夫论笺校正》，第 375 页。
③ 《潜夫论·务本》，（汉）王符著，（清）汪继培笺，彭铎校正《潜夫论笺校正》，第 14 页。
④ 《潜夫论·爱日》，（汉）王符著，（清）汪继培笺，彭铎校正《潜夫论笺校正》，第 213 页。
⑤ 《潜夫论·忠贵》，（汉）王符著，（清）汪继培笺，彭铎校正《潜夫论笺校正》，第 108 页。
⑥ 《潜夫论·务本》，（汉）王符著，（清）汪继培笺，彭铎校正《潜夫论笺校正》，第 16 页。
⑦ 《潜夫论·德化》，（汉）王符著，（清）汪继培笺，彭铎校正《潜夫论笺校正》，第 376 页。
⑧ 《潜夫论·浮侈》，（汉）王符著，（清）汪继培笺，彭铎校正《潜夫论笺校正》，第 140 页。

俗习惯，从而使国家长治久安。

正是有了对教育的这种认识，王符强调并指出，作为统治者必须重视教育，重视对民众的教化。"是故明王之养民也，忧之劳之，教之诲之，慎微防萌，以断其邪。"① 在王符看来，道德教化是最佳的治国方略，"人君之治，莫大于道，莫盛于德，莫美于教，莫神于化"。② 教育有着化民成俗的社会作用，作为统治者就必须重视教育，"道者所以持之也，德者所以苞之也，教者所以知之也，化者所以致之也"。③ 教育成为政治活动的一部分，是维护国家政治利益的一种重要手段。这里，王符肯定了"为政"必须"教民"的原则，突出了"教民"以"正学"的重要意义。

总之，在王符看来，民众是国家的根本，只有"富民""教民"，才能移风易俗，国家才能安定团结。王符的德化论，归根结底是为了统治的长治久安，是对当政者的一种期待。当然，单纯强调道德教化无疑是片面的。不过，无论在任何时代，道德教化对移风易俗、净化社会风气都有着重要的积极意义，也是当政者实现治国安民的一项重要策略。

（三）移风易俗之本，乃在开其心而正其精

为真正实现移风易俗，王符在强调德化论的同时，也不忘把注意力投向各种具体的劣风陋俗。东汉末年，卜筮、巫术、相术、占梦等世俗迷信泛滥，王符对其一一进行了分析和批判。他揭露说，这些世俗迷信造成了社会生产的大肆破坏和物质财富的极大浪费，同时，其泛滥也是浮侈之风盛行的重要原因之一。

针对巫祝活动的猖獗，王符说："《诗》刺'不绩其麻，女也婆娑'。今多不修中馈，休其蚕织，而起学巫祝，鼓舞事神，以欺诬细民，

---

① 《潜夫论·浮侈》，（汉）王符著，（清）汪继培笺，彭铎校正《潜夫论笺校正》，第122页。
② 《潜夫论·德化》，（汉）王符著，（清）汪继培笺，彭铎校正《潜夫论笺校正》，第371页。
③ 《潜夫论·德化》，（汉）王符著，（清）汪继培笺，彭铎校正《潜夫论笺校正》，第371页。

荧惑百姓。"① 人们为巫所惑,不事生产,有些人把很好的丝绢裁成疏头,"令工采画,雇人书祝,虚饰巧言,欲邀多福";有些人"裂拆缯彩,裁广数分,长各五寸,缝绘佩之";有些人"纺彩丝而縻,断截以绕臂",结果造成他们"坐食嘉谷,消费白日,毁败成功,以完为破"的局面。② 更有甚者,许多人有病不医,反求巫祝,结果因贻误病情而死,还"不自知为巫所欺误,乃反恨事巫之晚,此荧惑细民之甚者也"。③

鉴于巫祝欺惑百姓的事神活动严重破坏了当时的社会风气,王符坚决主张加以禁除,"皆宜禁"④。但对于普通百姓对世俗迷信的愚昧盲从,王符则认为不能简单地采取粗暴的办法强迫他们放弃。他指出,这些人"浅陋愚戆,渐染既成,又数扬精破胆。今不顺精诚所向,而强之以其所畏,直亦增病尔"。⑤ 所以,他认为"易风移俗"应首先重视"开心""正精"。"移风易俗之本,乃在开其心而正其精。今民生不见正道,而长于邪淫诳惑之中,其信之也,难卒解也。"⑥ 就是要启发人们的心智,使他们明白正道,逐渐把他们从对世俗迷信的盲从中解放出来。这种立足于通过引导来破除迷信的方法,在当时迷信盛行的局面下,无疑是比较合情合理的。

首先,王符对各种世俗迷信在形式上均予以肯定。如卜筮,他说:"天地开辟有神民,民神异业精气通。……圣贤虽察不自专,故立卜筮以质神灵。"⑦ 但是,王符极力限制其作用,巧妙改造其内

---

① 《潜夫论·浮侈》,(汉)王符著,(清)汪继培笺,彭铎校正《潜夫论笺校正》,第 125 页。
② 《潜夫论·浮侈》,(汉)王符著,(清)汪继培笺,彭铎校正《潜夫论笺校正》,第 127 页。
③ 《潜夫论·浮侈》,(汉)王符著,(清)汪继培笺,彭铎校正《潜夫论笺校正》,第 125 页。
④ 《潜夫论·浮侈》,(汉)王符著,(清)汪继培笺,彭铎校正《潜夫论笺校正》,第 127 页。
⑤ 《潜夫论·卜列》,(汉)王符著,(清)汪继培笺,彭铎校正《潜夫论笺校正》,第 299～300 页。
⑥ 《潜夫论·卜列》,(汉)王符著,(清)汪继培笺,彭铎校正《潜夫论笺校正》,第 301 页。
⑦ 《潜夫论·卜列》,(汉)王符著,(清)汪继培笺,彭铎校正《潜夫论笺校正》,第 291 页。

容，坚决反对将其作为谋断决策的主要依据和消灾免祸的重要手段。

王符认为，圣人之所以重视卜筮、巫术等，实质上是想借这些世俗迷信达到改恶从善的目的。他说："凡卜筮者，盖所问吉凶之情，言兴衰之期，令人修身慎行以迎福也。"① 卜筮可以用来劝人子行孝，劝人臣行忠，劝人君修身正己，等等。即使卜之不吉，只要能够克己反省，同样可以免除"破国危身之祸"。他说："周史之筮敬仲，庄叔之筮穆子，可谓能探赜索隐，钩深致远者矣。使献公早纳史苏之言，穆子宿备庄叔之戒，则骊姬、竖牛之谗，亦将无由而入，无破国危身之祸也。"②

为破除迷信，王符极力强调天人之分和神民之异。他说："夫鬼神与人殊气异务，非有事故，何奈于我？"③ 他认为，神和人本质不同，活动领域也各不相同，因而神灵一般并不干预人事。比如"太岁、丰隆、钩陈、太阴将军"诸神，其任务在于"奉成阴阳而利物"，不是"细民所当事"，因此"向之何怒？背之何怨"。④ 这里，王符同孔子的态度一样，"敬鬼神而远之"，并明确指出："人不可多忌，多忌妄畏，实致妖祥。"⑤ 但是，当时普通百姓还是一味迷信卜筮，"筮于卜筮，而祭非其鬼"，无论该不该祭的鬼神都要祭。对此，王符认为这是极其糊涂的表现，他感叹道："岂不惑哉！"⑥

在议论鬼神迷信中，王符还突出人的决定性作用。他说："天道曰施，地道曰化，人道曰为。"⑦ 鬼神也以人事为转移。如关于巫术的

① 《潜夫论·卜列》，（汉）王符著，（清）汪继培笺，彭铎校正《潜夫论笺校正》，第293页。
② 《潜夫论·卜列》，（汉）王符著，（清）汪继培笺，彭铎校正《潜夫论笺校正》，第294页。
③ 《潜夫论·卜列》，（汉）王符著，（清）汪继培笺，彭铎校正《潜夫论笺校正》，第295页。
④ 《潜夫论·卜列》，（汉）王符著，（清）汪继培笺，彭铎校正《潜夫论笺校正》，第299页。
⑤ 《潜夫论·巫列》，（汉）王符著，（清）汪继培笺，彭铎校正《潜夫论笺校正》，第304页。
⑥ 《潜夫论·卜列》，（汉）王符著，（清）汪继培笺，彭铎校正《潜夫论笺校正》，第295页。
⑦ 《潜夫论·本训》，（汉）王符著，（清）汪继培笺，彭铎校正《潜夫论笺校正》，第366页。

作用，王符援引了很多历史材料。他指出："虢公延神而亟亡，赵婴祭天而速灭，此盖所谓神不歆其祀，民不即其事也。故鲁史书曰：'国将兴，听于民；将亡，听于神。'"① 因此，他称赞晏婴等人注重社会人事、反对迷信鬼神的思想，指出"可谓明乎天人之道，达乎神明之分矣"。②

而卜筮、巫术等对于人事最多只能起到一种辅助作用。"圣王之立卜筮也，不违民以为吉，不专任以断事。""圣人甚重卜筮，然不疑之事，亦不问也。"③ 对于有些具体的迷信，王符则断然否定。如对于"商家之宅，宜西出门"的说法，王符批判说："今一宅也，同姓相代，或吉或凶；一官也，同姓相代，或迁或免；一宫也，成、康居之日以兴，幽、厉居之日以衰。由此观之，吉凶兴衰不在宅明矣。"④

关于相术，王符认为面相、骨相都只是一种条件，"能期其所极，不能使之必至"。要变成现实，决定性的因素是德行。他说："夫骨法为禄相表，气色为吉凶候，部位为年时，德行为三者招，天授性命决然。"⑤

对于梦，王符认为，其本来就是十分模糊的东西，应验很不确定，因而绝不能把占梦作为人们行为的依据。他说："本所谓之梦者，困不了察之称，而懵愦冒名也。故亦不专信以断事。人对计事，起而行之，尚有不从，况于忘忽杂梦，亦可必乎？"⑥

通过对各种世俗迷信的分析和批判，王符认为，这些世俗迷信顶多只能使人了解吉凶的端倪，却无法将其改变。要想改变凶兆，只有

① 《潜夫论·巫列》，（汉）王符著，（清）汪继培笺，彭铎校正《潜夫论笺校正》，第 303 页。
② 《潜夫论·巫列》，（汉）王符著，（清）汪继培笺，彭铎校正《潜夫论笺校正》，第 303 页。
③ 《潜夫论·卜列》，（汉）王符著，（清）汪继培笺，彭铎校正《潜夫论笺校正》，第 293、295 页。
④ 《潜夫论·卜列》，（汉）王符著，（清）汪继培笺，彭铎校正《潜夫论笺校正》，第 298 页。
⑤ 《潜夫论·相列》，（汉）王符著，（清）汪继培笺，彭铎校正《潜夫论笺校正》，第 312、310 页。
⑥ 《潜夫论·相列》，（汉）王符著，（清）汪继培笺，彭铎校正《潜夫论笺校正》，第 320 页。

靠"德"。王符认为，"妖不胜德，邪不伐正，天之经也"，"德义无
违，鬼神乃享；鬼神受享，福祚乃隆"，"人德义美茂，神歆享醉饱，
乃反报之以福也"①。人可以自身的德行感动鬼神，从而使天赐福，甚
至变祸为福。"凡人道见瑞而修德者，福必成，见瑞而纵恣者，福转
为祸；见妖而骄侮者，祸必成，见妖而戒惧者，祸转为福。"② 可见，
人事最终的吉凶祸福仍由人自己掌握。即使人触犯了某些禁忌，只要
"守其正道"，就没有什么可怕的，而那些无德之人虽有"巫觋祝
请"，也无济于事。

　　总之，王符认为卜筮、巫术、相术、占梦等世俗迷信败坏社会风
气。他虽在形式上对其均予以肯定，但在内容上极力注入无神论的思
想因素，始终贯穿"修身慎行""祸福自取"的思想。王符告诫说：
"凡有异梦感心，以及人之吉凶，相之气色，无问善恶，常恐惧修省，
以德迎之，乃其逢吉，天禄永终。"③

（四）凡欲变风改俗者，其行赏重罚者也

　　在移风易俗中，当政者如何处理德和法的关系是王符所关注的重
要方面。王符认为，德治虽是最佳的治国方略，但也并不意味着"刑
杀当不用，而德化可独任"。④ 法也是人君治国的必要手段，其目的在
于惩恶除害。"先王之制刑法也，非好伤人肌肤，断人寿命者也，乃
以威奸惩恶除民害也。"⑤ 而且，法治与德治并不矛盾，"夫立法之大
要，必令善人劝其德而乐其政，邪人痛其祸而悔其行"。⑥ 法治可以其

---

① 《潜夫论·巫列》，（汉）王符著，（清）汪继培笺，彭铎校正《潜夫论笺校正》，
　　第304、302页。
② 《潜夫论·梦列》，（汉）王符著，（清）汪继培笺，彭铎校正《潜夫论笺校正》，
　　第322页。
③ 《潜夫论·梦列》，（汉）王符著，（清）汪继培笺，彭铎校正《潜夫论笺校正》，
　　第323页。
④ 《潜夫论·衰制》，（汉）王符著，（清）汪继培笺，彭铎校正《潜夫论笺校正》，
　　第242页。
⑤ 《潜夫论·述赦》，（汉）王符著，（清）汪继培笺，彭铎校正《潜夫论笺校正》，
　　第180页。
⑥ 《潜夫论·断讼》，（汉）王符著，（清）汪继培笺，彭铎校正《潜夫论笺校正》，
　　第236页。

惩恶的方式，从另一侧面劝人向善，从而强化道德教化的力度。尤其是治理乱世，不仅不能没有法令刑罚，而且法治的施行还必须严明，甚至要使用重刑。"若使犯罪之人终身被命，得而必刑，则计奸之谋破，而虑恶之心绝矣。"① 只有对为非作歹者予以严惩，才能除害去恶，直至使人不再有作恶之心。

王符重视法治是有其时代背景的。当时豪强势力已渗透进生活的各个方面，社会危机四伏，乱源迭起。王符坚决主张"妄违法之吏，妄造令之臣，不可不诛也"，② 矛头正是针对贪官污吏和豪强势力。他认为，在当时的历史条件下，"任德不任刑"的说教只能自欺欺人，"非变通者之论也，非叔［救］世者之言也"。③

事实上，德刑并用的两手策略是历代统治阶层交替使用的传统政策，也是先秦两汉时期政治思想家们经常议论的话题。不过，这些人大多标榜"德化"，赞美"德政"，却很少就具体问题做具体分析，其议论和观点因为缺乏准确的针对性而很难符合客观现实。王符提出的法治思想则能击中当时豪强势力"兼并割据"这一要害，应该说是有一定的进步性的。

在并不否定德治的前提下，王符认为，严明的法令和奖罚制度才是治国之枢机，能改风变俗。"法令赏罚者，诚治乱之枢机也，不可不严行也。……夫积怠之俗，赏不隆则善不劝，罚不重则恶不惩。故凡欲变风改俗者，其行赏罚（者）也，必使足惊心破胆，民乃易视。"④

而要做到这一点，为官之人必须吏治贤明、廉洁清正、德行敦厚。为此，王符极力提倡尚贤任能、赏罚严明的风尚，争取让有德有才的人来治理国家。

---

① 《潜夫论·述赦》，（汉）王符著，（清）汪继培笺，彭铎校正《潜夫论笺校正》，第 187 页。
② 《潜夫论·衰制》，（汉）王符著，（清）汪继培笺，彭铎校正《潜夫论笺校正》，第 241 页。
③ 《潜夫论·衰制》，（汉）王符著，（清）汪继培笺，彭铎校正《潜夫论笺校正》，第 242 页。
④ 《潜夫论·三式》，（汉）王符著，（清）汪继培笺，彭铎校正《潜夫论笺校正》，第 207 ~ 209 页。

为此，王符对举贤、用贤的重要性做了精辟的论述。他认为"国之乱待贤而治"，"夫治世不得真贤，譬犹治疾不得真药也"。① 人才的选拔关系国家的兴衰存亡，"是故国家存亡之本，治乱之机，在于明选而已矣"，② 必须把选贤与能放在最重要的位置。

但是，当时的选举制度已经形成"以族举德，以位命贤"③ 为核心的"阀阅取仕"之风。这些豪强世家试图通过世代为官来永霸仕途，操纵政治。王符说："以汉之广博，士民之众多……而官无直吏，位无良臣。此非今世之无贤也，乃贤者废锢而不得达于圣主之朝尔。"④ 他对这种现象深恶痛绝，认为世族出身、爵位高低以及亲疏远近都不足以作为区分贤愚的标准，只有人的志行、品性才能作为选贤用贤的标准。"人之善恶，不必世族；性之贤鄙，不必世俗"，⑤ "贤愚在心，不在贵贱；信欺在性，不在亲疏"。⑥ 然而，当时的统治者虽然明知此理，但却并不真正实行，"虚谈则知以德义为贤，贡荐则必阀阅为前"。⑦ 在这种风气影响下，原有的选举教条流于"伪举"，完全变成骗人的舆论工具，最终导致"名实不相副，求贡不相称"，⑧ 出现所得非其人的荒唐局面。

对此，王符揭露说："群僚举士者，或以顽鲁应茂才，以桀逆应至孝，以贪饕应廉吏，以狡猾应方正，以谀谄应直言，以轻薄应敦

① 《潜夫论·思贤》，（汉）王符著，（清）汪继培笺，彭铎校正《潜夫论笺校正》，第78～79页。
② 《潜夫论·本政》，（汉）王符著，（清）汪继培笺，彭铎校正《潜夫论笺校正》，第90页。
③ 《潜夫论·论荣》，（汉）王符著，（清）汪继培笺，彭铎校正《潜夫论笺校正》，第34页。
④ 《潜夫论·实贡》，（汉）王符著，（清）汪继培笺，彭铎校正《潜夫论笺校正》，第151页。
⑤ 《潜夫论·论荣》，（汉）王符著，（清）汪继培笺，彭铎校止《潜夫论笺校止》，第36页。
⑥ 《潜夫论·本政》，（汉）王符著，（清）汪继培笺，彭铎校正《潜夫论笺校正》，第91页。
⑦ 《潜夫论·交际》，（汉）王符著，（清）汪继培笺，彭铎校正《潜夫论笺校正》，第355页。
⑧ 《潜夫论·考绩》，（汉）王符著，（清）汪继培笺，彭铎校正《潜夫论笺校正》，第68页。

厚，以空虚应有道，以嚚暗应明经，以残酷应宽博，以怯弱应武猛，以愚顽应治剧，名实不相副，求贡不相称。富者乘其材力，贵者阻其势要，以钱多为贤，以刚强为上。凡在位所以多非其人，而官听所以数乱荒也。"① 这就把"阀阅取仕"风气的丑恶内幕完全暴露在光天化日之下，使人一目了然。

在这种腐朽风气下，受害最深的当然是国家，"德不称其任，其祸必酷；能不称其位，其殃必大"。② 王符清醒地认识到"阀阅取仕"之风乃"衰世之恶"、亡国之兆，于是他大声疾呼，强烈抨击，并警告统治者必须悬崖勒马，否则败亡将不可避免。

针对当时东汉"令长守相不思立功，贪残专恣，不奉法令，侵冤小民。……富者乘其材力，贵者阻其势要，以钱多为贤，以刚强为上。凡在位所以多非其人，而官听所以数乱荒"③ 的腐败混乱状况，王符在进行尖锐批判的同时，也提出了相应的改革措施。他力谏统治者必须坚持以德取仕、德位相称的基本原则。"苟得其人，不患贫贱；苟得其材，不嫌名迹。"④ 他还主张实行"考绩"制度，通过定期考察为官者的实际功绩，赏有功、黜不肖，使"有号者必称于典，名理者必效于实，则官无废职，位无非人"。⑤ 他甚至还把矛头直接对准最高统治者，发出警告说："世主欲无功之人而强富之，则是与天斗也。使无德况之人与皇天斗，而欲久立，自古以来，未之尝有也。"⑥

王符撰写《潜夫论》的目的在于抨击时政，其内容"所说多切汉

---

① 《潜夫论·考绩》，（汉）王符著，（清）汪继培笺，彭铎校正《潜夫论笺校正》，第 68 页。
② 《潜夫论·忠贵》，（汉）王符著，（清）汪继培笺，彭铎校正《潜夫论笺校正》，第 111 页。
③ 《潜夫论·考绩》，（汉）王符著，（清）汪继培笺，彭铎校正《潜夫论笺校正》，第 68 页。
④ 《潜夫论·本政》，（汉）王符著，（清）汪继培笺，彭铎校正《潜夫论笺校正》，第 91 页。
⑤ 《潜夫论·考绩》，（汉）王符著，（清）汪继培笺，彭铎校正《潜夫论笺校正》，第 65 页。
⑥ 《潜夫论·思贤》，（汉）王符著，（清）汪继培笺，彭铎校正《潜夫论笺校正》，第 87 页。

末弊政"。① 《后汉书》本传称："其指讦时短，讨谪物情，足以观见当时风政。"② 历代书志也都认为，王符"明达治体"，书中多切中当时"弊政"，"非迂儒矫激务为高论之比也"。③ 总之，王符一方面对骄奢淫靡之风、巫祝迷信之俗、以阀阅取仕之弊等予以猛烈抨击，以图引起统治者的警惕；另一方面又对之进行深刻剖析，并力倡以民为基、富而教之，德法并用、知贤用贤等改革方案，对当政者改善世风充满了期待，以求实现汉室中兴。

在具体论述中，王符更时时不忘强调统治集团特别是最高统治者对风俗的"导向"作用。提倡务本时，他认为："夫本末消息之争，皆在于君，非下民之所能移也。"④ 在主张实行道德教化"化变民心"时，他说道，"上圣和德气以化民心，正表仪以率群下"，圣人"皆务正己以为表"。⑤ 在希望消除世俗迷信时，他认为能使社会环境产生巨变以影响风俗者，非君王莫属，"惟王者能变之"。⑥ 在主张德法并行时，他认为"人君身修正赏罚明者，国治而民安"，⑦ "君敬法则法行，君慢法则法弛"，⑧ 法令能否得到执行是国家兴乱的关键，而君主对法律的态度又决定着法律能否真正得到贯彻。总之，王符认为："民蒙善化，则人有士君子之心；被恶政，则人有怀奸乱之虑。"民风的优劣，往往决定于治民官吏的善恶，"遭良吏则怀忠信而履仁厚，

---

① 《四库全书总目提要》所列《潜夫论》题录，《附录三著录》，（汉）王符著，（清）汪继培笺，彭铎校正《潜夫论笺校正》，第 489 页。
② 《后汉书》卷四九《王符列传》，第 1630 页。
③ 《四库全书简明目录》《郑堂读书记》所列《潜夫论》题录均有载，《附录三著录》，（汉）王符著，（清）汪继培笺，彭铎校正《潜夫论笺校正》，第 490～491 页。
④ 《潜夫论·务本》，（汉）王符著，（清）汪继培笺，彭铎校正《潜夫论笺校证》，第 23 页。
⑤ 《潜夫论·德化》，（汉）王符著，（清）汪继培笺，彭铎校正《潜夫论笺校证》，第 380、375 页。
⑥ 《潜夫论·卜列》，（汉）王符著，（清）汪继培笺，彭铎校正《潜夫论笺校证》，第 301 页。
⑦ 《潜夫论·巫列》，（汉）王符著，（清）汪继培笺，彭铎校正《潜夫论笺校证》，第 307 页。
⑧ 《潜夫论·述赦》，（汉）王符著，（清）汪继培笺，彭铎校正《潜夫论笺校证》，第 190 页。

遇恶吏则皆怀奸邪而行浅薄"。① 而吏治善恶，则取决于君主的治国思想与用人政策。因此，王符进一步推论说："世之善否，俗之薄厚，皆在于君。"② 实际上把移风易俗的主要责任，归于统治集团乃至君主，认为只有以上率下，才能扭转世风。

身为布衣处士，王符的社会地位极其卑贱，因而他不可能在当时的政治舞台上施展自己整顿风俗的政治抱负。清代汪继培在肯定王符"精习经术，而达于当世之务"时，就对他"未能涉大庭与论议，以感动人主，又不得典司治民，以效其能"表示遗憾。③ 韩愈在所作《三贤赞》中也感叹王符"愤世著论，《潜夫》是名。……不仕终家，吁嗟先生！"④ 不过，王符通过《潜夫论》对当时整个社会风俗进行了深刻的揭露和批判，并且提出自己的主张，对当政者充满期待，这些对当时及其以后的社会均产生了重要影响，成为东汉社会批判思潮的开端。《后汉书》本传载："度辽将军皇甫规解官归安定，乡人有以货得雁门太守者，亦去职还家，书刺谒规。规卧不迎，……有顷，又白王符在门。规素闻符名，乃惊遽而起，衣不及带，屣履出迎，援符手而还，与同坐，极欢。时人为之语曰：'徒见二千石，不如一缝掖。'"⑤ 皇甫规"素闻符名"，在一定程度上表明王符《潜夫论》中的某些内容已经在社会上产生了很大的影响。

三 "辩风正俗"：应劭对风俗与政治关系的新思考

在汉代，经学是学术的主流，而读经与仕进利禄之途相结合，则是经学发展的推动力，汉代民间流传有"遗子黄金满籯，不如

---

① 《潜夫论·德化》，（汉）王符著，（清）汪继培笺，彭铎校正《潜夫论笺校证》，第 377~378 页。

② 《潜夫论·德化》，（汉）王符著，（清）汪继培笺，彭铎校正《潜夫论笺校证》，第 380 页。

③ 《汪继培潜夫论笺自序》，《附录二序跋》，（汉）王符著，（清）汪继培笺，彭铎校正《潜夫论笺校证》，第 487 页。

④ 《韩愈后汉三贤赞之一》，《附录一传赞》，（汉）王符著，（清）汪继培笺，彭铎校正《潜夫论笺校证》，第 482~483 页。

⑤ 《后汉书》卷四九《王符列传》，第 1643 页。

一经"① 的谚语。应劭生于累世通显的经学世家，自小耳濡目染，自然受到正统儒家经学思想的熏陶。而其本人亦"少笃学，博览多闻",② 致力于经世之学。因此，在深厚家学的影响下，再加上自身的不懈努力，应劭最终成为汉末学识渊博的儒者。

应劭一生著述颇丰，而且认为著书立说不仅是个人私事，更事关国家的兴衰治乱。建安元年（196 年），应劭在上奏经其删定的律令《汉仪》时就明确表示："夫国之大事，莫尚载籍。载籍也者，决嫌疑，明是非，赏刑之宜，允获厥中，俾后之人永为监焉。"③ 在此种观念驱使之下，应劭著书立说的目的非常明确，即著书立说一定能起到"经世致用""匡正时俗"的功效，绝不能仅为著述而著述。

应劭历任萧令、营陵令、泰山太守等职。多年的仕宦生涯，使其不仅谙习朝廷典章制度，而且熟晓国家信仰、上层祀典。出于匡扶汉室的责任感，应劭秉承家传的正统儒家思想，严格遵守并维护等级秩序及礼仪典制，力求"匡正时俗"。在自己众多的著述中，应劭以重新撰述、注解汉代律令制度及礼仪典制者为最多。如建安二年（197年），他有感于"旧章埋没，书记罕存"，朝廷制度混乱和政府行政效率低下的现状，"乃缀集所闻，著《汉官礼仪故事》"。④ 其他诸如《汉仪》《汉朝议驳》《汉官》《汉官仪》等，均属此类。这些礼仪风俗之作无疑为汉末建立品官礼仪制度、完善政府行政职能做出了重大贡献。《后汉书·应劭列传》载："凡朝廷制度，百官典式，多劭所立。"⑤ 对其做了十分中肯的评价。《三国志·魏书·王粲传》注引《续汉书》也说："劭又著《中汉辑叙》、《汉官仪》及《礼仪故事》，凡十一种，百三十六卷。朝廷制度，百官仪式，所以不亡者，由劭记之。"⑥

在应劭众多著述中，有一部把关注目光深入到下层社会，集中反

---

① 《汉书》卷七三《韦贤传》，第 3107 页。

② 《后汉书》卷四八《应劭列传》，第 1609 页。

③ 《后汉书》卷四八《应劭列传》，第 1612 页。

④ 《后汉书》卷四八《应劭列传》，第 1614 页。

⑤ 《后汉书》卷四八《应劭列传》，第 1614 页。

⑥ 《三国志》卷二一《魏书·王粲传》注引《续汉书》，中华书局，1982，第 601 页。

映普通民众风俗的著作——《风俗通义》。这是一部关于社会风俗的文化巨著，展现了当时的社会生活状况和思想文化面貌，是了解汉末社会风俗的重要资料。而引起我们注意的是，在叙述具体风俗事象时，应劭往往还加上自己的评议，通过考释名物、议论时俗、品评得失等形式对当时社会的种种迷信思想和不良风俗进行批评，对风俗与政治的关系产生了一些新的思考。这些新思考对风俗在政治生活中的重要地位有了更明晰的认知，使风俗和政治的关系更加具体化，进一步丰富了两汉风俗观念的政治文化内涵，为应劭"辩风正俗"提供了阐释与拓展的空间。

（一）辩风正俗，为政之要且最其上

《风俗通义》是应劭研究风俗的专门著述，也是世界上第一部比较系统和全面地专以风俗为研究对象且规模又比较可观的著作。[①] 在《风俗通义》中，应劭既承袭了中国古代风俗观传统，注意到社会上层特别是"君上"对风俗的导向作用，借"风俗"言教化，同时又首次以风俗为主要阐释对象，对具体风俗事象进行深入研究。

关于应劭著《风俗通义》的缘由，范晔在《后汉书》中为其立传时说，应氏撰此书是为了"辩物类名号，释时俗嫌疑"。[②] 清李果在勾画应劭作《风俗通》的意图曰："上行下效谓之风，众心安定谓之俗，移风易俗在则人，亡则书，此应劭《风俗通》所由作也。"[③] 清章学诚也认为"应劭愍时流之失，作《风俗通义》"。[④]

其实，应劭在《风俗通义》序言中就明确提出"昔仲尼没而微言阙，七十子丧而大义乖。……而至于俗间行语，众所共传，积非习贯，莫能原察。今王室大坏，九州幅裂，乱靡有定，生民无几。私惧

---

① 张汉东：《〈风俗通义〉的民俗学价值》，《民俗研究》2000 年第 2 期。
② 《后汉书》卷四八《应劭列传》，第 1614 页。
③ 《李晦跋》，《风俗通义·附录》，（汉）应劭撰，王利器校注《风俗通义校注》，第 632 页。王利器案："《拾补》'李果'作'李晦'，盖所据本漫漶不全，遂据谢居仁《题辞》及大德本《白虎通》张楷序所言之'耆儒李显翁晦'而臆改之，误矣。"（汉）应劭撰，王利器校注《风俗通义校注》，第 632～633 页。
④ 《文史通义·释通》卷四王利器校注曰：《内篇四》，（清）章学诚著，叶瑛校注《文史通义校注》，中华书局，1985，第 372 页。

后进，益以迷昧，聊以不才，举尔所知，方以类聚，凡一十卷，谓之《风俗通义》"，说此书的要旨是"言通于流俗之过谬，而事该之于义理也"，认为"为政之要，辩风正俗①，最其上也"，主张用社会正统思想来齐整风俗，使上下之心"咸归于正"。② 也就是说，身处汉末礼不成礼、俗不成俗的动荡社会之中，面对风俗日益败坏的统治局面，应劭意识到，社会风俗的好坏将直接影响到社会的安定与否和国家的治乱兴衰。出于士人强烈的责任感与使命感，他试图通过撰写《风俗通义》来"辩风正俗"，察俗源，去迷昧，力挽东汉政权于将倾，达成挽救时局危难的政治理想。

《风俗通义》全书涉及的风俗内容，虽上至三皇、下至应劭所在的东汉，自中原地区至边远民族地区，上下千古，纵横万里，然始终未曾脱离"辩风正俗"这一主旨。其中，"为政之要，辩风正俗，最其上也"当是应劭《风俗通义》的核心命题。有学者认为，应劭提出这一命题的现实依据是汉兴以来的"莫能原察"以及与"九州辐裂"并存的风俗破坏。从政治角度而言，"辩风正俗"不仅属于"为政之要"，而且处于"最其上"的最高地位。应劭的风俗视野还有三个明显的着重点：一是着眼于当代现实，二是着眼于恶风谬俗，三是着眼于深层意识，具有浓厚的现实性、政治性和心理性。③ 这一分析极有道理，正反映出应劭主张著书立说一定要起到"经世致用"和"匡正时俗"功效的思想观念。

应劭试图通过考辨风俗，实现"匡正时俗"的目标。在任泰山太守期间，他上书朝廷说："秦皇焚书坑儒，《六艺》缺亡；高祖受命，四海乂安，往往于壁柱石室之中，得其遗文，竹帛朽裂，残阙不备。至国家行事，俗间流语，莫能原察；故三代遣輶轩使者，经绝域，采方言，令人君不出户牖而知异俗之语耳。"④ "令人君不出户牖而知异

---

① 王利器校注曰："'辩'，《文选》王元长《三月三日曲水诗序》注引作'辨'；《集注》残本引'政'作'正'。"《风俗通义·序》（汉）应劭撰，王利器校注《风俗通义校注》，第 11 页。

② 《风俗通义·序》，（汉）应劭撰，王利器校注《风俗通义校注》，第 1~8 页。

③ 张汉东：《〈风俗通义〉的民俗学价值》，《民俗研究》2000 年第 2 期。

④ 苏颂《苏魏公文集风俗通义题序》，《风俗通义·附录》，（汉）应劭撰，王利器校注《风俗通义校注》，第 630 页。

俗之语"是应劭作《风俗通义》的重要目的，由此可见其"辩风正俗"背后所隐匿的政治用心。郎擘金为《风俗通义》作序时亦曰："汉季应劭，为一时名儒，受学郑玄，位不大显，乃昉古义作《风俗通》。夫四方风气，刚柔细大美丑，上下千古，历代不移，与天地终始，音律冥符，识其情者王，逸其轨者亡，故遡皇霸；以迄季世，循环互转，无殊五音，先王作乐；荐殷莫重祀典，朝野祭飨，亦各有属；东西南北，神鬼所向，纷然莫纪；其与覆载同灵者惟山泽；虽卷析为四，义归于一，良足为立政致治者之助。"①

以"辩风正俗"为政治之枢要，应劭所辩正者，凡 31 卷，今仅存 10 卷，即《皇霸》《正失》《愆礼》《过誉》《十反》《声音》《穷通》《祀典》《怪神》《山泽》。② 其中，《皇霸》纠正世俗的历史观，说明王道与霸道、三皇五帝的差异，辨析历史记述中的讹误；《正失》考证民间传言的失谬，匡正俗说中的各种谬传，内容多为汉事的误传；《愆礼》批评当时社会上因矫情而行事苟妄过头，不顾礼俗限度的现象，是对东汉世风的分析批判；《过誉》指责社会上誉过其实的人物或事件，对因行为乖张、违背情理而招致众誉的行为进行察辨，从"愆礼"的反面抨击世风；《十反》例举十件行为相反的事，予以褒贬评判，说明世人处世态度各异，阐述进退取舍的处事道理；《声音》则详细讨论音乐，因为"移风易俗，莫大于乐"；《穷通》辑录古今人物先否后喜、穷而复通的事例，欲辩正风俗，化民有道；《祀典》"记叙神物"，考辨各种祭祀之礼，批评世俗"非其鬼而祭之"之弊；《怪神》分析民间流行的不列入祀典的各种怪力乱神，认为其大都属于淫祀，对"世间多有见怪惊怖以自伤者"持否定态度；《山泽》详细叙述了各种

---

① 《郎擘金序》，《风俗通义·附录》，（汉）应劭撰，王利器校注《风俗通义校注》，第 634 页。

② 据《隋书·经籍志》载，《风俗通义》全书 31 卷，其中包括《录》一卷，梁庾仲容《子钞》、唐马总《意林》所记卷数同于《隋书·经籍志》。文献学者认为北宋初年全书尚还完整，其后散佚过半，仅剩十卷。宋神宗元丰年间，苏颂用官、私藏本相互校订，次第刊布，写出《校风俗通义题序》，是为流传至今的十卷本。十卷本外，还有大量佚文散见群书，不少学者做过辑佚工作，为研究《风俗通义》提供了便利。王利器《风俗通义校注》、吴树平《风俗通义校释》（天津人民出版社，1980）皆系当前佳本。

自然风俗，使对风俗的认知更为具体化。另据苏颂《校风俗通义题序》载，《风俗通义》中尚有《讳篇》《释忌》《服妖》《市井》《宫室》《姓氏》《丧祭》等篇，[①] 由题名推测可知亦应为对当时各种社会风俗的讨论。

总之，应劭继承和汲取了前人有关风俗研究的成果，首次提出以"辩风正俗，为政之要"为宗旨的风俗观。他试图依照儒家理想来齐整风俗，将社会风俗纳入正统，以挽救当时即将崩溃的政治统治秩序。不过，他的这一目的并没有达到，正如吴树平所说："历史的发展不会曲如人意，应劭既没有使社会风俗纳入封建正统思想的规范，更没有挽回东汉政权的垮台。从这一意义来说，《风俗通义》给予社会的影响是微不足道的。"[②]

但是，"辩风正俗，为政之要"观念的提出，却为应劭论述风俗找到了赖以立足于现实的依托。应劭借此实现了以俗论雅、以雅正俗的目的。其《风俗通义》正是缘于当时政局、时局的特殊性，试图通过考察俗间行语，批判当时士人愆礼过誉的行为风尚，借以宣扬正统、传统的典制信仰，从而达到辩风正俗、挽救社会政治危机的目的。应劭对风俗"通雅俗"的相关论述在后世也产生了很大影响，"为政之要，辩风正俗，最其上"更成为执政阶层的共识，从历代统治者对风俗的关注程度上我们可以很清晰地看出这一点。

（二）"风"、"俗"与"时俗"

真正绵延至今且影响今天生活的，是不断增长的知识和技术，以及反复思索的问题和由此形成的观念。[③] 对风俗问题的思考一代又一代地重复、变化和更新，在延续与断裂间实现变革与创新。应劭在《风俗通义》序言中提出自己的风俗概念，并在叙述中表述了自己关于"风俗"

① 凡二十篇，见于苏颂《校风俗通义题序》，分别是《心政》《古制》《阴教》《辨惑》《折当》《恕度》《嘉号》《徽称》《情遇》《姓氏》《讳篇》《释忌》《辑事》《服妖》《丧祭》《宫室》《市井》《数纪》《新秦》《狱法》。《风俗通义·附录》，（汉）应劭撰，王利器校注《风俗通义校注》，第 630 页。
② 《风俗通义校释序》，（汉）应劭撰，吴树平校释《风俗通义校释》，第 3 页。
③ 葛兆光：《中国思想史·导论·思想史的写法》，复旦大学出版社，2001，第 2 页。

的见解和理论，从而使风俗的内涵得到进一步深化，范围也得到极大扩展。

应劭所界定的风俗概念至少有如下三层含义：其一，"风者，天气有寒暖，地形有险易，水泉有美恶，草木有刚柔也"。应劭用例举的方式对"风"的内涵进行阐释，认为"风"是指因水土、气候、物产等自然条件不同而形成的风尚，但已明显掺入人的评判与感情。其二，"俗者，含血之类，像之而生，故言语歌讴异声，鼓舞动作殊形，或直或邪，或善或淫也"。"俗"是因社会生活条件不同而形成的社会趣味、情感、欲望与行为习惯等。从应劭对风俗概念定义的前两层含义可以看出，风俗具有自然与人文的双重特性，风指风土山川等自然条件和人的语言音色；俗则指当地乡土社会中世代常行的习惯和约定。其三，"圣人作而均齐之，咸归于正；圣人废，则还其本俗"。① 风俗移易最关键的还是上层统治者通过自身力量的"均齐"。

应劭对"风"单独使用的频率很高，除指自然风外，其他的内蕴也始终未曾脱离作者为其所下定义的范围。

在古人观念中，风被看成是大自然的使者。宋玉《风赋》云："夫风者，天地之气。"《河图·帝通纪》曰："风者，天地之使也。"作为自然现象，"风者……溥畅而至，不择贵贱高下而加焉"，"风，漂物者也，风之所漂，不避贵贱美恶"。② 正是由于这种无偏差之别而又可移易的属性，风进入了人们关注的视野，被赋予独特的社会属性。《白虎通·八风》云："风之为言萌也。养物成功，所以象八卦。"③《汉书·律历志》曰："至治之世，天地之气合以生风；天地之风气正，十二律定。"④《礼记·月令》明确记载了四时之风的变化及其对自然物候和人间生活的影响："孟春之月，……东风解冻"，

---

① 《风俗通义·序》，（汉）应劭撰，王利器校注《风俗通义校注》，第8页。
② 《文选》卷一三赋庚宋玉《风赋》及注引《河图·帝通纪》《管子》，（梁）萧统编，（唐）李善注《文选》，中华书局，1977，第190~191页。
③ 《白虎通·八风》，（清）陈立撰《白虎通疏证》，吴则虞点校，中华书局，1994，第341页。
④ 《汉书》卷二一《律历志》，第959页。

"季夏之月，……温风始至"，"孟秋之月，……凉风至，白露降，寒蝉鸣"。① 古人切身体会到人间生活依四时之风变换，于是便将人间俗世的生活节律和生活方式称为"风""风俗"。②

《风俗通义·山泽》通篇都是对这种自然之风的详细叙述，其中包括五岳、四渎、林麓、丘墟、培陵、薮泽、沆沛、湖陂、沟洫等。具体而言，在讲到"京"时说"非人力所能成，乃天地性自然也"；对"薮"则解释为"言厚也，草木鱼鳖，所以厚养人君与百姓也"；其他还有诸如"泽者，言其润泽万物，以阜民用也""沛者，草木之蔽茂，禽兽之所蔽匿也"等言论。在叙述某些自然之风时，应劭还加入了一些当下的元素，如"林，树木之所藜生也。今配林在泰山西南五六里，予前临郡，因侍祀之行，故往观之，树木盖不足言，犹七八百载间有衰索乎"，"陵有天性自然者。今王公坟垄，各称陵也"，"湖者，都也，言流渎四面所猥都也，川泽所仰以溉灌也。今卢江临湖、丹阳芜湖县是也"。③

风化成万物，决定着人间生活盛衰休咎的人文礼乐教化。《毛诗·序》云："风，风也，教也。风以动之，教以化之。"④ 除将"风"解释为"风者，天气有寒暖，地形有险易，水泉有美恶，草木有刚柔"外，应劭也对风有进一步的补充说明："风者，天之号令，谴告人君，风而靡者也。"⑤ "风，土地风俗也，省中和之风以作乐，然后可移恶风易恶俗也。"⑥ 此时的"风"，更多的是"风尚""风气"之义。类似的言论在东汉很常见。如《后汉书·郎顗列传》曰："风者号令，天之威怒，皆所以感悟人君忠厚之戒。"⑦ 《后汉书·蔡邕列传》曰："风者天之号令，所以教人也。"⑧ 考察应劭在《声音》《愆礼》《过

---

① 《礼记·月令》，《礼记正义》，（清）阮元校刻《十三经注疏（附校勘记）》，第1352~1355、1370、1372~1373页。

② 刘宗迪：《惟有大地上歌声如风》，《读书》2004年第2期。

③ 《风俗通义·山泽》，（汉）应劭撰，王利器校注《风俗通义校注》，第465、474、477、479、463、467、480页。

④ 《毛诗正义》，（清）阮元校刻《十三经注疏（附校勘记）》，第269页。

⑤ 《北堂书钞》卷一五一《风篇》第六版上。

⑥ 《汉书》卷二七《五行志》注引应劭曰，第1448页。

⑦ 《后汉书》卷三〇《郎顗列传》，第1074页。

⑧ 《后汉书》卷六〇《蔡邕列传》，第1992页。注引《翼氏风角》曰："风者天之号令，所以谴告人君者。"（第1993页）

誉》等篇中的论述，可以更好地理解"风"的教化含义，更明显地感悟到"风"的现实性。

应劭曾集解《汉书》，他不可能没有看到班固关于风俗概念的界定与含义。但是，应劭对班固的这一定义并未直接加以采用，而是对风俗概念重新做出阐释。可见，应劭对风俗概念的理解与班固有所不同。与班固的风俗观相比，虽然两者都认为风俗受地理风气和上层意识的影响，但对俗的解释却出现明显的不一致。

应劭的风俗观有两点值得注意：其一，开始关注下层民众风俗，注重对俗的民间意义的阐释，其风俗观更具体、更明确。与班固对风俗的抽象理解不同，应劭把观察风俗的视角深入到社会下层，试图探讨下层民众具体风俗与政治之间的关系。《风俗通义》虽冠名"风俗"二字，但书中"俗"字比比皆是，却极少使用"风"字，也反映了风俗一体化和具体化的认识观念。其二，在承认上层社会对风俗影响的基础上，进而又提出"本俗"与"正俗"的概念，既展示出风俗的本来面目，又试图实现"辩风正俗"的目的。

在应劭的理解中，"俗"除了指具体风俗事象外，在某种意义上还具有"民"的内蕴，其关注的视角是广大的下层民众，相当于现代意义上的"民俗"。应劭在《风俗通义》中也曾使用"民俗"一词，认为"民俗未能大化"，[①] 主张"观民风俗"。应劭认为，风俗的主体是"民"，采风观俗，"风"的渊源也在民、在俗。不过，民、俗往往又会为"风"的力量所披靡和教化，最终化民成俗。

应劭之所以对民间风俗大加关注，主要是由于东汉末年民间社会力量的提升。东汉末年社会政治的剧变与分裂为思想文化的变动提供了一个转型的时代大背景。社会结构在混乱与无序中实现重构、调整，反映到意识形态和文化心理上，便是占据统治地位的两汉经学的崩溃。烦琐、迂腐、荒唐的谶纬化的经学在时代动乱的冲击下终于解体，代之而兴的是门阀士族阶层的世界观和人生观。[②]

汉代以前，掌握文字书写技能的大多是特权阶层。汉代以后，

---

① 《风俗通义·正失》，（汉）应劭撰，王利器校注《风俗通义校注》，第 96 页。
② 李泽厚：《美学三书》，天津社会科学出版社，2003，第 78 ~ 79 页。

官学、私学得到较大发展，如清人赵翼所述："及东汉中叶以后，学成而归者，各教授门徒，每一宿儒门下著录者至千百人，由是学遍天下矣。"① 同时，"灵、献之世，天下大乱，史官失其常守。博达之士，愍其废绝，各记闻见，以备遗亡。是后群才景慕，作者甚众"，② 真正的学问流落民间。两汉时期，民间社会开始关注时政大事，对当时的政治生活抱有很大兴趣，尤其是官场风气、秘闻轶事更成为街谈巷议的主题。东汉学者的著述中，也多次提到这种被称为"俗说""世俗传道"的民间讲史。他们通过针砭时俗、评议朝政，借以表述个人的思想和观念。如《风俗通义》中便载有世俗广泛传讲的关于楚汉之争和汉文帝即帝位、行节俭、治天下的史事。

民间力量参政、议政迅速成为风尚，在一定程度上促使当时的统治者重新审视民间力量、民间舆论。应劭虽出身儒学世家，但处于那样一个民间通俗文化风行的大环境下，而他本身又在做着察风观俗的事情，就不可能不受到时代风潮的影响。有学者就试图从文学角度分析，认为应劭的《风俗通义》是汉魏之际文风转变过程中的一个风向标，标志着汉魏之际文风正由上层士大夫的精英文学向下层大众的通俗文学转变。③ 虽说这一论断不无商榷之处，却从一个侧面反映出东汉末民间通俗文化的风行。

可见，应劭《风俗通义》的诞生与当时的时代兴替及文化取向密切相关，不论全书的内容还是形式，无不被打上特定时代的文化烙印。《风俗通义》序言对当时的时局及社会景况便直言不讳："至于俗间行语，众所共传，积非习贯，莫能原察。今王室大坏，九州幅裂，乱靡有定，生民无几。私惧后进，益以迷昧，聊以不才，举尔所知，方以类聚。"④ 唐代刘知几也说："民者，冥也，冥然罔知，率彼愚蒙，墙面而视，或讹音鄙句，莫究本源，或守株胶柱，动多拘忌，故

---

① 卷一六"两汉时受学者皆赴京师"条，（清）赵翼：《陔余丛考》，河北人民出版社，1990，第 244 页。
② 《隋书》卷三三《经籍志二》，第 962 页。
③ 刘明怡：《从应劭著述看汉末学术风气的变迁》，《许昌学院学报》2006 年第 6 期。
④ 《风俗通义·序》，（汉）应劭撰，王利器校注《风俗通义校注》，第 4 页。

应劭《风俗通》生焉。"①

　　应劭对风俗的定义正是基于这一现实基础，其所言风俗的内容包括俗间行语、信仰行为及民俗事象等，使风俗极为具体化。正如王利器所言："应氏此书，不仅为论述此问题之权舆，抑且为董理汉代风俗之第一手材料，足供研究中国风俗史者之要删。盖应氏于通古今之邮而外，尤究心于通雅俗之故，故其书于先民在生活实践中所积累之经验而以俚语出之者，尤津津乐道焉，此于先汉古籍中尤为不可多得者。"②

　　《风俗通义》以民间风俗为取向，包含很多民间的下层大众的通俗文化，诸如人情世故、处世方式、世风、神怪、丧葬、祭祀、俗说、谬传、逸事等。而这些在正统儒家士大夫眼里是不入流的，跟应氏的其他著作也格格不入，因此被讥为"不典"。如范晔《后汉书》评价说："文虽不典，后世服其洽闻。"③华峤《汉书》也说："辞虽不典，世服其博闻。"④"服其洽闻""服其博闻"是就应劭的学识而言，讥其文、辞"不典"则是对《风俗通义》内容驳杂的批评。而《风俗通义》的文辞"不典"，其实正反映出东汉末年民间风俗文化流行的趋势，它反映了应劭对风俗概念和内涵的进一步扩大化和具体化，而这一结果也正是应劭对风俗与政治关系新思考的产物。

　　《风俗通义》凡点明民间风俗者，多采用"俗说""俗传"等词。仅"俗说"一词在书中就有50余处，其他还有"俗语""俗言""俗云""俗传""俗多""里语""传言""传称""世间多传""世间共传""世间多有""世间人家多"等。其中，关于时俗的记载是全书的特殊价值所在，因为"以后人述古代风俗，不如当时人自述之切也"。⑤时俗是应劭"风俗"纲目下的重要组成部分，以时俗为纲，构建整个"风俗"体系。如《正失》篇"彭城相袁元服"中，

① 刘知几《史通自序》，《风俗通义·附录》，（汉）应劭撰，王利器校注《风俗通义校注》，第629页。
② （汉）应劭撰，王利器校注《风俗通义校注》，"叙例"，第2页。
③ 《后汉书》卷四八《应劭列传》，第1614页。
④ 《三国志》卷二一《魏书·王粲传》注引华峤《汉书》，第601页。
⑤ 张亮采：《中国风俗史》，第42页。

对近世"元服父字伯楚，为光禄卿，于服中生此子，时年长矣，不孝莫大于无后，故收举之，君子不隐其过，因以服为字"① 的俗说予以纠谬辩诬，察隐考源。而且，应劭对这一时俗的评判并不只是凭自己的主观推断，而且亲自拜访曾担任司空的宣伯应，听取他的相关意见。

关于时俗的记载与论述，我们还可以在《愆礼》《过誉》篇中见到大量的实例，其中多为应劭对自己所处时代士大夫们"愆礼""过誉"行为风气的品评和批判。如"大将军掾敦煌宣度"条，应劭认为"今人乃为制杖，同之于父。论者既不匡纠，而云观过知仁，谓心之哀恻，终始一者也。凡今杖者，皆在权戚之门，至有家遭齐衰同生之痛，俯伏坟墓，而不归来，真不爱其亲而爱他人者也；无他也，庶福报耳。凡庸小生，夫何讥称；然宣度凉州名士，吾是以云耳"。② 此种违背常情、有悖礼仪的行为发生在东汉所谓的"名士"身上，可见世风日下、辨风正俗之急切。

由此可见，应劭的风俗观念更注重的是对下层民众风俗的认识，他使风俗的概念由抽象变得具体，这一点是班固风俗观念中所不具备的。而且，时俗也是应劭"风俗"纲目下的重要组成部分。以时俗为纲来构建整个"风俗"体系，这种安排和处理方式，应是应劭对风俗和政治关系的一种认知。因此，如果简单地认为应劭过分夸大了自然环境的作用，"在应劭看来，'风'就是自然环境，'俗'就是自然环境一手造就的不同民俗。与先他100多年的班固相比，他的'风俗观'要肤浅得多"，③ 可能需要再商榷。

（三）风俗的两种存在形式："本俗"与"正俗"

应劭"风俗"概念中最重要但却最易为人所忽视的一点是其提出的风俗存在的两种形式——"本俗"与"正俗"。④ "本俗"，简而言之，就是指风俗的本来面目。"本俗"概念的提出，不仅使风俗变得

---

① 《风俗通义·正失》，（汉）应劭撰，王利器校注《风俗通义校注》，第127页。
② 《风俗通义·愆礼》，（汉）应劭撰，王利器校注《风俗通义校注》，第141页。
③ 王大建：《两汉民俗区研究》，《山东大学学报》2004年第3期。
④ 王素珍：《〈风俗通义〉的风俗观研究——兼论〈风俗通义〉在中国民俗学史上的价值》，硕士学位论文，北京师范大学，2003，第21页。

具体化，易为人们所理解，而且也对汉代传统的"圣人施教说"做出了新的诠释，为应劭的"辩风正俗"观提供了阐释与拓展的空间。"正俗"则是应劭在提出"本俗"概念的同时所暗示的风俗的另一存在形式："圣人作而均齐之，咸归于正。"在此，应劭虽并未明确提出"正俗"这一名词，但从字里行间也可体会到，除"辩风正俗"中的动词性质外，"正俗"实则有着与"本俗"相对应的名词意味。对"本俗"的关注，对"圣人"于风俗的作用即"正俗"的重视，当为应劭"风俗"概念的两大主旨所在。应劭之所以探讨风俗，其目的正在于"辩风正俗"，在"王室大坏"之际，将"言语歌讴异声，鼓舞动作殊形，或直或邪，或善或淫"的"本俗"咸归于"正俗"。

应劭看到了上层统治者对风俗形成的影响。《祀典》篇指出，汉代祭祀鬼神之风盛行，乃是统治者倡导的结果。"自高祖受命，郊祀祈望，世有所增，武帝尤敬鬼神，于时盛矣。至平帝时，天地六宗已下，乃诸小神，凡千七百所。"① 统治者尚且如此，民间祀奉鬼神之风便可想而知。

《正失》篇则试图用典籍圣训等正统的"礼""礼制"来纠正或扭转民众的"俗传"、讹传以及谬论等。如"夔一足"不是夔仅有一足，而是有夔一人足以职掌音乐；"丁氏家穿井得一人"不是在井中得到一个人，而是因井的便利腾出了一个人手；"乌号弓"不是因小臣抱着黄帝之弓鸣号得名，"乌号弓者，柘桑之林，枝条畅茂，乌登其上，下垂着地，乌适飞去，从后拨杀，取以为弓，因名乌号耳"，② 是乌悲号而非人鸣号。又如世传燕太子丹仰天叹，而"天为雨粟，乌白头，马生角，厨中木象生肉足，井上株木跳度渡"。③ 王阳能铸黄金、宋均令虎渡江等都是一些不实虚妄之说，应劭对此一一进行了批驳辩正，认为都各有其具体成因。书中评王阳能铸黄金时就说："夫物之变化，固自有极，王阳何人，独能乎哉！"④ 应劭甚至还亲自前往泰山考察："予以空伪，承乏东岳，忝素六载，数

① 《风俗通义·祀典》，（汉）应劭撰，王利器校注《风俗通义校注》，第 350 页。
② 《风俗通义·正失》，（汉）应劭撰，王利器校注《风俗通义校注》，第 69 页。
③ 《风俗通义·正失》，（汉）应劭撰，王利器校注《风俗通义校注》，第 90 页。
④ 《风俗通义·正失》，（汉）应劭撰，王利器校注《风俗通义校注》，第 120 页。

聘祈祠，咨问长老贤通上泰山者云，谓玺处克石，文昧难知也，殊无有金篋玉牒探筹之事。《春秋》以为'传闻不如亲见'，亲见之人，斯为审矣。"① 在讨论《皇霸》篇中关于三皇五帝的种种说法时，应劭引用大量典籍和文献，欲借表述自己关于三皇五帝的观点实现正俗的目的。为此，应劭甚至发出"世之矫诬，岂一事哉"②"世之纪事者，不详察其本末，至书于竹帛，同之伯功，或误后生，岂不暗乎"③的感慨。

应劭关注更多的是当下或在当下社会影响较为深远的一些风俗。在东汉，察举和辟任是两条重要的入仕途径，凡由此入仕者多与举任自己的官员为门生故吏关系。当时崇尚忠义孝悌，为了沽名、做官或继续高升，不少人往往采用极左的方式追求时尚，如母养陌妇、兄事同窗、为举主守孝、向兄弟让财等，试图博得美誉，以求平步青云，前人的成功往往又受到后人的纷纷效仿，因此遂成一代愆礼世风。

《风俗通义》中的《愆礼》《过誉》篇就从政治角度对当时这些虚伪不实的世风进行抨击，揭露和批判了各种恶风邪俗，痛斥当事人是"坐养声价"，"无他也，庶福报耳"。④ 应劭例举并分析批判了向兄弟让财、为举主守孝等行事苟妄过头、不顾礼俗限度的东汉世风，认为这些都是为沽名钓誉而"饰虚矜伪，诳世耀名，辞细即巨，终为利动"⑤的虚伪行为，并明确提出"凡（兄弟）同居，上也；通有无，次也；让其下耳"。⑥

《过誉》则对因行为乖张、违背情理而招致众誉的行为进行察辨，从"愆礼"的反面抨击世风。《服妖》篇亦当属于这一类型。《汉书·五行志》载："风俗狂慢，变节易度，则为剽轻奇怪之服，故有服妖。"⑦ 桓帝元嘉中，京师妇人"作愁眉、啼妆、堕马髻、折腰步、龋齿笑"。《风俗通》对此解释说："愁眉者，细而曲折；啼妆者，薄

---

① 《风俗通义·正失》，（汉）应劭撰，王利器校注《风俗通义校注》，第 69 页。
② 《风俗通义·正失》，（汉）应劭撰，王利器校注《风俗通义校注》，第 86 页。
③ 《风俗通义·皇霸》，（汉）应劭撰，王利器校注《风俗通义校注》，第 19 页。
④ 《风俗通义·愆礼》，（汉）应劭撰，王利器撰《风俗通义校注》，第 155、141 页。
⑤ 《风俗通义·愆礼》，（汉）应劭撰，王利器撰《风俗通义校注》，第 157 页。
⑥ 《风俗通义·过誉》，（汉）应劭撰，王利器校注《风俗通义校注》，第 200 页。
⑦ 《汉书》卷二七《五行志》，第 1353 页。

拭目下若啼痕；堕马髻者，侧在一边；折腰步者，足不任体；龋齿笑者，若齿痛不忻忻。始自梁冀家所为，京师翕然皆放效之。天戒若曰：将收捕冀，妇女忧愁，蹴眉将啼也。"①

事实上，除了抨击当时恣礼、过誉之类的士大夫风气，应劭还对各时期的历史人物加以品评介说，以达到教化风俗的目的。如《十反》篇，应劭缘于"同归殊途，一致百虑，不期相反，各有云尚而已"，故比其舛曰"十反"。② 其中例举许多行为相反的事，并予以褒贬评判，进而阐述进退取舍的处事原则、道理。《穷通》篇辑录古今人物先否后喜、穷而复通的事例，以述人情世故和做人原则："非唯圣人，俾尔亶厚，夫有恒者，亦允臻矣。是故君子厄穷而不闷，劳辱而不苟，乐天知命，无怨尤焉。"③ 用儒家伦理观念讨论风俗的心理意识，对道德修养、人情世故、进退取舍等心理意识问题，主张把握"中平"的尺度。

《怪神》篇中"反诚据义，内省不疚者，物莫能动，祸转为福"④ 即说的是修养，该篇揭示了一些民间造神活动，"杯弓蛇影"的典故就出自本篇，主人公是应劭的祖父。另外，对景王祠、唐居山、会稽、鲍君、李君、石贤士等造神过程的揭示，都显然具有教化的用意。《怪神》篇还分析了民间流行的各种怪力乱神，认为其大都属于淫祀进而持否定态度。如"世间多有狗作变怪，扑杀之，以血涂门户然众（终）得咎殃"条，应劭释之曰："凡变怪皆妇女下贱，何者？小人愚而善畏，欲信其说，类复裨增；文人亦不证察，与俱悼慑、邪气承虚，故速咎证"。⑤ 又如"世间多有伐木血出以为怪者"，应劭则以为怪不足惧，祸福由己，但秉义理，怪无奈何，"物恶能害人乎"。⑥ 这些言论虽不及王充《论衡》的无神论那么彻底，却足以破虚妄、祛迷惑，在当时社会起到正人心、息邪说的作用。

---

① 《风俗通义·佚文·服妖》，（汉）应劭撰，王利器校注《风俗通义校注》，第567页。
② 《风俗通义·十反》，（汉）应劭撰，王利器校注《风俗通义校注》，第208页。
③ 《风俗通义·穷通》，（汉）应劭撰，王利器校注《风俗通义校注》，第314页。
④ 《风俗通义·怪神》，（汉）应劭撰，王利器校注《风俗通义校注》，第386页。
⑤ 《风俗通义·怪神》，（汉）应劭撰，王利器校注《风俗通义校注》，第418页。
⑥ 《风俗通义·怪神》，（汉）应劭撰，王利器校注《风俗通义校注》，第434页。

应劭还对当时社会上流行的许多恶习和观念进行了揭露和批判。如民间流传"不举并生三子"。"俗说：生子至于三，似六畜，言其妨父母，故不举之也。谨按：《春秋国语》：'越王句践，令民生二子者，与之饩；生三子者，与之乳母。'三子不能独养，故与乳母，所以人民繁息，卒灭强吴，雪会稽之耻，行霸于中国者也。古陆终氏娶于鬼方，谓之女嬇，是生六子，皆为诸侯。今人多生三子，子悉成长，父母完安，岂有天所孕育而害其父母兄弟者哉？"① 这里，应劭既引用历史又利用现实生活中的实例，证明生三子妨害父母的说法纯属无稽之谈。

在"辩风正俗""以礼正俗"的名号下，风俗成为社会民众关注的焦点。应劭集中对当世俗说、传言予以"辩正"，以"正"其"失"。"失"是指"传言失指，图景失形"，"正"是指"纠其谬"。② 应劭的主旨在于纠正各种传说之失正，去其谬而正其本。从《风俗通义》各篇内容来看，应劭是以风俗为主要论述对象，其间涉及的多为"众所共传"的"俗语行说"，而"辩风正俗"也在很大程度上是指"追本溯源""备其本末"，努力追求风俗事象的本来面目。然而，若细察作者对诸多俗说、愆礼、过誉风俗的论述和考辨，便会发现其背后隐匿着浓厚的现实功利目的和潜在的正统政治色彩。全书试图以儒家正统礼制来匡正、齐整风俗，使上下之心"咸归于正"。也正是看到了这一点，有学者认为应劭"所诋正的并不是真正的'失'，而是他所认为'传言失旨'的表现"。③

总之，在应劭的理解中，风俗更大程度上是指民间浅俗，它既不同于被奉为经典的谶纬之说，也不同于传统的经史子集。应劭认为，风俗"虽云浮浅，然贤愚所共咨论"，④ 是自己窥探现实社会，进而寻求解决现实危机以"匡正时俗"的一个特殊的窗口。这里，应劭试图借风俗来佐治国家、教化人心，在乱世中"辩风正俗"，挽救社会

---

① 《风俗通义·佚文·释忌》，（汉）应劭撰，王利器校注《风俗通义校注》，第560~561页。
② 《风俗通义·正失》，（汉）应劭撰，王利器校注《风俗通义校注》，第59页。
③ 张紫晨：《中国民俗学史》，第177页。
④ 《风俗通义·序》，（汉）应劭撰，王利器校注《风俗通义校注》，第16页。

危机。通过对风俗这种浅显、平易事象的具体论述，应劭表达了自己将治国平天下的政治文化追求寄寓于民众日常生活中如影随形的"风俗"之中的理想，从中可以看出应劭浓厚的现实政治倾向、厚重的历史感、敏锐的现实洞察力以及强烈的社会责任感，也可窥见"风俗"这一浅俗话题背后的凝重与沉重。①

《风俗通义》是应劭针对当时社会现实，进行"辩物类名号，释时俗嫌疑""辩风正俗"的产物。通过撰写《风俗通义》，应劭表述了自己对风俗的认识。他将匡正各种俗说流语、臧否人物、评议时政、褒贬人伦等均归入风俗的范围，使风俗内涵进一步具体化。而且，应劭试图以风俗这一形式来传达自己匡世济民的现实政治理想。

王利器评论说，应劭的《风俗通义》，"《隋书·经籍志》入之杂家，前人评论，大都讥其不纯，侪之俗儒；后进循声，莫能原察。闲尝繙帉其书，知其立言之宗旨，取在辩风正俗，观微察隐，于时流风轨，乡贤行谊，皆著为月旦，树之风声，于隐恶扬善之中，寓责备求全之义；故其考文议礼，率左右采获，期于至当，而不暖姝于一先生之言，至于人伦臧否之际，所以厚民风而正国俗者，尤兢兢焉。《周礼·合方氏职》云：'除其怨恶，同其好善'。郑玄注云：'所好所善，谓风俗所高尚。'其应氏之谓乎！"②

可以说，这一评价是比较适当的，因为以风俗为主题，辩风正俗、匡正习俗、以俗化众不仅在当时社会是必要的，而且应劭的这种风俗观也是对传统政教风俗观的一种延续与扩充，它使中国传统风俗观念的内涵更为具体，从而更易于被人们理解和把握。另外，应劭的风俗观念之所以具有进步意义且在中国古代风俗学史上有着不可忽略的地位，关键还在于他在论述风俗的过程中透露出的"匡正时俗"、重塑国民习性的责任感与使命感，并明确提出"辩风正俗，为政之要，最其上"的主张。其实，时至今日，有关风俗与政治之间的密切关系及其现实意义等也仍是我们所应密切关注、认真对待的话题，也

---

① 王素珍：《〈风俗通义〉的风俗观研究——兼论〈风俗通义〉在中国民俗学史上的价值》，第 31 页。
② （汉）应劭撰，王利器校注《风俗通义校注》，"叙例"，第 1 页。

是从事风俗研究的学者需要深入研究的重要课题。

要言之，身处东汉末礼不成礼、俗不成俗的动荡社会之中，面对风俗日益败坏的统治局面，应劭在《风俗通义》中对风俗和政治的关系做了一些新的思考。其一，应劭首次提出以"为政之要，辩风正俗，最其上"为宗旨的风俗观念，极大地提升了人们对风俗在政治生活中的重要地位的认知。其二，应劭更为注重对下层民众风俗和时俗的认知，使风俗的概念由抽象而更加具体化，更加切近现实政治，也更易为人们所理解。其三，应劭提出了风俗存在的两种形式——"本俗"与"正俗"，进一步丰富了两汉风俗观念的政治文化内涵，也为其"辩风正俗"提供了阐释与拓展的空间。

四 曹操对汉末风俗的整顿

东汉末年，社会风气十分腐朽。面对这种局面，曹操在自己的政治生涯中不断通过各种手段对社会风俗进行整饬和引导，收到了一定的成效，也反映出其风俗观念。

（一）禁断陋俗，一之于法

汉末淫祀盛行。所谓"淫祀"，就是指祭祀许多不在国家祀典规定范围内的神灵。《礼记·曲礼下》曰"非其所祭而祭之，名曰淫祀"，并认为"淫祀无福"。[1] 可是，当时全国各地庙祠林立，如城阳景王祠在齐地就相当普遍。曾在此地担任营陵令、泰山郡守的应劭，在其所著《风俗通义·怪神》中特设"城阳景王祠"条，记载了这一风俗："自琅琊、青州六郡，及渤海都邑乡亭聚落，皆为立祠，造饰五二千石车，商人次第为之，立服带绶，备置官属，烹杀讴歌，纷籍连日，转相诳曜，言有神明，其谴问祸福立应，历载弥久，莫之匡纠。"[2] 而其中"济南尤盛，至六百余祠。贾人或假二千石舆服导从

---

① 《礼记·曲礼下》，《礼记正义》，（清）阮元校刻《十三经注疏（附校勘记）》，第1268页。

② 《风俗通义·怪神》，（汉）应劭撰，王利器校注《风俗通义校注》，第394页。

作倡乐，奢侈日甚，民坐贫穷”，面对这种社会风气，"历世长吏无敢禁绝者"。曹操任济南相，看到境内到处都是城阳景王祠，致使风俗败坏，便果断采取措施，下令"皆毁坏祠屋，止绝官吏民不得祠祀"，"遂除奸邪鬼神之事，世之淫祀由此遂绝"，"奸宄遁逃，窜入他郡"。①

复私仇风气盛行也是个严重的社会问题，影响社会安定。大者如公孙度官报私仇，为辽东太守时，一上任就把轻视自己的襄平令公孙昭杀掉，同时把郡中名豪大姓田韶等"宿遇无恩"者，"皆以法诛，所夷灭百余家"。② 小者如夏侯惇，"年十四，就师学，人有辱其师者，惇杀之"。③ 典韦"有志节任侠"，襄邑刘氏与睢阳李永为仇，"韦为报之"，怀匕首入李家杀永及其妻，徐出步去，一市尽骇。④ 韩暨，同县豪右陈茂诬其父兄，暨"阴结死士"，杀茂，"以首祭父墓"。⑤ 再如，河北地接近少数民族地区，加之袁氏统治十数年，政令不通，礼教不行，人少谦让之礼，复仇风气盛行。曹操对此风深恶痛绝，下令"民不得复私仇"⑥。

社会风气的败坏更表现在厚葬和奢靡上。一些豪强士大夫为了被察举孝廉，矫情造作，沽名钓誉，在父母死后竞相厚葬，各种淫奢靡费现象层出不穷。针对此种状况，曹操下令"禁厚葬"，要求"一之于法"。⑦

另外，还有其他一些恶风陋俗的存在。如并州地区一直流行"寒食"风俗。据说此一风俗是为纪念介子推，寒食期间，当地人不举火，吃冷食，这对身体极为不好。为改变这种不良习俗，曹操占领并州后颁布《明罚令》，指出："闻太原、上党、西河、雁门，冬至后百五日皆绝火寒食，云为介子推。子胥沉江，吴人未有绝水之事，至于子推独为寒食，岂不偏乎？且北方沍寒之地，老少羸弱，将有不堪之

① 《三国志》卷一《魏书·武帝纪》注引《魏书》，第4页。
② 《三国志》卷八《魏书·公孙度传》，第252页。
③ 《三国志》卷九《魏书·夏侯惇传》，第267页。
④ 《三国志》卷一八《魏书·典韦传》，第543～544页。
⑤ 《三国志》卷二四《魏书·韩暨传》，第677页。
⑥ 《三国志》卷一《魏书·武帝纪》，第27页。
⑦ 《三国志》卷一《魏书·武帝纪》，第27页。

患。令到，人不得寒食。若犯者，家长半岁刑，主吏百日刑，令、长夺一月俸。"① 这里，曹操在颁布法令要求强制执行的同时，还以史为鉴，通过教育的方式，力求真正达到移风易俗的目的。

曹操对汉末社会腐朽风气的整饬，还表现在对豪强势力的坚决打击上。在他看来，腐朽社会风气的形成，其根源正在于豪强大族的不法妄为。任洛阳北部尉时，曹操一到任就"缮治四门。造五色棒，县（悬）门左右各十余枚，有犯禁者，不避豪强，皆棒杀之"。汉灵帝所宠幸的小黄门蹇硕的叔父违禁夜行，曹操当即将其处死，结果"京师敛迹，莫敢犯者"。② 拜议郎后，曹操又上书灵帝，为被宦官枉杀的窦武等大臣理冤，指出："正直而见陷害，奸邪盈朝，善人雍塞。"随后，面对"三公倾邪，皆希世见用，货赂并行，强者为怨，不见举奏，弱者守道，多被陷毁"的局面，曹操再次上书，痛陈"三公所举奏专回避贵戚之意"。③

在统一北方的过程中，曹操每占领一地，就立即采取措施打击豪强，扭转社会风气。占领冀州后，他颁布《抑兼并令》，指出："有国有家者，不患寡而患不均，不患贫而患不安。袁氏之治也，使豪强擅恣，亲戚兼并；下民贫弱，代出租赋，衒鬻家财，不足应命；审配宗族，至乃藏匿罪人，为逋逃主；欲望百姓亲附，甲兵强盛，岂可得邪！其收田租亩四升，户出绢二匹、绵二斤而已，他不得擅兴发。郡国守相明检察之，无令强民有所隐藏，而弱民兼赋也。"④ 希望通过抑制兼并来达到减轻不和、不均、不安等社会现象的目的。

冀州地区原是袁绍的势力范围，长期存在结党营私、操纵舆论、排斥异己、颠倒黑白等恶劣的社会风气。建安十年（205 年）曹操平定冀州后，又发布《整齐风俗令》，指出："阿党比周，先圣所疾也。闻冀州俗，父子异部，更相毁誉。昔直不疑无兄，世人谓之盗嫂；第五伯鱼三娶孤女，谓之挝妇翁；王凤擅权，谷永比之申伯；王商忠

---

① 安徽亳县《曹操集》译注小组译注《曹操集译注》，中华书局，1979，第 97 页。
② 《三国志》卷一《魏书·武帝传》注引《曹瞒传》，第 3 页。
③ 《三国志》卷一《魏书·武帝纪》注引《魏书》，第 3 页。
④ 《三国志》卷一《魏书·武帝纪》注引《魏书》，第 26 页。

议，张匡谓之左道：此皆以白为黑，欺天罔君者也。吾欲整齐风俗，四者不除，吾以为羞。"① 下定决心要整顿当地的伤风败俗。

综上所述，曹操面对各种恶风陋俗，采取"一之于法"的方针，进行坚决的禁断和制止。《三国志》注引《曹瞒传》载：曹操"常出军，行经麦中，令'士卒无败麦，犯者死'。骑士皆下马，付麦以相持，于是太祖马腾入麦中，敕主簿议罪；主簿对以《春秋》之义，罚不加于尊，太祖曰：'制法而自犯之，何以帅下？然孤为军帅，不可自杀，请自刑。'因援剑割发以置地。"② 从"割发代首"的典故，可见曹操执法之严格。

建安十五年（210 年），曹操在《让县自明本志令》中回忆自己的艰难历程时也说："孤始举孝廉，年少，……欲为一郡守，好作政教以建立名誉，使世士明知之；故在济南，始除残去秽，平心选举。"③ 可见，"好作政教以建立名誉"是曹操青年时代所立下的治国宏愿。他在济南相任上"禁断淫祀"，上书奏免"阿附贵戚，赃污狼藉"的官吏，最终使"政教大行，一郡清平"。④ 王夫之说曹操"心知摧折者之固为乱政，而标榜者之亦非善俗也，于是进崔琰、毛玠、陈群、钟繇之徒，任法课能，矫之以趋于刑名，而汉末之风暂息者数十年"，⑤ 这一评价还是比较妥当的。

（二）倡导良俗，以身作则

为倡导良俗，曹操以身作则，作民表率。他"雅性节俭，不好华丽"，⑥ 认为奢侈是最大的罪恶，与节俭势同水火，甚至危害到国家的政治统治。其诗《度关山》说："舜漆食器，畔者十国，不及唐尧，采椽不斫。世叹伯夷，欲以厉俗。侈恶之大，俭为恭德。"⑦ 可见他对

---

① 《三国志》卷一《魏书·武帝纪》，第 27 页。
② 《三国志》卷一《魏书·武帝纪》注引《曹瞒传》，第 55 页。
③ 《三国志》卷一《魏书·武帝纪》注引《魏武故事》，第 32 页。
④ 《三国志》卷一《魏书·武帝纪》及注引《魏书》，第 3～4 页。
⑤ 《读通鉴论》卷一〇《三国》，（清）王夫之：《读通鉴论》，第 274 页。
⑥ 《三国志》卷一《魏书·武帝纪》注引《魏书》，第 54 页。
⑦ 《乐府诗集》卷二七《度关山》，（宋）郭茂倩辑《乐府诗集》，上海古籍出版社影印本，1993，第 247 页。

节俭的要求十分严格，试图通过倡导节俭来"厉俗"。

曹操终生坚持节俭原则，丝毫不懈。史载"汉末王公，多委王服，以幅巾为雅，是以袁绍、（崔豹）〔崔钧〕之徒，虽为将帅，皆著缣巾"，而曹操"以天下凶荒，资财乏匮，拟古皮弁，裁缣帛以为帢，合于简易随时之义，以色别其贵贱"。[①] 曹操从不贪图享受，"后宫衣不锦绣，侍御履不二采，惟帐屏风，坏则补纳，茵蓐取温，无有缘饰"，"四方献御，与群下共之"，"攻城拔邑，得美丽之物，则悉以赐有功"。[②] 更难能可贵的是，他还在诏令中说道："吾衣皆十岁也，岁岁解浣补纳之耳。"[③]

对自己的后事，曹操"预自制终亡衣服，四箧而已"，[④] 并分别注明春夏秋冬，嘱咐后人："有不讳，随时以敛，金珥珠玉铜铁之物，一不得送。"[⑤] 他生前十分崇尚古人死后"必居瘠薄之地"，因而"规西门豹祠西原上为寿陵"，叫后人"因高为基，不封不树"。[⑥] 临终前他又留下遗令再次叮嘱后人："吾死之后，持大服如存时，勿遗。……敛以时服，……无藏金玉珍宝。"[⑦] 可见曹操对节俭躬自实行，十分彻底。

对于家人，曹操也严格要求。他曾发《内诫令》，告诫家人要节俭。"孤不好鲜饰严具，用新皮苇笥，以黄苇缘中。遇乱世无苇笥，乃更作方竹严具，以皂韦衣之，粗布里，此孤平常之用者也。内中妇曾置严具，于时为之推坏。今方竹严具缘漆甚华好。"[⑧] 曹操曾得到一批各式丝鞋，当他把其中一部分给家人穿时，与他们相约："吏民多制文绣之服，履丝不得过降紫金黄丝织履。前于江陵得杂彩丝履，以

<hr />

① 《三国志》卷一《魏书·武帝纪》注引《傅子》，第 54 页。
② 《三国志》卷一《魏书·武帝纪》注引《魏书》，第 54 页。
③ 《太平御览》卷八一九《布帛部六·纳》，（宋）李昉等撰《太平御览》，中华书局 1960 年影印本，第 3644 页。
④ 《三国志·魏书·武帝纪》注引《魏书》，第 54 页。
⑤ 《通典·礼三九》，（唐）杜佑撰《通典》，第 2141 页。
⑥ 《三国志》卷一《魏书·武帝纪》，第 51 页。
⑦ 《全三国文》卷三魏武帝《遗令》，（清）严可均校辑《全上古三代秦汉三国六朝文》，第 1068 页。
⑧ 《太平御览》卷七一七《服用部一九·严器》，（宋）李昉等撰《太平御览》，第 3180 页。

与家，约当着尽此履，不得效作也。"① 他甚至把家里人烧香也看成是
奢侈行为而加以禁止，说："昔天下初定，吾便禁家内不得香熏……
今复禁不得烧香，其以香藏衣着身亦不得。"② 对于儿女婚嫁大事，他
更是力主从简操办，史载其"愍嫁娶之奢僭，公女适人，皆以皂帐，
从婢不过十人"。③ 曹操原本很喜欢曹植，认为其"最可定大事"，但
曹植违反他的禁令，私自开司马门驱车直到金门。自此以后，曹操就
"异目视此儿矣"。④ 当曹植之妻因穿绣花衣服而违反家令时，曹操更
是以"违制命"之名将其"还家赐死"。⑤

在曹操的大力倡导和模范带动下，治区内的社会风气大为改观，
官吏皆"布衣蔬食"，上下形成一股俭朴节约的好风尚。他的嫡妻卞
氏"性约俭，不尚华丽，无文绣珠玉，器皆黑漆"，"诸金银器物皆去
之"，"每见外亲，不假以颜色，常言'居处当务节俭，不当望赏赐，
念自佚也'"。⑥ 大将夏侯惇"性清俭，有余财辄以分施，不足资之于
官，不治产业"。⑦ 曹丕也崇尚节俭，他赞扬汉文帝"慈孝，宽仁弘
厚，躬修玄默，以俭率下，奉生送终，事从约省，美声塞于宇宙，仁
风畅于四海"。⑧ 黄初三年（222年），曹丕在颁布的《毁高陵祭殿
诏》中称赞其父的节俭美德："先帝躬履节俭，遗诏省约。子以述
父为孝，臣以继事为忠。古不墓祭，皆设于庙。高陵上殿屋皆毁
坏，车马还厩，衣服藏府，以从先帝俭德之志。"⑨ 曹植赞扬曹操
"敦俭尚古，不玩珠玉，以身先下，民以纯朴"，⑩ 其母"珠玉不玩"，

---

① 《太平御览》卷六九七《服章部一四·履》，（宋）李昉等撰《太平御览》，第
　3110 页。
② 《太平御览》卷九八一《香部一·香》，（宋）李昉等撰《太平御览》，第 4344 页。
③ 《三国志》卷一《魏书·武帝纪》注引《傅子》，第 54 页。
④ 《三国志》卷一九《魏书·曹植传》注引《魏武故事》，第 558 页。
⑤ 《三国志》卷一二《魏书·崔琰传》注引《世语》，第 369 页。
⑥ 《三国志》卷五《魏书·后妃传》注引《魏书》，第 157 页。
⑦ 《三国志》卷九《魏书·夏侯惇传》，第 268 页。
⑧ 《全三国文》卷八魏文帝《论太宗》，（清）严可均校辑《全上古三代秦汉三国六
　朝文》，第 1098 页。
⑨ 《全三国文》卷五魏文帝《毁高陵祭殿诏》，（清）严可均校辑《全上古三代秦汉
　三国六朝文》，第 1078 页。
⑩ 《全三国文》卷一九陈王植《武帝诔》，（清）严可均校辑《全上古三代秦汉三国
　六朝文》，第 1155 页。

"去奢即俭"，① 曹丕"导下以纯"，"合山同陵，不树不疆，涂车刍灵，珠玉靡藏"。② 另外，曹植自己也"性简易，不治威仪。舆马服饰，不尚华丽"。③

（三）治平尚德行，有事赏功能

曹操"尚刑名"，在初登仕途之时不避豪强，有犯禁者，一律棒杀，充分表现了其法治观念。他提出"拨乱之政，以刑为先"，④ 并将其看作匡治时弊的良方。但是，曹操的这一主张是针对治理乱世提出的。他也提出"治定之化，以礼为首"⑤ 的主张，认为国家安定时的教化应当将礼放在首位，即使在乱世，礼乐教化也是整顿风俗的重要手段。

为此，曹操对历史上那些"积德垂仁"之人极力推崇，大力倡导"仁义礼乐"。他说："仁义为名，礼乐为荣。"⑥ 他颁布《礼让令》说，"里谚曰：'让礼一寸，得礼一尺。'斯合经之要矣"，提倡人人都要讲礼让，"辞爵逃禄，不以利累名，不以位亏德之谓让"，不要因争夺名禄而伤害自己的名声，为追求显爵而损害自己的品德。⑦

东汉末年，社会秩序十分混乱，教育受到严重破坏，庠序不兴，太学不存，甚至汉制举士途径也难以为继。汉桓帝永康元年（167年）最后一次"诏公、卿、校尉举贤良方正"⑧ 后，整个灵、献时期，不再有诏举之事。丞相东曹掾何夔说："自军兴以来，制度草创，用人未详其本，是以各引其类，时忘道德。"⑨ 儒家维护统治秩序和人

---

① 《全三国文》卷一九陈王植《卞太后诔》，（清）严可均校辑《全上古三代秦汉三国六朝文》，第1157页。
② 《全三国文》卷一九陈王植《文帝诔》，（清）严可均校辑《全上古三代秦汉三国六朝文》，第1156～1157页。
③ 《三国志》卷一九《魏书·曹植传》，第557页。
④ 《三国志》卷二四《魏书·高柔传》，第683～684页。
⑤ 《三国志》卷二四《魏书·高柔传》，第683页。
⑥ 《乐府诗集》卷三六《秋胡行》，（宋）郭茂倩辑《乐府诗集》，第325页。
⑦ 《太平御览》卷四二四《人事部六五·让下》，（宋）李昉等撰《太平御览》，第1957页。
⑧ 《后汉书》卷七《桓帝纪》，第319页。
⑨ 《三国志》卷一二《魏书·何夔传》，第381页。

际关系的伦理纲常荡然无存，社会风气极其败坏。曹操对这种"不见仁义礼让之风"的腐朽现实非常伤感，下令："丧乱已来，十有五年，后生者不见仁义礼让之风，吾甚伤之。其令郡国各修文学，县满五百户置校官，选其乡之俊造而教学之，庶几先王之道不废，而有以益于天下。"① 他想通过办学提高民众文化水平，从而使"先王之道不废"，以达到改变腐朽社会风气的目的。

在《度关山》中，曹操描述了自己的政治理想，表示要"黜陟幽明"，使"黎庶繁息"，实现"於铄贤圣，总统邦域。封建五爵，井田刑狱"的政治局面。要让世人都像许由那样推让，不必为辨曲直而打官司，使大家"兼爱尚同，疏者为戚"。② 可见，曹操主张恢复被破坏了的儒家统治秩序和伦理道德，所要努力实现的正是儒家所提倡的"礼治"理想。

在《对酒》中，曹操更是描述了一幅太平盛世的理想图景：

> 对酒歌，太平时，吏不呼门。王者贤且明，宰相股肱皆忠良。咸体（礼）让，民无所争讼。三年耕有九年储，仓谷满盈。班白不负戴。雨泽如此，百谷用成。却走马以粪其上（土）田。爵公侯伯子男，咸爱其民，以黜陟幽明。子养有若父与兄。犯礼法，轻重随其刑。路无拾遗之私。图圄空虚，冬节不断人，耄耋皆得以寿终。恩德广及草木昆虫。③

曹操要实现"吏不呼门"，减少对普通民众的压迫，完全符合儒家的"仁政"思想；要求"王者贤且明，宰相股肱皆忠良"，正是儒家所强调的"圣主良臣"政治；主张人们"咸礼让，民无所争讼"，则是儒家所倡导的和谐人际关系；倡导"爵公侯伯子男，咸爱其民"，则是试图维护儒家规定的等级秩序；希望"耄耋皆得以寿终"，也是儒家所强调的孝悌行为。而且，"吏不呼门""咸爱其民"事实上同孔子所讲的"爱人"和孟子所宣扬的"仁政"一脉相承。当然，曹

---

① 《三国志》卷一《魏书·武帝纪》，第 24 页。
② 《乐府诗集》卷二七《度关山》，（宋）郭茂倩辑《乐府诗集》，第 247 页。
③ 《乐府诗集》卷二七《对酒》，（宋）郭茂倩辑《乐府诗集》，第 253～254 页。

操诗歌中所表达的这种理想图景在当时不可能实现，但从中透露出其企望风俗美善秩序的实现。

建安十五年（210 年）、十九年、二十年，曹操接连三次颁布求贤令，提出"唯才是举，吾得而用之"①的用人原则，似乎对儒学并不重视。但是，这一原则的提出其实是有其特定的社会背景的。一方面，曹操当时急需人才来为自己拼打江山，正如其所言："今天下尚未定，此特求贤之急时也。"②另一方面，东汉选举人才的察举制已随着吏治的腐败而流于形式，许多人为了以"孝廉"升官而不惜追求虚名、粉饰行为，更有花钱购买者，以致造成"举秀才，不知书；察孝廉，父别居"③的局面。显然，这样的选举制度使大量真正有才能的人被埋没。曹操正是看到了察举制度埋没人才的弊端，才先后多次下达"求贤令"，认为"有行之士未必能进取，进取之士未必能有行"，④针锋相对地提出"取士勿废偏短""举贤勿拘品行"等主张，强调不要因为一个人"负污辱之名""见笑之行"就舍弃不用，⑤这就打破了用人中将品行和才能完全对立的陈腐条框。

无疑，曹操用人重才能要胜过重德行。但即使如此，曹操仍希望所用的人才符合"忠义"，凡恪守者往往会受到极力赞扬并得到重用。如他表扬田畴"文雅优备，忠武又著，和于抚下，慎于事上，量时度理，进退合义"，并说他"节义可嘉，诚应宠赏"；⑥盛赞刘琼"心高志洁……轻荣重义，薄利厚德，蔑万里之业，忽三军之众，笃中正之体，敦令名之誉"，表其为"谏议大夫，参同军事"；⑦称赞王修"澡身浴德，流声本州，忠能成绩，为世美谈，名实相副，过人甚远"。⑧这些言论足以表明曹操把儒家所倡导的"忠义"德行作为其用人的一个重要政治标准。

---

① 《三国志》卷一《魏书·武帝纪》，第 32 页。
② 《三国志》卷一《魏书·武帝纪》，第 32 页。
③ 《抱朴子·审举》，杨明照撰《抱朴子外篇校笺》，中华书局，1991，第 393 页。
④ 《三国志》卷一《魏书·武帝纪》，第 44 页。
⑤ 《三国志》卷一《魏书·武帝纪》注引《魏书》，第 49 页。
⑥ 《三国志》卷一一《魏书·田畴传》注引《先贤行状》，第 343 页。
⑦ 《三国志》卷八《魏书·刘表传》注引《魏武故事》，第 215 页。
⑧ 《三国志》卷一一《魏书·王修传》注引《魏略》，第 347～348 页。

对于曾多次讥讽和反对自己的孔融，曹操也是采用儒家标准来剪除他的，下令宣示其不孝罪名，认为他"违天反道，败伦乱理"，企图借此理由以服众。关于此事，史书有载：

> （建安）十三年，（孔）融对孙权使，有讪谤之言，坐弃市……融有高名清才，世多哀之。太祖惧远近之议也，乃令曰："太中大夫孔融既伏其罪矣，然世人多采其虚名，少于核实，见融浮艳，好作变异，眩其诳诈，不复察其乱俗也。此州人说平原祢衡受传融论，以为父母与人无亲，譬若瓴器，寄盛其中，又言若遭饥馑，而父不肖，宁赡活余人。融违天反道，败伦乱理，虽肆市朝，犹恨其晚。更以此事列上，宣示诸军将校掾属，皆使闻见。"①

另外，曹操还根据孔融与祢衡的交往情况，罗织了两条罪名：

> 前与白衣祢衡跌荡放言，云"父之于子，当有何亲？论其本意，实为情欲发耳。子之于母，亦复奚为？譬如寄物瓴中，出则离矣"。既而与衡更相赞扬。衡谓融曰："仲尼不死。"融答曰："颜回复生。"大逆不道，宜极重诛。②

一是孔融关于父母与子女之间关系的说教荒谬不道，有悖纲常伦理；一是孔、祢二人以"仲尼不死"与"颜回复生"之语互相吹捧，践踏圣人，蔑视儒教。

由此可见，曹操在其统治中实际上是以他自己提出的"治平尚德行，有事赏功能"③作为用人标准。而且，"赏功能"仅是在"有事"时才用之，在定天下后的"治平"之时，则要"尚德行"。因此，他对毛玠"所举用，皆清正之士，虽于时有盛名而行不由本者，终莫得进"的做法深表赞赏，叹曰："用人如此，使天下人自治，吾复何

---

① 《三国志》卷一二《魏书·崔琰传》注引《魏氏春秋》，第372～373页。
② 《后汉书》卷七〇《孔融列传》，第2278页。
③ 《三国志》卷一《魏书·武帝纪》注引《魏书》，第24页。

为哉！"①

赵翼在《廿二史札记》"三国之主用人各不同"条中说："盖操当初起时，方欲借众力以成事，故以此奔走天下，杨阜所谓曹公能用度外之人也。及其削平群雄，势位已定，则孔融、许攸、娄圭等，皆以嫌忌杀之，荀彧素为操谋主，亦以其阻九锡而胁之死。甚至杨修素为操所赏拔者，以厚于陈思王而杀之，崔琰素为操所依信者，亦以疑似之言杀之。然后知其雄猜之性，久而自露，而从前之度外用人，特出于矫伪，以济一时之用，所谓以权术相驭也。"② 这一说法虽不免有些极端，但是在一定程度上正说明曹操事实上一直坚持"治平尚德行，有事赏功能"的用人标准，认为只有这样才能美化风俗，巩固统治。

总之，曹操崇尚仁义礼让，主张以先王之道办教育，以儒家学说勾画理想蓝图，他不拘一格用人的思想，就包含着将德才兼备的贤人君子作为人才的最高标准，所以才发出"今天下得无有至德之人放在民间"③ 的慨叹。至于陈寿认为曹操"揽申、商之法术，该韩、白之奇策"，④ 傅玄曰"魏武好法术，而天下重刑名"，⑤ 刘勰说"魏之初霸，术兼名法"，⑥ "诸论都是在不谈主体思想的前提下，特意突出其有别于众的思想和主张。这个主体的东西就是曹操自己所说的'先王之道'，就是儒家思想"，⑦ 曹操将不拘一格用人与以儒家思想为教有机地结合起来。就培养人才来说，他主张造就通诗书、懂礼仪、讲道德、晓礼让及习知射御术数的全面人才，即"百官群司，军国通任，随时之宜，以应政机"；⑧ 就用人来说，则注意实际才干。正由于此，

① 《三国志》卷一二《魏书·毛玠传》，第375页。
② 卷七"三国之主用人各不同"条，（清）赵翼著，王树民校证《廿二史札记校证（订补本）》，第141页。
③ 《三国志》卷一《魏书·武帝纪》注引《魏书》，第49页。
④ 《三国志》卷一《魏书·武帝纪》，第55页。
⑤ 《晋书》卷四七《傅玄传》，中华书局，1974，第1317页。
⑥ 《文心雕龙·论说》，黄叔琳注、李详补注、杨明照校注拾遗《增订文心雕龙校注》，第246页。
⑦ 张作耀：《曹操评传》，南京大学出版社，2001，第17页。
⑧ 《三国志》卷二一《魏书·傅嘏传》，第623页。

曹操在《举贤勿拘品行令》中把"今天下得无有至德之人放在民间"作为第一种,然后述及"高才异质"者,最后才讲到虽有缺点却有"治国用兵之术"者。①

顾炎武论两汉风俗,将汉末风俗败坏归咎于曹操。他说:"孟德既有冀州,崇奖跅弛之士。观其下令再三,至于求负污辱之名、见笑之行、不仁不孝而有治国用兵之术者,于是权诈迭进,奸逆萌生。故董昭太和之疏,已谓当今年少不复以学问为本,专更以交游为业;国士不以孝悌清修为首,乃以趋势求利为先……夫以经术之治,节义之防,光武、明、章数世为之而未足;毁方败常之俗,孟德一人变之而有余。"② 这种看法,无疑有些过激。其实,汉末世风民俗的败坏,源于社会政治的剧烈动荡,源于儒家文化统治的坍塌,源于各种思想文化观念的相互碰撞和激荡。曹操不仅不应承担这一责任,反倒一直在做着整饬风俗的努力。唐太宗就称赞曹操"以雄武之姿,当艰难之运,栋梁之任,同乎曩时,匡正之功,异于往代"。③ 并且,曹操美化风俗的观念还影响到其后的帝王,曹丕以"崇恩化以美风俗"④ 作为君主治政的主旨之一就很好地说明了这一点。

---

① 《三国志》卷一《魏书·武帝纪》注引《魏书》,第49页。

② 《日知录》卷一三《两汉风俗》,(清)顾炎武著,(清)黄汝成集释《日知录集释(外七种)》,第1010~1011页。

③ 《祭魏太祖文》太宗皇帝卷一〇,(清)董诰等编《全唐文》,中华书局影印本,1983,第131页。

④ 《三国志》卷二《魏书·文帝纪》注引《献帝传》,第75页。

第三章
"齐整风俗"：汉王朝
对社会文化的软控制

风俗不仅是两汉思想界，而且也是两汉政界经常论及的一个话题。相对法律、政令等强制性控制形式，风俗对社会的整合是潜移默化的，是一种软控制，对社会统治有着重要的影响。因此，历代统治者往往都对风俗有着特别的关注。两汉政治文明是中国传统政治文化中的重要阶段，在中国历史上具有典型意义。当时的统治者已经形成了比较成熟的行政理念，即在儒家思想的指导下保持政府对社会的有效控制和维护国家的安定统一。

而汉儒最重视的是文化上的一统。宣帝时王吉上疏云："《春秋》所以大一统者，六合同风，九州共贯也。"① 自董仲舒以来，所谓"大一统"基本都是指文化统一，与政治统一虽有关系却实不相同。要想实现文化统一，就需移风易俗。不过，移风易俗却不能诉诸政治强力，只有通过长时期的教化才可能取得一定的成效。②

由于认识到风俗对社会的控制具有极大的坚韧性和持久性，两汉统治者往往主动地去关注和讨论风俗，而齐整风俗、美化社会风气更成为其实践行政理念的重要手段。汉王朝试图通过对风俗的认识讨论和政治教化来加强对社会文化的软控制。在议论时政时，对风俗的探

---

① 《汉书》卷七二《王吉传》，第3063页。
② 余英时：《汉代循吏与文化传播》，氏著《士与中国文化》，第121页。

讨、批评和引导成为其重要内容。面对奢风陋俗，他们通过宣扬孝道、提倡薄葬等来加强对风俗的引导，希望借此美化当时的社会风气。在日常行政中，两汉统治者则主要通过风俗使的观风纳谣和循吏的政治教化来实现对风俗的齐整和美化，以求化民成俗。

第一节　汉人议政，风俗为重

有学者认为"汉人论政，首重风俗"，[①] 虽不免有些夸大，但两汉政府官员议论朝政时对风俗问题的关注，则是不争的事实。钱穆在《国史大纲》中就曾指出，"汉儒论政，有两要点"，其中之一就是"礼乐和教化论……认为政治最大责任，在兴礼乐，讲教化；而礼乐和教化的重要意义，在使民间均遵循一种有秩序、有意义的生活"。[②] 两汉统治者在日常议政中对风俗进行探讨、批评和引导，风俗文化成为当时政论中的重要内容。有学者甚至说，这些风俗论"乃是汉代政治思想及行为的核心部分，也是社会生活的形塑者，不了解这套讲法，即不能了解这段历史，不能了解那个社会的基本理则"。[③]

一　风行俗成，万世之基定

两汉政府官员十分重视风俗的社会作用。在他们看来，风俗与整个国家的治乱兴衰息息相关。贾山说："风行俗成，万世之基定。"[④]淮南王刘安注意到，"若不修其风俗，而纵之淫辟，乃随之以刑，绳之以法，（法）虽残贼天下，弗能禁也"，风俗败坏将导致国家灭亡，夏桀与商纣的覆灭正是由于"风俗坏也"。[⑤] 当刘安企图反叛中央朝

---

①　龚鹏程：《风俗美善的追求》，氏著《汉代思潮》，商务印书馆，2005，第39页。
②　钱穆：《国史大纲（修订本）》，第150～151页。
③　龚鹏程：《风俗美善的追求》，氏著《汉代思潮》，第47页。
④　《汉书》卷五一《贾山传》，第2336页。
⑤　《淮南子·泰族训》，何宁撰《淮南子集释》，第1403页。

廷时，谋臣伍被也以汉廷"风俗纪纲未有所缺"① 为理由之一，认为刘安不可能成功，故持不赞成态度。荀悦甚至提出"察九风以定国常"的观点，并依据风俗优劣，把国家政局判分为治、衰、弱、乖、乱、荒、叛、危和亡九种形态。② 东汉末年，泰山太守应劭坚信"为政之要，辩风正俗，最其上"，在"王室大坏，九州幅裂，乱靡有定"的背景下撰写《风俗通义》，以求纠正时俗"迷昧"，为汉王朝复兴提供资鉴。③

经过几十年的休养生息，汉代社会经济得以恢复发展，国力强盛，民间殷富，然"俗奢侈，不以畜聚为意"④ 之风开始盛行。汉武帝时期，奢风初起；昭宣时代，浮侈风气弥荡整个社会；东汉明帝以后直至汉末，更是"时俗奢佚，浅恩薄义"，⑤ 风俗败坏到极点。

两汉政府官员十分清醒地认识到浮侈世风对社会造成的危害。他们认为浮侈之风破业伤生，腐化人心，导致败亡；风俗贪恶是社会动乱的本源，贪婪奢靡之风则直接影响到汉政权的盛衰存亡。因此，两汉政府官员对各种恶风陋俗进行猛烈批判，力倡纠治奢俗，企图扭转世风。

早在汉初，贾谊就指出当时社会犹如"抱火厝之积薪之下而寝其上"，⑥ 并尖锐地揭示出政府所面临的各种矛盾，其中已包括贫富分化、世风侈靡、风俗败坏等与风俗密切相关的问题。面对楚王刘戊的"荒淫不遵道"，韦孟作谏诗叙历代兴废，以寓讽意。诗中所云"如何我王，不思守保，不惟履冰，以继祖考！邦事是废，逸游是娱……"，正是对刘戊荒淫行为提出的委婉批评。⑦ 昭帝时，贤良文学在盐铁会议上高呼"当今世，非患禽兽不损，材木不胜，患僭侈之无穷也"，⑧ 认为正是由于统治者骄奢淫逸，社会风气才浮靡虚伪。

---

① 《史记》卷一一八《淮南衡山列传》，第 3088 页。
② 《申鉴·政体》，（汉）荀悦：《申鉴》，上海古籍出版社，1990 年影印本，第 7 页。
③ 《风俗通义·序》，（汉）应劭撰，王利器校注《风俗通义校注》，第 8、4 页。
④ 《汉书》卷二四《食货志》，第 1142 页。
⑤ 《后汉书》卷三〇《郎顗列传》，第 1054 页。
⑥ 《汉书》卷四八《贾谊传》，第 2230 页。
⑦ 《汉书》卷七三《韦贤传》，第 3101、3103 页。
⑧ 《盐铁论·通有》，王利器校注《盐铁论校注（定本）》，第 44 页。

针对两汉"厚资多藏，器用如生人"① 的厚葬之风，王符感叹道："养生顺志，所以为孝也。今多违志俭养，约生以待终，终没之后，乃崇饬丧纪以言孝，盛飨宾旅以求名，诬善之徒，从而称之，此乱孝悌之真行，而误后生之痛者也。"② 从而认为这种"虚地上以实地下"③ 的行为，名为孝，实为不孝。

仲长统对腐败世风的抨击更为严厉。他指出士林社会中存在"三俗"、"三可贱"和"三奸"："天下士有三俗：选士而论族姓阀阅，一俗；交游趋富贵之门，二俗；畏服不接于贵尊，三俗。天下之士有三可贱：慕名而不知实，一可贱；不敢正是非于富贵，二可贱；向盛背衰，三可贱。天下学士有三奸焉：实不知，详（佯）不言，一也；窃他人之记，以成己说，二也；受无名者，移知者，三也。"④ 他还对厌胜、忌讳等迷信风俗加以否定和批判，认为"诸厌胜之物，非礼之祭，皆所宜急除者也"。⑤

崔寔则认为风俗是国家的命脉，直接决定国运的兴衰。他说："夫风俗者，国之脉诊也。年谷如其肥肤，肥肤虽和，而脉诊不和，诚未足为休。"⑥ 汉王朝之所以日益衰败，根源正在于风俗不良。"凡天下所以不理者，常由人主承平日久，俗渐敝而不悟，政寖衰而不改，习乱安危，恬不自睹。"⑦ 他指斥当时"政令垢玩，上下怠懈，风俗彫敝，人庶巧伪，百姓嚣然"⑧ 的混乱局面，更令人忧心的是还存在"天下三患"："奢侈"、"趋末"和"厚葬"。⑨ 淫弊的风俗严重

---

① 《盐铁论·散不足》，王利器校注《盐铁论校注（定本）》，第353页。

② 《潜夫论·务本》，（汉）王符著，（清）汪继培笺，彭铎校正《潜夫论笺校正》，第20页。

③ 《汉书》卷七二《贡禹传》，第3071页。

④ 《全后汉文》卷八九仲长统《昌言下》，（清）严可均校辑《全上古三代秦汉三国六朝文》，第954页。

⑤ 《全后汉文》卷八九仲长统《昌言下》，（清）严可均校辑《全上古三代秦汉三国六朝文》，第953页。

⑥ 《全后汉文》卷四六崔寔《政论》，（清）严可均校辑《全上古三代秦汉三国六朝文》，第722页。

⑦ 《后汉书》卷五二《崔寔列传》，第1725页。

⑧ 《后汉书》卷五二《崔寔列传》，第1726页。

⑨ 详见《全后汉文》卷四六崔寔《政论》，（清）严可均校辑《全上古三代秦汉三国六朝文》，第723~724页。

危害到社会的稳定，已到了非改不可的地步。

利用汉赋来批判社会奢侈之风是两汉政府官员的一种特殊手段。班固在《两都赋·序》中认为汉赋"或以抒下情而通讽谕，或以宣上德而尽忠孝"，① 指明它既可"通讽谕"，又能"宣上德"，具有"讽谕"和"颂美"两方面的功能。可见，汉赋最初的创作意图之一，就是要对统治阶层奢侈淫靡的生活进行规劝、讽谏。司马迁说："《子虚》之事，《大人》赋说，靡丽多夸，然其指风谏。"② 《后汉书·傅毅列传》载："毅以显宗求贤不笃，士多隐处，故作《七激》以为讽"。③ 有些儒者官员在写赋时就明确表示其目的是"讽谏"。如扬雄认为"赋者，将以风也"，于是"奏《甘泉赋》以风"，"上《河东赋》以劝"，"因《校猎赋》以风"。④ 班固作《两都赋》"盛称洛邑制度之美"，亦是为"以折西宾淫侈之论"，借以表白自己对守法度、戒侈靡的政治见解。⑤

不过，扬雄对汉赋的评价并不高。他认为："靡丽之赋，劝百风一，犹驰骋郑卫之声，曲终而奏雅，不已亏乎？"⑥ 无疑，这一评价略显刻薄，却准确概括出汉赋"劝百讽一"的特征，而正是这所谓的"讽一"，向我们展示了汉赋的讽谕意图。如司马相如在《上林赋》末尾假托天子之口说"此大奢侈"，而以"解酒罢猎"、垦地为田、发仓救穷等诸种施政措施来祛侈靡之习，从而达到"天下大说，向风而听，随流而化，忾然兴道而迁义，刑错而不用"的境界。这是从正面写戒奢侈、行德政的理想状况，用以召引那些想要施行德化的帝王。赋作还从反面描述统治者"终日驰骋""务在独乐"的劳民伤财行为，指明民遭扰乱而离心的危害，发出"恐后世靡丽，遂往而不返，非所以为继嗣创业垂统"的感叹，企图借此对帝王进行告诫。⑦ 为此，司马迁认为："相如虽多虚辞滥说，然其要归引之节俭，此与

① 班固：《两都赋序》，《文选》卷一《赋甲》，第 21 页。
② 《史记》卷一三〇《太史公自序》，第 3317 页。
③ 《后汉书》卷八〇《文苑列传·傅毅》，第 2613 页。
④ 《汉书》卷八七《扬雄传》，第 3575、3522、3535、3541 页。
⑤ 《后汉书》卷四〇《班固列传》，第 1335 页。
⑥ 《史记》卷一一七《司马相如传》，第 3073 页。
⑦ 《汉书》卷五七《司马相如传》，第 2572～2575 页。

《诗》之风谏何异。"① 班固也称相如赋"寓言淫丽，托风终始"。②

可见，两汉时人一直把"讽谕"作为衡量汉赋价值的标准之一，即使是持否定态度，也承认汉赋有"讽"的作用。当然，它的讽谕内容"总是集中在'戒奢侈，倡节俭'上，脱不开儒家老生常谈的论调"，而且"劝百讽一"。不过，由此进而认为汉赋的讽谕只是一种画蛇添足，则或许不太妥当。③

由于两汉政府官员意识到风俗的社会作用，认识到风俗的优劣与整个国家的治乱兴衰密切相关，尤其看到风俗败坏会直接导致深刻的社会危机，他们凭借自己的政治见识纷纷指陈时弊，批判腐风陋俗，并在此基础上主张移风易俗，美化社会风气。贾谊提出"移风易俗，使天下回心而乡道"；④ 仲长统主张"表德行以厉风俗"。⑤ 汉武帝在诏令中明确宣称"公卿大夫，所使总方略，一统类，广教化，美风俗也"，⑥ 把"美风俗"提到安邦治国的高度，使其成为两汉执政阶层的政治理想和治国方略。从"广教化"一词也可看出，在汉武帝的观念中，政府应通过教化来美化风俗："南面而治天下，莫不以教化为大务……教化行而习俗美也。"⑦

大一统的王朝需要统一的风俗，执政者移风易俗的目的就是要致力于风俗的齐同化，通过齐整风俗来实现对社会文化的软控制。这种观念在西汉中期以后几乎成为政府官员的定见。如终军指出："夫（人）［天］命初定，万事草创，及臻六合同风，九州共贯，必待明圣润色，祖业传于无穷。"⑧ 王吉认为，"《春秋》所以大一统者，六合同风，九州共贯也"，如果"百里不同风，千里不同俗，户异政，

---

① 《史记》卷一一七《司马相如列传》，第 3073 页。
② 《汉书》卷一〇〇《叙传》，第 4255 页。
③ 陆玉权：《试论汉赋的讽谕意图及其在创作中隐没的原因》，《西南民族学院学报》1996 年汉语言文学研究专辑。
④ 《汉书》卷二二《礼乐志》，第 1030 页。
⑤ 《后汉书》卷四九《仲长统列传》，第 1653 页。
⑥ 《汉书》卷六《武帝纪》，第 166 页。
⑦ 《汉书》卷五六《董仲舒传》，第 2503～2504 页。
⑧ 《汉书》卷六四《终军传》，第 2816 页。

人殊服"，则会"诈伪萌生，刑罚亡极，质朴日销，恩爱寖薄"。[1] 平帝时，王莽为粉饰太平，更是授意风俗使编造"天下风俗齐同"[2] 的谎言，这深刻反映了风俗"齐同"观念对政府所造成的影响。

二 宣德流化，必自近始

如何使风俗美善、齐同亦成为两汉政府官员讨论的重要内容。他们认为，执政者特别是皇帝本人乃天下风俗的表率，因为良好世风的形成，虽人人有责，但其关键不在下而在上，要依靠社会上层尤其是君主的努力。"治官化民，其要在上"[3] 和"君正，莫不正。一正君而国定矣"[4] 的说法在两汉时得到政府官员的广泛认同。如王吉认为："圣王宣德流化，必自近始。朝廷不备，难以言治；左右不正，难以化远。"[5] 刘向也说："天子好利则诸侯贪，诸侯贪则大夫鄙，大夫鄙则庶人盗。上之变下，犹风之靡草也。"[6] 这些言论都表明了"上"的表率作用，要想世风好，就要先从上层做起，在位者率先垂范，使"天下望风成俗，昭然化之"。[7]

如果上层统治者寡廉鲜耻、贪鄙成风，就不可能使民敦俗璞、风俗淳美。《汉书·东方朔传》载东方朔直谏曰："孝文皇帝之时，当世耆老皆闻见之。贵为天（下）〔子〕，富有四海，身衣弋绨，足履革舄，以韦带剑，莞蒲为席，兵木无刃，衣缊无文，集上书囊以为殿帷；以道德为丽，以仁义为准。于是天下望风成俗，昭然化之。今陛下以城中为小，图起建章，左凤阙，右神明，号称千门万户；木土衣绮绣，狗马被缋罽；宫人簪瑇瑁，垂珠玑；设戏车，教驰逐，饰文采，丛珍怪；撞万石之钟，击雷霆之鼓，作俳优，舞郑

---

① 《汉书》卷七二《王吉传》，第 3063 页。
② 《汉书》卷九九《王莽传》，第 4076 页。
③ 《管子·君臣上》，黎翔凤撰，梁运华整理《管子校注》，第 554 页。
④ 《孟子·离娄上》，杨伯峻译注《孟子译注》，第 180 页。
⑤ 《汉书》卷七二《王吉传》，第 3063 页。
⑥ 《说苑·贵德》，（汉）刘向撰，向宗鲁校证《说苑校证》，第 110～111 页。
⑦ 《汉书》卷六五《东方朔传》，第 2858 页。

女。上为淫侈如此，而欲使民独不奢侈失农，事之难者也。"① 上行下效，王侯公卿亦多仿之。一些富户自不甘落后，平时奢靡无度，丧事更是多逾礼制。风习所及，以至于连家境并不富裕者也多以厚葬为荣。

这种论述在当时是一种比较典型的风俗批评。② 它以古代风俗之淳朴美善和当代风俗的淫侈败坏相对比，希望统治者能借鉴改悟，化民有道，"一旷然大变其俗"。③

类似言论在两汉官员中还有很多。如董仲舒感叹说："共是天下，古（亦）〔以〕大治，上下和睦，习俗美盛，……以古准今，一何不相逮之远也！"④ 贡禹对元帝的劝谏更为典型。他先把汉文帝与汉武帝进行对比：文帝"贵廉洁，贱贪污"，结果"令行禁止，海内大化"；武帝"从（纵）耆（嗜）欲"，导致上行下效，"天下奢侈，官乱民贫"，风俗败坏。在此基础上，贡禹进而劝导元帝应"变世易俗，调和阴阳，陶冶万物，化正天下"，"去甲乙之帐，退伪薄之物，修节俭之化，驱天下之民皆归于农，如此不解（懈），则三王可侔，五帝可及"。⑤

由此可见，两汉官员普遍认为统治者的政策引导和示范对风俗的演变起着直接的关键作用。再如，匡衡所提出的风俗改革方案也是以社会上层以身作则为关键："公卿大夫相与循礼恭让，则民不争；好仁乐施，则下不暴；上义高节，则民兴行；宽柔和惠，则众相爱。"相反，如果"朝有变色之言，则下有争斗之患……上有好利之臣，则下有盗窃之民"。因此，上层的行为是"风俗之枢机"，风俗能否朝理想方向发展，"审所上而已"。⑥

即便是在日常事务的处理中，两汉官员也往往对统治者的导向因素多加考虑。《史记·叔孙通列传》载：

---

① 《汉书》卷六五《东方朔传》，第 2858 页。
② 龚鹏程：《风俗美善的追求》，氏著《汉代思潮》，第 40 页。
③ 《汉书》卷八一《匡衡传》，第 3334 页。
④ 《汉书》卷五六《董仲舒传》，第 2520 页。
⑤ 《汉书》卷七二《贡禹传》，第 3077～3079 页。
⑥ 《汉书》卷八一《匡衡传》，第 3334～3335 页。

孝惠帝为东朝长乐宫，及间往，数跸烦人，乃作复道，方筑武库南。叔孙生奏事，因请间曰："陛下何自筑复道高寝，衣冠月出游高庙？高庙，汉太祖，奈何令后世子孙乘宗庙道上行哉？"孝惠帝大惧，曰："急坏之。"叔孙生曰："人主无过举。今已作，百姓皆知之，今坏此，则示有过举。愿陛下为原庙渭北，衣冠月出游之，益广多宗庙，大孝之本也。"上乃诏有司立原庙。原庙起，以复道故。①

原庙就是在正庙之外另设的宗庙。从上述事例中，我们至少可以看出两点：其一，皇帝不会也不能犯错，为维护笼罩在自己头上的神秘光环，即使错了也不能承认；其二，皇帝要以身作则，只有这样才能够真正美化社会风俗。而这两点恰恰都表明皇帝的一言一行对引导整个社会风气起着至关重要的作用。

《汉书·张释之传》中也载有这样一个故事：汉文帝曾"问上林尉禽兽簿，十余问，尉左右视，尽不能对。虎圈啬夫从旁代尉对上所问禽兽簿甚悉"。为此，文帝打算"诏释之拜啬夫为上林令"。张释之在劝谏此事时说道："今陛下以啬夫口辩而超迁之，臣恐天下随（随）风靡，争口辩，亡其实。且下之化上，疾于景向，举错不可不察也。"文帝对这种看法的回答也是"善"，并且"乃止不拜啬夫"。② 这个故事表明，文帝和张释之都认识到上化下的作用，看到了风俗和政治之间的密切关系。

汉成帝永始年间，梁相禹劾奏梁王刘立"对外家怨望，有恶言"，有司在案验过程中又发现他与自己的姑姑有淫乱行为，于是"奏立禽兽行，请诛"。太中大夫谷永为此上疏，其中提到："污蔑宗室，以内乱之恶披布宣扬于天下，非所以为公族隐讳，增朝廷之荣华，昭圣德之风化也。"谷永建议朝廷对此事隐而不发，在一定程度上也是考虑到统治阶层在引导社会风俗上起着非常重要的作用，害怕普通民众纷纷效仿。成帝对此种意见也表示认同，"由是

① 《史记》卷九九《刘敬叔孙通列传》，第 2725～2726 页。
② 《汉书》卷五〇《张释之传》，第 2307～2308 页。

寝而不治"。①

　　施政者有责任改善风俗更是两汉时期包括皇帝在内的政府官员的共同看法。如汉武帝认为"二千石官长纪纲人伦",理应帮助自己"烛幽隐,劝元元,厉蒸庶,崇乡党之训"。② 汉元帝诏曰:"相守二千石诚能正躬劳力,宣明教化,以亲万姓,则六合之内和亲,庶几乎无忧矣。"③ 要求他们把改善风俗作为急务。东汉时期,刘恺更明确提出:"刺史一州之表,二千石千里之师,职在辩章百姓,宣美风俗。"④ 缪肜甚至在从政以前就认为自己"修身谨行,学圣人之法"的目的就是"将以齐整风俗"。⑤

　　如果哪位政府官员没有做到这一点,往往会受到指责或弹劾。如汲黯质责张汤道:"公为正卿,上不能襃先帝之功业,下不能化天下之邪心,安国富民,使囹圄空虚,何空取高皇帝约束纷更之为?而公以此无种矣!"⑥ 其质责张汤的理由之一就是张汤作为公卿大臣,"下不能化天下之邪心",没有尽到美化风俗的责任。成帝时,王尊劾奏丞相匡衡、御史大夫张谭,也是认为他们本应"以总方略,一统类,广教化,美风俗为职",但在实际行政中,当面对中书谒者显等"专权擅势,大作威福,纵恣不制,无所畏忌"的风俗败坏行为时,却"不以时(皆)〔白〕奏行罚,而阿谀曲从","无大臣辅政之义"。⑦

　　东汉党锢之祸的发生也和对风俗的议论有着一定的联系。《后汉书·党锢列传》载:"逮桓灵之间,主荒政缪,国命委于阉寺,士子羞与为伍,故匹夫抗愤,处士横议,遂乃激扬名声,互相题拂,品核公卿,裁量执政,婞直之风,于斯行矣。"⑧ 在这种"匹夫抗愤,处士横议"的背景下,张成弟子牢脩趁势上书告发李膺等"养太学游

---

①　《汉书》卷四七《文三王传》,第 2216~2217 页。
②　《汉书》卷六《武帝纪》,第 166~167 页。
③　《汉书》卷九《元帝纪》,第 279 页。
④　《后汉书》卷三九《刘恺列传》,第 1307 页。
⑤　《后汉书》卷八一《独行列传·缪肜》,第 2686 页。
⑥　《汉书》卷五〇《汲黯传》,第 2318 页。
⑦　《汉书》卷七六《王尊传》,第 3231 页。
⑧　《后汉书》卷六七《党锢列传》,第 2185 页。

士，交结诸郡生徒，更相驱驰，共为部党，诽讪朝廷，疑乱风俗"。当然，给李膺等人扣上"诽讪朝廷，疑乱风俗"的罪状，无疑是一种诬告陷害。不过，当时太学诸生以郭泰（字林宗）、贾彪（字伟节）为首，确实与李膺、陈蕃"更相褒重"，"危言深论，不隐豪强。自公卿以下，莫不畏其贬议"，并形成了一种社会风气。而皇帝本人对这一举报的反应也很强烈："于是天子震怒，班下郡国，逮捕党人，布告天下，使同忿疾，遂收执膺等。其辞所连及陈寔之徒二百余人，或有逃遁不获，皆悬金购募。使者四出，相望于道。明年，尚书霍谞、城门校尉窦武并表为请，帝意稍解，乃皆赦归田里，禁锢终身。而党人之名，犹书王府。"① 从中可看出两汉君主对涉及风俗问题事件的重视和防范程度。

总的来说，两汉政府官员把移风易俗作为探讨风俗的出发点和归宿。他们在探讨风俗的社会作用以及批判统治集团腐朽奢侈、虚伪贪婪和社会上各种腐风陋习的基础上，努力寻求变风易俗以佐治国家的有效途径，进而形成了系统的移风易俗理论。② 对风俗的议论、批评和引导，成为两汉政府官员议政的重要内容，"构造了汉代的政治活动与理论，也形成了具体的社会生活"，③ 而齐整风俗以强化社会软控制的观念则使风俗与政治的联系更为密切。

第二节　两汉朝廷对美俗的倡导

一　诏令和政策中对风俗的重视

面对诸多奢风陋俗，两汉统治者加强了对风俗的引导。由最高统治者亲自提倡的风俗，更是带有鲜明的社会功利目的。如汉惠帝察举

---

① 《后汉书》卷六七《党锢列传》，第 2186～2187 页。
② 孙家洲、郖文玲：《汉代士人"移风易俗"理论的构架及影响》，《中州学刊》1997 年第 4 期。
③ 龚鹏程：《风俗美善的追求》，氏著《汉代思潮》，第 47 页。

孝悌、力田，① 吕后元年（前 187 年）"初置孝弟力田二千石者一人"，其目的就是敦厚风俗，鼓励农耕。② 特别是文、景二帝，更向后人展示了明君贤主应如何以身作则，引导风俗。汉武帝也在诏书中提到"本仁祖义""仁不异远，义不辞难"，甚至向"山泽之民"晓谕"仁行而从善，义立则俗易"，③ 派遣博士循行天下。总之，两汉统治者试图通过诏令和政策来提倡和引导良风美俗，希望以此美化社会风气，实现对社会的软控制。

（一）两汉诏令对风俗的引导

在中国传统社会中，农业是最基本的生产形式，农业生产既关系到民生休戚，也是统治者的立国之本。因此，两汉统治者极为重视对农民耕织务本的劝导，一再提到"道（导）民之路，在于务本""农，天下之本，务莫大焉"等主张。④

为敦行农本，两汉统治者往往率先垂范、身体力行。其中，皇帝亲耕与皇后亲蚕就是这样的礼仪活动。西汉时，皇帝屡屡通过诏书将天子亲耕布告天下，以示劝农。以《汉书·文帝纪》所载汉文帝所下诏书为例。文帝前元二年（前 178 年）春正月丁亥，诏曰："夫农，天下之本也，其开籍田，朕亲率耕，以给宗庙粢盛。民谪作县官及贷种食未入、入未备者，皆赦之。"九月，诏曰："农，天下之大本也，民所恃以生也，而民或不务本而事末，故生不遂。朕忧其然，故今兹亲率群臣农以劝之。其赐天下民今年田租之半。"十二年（前 168 年），诏曰："道（导）民之路，在于务本。朕亲率天下农，十年于今，而野不加辟，岁一不登，民有饥色，是从事焉尚寡，而吏未加务也。吾诏书数下，岁劝民种树，而功未兴，是吏奉吾诏不勤，而劝民不明也。且吾农民甚苦，而吏莫之省，将何以劝焉？其赐农民今年租税之半。"十三年（前 167 年）春二月甲寅，诏曰："朕亲率天下农耕以供粢盛，皇后亲桑

---

① 《汉书》卷二《惠帝纪》，第 90 页。
② 《汉书》卷三《高后纪》，第 96 页。颜师古注曰："特置孝弟力田官而尊其秩，欲以劝厉天下，令各敦行务本。"（第 96 页）
③ 《汉书》卷六《武帝纪》，第 166、182、180 页。
④ 《汉书》卷四《文帝纪》，第 124 ~ 125 页。

以奉祭服，其具礼仪。"六月，诏曰："农，天下之本，务莫大焉。今
厪（勤）身从事，而有租税之赋，是谓本末者无以异也，其于劝农之
道未备。其除田之租税。赐天下孤寡布帛絮各有数。"① 上述诏令中
"朕亲率耕""朕亲率天下农""朕亲率天下农耕"等言论的出现，均
意在教导民众，引导社会风俗。

文帝还在诏书中说："孝悌，天下之大顺也。力田，为生之本也。
三老，众民之师也。廉吏，民之表也。朕甚嘉此二三大夫之行。今万
家之县，云无应令，岂实人情？是吏举贤之道未备也。其遣谒者劳赐
三老、孝者帛人五匹，悌者、力田二匹，廉吏二百石以上率百石者三
匹。及问民所不便安，而以户口率置三老孝悌力田常员，令各率其意
以道（导）民焉。"② 大力提倡力田和廉政的社会风气，认为孝悌是
根本的伦理，力田是民众生活的根本，廉吏是民众的表率，三老是民
众的老师，对这些人员极力嘉奖，期望他们能够尽心对民众进行教育
劝导，美善社会风俗。

景帝继承父志，下诏曰"朕亲耕，后亲桑，以奉宗庙粢盛祭服，
为天下先；不受献，减太官，省徭赋……强毋攘弱，众毋暴寡，老耆
以寿终，幼孤得遂长"，③ 并要求二千石带头奉公守职，以倡化社会
风俗。

到东汉，天子亲耕、皇后亲蚕成为定制。《续汉书·礼仪志上》
载其礼仪道："正月始耕。昼漏上水初纳，执事告祠先农，已享。耕
时，有司请行事，就耕位，天子、三公、九卿、诸侯、百官以次耕。
力田种各耰讫，有司告事毕。是月令曰：'郡国守相皆劝民始耕，如
仪。诸行出入皆鸣钟，皆作乐。其有灾眚，有他故，若请雨、止雨，
皆不鸣钟，不作乐。'""是月，皇后帅公卿诸侯夫人蚕。祠先蚕，礼
以少牢。"④ 而且，皇帝亲耕，要乘坐载有农具的"耕车"⑤；皇后亲

---

① 《汉书》卷四《文帝纪》，第 117～118、124～125 页。
② 《汉书》卷四《文帝纪》，第 124 页。
③ 《汉书》卷五《景帝纪》，第 151 页。
④ 《后汉书·礼仪志上》，第 3106、3110 页。
⑤ 《后汉书·舆服志上》："耕车，其饰皆如之。有三盖。一曰芝车，置𫐄末耜之颖，
　上亲耕所乘也。"（第 3646 页）

蚕，也有盛大的出行仪仗。① 这种仪式之所以非常隆重，其目的之一就是要扩大劝课农桑的宣传效果，借以倡导社会上的重农风气。

重视农耕的"班春"习俗也早见于汉代。《后汉书·崔骃列传》载："篆为建新大尹……称疾不视事，三年不行县。门下掾倪敞谏，篆乃强起班春。"对"班春"一词，李贤注曰："班布春令。"② 李贤把"班春"仅仅看成是"颁布春令"，认为"班春"就只是古代官吏的一种行政职责，是一种政府行为，这一说法有待商榷。有学者就认为，"班春"实际上就是"鞭春"，亦称"打春"，是由地方行政长官主持、民众广泛参与的一项群体活动。具体来说，"班春"不仅是颁布春令，而且是由地方官员主持的警示农时、祈祷丰年的一种仪式。③ 由于它每年在立春日举行一次，以至于约定俗成，成为中国古代一种倡导农耕的重要社会习俗。

提倡节俭、反对厚葬也是两汉政府引导风俗的重要内容之一。汉代厚葬风气很浓，面对厚葬奢侈之风以及这种风气所引起的一系列社会问题，统治者深感忧虑。为改变这一风气，他们身体力行，以自身行为作为榜样，提倡节俭和薄葬。如汉文帝一生俭朴，本人常穿绨袍，所宠爱的慎夫人也只穿较短的衣裙，"令衣不得曳地，帏帐不得文绣，以示敦朴，为天下先"，"治霸陵皆以瓦器，不得以金银铜锡为饰，不治坟，欲为省，毋烦民"。临终前，文帝又下薄葬遗诏，明确丧事从简。④

霸陵薄葬，在中国古代丧葬史上被传为千古佳话，也成为帝王节俭的典范。不过，对于霸陵是否真的坚持了薄葬原则，争议也千古未息。王子今曾对各种议论进行过比较详细的辨疑。他认为，霸陵复土

---

① 《后汉书·礼仪志上》注引丁孚《汉仪》曰："皇后出，乘鸾辂，青羽盖，驾驷马，龙旂九旒，大将军妻参乘，太仆妻御，前鸾旂车，皮轩鸾载，雒阳令奉引，亦千乘万骑。车府令设卤簿驾，公、卿、五营校尉、司隶校尉、河南尹妻皆乘其官车，带夫本官绶，从其官属导从皇后。置虎贲、羽林骑，戎头、黄门鼓吹，五帝车，女骑夹毂，执法御史在前后，亦有金钲黄钺，五将导。桑于蚕宫，手三盆于茧馆，毕，还宫。"（第3110页）

② 《后汉书》卷五二《崔骃列传》，第1704页。

③ 曲文军：《"班春"习俗考》，《民俗研究》2001年第4期。

④ 《史记》卷一〇《孝文本纪》，第433页。

工程只动用了 3.1 万人，与秦始皇使用工役达 70 万人的规模相比，工程量是比较小的。霸陵因山为陵，没有征发大量民众从事土木工程，大致可信。而从汉文帝遗诏结尾处所明确指示的"霸陵山川因其故，毋有所改"一语来看，"这一诏令也可以理解为霸陵葬制即埋葬规格同样'因其故'，也就是按照既定方针，'毋有所改'"。再加上丧葬日期仅用六天，可见"汉文帝殡葬从简的愿望可能是得到了主持丧事者的尊重的"。王子今还对"景帝不从遗诏"，"若夫金玉珍宝，必景帝为之，不依文帝遗诏瓦器之制，事秘莫知"，以及"文帝崩后，臣子违其素志"等几种推测进行了条分缕析，认为虽均有可能，但可能性都不大。进而，他又独具慧眼，提出一种新的可能，即"孝文窦皇后不薄葬"。汉武帝建元六年（前 135 年），孝文窦皇后去世，与文帝合葬霸陵。因此，霸陵随葬品即使真的丰富，也有窦皇后入葬霸陵的因素。而文帝霸陵最早的被盗，即"人有盗发孝文园瘗钱"，正是在窦皇后合葬霸陵之后。①

事实上，不管汉文帝霸陵是否薄葬，均不可否认其所下薄葬遗诏更多的是一种政治宣传。明人张燧在《千百年眼》"文帝奢俭之异"条中写道："前史称汉文帝节俭，身衣弋绨，集上书囊为殿帷，所幸慎夫人衣不曳地。此三事以人主行之，可谓陋矣，然赐邓通以十数巨万，又以铜山与之，此又何也？"② 指出文帝虽有大俭之名，事实上却又有大奢之实。

随着社会奢靡之风的盛行，两汉统治阶层在文帝安葬后不久就已开始为矫正当时厚葬奢靡之风而大力称颂和宣扬文帝的"薄葬"。如《汉书·刘向传》载，成帝大起山陵，靡费天下，刘向以张释之对文帝之事③

---

① 参见王子今《霸陵薄葬辨疑》，《考古与文物》2002 年第 2 期，转引自王子今《秦汉社会史论考》，商务印书馆，2006，第 215～226 页。

② 卷四《文帝奢俭之异》，（明）张燧撰《千百年眼》，贺新天校点，河北人民出版社，1987，第 71 页。

③ 《史记》卷一〇二《张释之列传》载，文帝与慎夫人去霸陵视察，中郎将张释之从，文帝"使慎夫人鼓瑟，上自倚瑟而歌，意惨凄悲怀，顾谓群臣曰：'嗟乎！以北山石为椁，用纻絮斫陈，蕠漆其间，岂可动哉！'左右皆曰：'善。'释之前进曰：'使其中有可欲者，虽锢南山犹有隙；使其中无可欲者，虽无石椁，又何戚焉！'文帝称善。其后拜释之为廷尉"。（第 2753 页）

劝谏成帝。他在引述张释之的话后说道："孝文寤焉，遂薄葬，不起山坟。"① 可见，在西汉后期人们的观念中，文帝的"不起山坟"已是属于薄葬。光武帝刘秀也曾说："古者帝王之葬，皆陶人瓦器，木车茅马，使后世之人不知其处。太宗识终始之义，景帝能述遵孝道，遭天下反覆，而霸陵独完受其福，② 岂不美哉！今所制地不过二三顷，无为山陵，陂池裁令流水而已。"③

此后，人们对霸陵薄葬亦多赞美之辞，正如《史记·孝文本纪》索隐述赞所说："霸陵如故，千年颂声。"④ 魏文帝曹丕临终遗旨坚持薄葬，就是以汉文帝霸陵为典型，提出"汉文帝之不发，霸陵无求也""霸陵之完，功在释之"的说法，以为霸陵未曾被盗掘应归功于"无求"薄葬。⑤ 据《梁书·太宗王皇后传》载，梁武帝诏书也曾说到"昔西京霸陵，因山为藏"，并以之为"敦朴""约俭"的典范。⑥

除文帝遗诏薄葬外，建武七年（31 年），由于王侯外戚"葬埋僭侈，吏民相效，浸以无限"，⑦ 社会风俗败坏，光武帝亦诏令薄葬。《后汉书·光武帝纪》载有此诏："世以厚葬为德，薄终为鄙，至于富者奢僭，贫者单财，法令不能禁，礼义不能止，仓卒乃知其咎。其布告天下，令知忠君、孝子、慈兄、悌弟薄葬送终之义。"受文帝影响，光武帝遗诏也力主薄葬，曰："朕无益百姓，皆如孝文皇帝制度，务从约省。"⑧ 其后，汉明帝永平十二年（69 年），章帝建初二年（77 年），和帝永元十一年（99 年），安帝永初元年（107 年）、元初五年（118 年）都曾下诏禁止厚葬。⑨

在皇帝不断发布诏令禁止厚葬、要求薄葬的倡导下，两汉许多官

---

① 《汉书》卷三三《刘向传》，第 1951 页。
② 《汉书》卷九九《王莽传》载，两汉之际，赤眉军入关中，曾发掘汉帝诸陵，取其宝货，"宗庙园陵皆发掘，唯霸陵、杜陵完"。（第 4193 页）
③ 《后汉书》卷一《光武帝纪》，第 77~78 页。
④ 《史记》卷一〇《孝文本纪》索隐述赞，第 438 页。
⑤ 《三国志》卷二《魏书·文帝纪》，第 81 页。
⑥ 《梁书》卷七《太宗王皇后传》，中华书局，1973，第 158 页。
⑦ 《东观汉记·光武纪》，（汉）刘珍等撰，吴树平校注《东观汉记校注》，中州古籍出版社，1987，第 9 页。
⑧ 《后汉书》卷一《光武帝纪》，第 51、85 页。
⑨ 分别详见《后汉书》各帝本纪，第 115、134、186、207、228 页。

员也都主张薄葬。如西汉有刘向、张临、朱云、龚胜等，东汉更是举不胜举，仅《后汉书》所载就有张奂、李固、范冉、杨震、王堂、郑弘、赵咨、袁闳、赵岐、卢植、樊宏、梁商、邓腾、马融等，表明薄葬之风越来越为一些明达官员所认同。

统治者还经常对政绩、名节突出者进行褒扬，试图以此来宣传符合统治秩序的价值观念，引导社会风俗。西汉昭帝时，燕王刘旦欲为乱，燕郎中韩义强谏被杀。后来，魏相在对策时提出，"宜显赏其子，以示天下，明为人臣之义"。① 辅政大臣霍光采纳了这一建议，将韩义之子韩延寿擢为谏大夫。东汉初，鲍永为司隶校尉，忠贞亢直，为建武名臣。鲍永死后，其子鲍昱复为司隶校尉，按照惯例，通官文书不著姓，但光武帝却特意让鲍昱以司隶名义封胡降檄，彰露其姓，并解释说自己的意图是"故欲令天下知忠臣之子复为司隶也"。②《后汉书·郭贺列传》载，郭贺为荆州刺史，政绩卓异，百姓歌之曰："厥德仁明郭乔卿，忠正朝廷上下平。"汉明帝"巡狩到南阳，特见嗟叹，赐以三公之服，黼黻冕旒。敕行部去襜帷，使百姓见其容服，以章有德。每所经过，吏人指以相示，莫不荣之"。③ 韩义、鲍永、郭贺等人，因事迹突出，朝廷就彰显其事，企图通过榜样的示范效应来引导形成良好的社会风气。

除以言语形式公开表彰外，两汉统治者还借助图像等来宣传榜样人物，借以传播忠孝观念。如西汉甘露三年（前 51 年），宣帝追思本朝股肱之臣霍光、赵充国等十一人，"乃图画其人于麒麟阁，法其形貌，署其官爵姓名"，这些人"皆有功德，知名当世"，朝廷借此"表而扬之"。④ 东汉永平中，明帝"追感前世功臣，乃图画二十八将于南宫云台"。⑤ 熹平六年（177 年），灵帝"思感旧德，乃图画（胡）广及太尉黄琼于省内，诏议郎蔡邕为其颂云"。⑥ "图象立赞，

① 《汉书》卷七六《韩延寿传》，第 3210 页。
② 《后汉书》卷二九《鲍永附子昱列传》，第 1022 页。
③ 《后汉书》卷二六《郭贺列传》，第 908 ~ 909 页。
④ 《汉书》卷五四《李广苏建传》，第 2468 ~ 2469 页。
⑤ 《后汉书》卷二二《朱景王杜马刘傅坚马列传》，第 789 页。
⑥ 《后汉书》卷四四《胡广列传》，第 1511 页。

以劝学者"，"图象之设，以昭劝戒"。这些图像陈设在宫禁之内，除是对功臣的一种褒扬外，其意亦在"欲令人君动鉴得失"，同时借此向朝臣宣扬忠君的观念。[1] 地方长官也为辖区内声名著闻者画像，如颍川名士陈纪"遭父忧，每哀至，辄欧血绝气，虽衰服已除，而积毁消瘠，殆将灭性。豫州刺史嘉其至行，表上尚书，图象百城，以厉风俗"。[2]

（二）两汉政策中对美化风俗的推崇

《白虎通》高度推崇教化的社会作用，认为"教者，所以追补败政，靡弊涸浊，谓之治也"，[3] 将教化视为补败纠偏、革除不良习俗，进而美化社会风俗、达到天下大治的重要措施。它还说："民有质朴，不教而成。故《孝经》曰：'先王见教之可以化民。'"[4] 这里的"教"指的就是统治者对民众的风俗教化活动。当然，风俗教化的理念和活动并非两汉统治者首创和首倡。不过，从历史实际来看，在儒家文化的大氛围下，两汉统治者却在风俗教化上表现出超乎寻常的热情，并确立了风俗教化的传统。[5] 只有经过教化才能美化社会风俗、"教化行而习俗美"逐渐成为两汉执政阶层的共识。为此，两汉统治者在统治政策中大力倡导教化，美化社会风俗。

首先，两汉统治者越来越重视主张礼乐风俗教化的儒家学说，提倡尊孔崇儒，引导社会习儒之风。为表尊孔，两汉皇帝多次亲自或派遣大臣到孔子故里曲阜参加祭孔，不时封赐孔子嫡裔。早在汉初，高祖刘邦路过鲁地，"以太牢祠"孔子，而"诸侯卿相至"，也"常先谒然后从政"。[6] 通过礼乐来教化百姓、美化风俗、统治臣民本就是儒家的一贯主张。这种思想自汉武帝以后逐渐成为朝廷治国方略的一部分。两汉统治者深知"教者，效也。上为之，下效之"[7] 的宣传效

---

① 《后汉书》卷七七《酷吏列传·阳球》，第 2499 页。
② 《后汉书》卷六二《陈纪列传》，第 2067～2068 页。
③ 《白虎通·三教》，（清）陈立撰《白虎通疏证》，第 370 页。
④ 《白虎通·三教》，（清）陈立撰《白虎通疏证》，第 371 页。
⑤ 刘厚琴：《东汉道德教化传统及其历史效应》，《齐鲁学刊》2002 年第 1 期。
⑥ 《史记》卷四七《孔子世家》，第 1945～1946 页。
⑦ 《白虎通·三教》，（清）陈立撰《白虎通疏证》，第 371 页。

应，为扩大影响，使道德教化能取得更好的效果，他们还常亲自讲论儒家经典、宣传儒家伦理道德。如汉明帝"坐明堂而朝群后……袒割辟雍之上……飨射礼毕，帝正坐自讲，诸儒执经问难于前，冠带缙绅之人，圜桥门而观听者盖亿万计"。①

其次，两汉政府提倡儒家名节，表彰忠孝礼义之人，树立遵守儒家名教的典范，以激励民众提高自身德行，美化社会风俗。唐长孺说："所谓名教乃是因名立教，其中包括政治制度、人才配合以及礼乐教化等等。"② 庞朴也认为："所谓'以名为教'，就是把符合封建统治利益的政治观念、道德规范等等立为名分，定为名目，号为名节，制为功名，以之来进行'教化'，即以之来辅助政治统治和实施思想统治。"③ 东汉开国皇帝刘秀即位之初，就对讲究名节、遵守伦理道德的著名儒生进行褒奖，用以教化官员和百姓，如访严光、聘周党、擢卓茂等。其后诸帝明帝、章帝等也褒奖刘平、江革、毛义、薛包等道德品质表现突出者。④ 桓帝时，对大臣们所举荐的仁人孝子，"以安车玄纁，备礼征之"，⑤ 对不愿应征的人，"使画工图其形状"，⑥ 宣示朝野。

再者，在选用人才时，两汉政府也把恪守儒家伦理道德作为重要条件之一。高祖十一年（前196年），令郡国荐贤能，"遣诣相国府，署行、义、年"，⑦ 这表明在汉代察举制度的滥觞期就已开始注重所选人才的"行、义"。武帝元光元年（前134年），"初令郡国举孝廉各一人"，⑧ 自此，岁举孝廉开始成为两汉察举的主要科目。如石奋"无文学，恭谨无与比"，其家"以孝谨闻乎郡国，虽齐鲁诸儒质行，

---

① 《后汉书》卷七九《儒林列传》，第2545~2546页。
② 唐长孺：《魏晋玄学之形成及其发展》，氏著《魏晋南北朝史论丛》，生活·读书·新知三联书店，1955，第312页。
③ 庞朴：《名教与自然之辨的辩证发展》，氏著《沉思集》，上海人民出版社，1982，第283页。
④ 参见刘厚琴《东汉道德教化传统及其历史效应》，《齐鲁学刊》2002年第1期。
⑤ 《后汉书》卷五三《徐稺列传》，第1747页。
⑥ 《后汉书》卷五三《姜肱列传》，第1750页。
⑦ 《汉书》卷一《高帝纪》，第71页。
⑧ 《汉书》卷六《武帝纪》，第160页。

皆自以为不及"。石奋与四子皆官至二千石，号"万石君"。① 卜式
"田宅财物尽与弟"，是"悌"，牧羊致富后"愿输家财半助边"，"持
钱二十万……以给徙民"，是"忠"，后官至御史大夫。② 黄霸"领郡
钱谷计。簿书正，以廉称，察补河东均输长"，宣帝五凤三年（前55
年）官至丞相。③

此外，朝廷后又增敦朴、有道、贤能、直言、独行、高节、质
直、清白、敦厚、治剧等名目，形成一套以岁举、特举为框架的荐举
选官制度。而这些名号采用的大都是道德标准。其中，"独行"指的
就是不计名利富贵、注重道德修养者。如元狩六年（前117年）遣博
士六人循行天下，"举独行之君子，征诣行在所"。④ "治剧"则是指
能够控制地方混乱秩序、处理社会尖锐矛盾的官吏。四科取士中亦有
"德行高妙，志节清白"和"学通行修，经中博士"两条道德标准，
要求"皆有孝悌廉公之行"。⑤ 而"光禄四行"的"敦厚、质朴、逊
让、节俭"四条标准，⑥ 更均与道德教化密切相关。

可见，这些取士名目本身就意味着对推行风俗教化的倡导。特别
是每年举行一次的孝廉之举，两汉统治者把选拔孝子廉吏作为其推行
道德教化以美化社会风俗的重要措施。如桓帝下诏说："孝廉、廉吏
皆当典城牧民，禁奸举善，兴化之本，恒必由之。"⑦

两汉统治者还特意强调将舆论作为选官的根据。宣帝地节三年
（前67年）十一月，诏"令郡国举孝弟有行义闻于乡里者各一人"。⑧
安帝永初二年（108年）九月，诏"王（主）〔国〕官属墨绶下至
郎、谒者，其经明任博士，居乡里有廉清孝顺之称，才任理人者，国
相岁移名，与计偕上尚书，公府通调，令得外补"。⑨ 察举者本人也对

① 《史记》卷一〇三《万石张叔列传》，第2763~2764页。
② 《汉书》卷五八《卜式传》，第2624~2628页。
③ 《汉书》卷八九《循吏传》，第3628~3632页。
④ 《汉书》卷六《武帝纪》，第180页。
⑤ 《后汉书·百官志一》注引《汉官仪》，第3559页。
⑥ 《后汉书》卷六四《吴祐列传》注引《汉官仪》，第2101页。
⑦ 《后汉书》卷七《桓帝纪》，第288页。
⑧ 《汉书》卷八《宣帝纪》，第250页。
⑨ 《后汉书》卷五《安帝纪》，第211页。

乡里舆论极其重视，因为若察举不实，则"可能遭到有司的实际惩戒，而举出合适的人才，尤其是大才高才，于己则有真正长远的好处，不仅可获识才清誉，更可有得力的门生故吏，尤其在直接为自己辟举人才的情况下更是如此"。①

在乡里得到较高评价者，往往有更多的征辟察举机会。如南阳宛人任光"少忠厚，为乡里所爱"，②遂为乡啬夫、郡县吏。冯豹，字仲文，少时敬事后母，"时人称其孝"，及长又好儒学，乡里为之语曰"道德彬彬冯仲文"，遂被举孝廉，拜尚书郎。③九江寿春人召驯，字伯春，"博通书传，以志义闻"，乡里号之曰"德行恂恂召伯春"，于是"累仕州郡，辟司徒府"。④诸如此类以忠厚、孝、义而获得乡里舆论肯定，进而步入仕途者，举不胜举。

若不为乡里所称，其入仕难度则相对要大一些。如陈汤虽自幼读书，"博达善属文"，但由于"家贫匄贷无节，不为州里所称"，就缺少察举征辟的机会，只好西入长安求官。⑤度尚"家贫，不修学行，不为乡里所推举"，只是因为同郡宦官侯览的关系，才得以"为郡上计吏，拜郎中，除上虞长"。⑥至于那些因德行亏蚀而为乡里之议所不容者，跻身仕路更属不易。如东汉初，京兆杜陵人杜笃虽然年少博学，但"不修小节，不为乡人所礼"，⑦只好客居美阳，另寻出路。

另外，两汉政府还采取设官任职的方式来加强对道德教化工作的贯彻执行。在中央，政府设有司徒掌管教化，常派遣其所属官吏深入下层了解地方风气好坏，后逐渐形成"举谣言"制度。在地方，政府对各级行政长官的道德教化任务做了规定。如郡国长官必须"进贤劝功，决讼检奸""劝民农桑，振救乏绝""案讯诸囚""论课殿最""并举孝廉"等；县令（长）要"显善劝义，禁奸罚恶，理讼平贼，

① 何怀宏：《选举社会及其终结：秦汉至晚清历史的一种社会学阐释》，生活·读书·新知三联书店，1998，第93页。
② 《后汉书》卷二一《任光列传》，第751页。
③ 《后汉书》卷二八《冯豹列传》，第1004页。
④ 《后汉书》卷七九《儒林列传·召驯》，第2573页。
⑤ 《汉书》卷七〇《陈汤传》，第3007页。
⑥ 《后汉书》卷三八《度尚列传》，第1284页。
⑦ 《后汉书》卷八〇《文苑列传·杜笃》，第2595页。

恤民时务"；乡有秩则"主知民善恶，为役先后，知民贫富，为赋多少，平其差品"。① 两汉政府在地方还设有专职教化的官员。如乡、县、郡国皆设三老，专职负责教化工作；设孝悌、力田，鼓励民众修德行善；等等。

再者，两汉统治者常通过祭祀活动来推行孝道教化，美化社会风俗。中国古代社会是农业社会，父权制的个体家庭是中国文明的基础，血缘关系是维系社会的基本纽带。② 因此，基于血缘关系、以孝为核心的伦理规范就具有了广泛的社会影响。两汉统治者进行祭祀的主要目的就是推行孝道教化。"祭者，所以追养继孝也"，③ 祭祀被视为伦理教化的主要工具与途径。

《礼记·祭统》说："夫祭之为物大矣。其兴物备矣。顺以备者也，其教之本与！是故君子之教也，外则教之以尊其君长；内则教之以孝于其亲。是故明君在上，则诸臣服从；崇事宗庙社稷，则子孙顺孝，尽其道，端其义，而教生焉。是故君子之事君也，必身行之。所不安于上，则不以使下；所恶于下，则不以事上。非诸人，行诸己，非教之道也。是故君子之教也，必由其本；顺之至也，祭其是与！故曰'祭者教之本也已'。"④ 这里所强调的教化的核心正是"尊君"与"孝亲"，"祭者教之本"道出了祭祀在"尊君""孝亲"方面重要的教化作用。

两汉最典型的祭祀仪式当是东汉时期的上陵礼。关于这一礼仪，《续汉书·礼仪志上》载："西都旧有上陵。东都之仪，百官、四姓亲家妇女、公主、诸王大夫、外国朝者侍子、郡国计吏会陵。昼漏上水，大鸿胪设九宾，随立寝殿前。钟鸣，谒者治礼引客，群臣就位如仪。乘舆自东厢下，太常导出，西向拜，（止）〔折〕旋升阼阶，拜神坐。退坐东厢，西向。侍中、尚书、陛者皆神坐后。公卿群臣谒神

---

① 《后汉书·百官志五》，第 3621～3624 页。
② 金景芳：《中国古代思想的渊源》，《社会科学战线》1981 年第 4 期。
③ 《礼记·祭统》，《礼记正义》，（清）阮元校刻《十三经注疏（附校勘记）》，第 1602 页。
④ 《礼记·祭统》，《礼记正义》，（清）阮元校刻《十三经注疏（附校勘记）》，第 1604 页。

坐，太官上食，太常乐奏食举，〔舞〕《文始》、《五行》之舞。（礼）乐阕，（君）〔群〕臣受赐食毕，郡国上计吏以次前，当神轩占其郡〔国〕谷价，民所疾苦，欲神知其动静。孝子事亲尽礼，敬爱之心也。周遍如礼。"①

刘昭注引《谢承书》说："建宁五年正月，车驾上原陵，蔡邕为司徒掾，从公行，到陵，见其仪，忾然谓同坐者曰：'闻古不墓祭。朝廷有上陵之礼，始（为）〔谓〕可损。今见（威）〔其〕仪，察其本意，乃知孝明皇帝至孝恻隐，不可易旧。'或曰：'本意云何？''昔京师在长安时，其礼不可尽得闻也。光武即世，始葬于此。明帝嗣位逾年，群臣朝正，感先帝不复亲见此礼，乃帅公卿百僚，就园陵而创焉。尚书（陛）〔阶〕西（陛为）〔祭设〕神坐，天子事亡如事存之意。苟先帝有瓜葛之属，男女毕会，王、侯、大夫、郡国计吏，各向神坐而言，庶几先帝神魂闻之。今者日月久远，后生非时，人但见其礼，不知其哀，以明帝圣孝之心，亲服三年，久在园陵，初兴此仪，仰察几筵，下顾群臣，悲切之心，必不可堪。'邕见太傅胡广曰：'国家礼有烦而不可省者，不知先帝用心周密之至于此也。'广曰：'然。子宜载之，以示学者。'邕退而记焉。"②

据蔡邕所言，东汉这一隆重的上陵礼仪，是汉明帝把每年正月群臣在德阳殿贺天子的朝正大典迁置光武原陵而创立的，此后变成东汉的固定制度。每年正月，南、北郊，明堂，高庙，世祖庙"五供毕，以次上陵"，"八月饮酎，上陵"，一年两次。③

关于东汉上陵礼的创立，张鹤泉认为，"汉明帝制定上陵礼的目的，就是提倡'孝'道服务。他亲行此礼，正是表明他是天下最'孝'者，是天下人的表率。这样，全国的臣民都必须要仿效他。在汉代，提倡'孝'道，是与政治上对国家尽'忠'紧密联系的。因此，汉明帝上陵礼的制定和实施，就是将光武帝的墓祭活动，纳入到他政治统治的范围中"。④ 蔡邕的感慨议论，实际上也证明了明帝之

---

① 《后汉书·礼仪志上》，第3103页。
② 《后汉书·礼仪志上》，第3103～3104页。
③ 《后汉书·礼仪志上》，第3102～3103页。
④ 张鹤泉：《汉明帝研究》，吉林文史出版社，2002，第173页。

孝，在"重孝行"的东汉社会，确实有很强的感染力与影响力。有学者甚至认为，"在中国古代社会，作为最高统治者的皇帝，他在教化方面具有'明星'般的示范效应"。①

对于祭祀天地祖先在政权统治方面所具有的功能及意义，《礼记·中庸》揭示道："郊社之礼，所以事上帝也。宗庙之礼，所以祀乎其先也。明乎郊社之礼、禘尝之义，治国其如示诸掌乎。"② 也有学者认为，"对天地祖先的信仰和祭祀，是中国古代社会所依赖的最主要的贯彻始终的神圣力量，是推行礼教文化的神圣旗帜，也是维系中华民族大一统的思想武器。通过祭祀活动形成政治上的凝聚力和文化上的同化力，对统治者强化社会管理、贯彻国家统一意志具有重大意义"。③

在统治者诏书、政策的引导下，两汉风俗的确发生了一定程度的变化。如王子今在研究汉代画像中以钱币作为画面内容的装饰图案时，发现这种现象的分布地域差异极为明显。其中，中原地区和西南地区最为集中，而西汉政治中心长安附近以及儒学基地鲁地则罕见有关现象。针对这一事实，他认为前者因为"商业较为发达"，有追逐财富的心理意识自然顺理成章；而后者由于"京畿地区上层政治群体密集，鲁地作为儒学发祥地又有继承传统价值原则的儒生们坚持重义轻利的社会文化导向，他们对于财富的诱惑，表面上保持着一种矜持与冷漠的态度"。④

二　孝与厚葬久丧之风

古人对孝高度重视，这是中国传统社会文化生活中的一大突出现象。黑格尔在谈到中国"孝敬"问题时就说："中国纯粹建筑在

① 王柏中：《神灵世界秩序的构建与仪式的象征——两汉国家祭祀制度研究》，民族出版社，2005，第282页。
② 《礼记·中庸》，《礼记正义》，（清）阮元校刻《十三经注疏（附校勘记）》，第1629页。
③ 陈富荣：《宗教礼仪与文化》，新华出版社，1992，第41页。
④ 王子今：《钱神——钱的民俗事状和文化象征》，陕西人民出版社，2006，第92～93页。

这一种道德结合上，国家的特性便是客观的'家庭孝敬'。"① 台湾学者杨国枢在其《中国人之孝道的概念分析》一文中亦指出，"传统的中国不仅是以农立国，而且是以孝立国"，"孝是中国文化最突出的特色"。②

孝在远古中国，就已作为一种积极的、褒义的价值观念被先民提倡和颂扬。《诗经》中留有许多赞誉孝行的诗篇，如"孝孙有庆，报以介福，万寿无疆"③ "威仪孔时，君子有孝子。孝子不匮，永锡尔类"④ "成王之孚，下土之式。永言孝思，孝思维则"⑤ 等。在孔子的心目中，孝不但是伦常生活的基本规范，而且是仁学建构的必要基础。"君子务本，本立而道生。孝弟也者，其为仁之本与。"⑥ 认为孝与悌是仁的根本，一个人只有具备孝悌，才能"本立而道生"。因此，孔子要求人们"入则孝，出则悌"。⑦ 孟子甚至断言："尧舜之道，孝弟而已矣。"⑧ 以为尧舜得天下与治天下的根本就在于尽孝守悌。

两汉统治者更是特别重视以孝为核心的伦理教化，宣扬以孝治天下。汉初《孝经》的出现，就是对先秦以来孝传统的成功总结，为两汉孝文化的形成和发展奠定了理论基石。由于认识到"导民以孝，则天下顺"，⑨ 儒家积极提倡的《孝经》获得两汉统治者的肯定。汉文帝置《孝经》博士，⑩ 东汉明帝时"自期门羽林之士，悉令通《孝

① 〔德〕黑格尔：《历史哲学》，王造时译，上海书店出版社，2001，第 122 页。
② 杨国枢：《中国人之孝道的概念分析》，氏著《中国人的蜕变》，台北：桂冠图书股份有限公司，1988，第 31 页。
③ 《诗经·小雅·谷风之什·楚茨》，《毛诗正义》，（清）阮元校刻《十三经注疏（附校勘记）》，第 468 页。
④ 《诗经·大雅·生民之什·既醉》，《毛诗正义》，（清）阮元校刻《十三经注疏（附校勘记）》，第 536 页。
⑤ 《诗经·大雅·文王之什·下武》，《毛诗正义》，（清）阮元校刻《十三经注疏（附校勘记）》，第 525 页。
⑥ 《论语·学而》，杨伯峻译注《论语译注》，第 2 页。
⑦ 《论语·学而》，杨伯峻译注《论语译注》，第 4 页。
⑧ 《孟子·告子下》，杨伯峻译注《孟子译注》，第 276 页。
⑨ 《汉书》卷八《宣帝纪》，第 250 页。
⑩ 东汉学者赵岐在《孟子题辞》中曰："孝文皇帝欲广游学之路，《论语》《孝经》《孟子》《尔雅》皆置博士。"《孟子注疏题辞解》，《孟子注疏》，（清）阮元校刻《十三经注疏（附校勘记）》，第 2663 页。

经》章句，匈奴亦遣子入学"。① 在王莽时期，政府甚至以《孝经》为行为准则来衡量和选举人才。孝在当时社会上的地位之高，其实从两汉皇帝谥号前多冠以"孝"字也可以清晰地看出来。

为大力推行孝道，自武帝时期始，察举设孝廉②一科，且最为重要。宋人徐天麟说，两汉"得人之盛，则莫如孝廉，斯以后世之所不能及"。③ 两汉统治者还广建地方学校，注重孝道教化。自武帝初令天下郡国皆立学校到平帝时期，学校已普及至乡聚这一基层社会组织。而且，乡聚学校虽仅置一师，却正是"始于爱亲，终于哀戚"④的《孝经》师。如平帝元始三年（3 年）诏曰："立官稷及学官。郡国曰学，县、道、邑、侯国曰校。校、学置经师一人。乡曰庠，聚曰序。序、庠置《孝经》师一人。"⑤ 可见统治者对普通民众受孝道教育之重视。在两汉统治者的提倡下，孝逐渐成为乡里追求的标准，如张衡所言："自初举孝廉迄今二百岁矣，皆先孝行，行有余力，始学文法。"⑥

在中国古代丧葬文化史上，厚葬和久丧之风长期以来一直处于主流地位。⑦ 两汉时期更是厚葬和久丧之风盛行的典型时期。一般认为，这种风气的盛行，除了同灵魂不灭观念密切相关外，还与儒家及统治者所提倡的孝道有着直接的联系。这里，本书无意否定这一观点。但是，对于传统观念中总把厚葬和久丧密切联系在一起，认为厚葬包括久丧，进而把厚葬和久丧之风统统归咎于孝观念的看法，本书却持有不同的意见。通过对两汉孝观念与厚葬之风、孝道与久丧相互之间关系的探讨，我们所得出的认识和结论与传统观点有所不同。事实上，

---

① 《后汉书》卷七九《儒林列传》，第 2546 页。
② 颜师古曰："孝谓善事父母者。廉谓清洁有廉隅者。"（《汉书》卷六《武帝纪》颜师古注，第 160 页）
③ 《东汉会要》卷二六《选举上》，（宋）徐天麟撰《东汉会要》，上海古籍出版社，1978，第 391 页。
④ 《后汉书》卷四六《陈忠列传》，第 1560 页。
⑤ 《汉书》卷一二《平帝纪》，第 355 页。
⑥ （元）马端临：《文献通考》卷三四《选举考七孝廉》，中华书局，1986，第 320 页。
⑦ 陈华文：《丧葬史》，上海文艺出版社，1999，第 12 页。

厚葬和久丧应该是两个不同的概念，两者之间也没有必然的联系，厚葬之风并非由孝观念导致，久丧行为则是统治者有意识引导的结果。

（一）孝观念和厚葬之风

孝，许慎在《说文解字》中解释为"善事父母者，从老省，从子，子承老也"①，认为"孝"字是由"老"字省去右下角的形体，和"子"字组合成的一个会意字。孝被看作子女对父母的一种美德。

关于孝观念产生的确切时间，学界一直存有争论。其中，认为周代孝观念已出现且大兴则是学者普遍的看法。不过，西周孝观念是否包含孝养父母之意，在学界尚有不同认识。

对于周代的孝观念，查昌国认为："西周孝的对象为神祖考妣，非健在的人；孝是君德、宗德；其内容为尊祖，有敬宗抑父的作用。"② 他甚至认为春秋之"孝"亦非尊亲："春秋之'孝'直接源于西周之孝观念……这种孝观念在处理父子矛盾时排斥伦常，一断于义，未见尊亲的内容，与后来孔孟儒家倡导的'善父母为孝'、'孝莫大于严父'之'孝'有本质差异。"③ 而本书认为，不管这一时期的孝观念是否包含有孝养父母之意，其主要内涵为尊族敬宗，并以祭祀的方式来施孝当毫无问题。如《国语·鲁语上》云："夫祀，昭孝也。各致斋敬于其皇祖，昭孝之至也。"④

孝观念的基本含义明确转为"善事父母"应是战国（包括春秋晚期）及其以后的事情。有学者认为，春秋战国之际，经过儒家的阐释发挥，"善事父母"最终成为"孝"的核心甚至唯一内容。⑤ 如《孟子·离娄下》中所记世俗的五不孝，其中前三项均是出于"不顾父母之养"。⑥ 这种含义经由儒家倡导，逐渐为国人所认同，而且一直流传至今。

① （汉）许慎：《说文解字（附检字）》，中华书局，1963，第 173 页下栏。
② 查昌国：《西周"孝"义初探》，《中国史研究》1993 年第 2 期。
③ 查昌国：《论春秋之"孝"非尊亲》，《安庆师范学院学报》1993 年第 4 期。
④ 《国语·鲁语上》，上海师范大学古籍整理组校点《国语》，上海古籍出版社，1978，第 174 页。
⑤ 肖群忠：《孝与中国文化》，人民出版社，2001，第 25 页。
⑥ 《孟子·离娄下》，杨伯峻译注《孟子译注》，第 200 页。

孔子最先对这种孝观念进行了比较详细的阐述。在不同的语境下，针对不同的对象，孔子从不同的角度做了不同的阐发或界定，诸如为政、赡养、守丧等。① 在孔子看来，孝至少包括"养"与"敬"两层最基本的含义：

> 子游问孝。子曰："今之孝者，是谓能养。至于犬马，皆能有养；不敬，何以别乎?"②

从社会生存的角度看，养是孝的物质基础，但从孝的实质来看，敬才是孝得以实现的根本保证，养只有在心有所敬的前提下发生才能称为孝，孝是敬之心与养之行的结合。可见，儒家所重视的孝应该是首先要有敬心，然后才考虑孝行能否真正得到落实。两汉名士批评时人"生不极养，死乃崇丧"正是基于这一观念发出的感慨。

孔子所倡导的儒家孝观念在两汉时期获得极大的丰富和发展，其内容包括立身、忠君、为政治国，处理个人与家庭、宗族、乡党以及所有人事关系等。至《孝经》出现，原本反映家庭道德伦理关系的孝观念在理论上已被全面政治化，而两汉统治者又从实践上使其政治化，出现"汉以孝治天下"的情形，孝被纳入社会伦理道德体系之中，开始成为中国古代专制统治的思想基础，发挥其政治教化的功能。③

为使政治化的孝观念深入人心，董仲舒以天为基本视角，运用阴阳五行学说进一步为孝的合理性寻找更让人信服的理论依据。他第一次把孝纳入宇宙结构，从天的结构特征出发，论证孝行的合理性、合

---

① 如"孟懿子问孝。子曰：'无违。'樊迟御，子告之曰：'孟孙问孝于我，我对曰，无违。'樊迟曰：'何谓也?'子曰：'生，事之以礼；死，葬之以礼，祭之以礼。'"（《论语·为政》，杨伯峻译注《论语译注》，第13页）"孟武伯问孝。子曰：'父母唯其疾之忧。'"（《论语·为政》，杨伯峻译注《论语译注》，第14页）"父在，观其志；父没，观其行。三年无改于父之道，可谓孝矣。"（《论语·学而》，杨伯峻译注《论语译注》，第7页）

② 《论语·为政》，杨伯峻译注《论语译注》，第14页。

③ 肖群忠：《孝与中国文化》，第9页。

法性与合情性。① 董仲舒说，天有五行，木生火、火生土、土生金、金生水、水生木，这一现象反映到日常生活世界里就是父与子的伦常关系。

《春秋繁露·五行对》还记录有董仲舒与河间献王关于"孝"的一段著名对话，董仲舒再次对孝的天道基础和尽孝的必然性进行了充分论证和全面阐述：

> 河间献王问温城董君曰："《孝经》曰：'夫孝，天之经，地之义。'何谓也？"
>
> 对曰："天有五行，木、火、土、金、水是也。木生火，火生土，土生金，金生水。水为冬，金为秋，土为季夏，火为夏，木为春。春主生，夏主长，季夏主养，秋主收，冬主藏。藏，冬之所成也。是故父之所生，其子长之；父之所长，其子养之；父之所养，其子成之。诸父所为，其子皆奉承而续行之，不敢不致如父之意，尽为人之道也。故五行者，五行也。由此观之，父授之，子受之，乃天之道也。故曰：夫孝者，天之经也。此之谓也。"
>
> 王曰："善哉！天经既得闻之矣，愿闻地之义。"
>
> 对曰："地出云为雨，起气为风。风雨者，地之所为，地不敢有其功名，必上之于天。命若从天气者，故曰天风天雨也，莫曰地风地雨也。勤劳在地，名一归于天，非至有义，其孰能行此？故下事上，如地事天也，可谓大忠矣。土者，火之子也，五行莫贵于土。土之于四时无所命者，不与火分功名。木名春，火名夏，金名秋，水名冬。忠臣之义，孝子之行，取之土。土者，五行最贵者也，其义不可以加矣。五声莫贵于宫，五味莫美于甘，五色莫盛于黄，此谓孝者地之义也。"
>
> 王曰："善哉！"②

董仲舒认为，孝自天地出，从五行生。天的五行也是人的五行，

---

① 余治平、孟祥红：《孝，何以必须？——孔子与董仲舒对孝道的不同建构》，《新疆大学学报》2003 年第 4 期。

② 《春秋繁露·五行对》，苏舆撰《春秋繁露义证》，第 314～317 页。

父生子、子尽孝，这是由天的制度决定的，是人对天的模仿和效法。为人子，应该尊敬并赡养长辈，就如同火之乐木；而为臣下，则应该事奉主上，就好比土之敬天。这是五行天道所以运行的永恒秩序，也应该为人世生活所共同遵守。

董仲舒这种通过与天地、五行类比来为孝观念所做的论证，现今看来毫无科学道理，且几近荒唐可笑。但作为一种信仰，董仲舒却坚信不疑地对其做了详细的论证，其目的正是要把孝观念渗透到普通民众的信念中去，使其成为人心内在的最基本的欲求之一。① 从这一点来看，我们似乎不应只是简单地使用现代科学观念来对董仲舒所宣扬的人生信仰大肆批判。或许正如有的学者所说，"信仰的建构与确立，所依据的必然还是信仰，而不能从科学中找理由、找证据。这是由信仰的非理性特征所决定的。那种把信仰拖向科学的做法是极为有害而又十分愚蠢的"。②

关于孝观念对厚葬之风的影响，传统观点认为，这种特有的儒家伦理思想反映在丧葬习俗上便是厚葬，有学者甚至认为"对'死人'的孝，从本质意义上来说，就是重视丧葬和丧葬质量"。③ 不过，这种理解或许恰恰正是没有看到孝的本质，从而误将厚葬之风归因于儒家所倡导的孝道观念。

实际上，厚葬之风早在原始社会就已初见端倪，灵魂不灭观念才是导致厚葬现象出现的重要原因。灵魂不灭观念产生于旧石器时代中期以前，认为人死灵魂不灭，仍能祸害或保护子孙，干预人事。在此观念影响下，人类丧葬习俗中出现了厚葬现象。"既然古人认为人死了要变鬼，鬼可作祟于生者，亦可保佑生者，所以人们不惜重金去讨好死者，祭鬼祭祖。既然古人认为人死后灵魂有知，人们就不惜重金厚葬去换得死后的富足与安宁。生者无愧，死者欣慰。在这种观念和心理的影响下，厚葬便成为当时社会的一种习

---

① 余治平、孟祥红：《孝，何以必须？——孔子与董仲舒对孝道的不同建构》，《新疆大学学报》2003 年第 4 期。

② 余治平：《哲学的锁钥：源于本体论的形上之思》，四川人民出版社，2002，第494 页。

③ 陈华文：《丧葬史》，第 10 页。

尚，并久盛不衰。"①

古有"事死如事生"②"事亡如事存"③ 的说法。"生前认为最珍贵的物品，都与已死的占有者一起殉葬到坟墓中，以便他在幽冥中能继续使用。"④ 早在裴李岗遗址中就发现有的墓葬随葬品多达 20 余件。⑤ 大汶口文化后期更为明显，有的墓葬随葬品多达 180 余件，且品种复杂，制作精致，往往采用贵重质料。⑥ 西安半坡新石器时代遗址中的第 152 号墓，墓主虽只是一位三四岁的女童，但墓中却发现有木质棺板，另外还出土有陶器、石珠、石球、耳坠等随葬品 79 件之多。发掘者认为，"对三、四岁的女孩如此厚葬，必有一定的社会意义"。⑦ 当然，这里所说的"厚葬"，"与后世真正作为社会浮侈风气之表现的厚葬，其规模和程度是不可同日而语的"，但却至少表明"最初的'厚葬'形式已经出现"。⑧ 青海乐都柳湾马家窑文化马厂类型墓葬中第 564 号墓出土大量陶器的情形，似乎更能够确定表明"厚葬"习俗的形成。第 564 号墓"是柳湾墓葬中随葬品最多的一座，出九十五件，其中彩陶壶、侈口陶罐、粗陶瓮等陶容器共九十一件，石斧、锛、凿与绿松石饰等各一件"。⑨ 对此，王子今分析认为，"墓主生前实际使用的陶器不会同时多达 91 件，因而这座墓葬中所随葬的'陶容器'，其意义应当是非实用的"。⑩ 试想，若没有灵魂不灭观念和墓葬的结合，要在几千年前的社会聚敛这么多的财产随葬，简直是不可

① 徐吉军、贺云翱：《中国丧葬礼俗》，浙江人民出版社，1991，第 11 页。
② 《礼记·祭义》："事死者如事生。"《礼记正义》，（清）阮元校刻《十三经注疏（附校勘记）》，第 1593 页。
③ 《汉书》卷九七《外戚传》载汉哀帝语："孝子事亡如事存。"（第 4003 页）
④ 马克思：《摩尔根〈古代社会〉 书摘要》，人民出版社，1965，第 51 页。
⑤ 参见《考古》1978 年第 2 期、1979 年第 3 期有关文章。
⑥ 山东省文物管理处、济南市博物馆编《大汶口：新石器时代墓葬发掘报告》，文物出版社，1974，第 9 页。
⑦ 中国科学院考古研究所、陕西省西安半坡博物馆：《西安半坡——原始氏族社会聚落遗址》，文物出版社，1963，第 206~207、214~215 页。
⑧ 王子今：《中国盗墓史：一种社会现象的文化考察》，中国广播电视出版社，1999，第 6 页。
⑨ 青海省文物管理处考古队、中国社会科学院考古研究所编《青海柳湾——乐都柳湾原始社会墓地》，文物出版社，1984，第 55 页。
⑩ 王子今：《中国盗墓史：一种社会现象的文化考察》，第 8~9 页。

能的事情。而在这些时代，家庭伦理意义上的孝观念实际上还不存在。

随着私有制的产生和阶级社会的形成，人们的丧葬观念和习俗发生了鲜明变化。在受灵魂不灭观念驱使的同时，厚葬也开始成为统治者炫耀自己地位和财富的象征。① 厚葬从随葬开始，随着贫富分化的加剧而逐渐加强，当权力介入之后，等级制更成为厚葬的依据。这样，灵魂不死观念通过墓葬得以推广，最终形成大量财富随葬的客观事实。②

史载，"夏道尊命，事鬼敬神"，"殷人尊神，率民以事神，先鬼而后礼"，③《汉书·艺文志》蓍龟类载有《夏龟》二十六卷，今亡佚，据名推测当为夏人用以占卜的专用书。殷墟甲骨中卜问鬼神观念的甲骨有十几万片，由此可知商人亦生活在一个充满鬼神的世界之中。在商代，还出现了中国丧葬史上的第一次厚葬高潮。其特征是不仅有大量昂贵的青铜器随葬，还出现了人殉、人牲，而且墓室极其讲究，规模浩大。④ 到周代，人们认为"国之大事，在祀与戎"，⑤ 仍把祭祀祖先作为国家的两件大事之一，厚葬当在情理之中。

两汉时期的厚葬之风是从西汉中期开始盛行的，且愈演愈烈。这种情形的出现，除与灵魂不灭观念以及当时社会财富显著增长有着显而易见的联系之外，按照时人及后人的理解，似乎还与儒家和统治者所提倡的孝道有着直接的关系。如西汉末年京师游侠原涉就认为厚葬是履践孝道，"令先人坟墓俭约"则是"非孝"的行为。⑥ 当时甚至还有地方官吏出于提倡孝道的考虑，反对节葬。如东汉光武帝时，"府下记，禁人丧葬不得侈长"，上蔡令宋均却认为"夫送终逾制，失之轻者。今有不义之民，尚未循化，而遽罚过礼，非政之先"，因此对郡府的这一规定"竟不肯施行"。⑦

不过，从文献描述的众多厚葬事例看，造成厚葬的深层社会心态

① 徐吉军、贺云翱：《中国丧葬礼俗》，第 3 页。
② 陈华文：《丧葬史》，第 18 页。
③ 《礼记·表记》，《礼记正义》，（清）阮元校刻《十三经注疏（附校勘记）》，第 1641～1642 页。
④ 徐吉军、贺云翱：《中国丧葬礼俗》，第 5 页。
⑤ 《左传·成公十三年》，杨伯峻编著《春秋左传注》，第 861 页。
⑥ 《汉书》卷九二《原涉传》，第 3716 页。
⑦ 《后汉书》卷四一《宋均列传》，第 1412 页。

"并不仅仅是单纯行孝的表面文章，如同饮食生活中的宴饮活动和婚姻中的大办喜事，汉代人强烈的面子感在这里起着至关重要的作用"。① 也如王子今所说，"厚葬的兴起，主要原因之一，是葬事的主持者往往以此作为炫耀自我之地位和财富的方式。葬事，从实质上说，是生者之事，而非死者之事。丧事的规模，实际上于死者较为次要，而于生者更为重要"。②

事实上，两汉厚葬之风兴起于统治阶层特别是王侯、外戚和宦官的奢侈行为。这些人既是政治上的受益者，又是经济上的富有者，有能力、有条件逾越礼制，行奢侈之风。如宦官吕强曾上疏皇帝云："今外戚四姓贵倖之家，及中官公族无功德者，造起馆舍，凡有万数，楼阁连接，丹青素垩，雕刻之饰，不可单言。丧葬逾制，奢丽过礼，竞相放效，莫肯矫拂。"③ 宦者赵忠"丧父，归葬安平，僭为玙璠、玉匣、偶人"；④ 宦官侯览"丧母还家，大起茔冢"，又"豫作寿冢，石椁双阙，高庑百尺"。⑤ 厚葬之风之所以屡禁不止，正是与他们的政治地位和奢侈行为密切相关。而朝廷中斥责这种风气的主要是一些以经学起家的儒吏，他们对败坏社会风俗的外戚和宦官恨之入骨。有学者就认为，东汉名士坚持薄葬，其深层的文化意蕴是清流阶层对浊流阶层的反动，是一种非暴力不合作运动。⑥

儒家主张葬制以礼，更讲究慎终追远，强调丧事应以哀为主，反对徒具形式的厚葬之风，对逾礼的厚葬行为更是强烈批判。如《礼记·檀弓上》中孔子"死欲速朽"的言论，就是对葬具豪奢的谴责。⑦ 同篇中还有这样的内容：

---

① 彭卫、杨振红：《中国风俗通史·秦汉卷》，第492页。

② 王子今：《中国盗墓史：一种社会现象的文化考察》，第31页。

③ 《后汉书》卷七八《宦者列传·吕强》，第2530页。

④ 《后汉书》卷四三《朱穆列传》，第1470页。

⑤ 《后汉书》卷七八《宦者列传·侯览》，第2523页。

⑥ 徐国荣：《东汉儒学名士薄葬之风和吊祭活动的文化蕴涵》，《东方论坛》2000年第4期。

⑦ 《礼记·檀弓上》："有子问于曾子曰：'问丧于夫子乎？'"回答有"死欲速朽"句。又："昔者夫子居于宋，见桓司马自为石椁，三年而不成。夫子曰：'若是其靡也，死不如速朽之逾也。'"《礼记正义》，（清）阮元校刻《十三经注疏（附校勘记）》，第1290页。

> 子游问丧具。夫子曰："称家之有亡。"子游曰："有无恶乎
> 齐?"夫子曰："有,毋过礼;苟亡矣,敛首足形,还葬,县棺而
> 封。人岂有非之者哉?"①

子游就葬具请教孔子,孔子说,应当与家庭实际经济状况相称。
子游问:家庭实际经济状况各有不同,有没有统一的礼的规范呢?孔
子说,经济条件许可的,不应厚葬过礼;经济条件不足的,只要衣可
遮体,敛后即葬,难道还有人会责备他失礼吗?

儒家抵制厚葬之风的传统在两汉时期得到继承。汉昭帝时,贤良
文学就对厚葬风气有着比较清醒的认识。他们谴责当时的厚葬之风
说:"今生不能致其爱敬,死以奢侈相高;虽无哀戚之心,而厚葬重
币者,则称以为孝,显名立于世,光荣著于俗。故黎民相慕效,至于
发屋卖业。"② 对此,徐复观分析说:"贤良很深刻地把握到当时'厚
葬'的实质,与孝道无关,仅是由统治集团所倡导的淫侈之风的一部
分,而加以严厉的谴责;这与《散不足》第二十九贤良所述当时社会
现象之一的厚葬风气加在一起来看,则由贤良文学所代表的儒家思
想,与一般的说法相反,是非常反对厚葬的。"③ 其实,即使是上文提
到的原涉,其认为"令先人坟墓俭约"乃"非孝"行为也是基于自
己已经"身得其名"的前提。④ 至于上蔡令宋均,他更是认为"丧葬
侈长""送终逾制"之类的行为本身就是一种过失,只不过为了"循
化"民众,他才将这种过失视为"失之轻者"。

东汉时期,厚葬之风较之西汉有过之而无不及。为解决这一问
题,汉光武帝在诏令薄葬时提出要"布告天下,令知忠君、孝子、慈
兄、悌弟薄葬送终之义"。在这份薄葬诏令中,光武帝不仅没有感觉
到孝子和薄葬之间存在冲突,反倒认为薄葬是孝子所应当贯彻执行的
一种行为。如果我们认识到儒家思想是反对厚葬的,那么对光武帝薄

---

① 《礼记·檀弓上》,第1291页。《礼记·檀弓下》又引录孔子的话:"啜菽饮水,尽
　其欢,斯之谓孝;敛手足形,还葬而无椁,称其财,斯之为礼。"《礼记正义》,
　(清) 阮元校刻《十三经注疏 (附校勘记)》,第1310页。
② 《盐铁论·散不足》,王利器校注《盐铁论校注 (定本)》,第354页。
③ 徐复观:《两汉思想史》第3卷,第94页。
④ 《汉书》卷九二《原涉传》,第3716页。

葬诏令中孝子、薄葬并提的现象就不难理解。不过，有学者却拘泥于孝是厚葬的重要原因这一传统观念，认为光武帝薄葬诏令"用所谓的忠孝之义来劝导，无异于扬汤止沸"。① 或许，这一观点正确与否还需要再慎重考虑。

两汉众多深受孝观念熏陶的文人或士大夫也反对厚葬之风，且身体力行，以自身的行为作为榜样，崇尚薄葬。今略举几例。西汉时杨王孙面对"厚葬诚亡益于死者，而俗人竞以相高，靡财单币，腐之地下"的世风，他"以赢（裸）葬，将以矫世"。② 东汉杨震谓其诸子门人曰："身死之日，以杂木为棺，布单被裁足盖形，勿归冢次，勿设祭祠。"③《文选》卷五八蔡邕《陈太丘碑文》中说陈寔"临没顾命，留葬所卒，时服素棺，椁财周榇，丧事惟约，用过乎俭"。④《西京杂记》载杜子夏临终作文曰："魏郡杜邺，立志忠欵，犬马未陈，奄先草露。骨肉归于后土，气魂无所不之。何必故丘，然后即化。"⑤赵咨将终时"告其故吏朱祇、萧建等，使薄敛素棺，籍以黄壤，欲令速朽，早归后土，不听子孙改之"。⑥ 可见，儒家孝观念本身是反对厚葬的，厚葬之风的形成并非由孝观念所致。

（二）孝道与三年之丧

孝的本义是"尊祖爱亲，守其所以生者也"，⑦ 其社会功能和政治功能更侧重于"严恭承命，不以身恨君，孝也"，⑧ 对统治者加强政治思想统治、引导社会风俗无疑有着一定的重要意义。为此，两汉

① 徐国荣：《东汉儒学名士薄葬之风和吊祭活动的文化蕴涵》，《东方论坛》2000 年第 4 期。
② 《汉书》卷六七《杨王孙传》，第 2908 页。
③ 《后汉书》卷五四《杨震列传》，第 1767 页。
④ 《文选》卷五八蔡邕《陈太丘碑文》，（梁）萧统编，（唐）李善注《文选》，第 802 页。
⑤ 《西京杂记》卷三"杜子夏自作葬文"条，（晋）葛洪撰，周天游校注《西京杂记》，三秦出版社，2006，第 150 页。
⑥ 《后汉书》卷三九《赵咨列传》，第 1314 页。
⑦ 《周礼·地官司徒·师氏》郑玄注"孝德"条，《周礼注疏》，（清）阮元校刻《十三经注疏（附校勘记）》，第 730 页。
⑧ 《新序·节士》，（汉）刘向编著，石光瑛校释，陈新整理《新序校释》，第 889 页。

统治者特别注重发挥孝的这一功能，宣扬以孝治天下，把孝作为维系社会政治风气的一个关键理念。

为大力推行和普及孝观念，汉政府甚至以孔子编写的名义来宣传《孝经》。《汉书·艺文志》曰：“《孝经》者，孔子为曾子陈孝道也。夫孝，天之经，地之义，民之行也。举大者言，故曰《孝经》。”①《白虎通》把其与《春秋》并列，说孔子“已作《春秋》，复作《孝经》”。② 郑玄则认为孔子因为六经各讲了一个方面，怕后人不知根源，所以作《孝经》来总会。汉人之所以将《孝经》捧得如此之高，就是企图通过孝来维系宗法血缘的纽带，从而达到以孝治天下的政治目的。《孝经·开宗明义章》说：“夫孝，德之本也，教之所由生也”，“以顺天下，民用和睦，上下无怨”。③ 为此，汉王朝极力提倡伦理孝道，认为这样便可达到“教化已明，习俗已成”④ 的理想统治境界。

不过，对孝道的认同，不能靠法律制度的外在强制要求，而是要通过人心的直接感受来实现。《论语·阳货》中载有宰我与孔子的一段著名对话：

> 宰我问：“三年之丧，期已久矣。君子三年不为礼，礼必坏；三年不为乐，乐必崩。旧谷既没，新谷既升，钻燧改火，期可已矣。”
>
> 子曰：“食夫稻，衣夫锦，于女安乎？”
>
> 曰：“安。”
>
> “女安，则为之！夫君子之居丧，食旨不甘，闻乐不乐，居处不安，故不为也。今女安，则为之！”
>
> 宰我出。子曰：“予之不仁也！子生三年，然后免于父母之怀。夫三年之丧，天下之通丧也，予也有三年之爱于其父

---

① 《汉书》卷三〇《艺文志》，第 1719 页。

② 《白虎通·五经》，（清）陈立撰《白虎通疏证》，第 446 页。

③ 《孝经·开宗明义章》，《孝经注疏》，（清）阮元校刻《十三经注疏（附校勘记）》，第 2545 页。

④ 《汉书》卷二二《礼乐志》，第 1032 页。

母乎！"①

在孔子的理解中，正如"为仁由己"② 一样，孝也完全建立在人性最基本的心理性情基础之上。"三年之丧"为孝之通礼，但能否坚守或坚守到什么程度，则完全取决于子女的人性情感，并不要求强制执行。

关于三年之丧，《礼记·三年问》曰："三年之丧，人道之至文者也。夫是之谓至隆，是百王之所同，古今之所一也，未有知其所由来者也。""三年之丧，天下之达丧也。"③ 其后，历代学者或认为其起源于尧舜，或推测是殷商制度，或断定为周代礼制所定，或主张乃孔子首创，争论纷纭，迄今难有定论。④ 不过，先秦文献中已有服三年之丧的记载则是不争的事实。特别是以孔、孟为代表的儒家学者更在此基础上制定出一套丧服制度，且谓"三年之丧，天下之通丧也"，⑤ "自天子达于庶人，三代共之"。⑥ 不过，西汉初期，服丧期较短。如文帝临终前特遗诏丧事一切从简。后人多赞扬文帝的薄葬主张，效仿其薄葬行为。但是，人们往往忽略了一点，即这篇遗诏的中心内容说的是不要"重服以伤生"，其实更应该是一篇主张短丧的诏令。⑦ 诏文的后半部分主要谈勿令天下臣民久穿丧服，久治丧事。"其令天下吏民，令到出临三日，皆释服"，既葬之后，"服大红（功）十五日，小红（功）十四日，纤七日，释服"，"毋禁取（娶）妇嫁女祠祀饮酒食肉者"，"毋发民男女哭临宫殿"，强调的都是丧葬仪式从简、丧事时间缩短。⑧

文帝的短丧诏对两汉社会产生了一定的影响。成帝时，丞相翟方进对其后母"供养甚笃。及后母终，既葬三十六日，除服起视事，以

① 《论语·阳货》，杨伯峻译注《论语译注》，第188页。
② 《论语·颜渊》，杨伯峻译注《论语译注》，第123页。
③ 《礼记·三年问》，《礼记正义》，（清）阮元校刻《十三经注疏（附校勘记）》，第1663页。
④ 详见徐吉军、贺云翱《中国丧葬礼俗》，第370~381页。
⑤ 《论语·阳货》，杨伯峻译注《论语译注》，第188页。
⑥ 《孟子·滕文公上》，杨伯峻译注《孟子译注》，第114页。
⑦ 黄宛峰：《汉文帝并非薄葬》，《南都学坛》1995年1期。
⑧ 《史记》卷一〇《孝文本纪》，第434页。

为身备汉相，不敢逾国家之制"。颜师古曰："汉制自文帝遗诏之后，国家遵以为常。大功十五日，小功十四日，缌麻七日。方进自以大臣，故云不敢逾制。"① 可见，至成帝时公卿大臣仍有遵文帝遗制者。两汉其他皇帝也有效仿文帝短丧的。如光武帝刘秀临终遗诏曰："朕无益百姓，皆如孝文皇帝制度，务从约省。"② 对这种现象，灵帝熹平六年（177 年）蔡邕上封事，在所言七事中曾有所描述："臣闻孝文皇帝制丧服三十六日，虽继体之君，父子至亲，公卿列臣，受恩之重，皆屈情从制，不敢逾越。"③

不过，文帝的短丧诏正如顾炎武所说，"若夫君丧之礼，自战国以来，固已久废。文帝乃特著之为令"，④ 其用意在倡导节俭。我们从后人多赞扬其薄葬主张、效仿其薄葬行为中也可看出这一点。但是，随着提倡孝道的儒家思想逐渐占据统治地位，丧服制度越来越受到重视，文帝的短丧主张远不能满足儒家宣扬孝道的需要。东汉时期，荀爽就认为文帝的短丧主张"行过乎俭"，"不可贯之万世"。⑤ 顾炎武更是讥讽文帝的短丧诏"干百姓之誉，而反以蒙后代无穷之讥"。⑥

事实上，据文献记载，两汉时期以孝著称者往往是服三年之丧的典型。早在武帝时期，汉代第一位布衣儒相公孙弘"养后母孝谨，后母卒，服丧三年"。⑦ 这当是文献所见两汉最早服三年之丧的记载。其后行三年之丧者渐多，如成帝时薛修为后母服三年之丧；⑧ 哀帝时刘茂为母服三年之丧；⑨ 等等。平帝崩，王莽更是令"天下吏六百石以

---

① 《汉书》卷八四《翟方进传》，第 3416～3417 页。
② 《后汉书》卷一《光武帝纪》，第 85 页。
③ 《后汉书》卷六〇《蔡邕列传》，第 1997 页。
④ 《日知录》卷一四《君丧》，（清）顾炎武著，（清）黄汝成集释《日知录集释（外七种）》，第 1123 页。
⑤ 《后汉书》卷六二《荀爽传》，第 2051 页。
⑥ 《日知录》卷一四《君丧》，（清）顾炎武著，（清）黄汝成集释《日知录集释（外七种）》，第 1123 页。
⑦ 《汉书》卷五八《公孙弘》，第 2619 页。
⑧ 《汉书》卷八三《薛宣传》，第 3394 页。
⑨ 《后汉书》卷八一《独行列传·刘茂》，第 2671 页。

上皆服丧三年"。① 到东汉，服三年之丧者更多，且每多服丧过礼者。东汉的三年之丧，除为君、为父母服外，还有大量为太守、为曾辟举己者、为师者以及故吏为其主官、属民为其长官等服三年之丧的情形存在。②

需要注意的是，两汉统治者中，除文帝遗命短丧外，一般对服三年之丧者多持肯定态度，并予以表彰、奖励，甚至加以提拔、重用。③如成帝时，于定国死，其子永为之"居丧如礼，孝行闻。由是以列侯为散骑光禄勋，至御史大夫"。成帝还把馆陶公主嫁给了他，后来甚至想任命其为相，"会永薨"而罢。④ 河间王刘良为母太后"服丧如礼"，哀帝特下诏褒扬曰："河间王良，丧太后三年，为宗室仪表，其益封万户。"⑤ 刘秀在更始元年（23 年）经略颍川时，听说有个叫铫期的人为父服三年之丧，"乡里称之"，便"闻期志义，召署贼曹掾"。⑥ 顺帝时，东海王刘臻及其弟刘俭"并有笃行，母卒，皆吐血毁眥"，又"追念初丧父，幼小，哀礼有阙，因复重行丧制"，由此"顺帝美之"，特制诏褒奖曰："东海王臻以近蕃之尊，少袭王爵，膺受多福，未知艰难，而能克己率礼，孝敬自然，事亲尽爱，送终竭哀，降仪从士，寝苫三年。和睦兄弟，恤养孤弱，至孝纯备，仁义兼弘，朕甚嘉焉。夫劝善厉俗，为国所先。曩者东平孝王敞兄弟行孝，丧母如礼，有增户之封。《诗》云：'永世克孝，念兹皇祖。'今增臻封五千户，俭五百户，光启土宇，以酬厥德。"⑦ 灵帝末，陈纪服丧过礼，"虽衰服已除，而积毁消瘠，殆将灭性。豫州刺史嘉其至行，表

---

① 《汉书》卷九九《王莽传》，第 4078 页。

② 详见杨天宇《略论汉代的三年丧》，《郑州大学学报》2002 年第 5 期。

③ 汉王朝提倡服三年之丧，是一种宣扬孝道的方式，因此对民间或诸侯王子弟之类没有担任朝廷官职者的服丧行为持赞赏态度。但在实际行政当中，有一种现象不能不注意到，那就是汉政府一般是不允许现任官吏尤其高级官吏服三年之丧的。尽管东汉安帝到桓帝时期朝廷中对此有过激烈的争论，政策也几经反复，但总体上来说，高级官吏及治民之吏大多仍不可能真正做到服丧三年。当然，这与朝廷提倡三年之丧并不冲突，而主要是实际执政要求使然。

④ 《汉书》卷七一《于定国传》，第 3046 页。

⑤ 《汉书》卷五三《景十三王传》，第 2412 页。

⑥ 《后汉书》卷二〇《铫期列传》，第 731 页。

⑦ 《后汉书》卷四二《光武十王列传·东海恭王强》，第 1426 页。

上尚书，图象百城，以厉风俗"。①

不仅如此，两汉有的皇帝或皇后还带头服三年之丧。如明帝为其父光武帝服丧三年。② 和帝永元四年（92 年），邓后入选后宫，会父卒，邓后为父服丧三年，"昼夜号泣，终三年不食盐菜，憔悴毁容，亲人不识之"。③

两汉时期，时人还多把服丧制度能够自觉得到有效遵从作为政府化民成俗取得显著成效的重要标志。如司马迁在《史记·循吏列传》中记载郑相子产的政绩时，就将"丧期不令而治"作为其治政的最高境界。④

由于统治者的提倡，服三年之丧在当时渐成风气，有能服三年之丧或"服丧尽礼""服丧过礼"者，往往会受到人们的赞扬。如哀帝时原涉为父服丧三年，"繇是显名京师"，"衣冠慕之辐辏"。⑤ 章帝初年，黄香为母丧"思慕憔悴，殆不免丧，乡人称其至孝"。⑥ 顺帝初，申屠蟠为父服丧，"哀毁过礼"，时贤郭林宗"见而奇之"。同郡蔡邕亦"深重蟠"，并赞之曰："申屠蟠禀气玄妙，性敏心通，丧亲尽礼，几于毁灭。至行美义，人所鲜能"。⑦ 桓帝延熹年间，孔融为父丧"哀悴过毁，扶而后起，州里归其孝"。⑧

相反，那些不奔丧者则往往受人非议或讥弹，仕途受到影响。如元帝初元二年（前 47 年），诏列侯举茂才，富平侯张勃荐举陈汤，汤待迁，"父死不奔丧"，为此被司隶奏"无循行"而"下狱论"，张勃也受到牵连，"选举故不以实，坐削（二百户）〔户二百〕，会薨，因赐谥曰缪侯"。⑨ 成帝时，丞相薛宣后母死，其弟修为后母服丧三年，

---

① 《后汉书》卷六二《陈纪列传》，第 2067~2068 页。
② 《后汉书·礼仪志上》注引《谢承书》载蔡邕之言曰："以明帝圣孝之心，亲服三年。"（第 3104 页）
③ 《后汉书》卷一〇《皇后纪·和熹邓皇后》，第 418 页。
④ 《史记》卷一一九《循吏列传》，第 3101 页。
⑤ 《汉书》卷九二《原涉传》，第 3714 页。
⑥ 《后汉书》卷八〇《文苑列传·黄香》，第 2613 页。
⑦ 《后汉书》卷五三《申屠蟠列传》，第 1750~1751 页。
⑧ 《后汉书》卷七〇《孔融列传》，第 2262 页。
⑨ 《汉书》卷七〇《陈汤传》，第 3007 页。

薛宣却不服丧。为此，成帝在罢免薛宣的诏书中说道："君为丞相，出入六年，忠孝之行，率先百僚，朕无闻焉。……不忍致君于理，其上丞相高阳侯印绶，罢归。"后来，薛宣再次任官。但及哀帝即位，博士申咸再次"毁宣不供养行丧服，薄于骨肉，前以不忠孝免，不宜复列封侯在朝省"。最终，薛宣"坐免为庶人，归故郡，卒于家"。① 东汉明帝时，新野功曹邓衍"每豫朝会，而容姿趋步，有出于众"，深得明帝欣赏，"特赐舆马衣服"，"拜郎中，迁玄武司马"。后邓衍父死，他却"不服父丧"。明帝知道此事后感叹说："'知人则哲，惟帝难之。'信哉斯言！"邓衍因此"惭而退"。② 更有甚者，颍川甄邵在任职期间遇母丧，为不影响升迁，他将母亲的尸体埋进马屋，"先受封，然后发丧"。事发后，河南尹李燮"行涂（途）遇之，使卒投车于沟中，笞捶乱下，大署帛于其背曰'谄贵卖友，贪官埋母'"，随后"具表其状"，甄邵最终被判处"废锢终身"。③

两汉时期，察举孝廉是选拔官吏的重要途径。服三年之丧者往往被看作有孝道之人，能够受到人们的称誉，得到统治者的褒奖和擢用；而不服丧者则被视为不孝之人，或不得为官，或受到弹劾。在这种风气的影响下，"至于饰伪以邀誉，钓奇以惊俗"，④ 为求官而伪为久丧的行为出现。如桓帝时，"民有赵宣葬亲而不闭埏隧，因居其中，行服二十余年，乡邑称孝，州郡数礼请之。郡内以荐蕃，蕃与相见，问及妻子，而宣五子皆服中所生。蕃大怒曰：'圣人制礼，贤者俯就，不肖企及。且祭不欲数，以其易黩故也。况乃寝宿冢藏，而孕育其中，诳时惑众，诬污鬼神乎'"，⑤ 遂将赵宣交与官府治罪。不过，这一典型事例也从反面显示出当时统治者对孝道的态度以及久丧之风的盛行程度。

总之，两汉时期服三年之丧行为渐盛，到了东汉，竟成风气。不过，自安帝时起，则每有关于官吏是否应去职为亲服丧的争议。《后

---

① 《汉书》卷八三《薛宣传》，第 3393～3396 页。
② 《后汉书》卷三三《朱冯虞郑周列传》，第 1153 页。
③ 《后汉书》卷六三《李燮列传》，第 2091 页。
④ 《资治通鉴·汉纪四十三·顺帝永建二年（一二七）》，中华书局，1956，第 1650 页。
⑤ 《后汉书》卷六六《陈蕃列传》，第 2159～2160 页。

汉书·安帝纪》元初三年（116 年）曰："初听大臣、二千石、刺史行三年丧。"① 又《后汉书·刘恺列传》载："元初中，邓太后诏长吏以下不为亲行服者，不得典城选举。时有上言牧守宜同此制，诏下公卿，议者以为不便。恺独议曰：'诏书所以为制服之科者，盖崇化厉俗，以弘孝道也。今刺史一州之表，二千石千里之师，职在辩章百姓，宣美风俗，尤宜尊重典礼，以身先之。而议者不寻其端，至于牧守则云不宜，是犹浊其源而望流清，曲其形而欲景直，不可得也。'太后从之。"② 此《传》所载，盖与《安帝纪》元初三年所记为同一事。其后时禁时倡，但仍以倡为主。③

朝廷的诏令或规定虽有反复，实际执行情况则自西汉武帝尊崇儒术以降，大臣、官吏及诸侯王等服三年之丧者史不绝书，且呈日益增多的趋势。可见，两汉时期有关三年之丧方面的制度、诏令，文献所见，虽较零星，却可看出其一贯的精神。统治者对三年之丧的政策诏令"虽出现前后矛盾或不一致的情况，但总的说来却是持支持、鼓励的态度，甚至带头服三年丧"，"盖因汉代盛行经学，而东汉统治者又特别提倡名教礼法使然"。④ 也就是说，儒家所提倡的三年之丧等丧服制度，到了盛行经学和大力推行以孝治天下的两汉时期，开始真正受到人们的重视。

在儒家推行孝道、提倡服三年之丧风气的倡导下，两汉丧期虽无定制，但"惟其无定制，听人自为轻重，于是徇名义者，宁过无不及"。⑤ 时人推崇至孝行为竟然达到"焦毁过礼，草庐土席，衰杖在身，头不枇沐，体生疮肿"⑥ 的地步。

不过，两汉统治者只是提倡和鼓励三年之丧，却很少做出强制性规定来要求大臣、官吏等必须执行这一丧服制度。如宣帝地节四年（前 66 年）诏曰："导民以孝，则天下顺。今百姓或遭衰绖凶灾，而

---

① 《后汉书》卷五《安帝纪》，第 226 页。
② 《后汉书》卷三九《刘恺列传》，第 1307 页。
③ 详见杨天宇《略论汉代的三年丧》，《郑州大学学报》2002 年第 5 期。
④ 杨天宇：《略论汉代的三年丧》，《郑州大学学报》2002 年第 5 期。
⑤ 卷三"两汉丧服无定制"条，（清）赵翼著，王树民校证《廿二史札记校证（订补本）》，第 69 页。
⑥ 《后汉书》卷五五《章帝八王传·济北惠王寿》，第 1807 页。

吏繇事，使不得葬，伤孝子之心，朕甚怜之。自今诸有大父母、父母丧者勿繇事，使得收敛送终，尽其子道。"① 向天下普通民众宣扬尽孝服丧所能够享受到的优惠政策。对此，《后汉书·陈忠列传》中也有记载，只是略有不同："孝宣皇帝旧令，人从军屯及给事县官者，大父母死未满三月，皆勿徭，令得葬送。"② 对于倡导三年之丧的儒家代表团体，统治者更是给予鼓励和支持，如《汉书·哀帝纪》载成帝绥和二年（前7年）六月哀帝下诏曰："博士弟子父母死，予宁三年。"颜师古曰："宁谓处家持丧服。"③ 这是规定博士弟子可以准假回家为父母服三年之丧。至于《汉书·扬雄传》注引应劭曰"汉律以不为亲行三年服不得选举"，④ 其实也并非强制性政策，因为举孝廉一直是两汉察举制度的主要内容，而三年之丧正是儒家提倡孝道所主张的行为。如果不能为父母等服三年之丧，自然被世人认为非孝，无法进入选举范围，这一点从上面的相关论述中也能清晰看出。

对于不孝行为，汉律的惩治则极为严酷。如张家山汉简《二年律令》中有关于汉代不孝罪的规定。"子牧杀父母，殴詈泰父母、父母、叚（假）大母、主母、后母，及父母告子不孝"，皆弃市"，"教人不孝，黥为城旦舂"。只有"其子有罪当城旦舂、鬼薪白粲以上， 及 为人奴婢者，父母告不孝， 勿 听 。 年 七 十 以 上 告 子不孝，必三环之。三环之各不同日而尚告，乃听之。"⑤《奏谳书》也有"律曰：……教人不孝，次不孝之律。不孝者弃市"，"夫父母死，未葬，奸丧旁者，当不孝，不孝弃市"，"律曰：不孝弃市" 等记载。⑥

① 《汉书》卷八《宣帝纪》，第250~251页。
② 《后汉书》卷四六《陈忠列传》，第1560页。
③ 《汉书》卷一一《哀帝纪》，第336~337页。
④ 《汉书》卷八七《扬雄传》注引应劭，第3569页。
⑤ 《二年律令》，张家山二四七号汉墓竹简整理小组编著《张家山汉墓竹简（二四七号墓）（释文修订本）》，文物出版社，2006，第13页。
⑥ 《奏谳书》，张家山二四七号汉墓竹简整理小组编著《张家山汉墓竹简（二四七号墓）（释文修订本）》，第108页。

不过，两汉时期，在儒家孝文化的熏陶下，统治者对民众犯不孝罪尤其是父告子不孝的案件，仍多倾向于以教化结案，并非一定要加刑于不孝子。如东汉时，仇览为蒲亭长，"初到亭，人有陈元者，独与母居，而母诣览告元不孝。览惊曰：'吾近日过舍，庐落整顿，耕耘以时。此非恶人，当是教化未及至耳。母守寡养孤，苦身投老，奈何肆忿于一朝，欲致子以不义乎？'母闻感悔，涕泣而去。览乃亲到元家，与其母子饮，因为陈人伦孝行，譬以祸福之言。元卒成孝子"。① 但有些不孝行为则是杀无赦的。如元帝时，王尊"兼行美阳县令事。春正月，美阳女子告假子不孝，曰：'儿常以我为妻，妒笞我。'"王尊认为"律无妻母之法，圣人所不忍书"，在没有法律规定的情况下，王尊于法外设非常之刑，"取不孝子县（悬）磔著树，使骑吏五人张弓射杀之"。② 这种不孝行为与日常行为中的不孝不同，不在教化之列，因此处罚极为严厉。

自汉武帝定策尊崇儒学、设立太学以后，儒生数量日增，儒家思想影响日益增强。从汉宣帝时期开始，经学之士逐渐在朝廷占据重要位置，既有职务上的优势，也有人数上的优势。到元帝时，儒学已经完全主导了朝廷政治。③ 儒家倡导的孝道思想因其温情脉脉而具有显著的教化作用，可以影响、劝勉更多的民众，从而使天下孝风大倡，故而被两汉统治者采用。"导民以孝，则天下顺"，两汉统治者抓住了思想上统治民众的一个关键，崇尚孝道，置孝悌，举孝廉，不遗余力地推行三年之丧，这使其统治虽日益柔和却更加有力，有利于社会风俗的美化，真正实现对社会文化秩序的软控制。两汉以后，三年之丧制度一直被统治者列入丧制甚至法律制度之中。如《开元礼》《唐律》《政和礼》《宋刑统》《司马氏书仪》《朱子家礼》《明会典》《清会典》等，均把三年之丧定为"天下之通丧"，作为一种社会规范在整个社会中推行。

---

① 《后汉书》卷七六《循吏列传·仇览》，第 2480 页。
② 《汉书》卷七六《王尊传》，第 3227 页。
③ 汤志钧、华友根、承载、钱杭：《西汉经学与政治》，上海古籍出版社，1994，第223 页。

第三节 两汉民众风谣和风俗使

在日常行政中，两汉政府通过各级官员的观风纳谣和政治教化来齐整风俗，以求实现对社会的软控制。

一 观纳风谣：两汉风俗使的日常职责

（一）两汉民众风谣与"诗教"理论

两汉时期，民众风谣盛行。普通民众往往以歌谣的形式对周围的人物或事件加以褒贬，借以表达自己的爱憎和意愿。因此，两汉典籍中多有"天下歌之""儿乃歌之""民有作歌""百姓歌之""巷路为之歌""闾里歌之""凉州为之歌"等文字出现，甚至连汉代社会盛行的人物品评之风亦常采取"歌""语""谣""谚""号"等形式。通过对两汉现存风谣的考察，王子今认为，汉代所存的风谣为我们展示了一幅真正属于汉代的纷繁杂呈、色彩斑斓的社会风俗画面，使我们今天依然能够在一定程度上了解当时民众的社会生活与价值观念。[①]

其中，对各级官吏的褒贬是两汉民众风谣的重要内容。若某官吏在职期间廉政敬业、体恤百姓，就会得到当地民众的拥护，"父老称歌""吏人为之歌颂"。如西汉冯野王、冯立兄弟相继为地方长吏，均有治绩，当地民众风谣歌颂之。史载："吏民嘉美野王、立相代为太守，歌之曰：'大冯君，小冯君，兄弟继踵相因循，聪明贤知惠吏民，政如鲁、卫德化钧，周公、康叔犹二君。'"[②] 廉范，字叔度，"建初中，迁蜀郡太守，其俗尚文辩，好相持短长，范每厉以淳厚，不受偷薄之说。成都民物丰盛，邑宇逼侧，旧制禁民夜作，以防火灾，而更

---

① 王子今：《秦汉民间谣谚略说》，《人文杂志》1987 年第 4 期，转引自王子今《秦汉社会史论考》，第 377～393 页。
② 《汉书》卷七九《冯奉世传》，第 3305 页。

相隐蔽，烧者日属。范乃毁削先令，但严使储水而已。百姓为便，乃歌之曰：'廉叔度，来何暮？不禁火，民安作。平生无襦今五绔。'"① 仇览为蒲亭长，劝人生业，"躬助丧事，赈恤穷寡"，乡邑为之谚曰："父母何在在我庭，化我鸱枭哺所生。"② 汉桓帝时，边凤、延笃先后为京兆尹，治绩与西汉时期的京兆尹赵广汉、张敞、王遵、王章、王骏一样显著，甚得民心，郡人为之语曰："前有赵张三王，后有边延二君。"③

反之，若官员为政不廉，损害百姓，当地民众则通过风谣的形式对其进行无情的鞭挞。如郗俭为益州刺史，"在政烦扰，谣言远闻"。④ 汉成帝时，丞相翟方进奏毁汝南鸿郤陂，民失其利，多致饥困，时有谣歌曰："坏陂谁？翟子威。饭我豆食羹芋魁。反乎覆，陂当复。谁云者？两黄鹄。"⑤

对当时社会和时政具有重大影响事件的议论和评判也是民众风谣的重要内容之一。汉初，经济凋敝，百废待举，萧何为政，无为而治，与民休息，曹参继任为相后，"举事无所变更，一遵萧何约束"，使汉初政策保持了连续性，从而为当时的经济发展和政治稳定创造了条件。对此，百姓歌之曰："萧何为法，顜若画一；曹参代之，守而勿失。载其清净，民以宁一。"⑥ 东汉灵帝时，宦官左悺、具瑗、徐璜、唐衡等弄权朝廷，请托州郡，天下为之语曰："左回天，具独坐，徐卧虎，唐良墮。"⑦ 指斥宦官干政。

对于这些民众风谣所反映的具体内容，有学者将其总结为臧否人物、评判事件、议论时政三类。⑧ 而且，这些风谣往往带有一定的政治

① 《后汉书》卷三一《廉范列传》，第 1103 页。《华阳国志》卷三《蜀志》作"廉叔度，来何暮，来时我单衣，去时重五袴"。（晋）常璩撰，刘琳校注《华阳国志校注》，巴蜀书社，1984，第 237 页。
② 《后汉书》卷七六《循吏列传·仇览》，第 2480 页。
③ 《后汉书》卷六四《延笃列传》，第 2103～2104 页。
④ 《后汉书》卷七五《刘焉列传》，第 2431 页。
⑤ 《汉书》卷八四《翟方进传》，第 3440 页。
⑥ 《史记》卷五四《曹相国世家》，第 2029、2031 页。
⑦ 《后汉书》卷七八《宦者列传》，第 2521 页。
⑧ 仝晰纲：《汉代的乡里风谣与举谣言》，《人文杂志》1999 年第 4 期。

倾向，与当时的政治生活密切相连，其"往往以曲折的方式对后来出现的政治事态作出预言，表明了当时的知识分子群体及一般社会民众对社会政治问题的态度，因而它们构成了汉代社会思想的一个重要方面"。①两汉统治者之所以对民众风谣极其重视，主要也是意识到其在社会和政治生活中的重要作用。如东汉末年，董卓称霸，百姓愤恨之极，于是有《董逃歌》流传。歌云：

> 承乐世董逃，游四郭董逃，蒙天恩董逃，带金紫董逃，行谢恩董逃，整车骑董逃，垂欲发董逃，与中辞董逃，出西门董逃，瞻宫殿董逃，望京城董逃，日夜绝董逃，心摧伤董逃。②

这首风谣流传很广，以致董卓"以董逃之歌主为己发，大禁绝之，死者千数"，甚至还强令将"董逃"改为"董安"。③

童谣则是民众风谣中一个比较奇特的现象，且占有很大的比例，需要我们给予特别的重视。作为一种特殊的民间舆论方式，两汉童谣以其鲜明生动的语言，部分承担了社会和时政批评的职能，而作为一种政治预言形式，其也在一定程度上影响着当时的社会政治生活。④

《史记·高祖本纪》载刘邦回乡酒酣时唱《大风歌》的故事："发沛中儿得百二十人，教之歌。酒酣，高祖击筑，自为歌诗曰：'大风起兮云飞扬，威加海内兮归故乡，安得猛士兮守四方！'令儿皆和习之。高祖乃起舞，慷慨伤怀，泣数行下。"⑤《史记·乐书》中也有"高祖过沛诗《三侯之章》，令小儿歌之"⑥ 的记载。

而民间儿童自发的歌谣，则往往以其神秘的政治文化影响或干预社会生活。《史记·魏其武安侯列传》载贵族灌夫倚仗权势，横行乡

---

① 〔日〕串田久治：《汉代的"谣"与社会批判意识》，邢东风译，《中国哲学史》1996 年第 1、2 期。
② 《后汉书·五行志一》，第 3284 页。
③ 《后汉书·五行志一》注引《风俗通》、杨孚《卓传》，第 3284 页。
④ 王子今：《略论两汉童谣》，《重庆师范大学学报》2007 年第 3 期。
⑤ 《史记》卷八《高祖本纪》，第 389 页。
⑥ 《史记》卷二四《乐书》，第 1177 页。

里:"(灌夫)诸所与交通,无非豪桀大猾。家累数千万,食客日数十百人。陂池田园,宗族宾客为权利,横于颍川。颍川儿乃歌之曰:'颍水清,灌氏宁;颍水浊,灌氏族。'"① 对这首以政治批评形式出现的儿歌,颜师古注曰:"深怨嫉之,故为此言也。"② 东汉初,公孙述割据四川,蜀中童谣曰:"黄牛白腹,五铢当复。"③ 对这句童谣的含义,《后汉书·五行志一》解释说:"时人窃言王莽称黄,述欲继之,故称白;五铢,汉家货,明当复也。"④ 可见,这些歌谣议论时政的迹象都十分明显。

有些童谣甚至是一种政治预言。更始时,南阳有童谣曰:"谐不谐,在赤眉。得不得,在河北。"注曰:"是时更始在长安,世祖为大司马平定河北。更始大臣并僭专权,故谣妖作也。后更始遂为赤眉所杀,是更始之不谐在赤眉也。世祖自河北兴。"⑤ 可见,更始之败、刘秀之兴,似乎都被看作童谣中预言的应验。

童谣的预言性质,也大为当时人所信服。如《后汉书·五行志一》刘昭《注补》载有公孙瓒在童谣影响下决定割据易地的故事:"献帝初童谣曰:'燕南垂,赵北际,中央不合大如砺,唯有此中可避世。'公孙瓒以为易地当之,遂徙镇焉,乃修城积谷,以待天下之变。建安三年,袁绍攻瓒,瓒大败,缢其姊妹妻子,引火自焚,绍兵趣登台斩之。初,瓒破黄巾,杀刘虞,乘胜南下,侵据齐地。雄威大振,而不能开廓远图,欲以坚城观时,坐听围戮,斯亦自易地而去世也。"⑥ 公孙瓒迷信"燕南""赵北""可避世"的童谣,保守观望,不图进取,终于败亡。

儿童漫不经心的歌谣曾经多次成为历史转折的路标,甚至有时个别儿童随意的游走,竟然也可以具有震撼社会的象征意义。⑦ 如《汉

---

① 《史记》卷一〇七《魏其武安侯列传》,第 2847 页;类似记载又见《汉书》卷五二《灌夫传》,第 2384 页。

② 《汉书》卷五二《灌夫传》颜师古注,第 2384 页。

③ 《后汉书》卷一三《公孙述列传》,第 537 页;《后汉书·五行志一》,第 3281 页。

④ 《后汉书·五行志一》,第 3281 页。

⑤ 《后汉书·五行志一》,第 3280 ~ 3281 页。

⑥ 《后汉书·五行志一》刘昭《注补》,第 3285 页。

⑦ 王子今:《略论两汉童谣》,《重庆师范大学学报》2007 年第 3 期。

书·五行志》载汉朝廷视九岁小女陈持弓无意入宫事为妖异之征。
《汉书·成帝纪》甚至说陈持弓入宫之后吏民皆上城，民间无名小女
的行为竟然导致京师大乱。

在汉代人的意识中，童谣之所以具有这么浓重的神秘主义色彩，
其原因之一就在于汉人认为，童谣既非儿童自编自唱，也非成人教习
授意，而是在荧惑星的影响下自然生成。"世谓童谣，荧惑使之"①
的观点在当时极为流行，而且流传及后世。《史记·天官书》张守节
《正义》注引《天官占》说："荧惑为执法之星，其行无常"，"其精
为风伯，惑童儿歌谣嬉戏也。"②

总之，民众风谣作为一种重要的社会文化，包含着十分丰富的内
容。两汉大量风谣从不同角度反映了当时的社会舆论，反映出古代民
众的生存状况和情感意愿，且总与政治有着直接或间接的关系。正如
清人刘毓松在《古谣谚·序》中所说："诚以言为心声，而谣谚皆天
籁自鸣，直抒己志，如风行水上，自然成文，言有尽而意无穷，可以

---

① 《论衡·订鬼》，黄晖撰《论衡校释（附刘盼遂集解）》，第 941 页。刘盼遂注此句
时说："古传荧惑星化为小儿，下教群儿谣谚。《论衡》为'世谓童谣'句，'荧
惑使之'句，'彼言有所见也'句，盖上二句，世俗所说如此。仲任谓世俗之言亦
有所见，非可尽诬，以后则重伸其义也。"（黄晖撰《论衡校释（附刘盼遂集
解）》，第 942 页）

② 《史记》卷二七《天官书》张守节《正义》注引《天官占》，第 1318 页。关于荧
惑与童谣之间神秘关系的例证，又有《三国志·吴书·三嗣主传》注引《搜神记》
"荧惑"化身小儿参与"群儿戏"并发表政治预言的故事："吴以草创之国，信不
坚固，边屯守将，皆质其妻子，名曰保质。童子少年，以类相与嬉游者，日有十
数。永安二年三月，有一异儿，长四尺余，年可六七岁，衣青衣，来从群儿戏，诸
儿莫之识也。皆问曰：'尔谁家小儿，今日忽来？'答曰：'见尔群戏乐，故来耳。'
详而视之，眼有光芒，燱燱外射。诸儿畏之，重问其故。儿乃答曰：'尔恶我乎？
我非人也，乃荧惑星也。将有以告尔：三公锄，司马如。'诸儿大惊，或走告大
人，大人驰往观之。儿曰：'舍尔去乎！'竦身而跃，即以化矣。仰面视之，若引
一匹练以登天。大人来者，犹及见焉，飘飘渐高，有顷而没。时吴政峻急，莫敢宣
也。后五年而蜀亡，六年而晋兴，至是而吴灭，司马如矣。"（《三国志》卷四八
《吴书·三嗣主传》注引《搜神记》，第 1177～1178 页）类似的记载亦见于马端临
《文献通考》卷三〇九《物异考诗异》："孙休永安二年，将守质子群聚嬉戏，有异
小儿忽来言曰：'三公锄，司马如。'又曰：'我非人，荧惑星也。'言毕上升，仰
视若曳一匹练，有顷没。干宝曰：'后四年而蜀亡，六年而魏废，二十一年而吴
平。'于是九服归晋。魏与吴蜀并战国，'三公锄，司马如'之谓也。"（元）马端
临：《文献通考》，第 2424 页。

达下情而宣上德。"①

中国古代的民本思想，由来已久。早在三代就有"天视自我民视，天听自我民听"②"民惟邦本，本固邦宁"③的记载。孟子更是提出"民为贵，社稷次之，君为轻"④的观点，从而将民本思想发挥到极致。荀子则从安政美俗的角度指出，"欲修政美国（俗），则莫若求其人"。⑤可见，在儒家的政治文化中，民众、民心、民情具有特殊的位置，是任何时代的统治者都须臾不可忽视的社会动态指标。

作为民意的一种，民众风谣体现的正是社会大多数人的意愿与呼声。由于其往往是当时社会政治、民众生活与思想实践的直接反映，又有在社会上广泛流传的特点，因此可以视为一种公众社会舆论。⑥在一定的社会和历史条件下，民众风谣表现出来的是对清官廉吏的赞美以及对骄臣虐政和困苦生活的愤恨和呼号。两汉民间流传的这些风谣，特别是大量为地方官歌功颂德的风谣，虽有好事者为达到某些目的而有意造作，但"从这些歌谣背后，我们能看到的多是那些幕僚门客们的影子，很少是老百姓的心声"，⑦但更多的风谣则在一定程度上代表了民众的呼声。如《后汉书·刘瑜列传》载，延熹八年（165年），太尉杨秉举刘瑜为贤良方正，及到京师，刘瑜上书陈事曰："臣在下土，听闻歌谣，骄臣虐政之事，远近呼嗟之音，窃为辛楚，泣血涟如。幸得引录，备答圣问，泄写至情，不敢庸回。诚愿陛下且以须臾之虑，览今往之事，人何为咨嗟，天曷为动变。"⑧民众风谣所反映

---

① 刘毓松：《古谣谚·序》，杜文澜辑《古谣谚》，周绍良校点，中华书局，1958，第1页。

② 《尚书·泰誓》云："天视自我民视，天听自我民听。"孔安国注云："言天因民以视听，民所恶者天诛之。"见《尚书正义》，（清）阮元校刻《十三经注疏（附校勘记）》，第181页。

③ 《尚书·夏书·五子之歌》，《尚书正义》，（清）阮元校刻《十三经注疏（附校勘记）》，第156页。

④ 《孟子·尽心下》，杨伯峻译注《孟子译注》，第328页。

⑤ 《荀子·君道》，（清）王先谦撰《荀子集解》，第236页。

⑥ 赵世瑜：《谣谚与新史学——张守常〈中国近世谣谚〉读后》，《历史研究》2002年第5期。

⑦ 马新：《时政谣谚与两汉民众参与意识》，《齐鲁学刊》2001年第6期。

⑧ 《后汉书》卷五七《刘瑜列传》，第1855页。

的多是"骄臣虐政之事",所发出的往往是"远近呼嗟之音",其中牵涉民众疾苦和政治美恶,影响民心向背和政情变动。所以,作为社会风俗的重要内容和表现,民众风谣一旦在社会上广泛传播,发挥公众舆论作用的时候,必然会引起统治者的关注和重视,无论这种重视是被动的接受还是主动的采纳。

两汉君主和有识之士多对风谣给予特别的关注。如孝文帝时期,淮南王刘长获罪,被迁往荒蛮的蜀地,结果半途绝食而死。大臣袁盎当初就担心刘长一旦不测会给文帝带来杀弟恶名,文帝却坚持"吾特苦之耳"。如今刘长果死,文帝为标榜仁慈之名,"令丞相、御史逮考诸县传送淮南王不发封馈侍者,皆弃市。乃以列侯葬淮南王于雍,守冢三十户",通过处决对淮南王绝食而死负有直接责任的诸县官吏、以列侯规制安葬刘长、封其四子为侯等一系列善后措施来安抚人心。即便如此,文帝十二年(前168年),社会上仍然出现这样一首歌谣:"一尺布,尚可缝;一斗粟,尚可舂。兄弟二人不能相容。"由于歌词中隐含着对淮南王的同情和对汉文帝的谴责,因此当歌谣传入朝廷时,文帝非常在意,叹曰:"尧舜放逐骨肉,周公杀管蔡,天下称圣。何者?不以私害公。天下岂以我为贪淮南王地邪?"为此,又"徙城阳王王淮南故地,而追尊谥淮南王为厉王,置园复如诸侯仪"。① 不但恢复淮南国,徙城阳王刘喜王淮南故地,而且追谥刘长为淮南厉王,以诸侯规格为其置园陵,并以诏书的形式进行辩解。由此可见统治者对歌谣力量的重视和畏惧。

汉廷统治者认识到风谣"皆感于哀乐,缘事而发,亦可以观风俗,知薄厚",② 可以作为判断世情民心的重要依据。《汉书·于定国传》载:"永光元年,春霜夏寒,日青亡光,上复以诏条责曰:'郎有从东方来者,言民父子相弃。丞相、御史案事之史匿不言邪?将从东方来者加增之也?何以错缪至是?欲知其实。'"③ 好言天文灾异的李寻更把风谣看作与天文地理社会变动同等重要的社会因素,劝谏大司

---

① 《史记》卷一一八《淮南衡山列传》,第3079~3081页。
② 《汉书》卷三〇《艺文志》,第1756页。
③ 《汉书》卷七一《于定国传》,第3044~3045页。

马王根要"仰视天文，俯察地理，观日月消息，候星辰行伍，揆山川变动，参人民繇（谣）俗，以制法度，考祸福"。① 东汉许多大臣也认为"听民庶之谣吟，问路曳之所忧"，可以使"天下之心，国家大事，粲然皆见，无有遗惑"，② 起到"以自鉴照，考知政理"③ 的重要作用。

总之，正如有些学者所说："汉代的当政者及有头脑的政治领袖凭其丰富的实践经验，既对民间歌谣的强烈批判精神及对时政的高度关注和迅速反应深具戒心，也对它凝聚众心、表达民意、影响舆论走向的能力心领神会。于是这一非官方言论形式在当时难得地同时受到思想界和统治当局的高度重视，成为专制政治体制下得以自发、公开发声的舆论形式。"④

不过，民众风谣之所以"受到思想界和统治当局的高度重视"，其实还有另外一层更为重要的原因，那就是汉儒一直主张并不遗余力地去贯彻实施的"诗教"理论。

中国的传统文化，首先是政治文化。一切学问皆与政治有着极其密切的关系。汉继秦火燔书之后，其文化的重建是建立在对先秦典籍尤其是儒家经典的整理和阐释的基础之上的。⑤ 汉儒在对《诗经》不断的研究、阐述中逐渐形成了一套"诗教"理论。这种"诗教"理论实质上由自上而下的诗学教化说和自下而上的诗学批评说两个系统彼此交缠而成，是诗的政治学。⑥《毛诗序》载曰："诗者，志之所之也，在心为志，发言为诗""故正得失，动天地，感鬼神，莫近于诗。先王以是经夫妇，成孝敬，厚人伦，美教化，移风俗。"⑦ 其所强调的

---

① 《汉书》卷七五《李寻传》，第 3180 页。
② 《后汉书》卷五七《刘陶列传》，第 1846 页。
③ 《后汉书》卷二九《郅寿列传》，第 1033 页。
④ 吕宗力：《略论民间歌谣在汉代的政治作用及相关迷思》，《社会科学战线》2008 年第 9 期。
⑤ 详见熊铁基《汉代学术的历史地位》，熊铁基、赵国华主编《秦汉思想文化研究》，希望出版社，2005；李振宏《论"先秦学术体系"的汉代生成》，《河南大学学报》2008 年第 3 期。
⑥ 韩经太：《"在事为诗"申论——对中国早期政治诗学现象的思想文化分析》，《中国文化研究》2000 年第 3 期。
⑦ 《毛诗正义》卷一，（清）阮元校刻《十三经注疏（附校勘记）》，第 269~270 页。

正是诗歌的教化作用，把先秦以来重视文学政教功用的主张推到极致。

在经学昌明的汉代，受"诗教"理论的影响，儒家学者的创作实践和理论思想中的政治化倾向十分明显，他们甚至几乎赋予所有的风谣以政治意义。自上而下的教化与自下而上的批评，尽管两者尖锐对立，实际上却有着同样的理论依据，因而能够紧密地结合在一起。如《毛诗序》对"风"的阐释，"风，风也，教也。风以动之，教以化之"，这是典型的教化诗论；"上以风化下，下以风刺上，主文而谲谏，言之者无罪，闻之者足以戒，故曰风"，则是典型的讽刺诗论。①

朱自清《诗言志辨·序》就说："'诗言志'是开山的纲领，接着是汉代提出的'诗教'。汉代将'六艺'的教化相提并论，称为'六学'；而流行最广的是'诗教'。这时候早已不歌唱诗，只诵读诗。'诗教'是就读诗而论，作用显然也在政教。这时候'诗言志'、'诗教'两个纲领都在告诉人如何理解诗，如何受用诗。"② 儒家六经被视为"明天道，正人伦，致至治之成法"③ 的王教典籍，对《诗经》的阐释动辄就申言美刺，侈谈政教礼义。在经学的视野里，《诗经》中的国风民歌似乎都有一主张"诗教"的作者。《毛诗序》曰："国史明乎得失之迹，伤人伦之废，哀刑政之苛，吟咏情性，以风其上，达于事变，而怀其旧俗者也。故变风发乎情，止乎礼义。"将风诗的作者归于"国史"。又曰："《桑中》，刺奔也。卫之公室淫乱，男女相奔，至于世族在位，相窃妻妾，期于幽远，政散民流，而不可止。""《东门之墠》，刺乱也。男女有不待礼而相奔者也。"④ 不把原诗的抒情主人公视为作者，而认为另有一诗人作诗以刺世。

《诗·小雅·谷风》正义曰："《蟋蟀》云'尧之遗风'，乃是民

---

① 《毛诗正义》卷一，（清）阮元校刻《十三经注疏（附校勘记）》，第 269、271 页。
② 《诗言志辨·序》，朱自清：《朱自清说诗》，上海古籍出版社，1998，第 4 页。
③ 《汉书》卷八八《儒林传》，第 3589 页。
④ 《毛诗正义》卷一、卷三、卷四，（清）阮元校刻《十三经注疏（附校勘记）》，第 271～272、314、344 页。

感君政，其实亦是俗也。此俗由君政所为，故言旧俗。……《孝经》云'移风易俗'，《关雎序》云'移风俗'，皆变恶为善；《邶·谷风序》云'国俗伤败焉'，此云'天下俗薄'，皆谓变善为恶，是得与民变革也。"① 根据孔颖达等人的分析，汉人认为由君政教化而形成的风俗有三种：一是先王遗风，由民感君政而渐成；二是新风尚，由君政教化、移风易俗而成；三是风衰俗怨，由君政苛暴腐败、天下动乱而成。可见君政教化与风俗有着直接的联系，反映风俗的《诗经》在其中起着关键的沟通作用。特别是当上层统治者的所作所为与民众的生活状况、审美观念、价值取向发生关系，对民众生活习俗产生影响时，这种作用就显得更为突出。如《毛诗序》谈风俗："《还》，刺荒也。哀公好田猎，从禽兽而无厌，国人化之，遂成风俗。习于田猎谓之贤，闲于驰逐谓之好焉。""《葛屦》，刺褊也。魏地狭隘，其民机巧趋利。其君俭啬褊急，而无德以将之。"② 这里，《诗经》风诗被视为君政教化的传声筒，风俗被视为政治教化的晴雨表，风诗与君政教化、风俗的关系是以君政教化为中心的关系，风诗是对君政教化的反映，通过君政教化来移风易俗。有学者认为，这是一种极端政治化的逻辑，用这种逻辑来阐释《诗经》风诗，无疑要陷于牵强附会的泥淖。③ 但是，却又不能否认，这种逻辑正为两汉多数人所深信不疑。

对此，吕思勉曾有过比较精彩的分析。他说："古之诗，与后世之谣辞相似，其原多出于劳人思妇，矢口所陈，或托物而起兴，或感事而陈辞。其辞不必无所因，而既成之后，十口相传，又不能无所改易。故必欲问诗之作者为何人，其作之为何事，不徒在后世不可得，即起古人于九原而问之，亦将茫然无以对。何也？其作者本不可知，至于何为而作则作者亦不自知也。三家说《诗》，知本义者极少，即由于此。今所传《小序》，乃无一诗不知其何为而作；而其所为作，且无一不由于政治；几若劳人思妇，无不知政治之得失者。夫古者谓

---

① 《毛诗正义》卷五，（清）阮元校刻《十三经注疏（附校勘记）》，第459页。
② 《毛诗正义》卷一三孔颖达疏，（清）阮元校刻《十三经注疏（附校勘记）》，第349、356~357页。
③ 汪祚民：《论班固观〈诗〉的风俗视角》，《东方丛刊》2000年第2期。

陈诗可观民风，抑且可知政治之得失者，以风俗之善恶，与政治之得失相关也；非谓劳人思妇，无一不深知政治，明乎其得失，且知其与风俗之关系也。"①

（二）采诗纳谣与"诗妖"现象

两汉时期，民众对时政有着很强的参与意识，这在当时时政谣谚的广泛流传上得以充分体现。民众风谣可以看作社会普通民众提出的各类政治要求，是其参与社会政治的一种重要手段。② 这些风谣涉及国政大事、官员治政、官场风气等方方面面，对汉代的政治与吏治起到了一定的衡量与监督作用，构成汉代社会一幅难得的政治风情画卷。③ 事实上，如果我们反过来理解，应该也是成立的。两汉统治者大都非常重视歌谣风议的社会舆论作用，经常派风俗使到民间搜集风谣。通过考察民众风谣，了解民情，他们或以此作为考课和监察地方官员的重要方式，或注意从中吸取经验，及时为制定和调整统治政策提供一种参考或依据。因此，大量时政谣谚的流传一定程度上也正是当时政府高度重视、实施采风观俗制度的结果。可见，民众风谣使普通民众和统治集团之间产生了一种良好的互动关系，不致壅闭政情民心，对古代政府和官僚政治的良性运转具有积极的意义。

由于民众风谣具有一定的客观性，政府往往通过"采歌谣"的方式来"观风俗"，以图了解各地不同的风气、习俗。就传世文献而言，明确提到周人"采诗"的材料始见于汉代。刘歆《与扬雄书从取方言》曰："诏问三

---

① 《乙帙 秦汉·诗无作义》，吕思勉：《吕思勉读史札记》，上海古籍出版社，1982，第 691 页。
② 日本学者串田久治认为汉代的歌谣都是当时的知识分子假托庶民、儿童所作，借以宣泄对政治、社会不平的不满，希望借歌谣的传布，对当权者及权力机构施加压力。对于这种观点，吕宗力评论说，宣称汉代歌谣代言整体社会的意志，或者只代表庶民的心声，当然缺乏严谨，也不符合舆论的本质。但要说这些歌谣都是汉代知识精英的杰作且只反映他们的政治见解，也未免以偏概全，将传统的历史论述简单化了。（吕宗力：《略论民间歌谣在汉代的政治作用及相关迷思》，《社会科学战线》2008 年第 9 期）后者的这种认识应该说比较符合两汉政治的历史真实。
③ 马新：《时政谣谚与两汉民众参与意识》，《齐鲁学刊》2001 年第 6 期。

代、周、秦轩车使者、遒人使者，以岁八月巡路，求代语、童谣、歌戏。"①
班固《汉书·食货志》则具体讲到采诗的细节："春令民毕出在壄
（野），冬则毕入于邑。……男女有不得其所者，因相与歌咏，各言其
伤"，"孟春之月，群居者将散，行人振木铎徇于路，以采诗，献之大
师，比其音律，以闻于天子。故曰王者不窥牖户而知天下"。② 稍后何
休在《春秋公羊传》"宣公十五年"的注解中言道："男女有所怨恨，
相从而歌。饥者歌其食，劳者歌其事。男年六十、女年五十无子者，
官衣食之，使之民间求诗。乡移于邑，邑移于国，国以闻于天子。故
王者不出牖户，尽知天下所苦，不下堂而知四方。"③ 班固、何休两说
都认为这些歌经过"采诗"制度上达朝廷，只不过班固认为是周王朝
直接派"行人"或"采诗之官"到民间采诗，而何休则认为是各乡
组织专人在民间求诗，然后由乡到邑，由邑到国，由国到朝廷，一级
一级地最终让天子听到。

这些记载无疑是对采诗制度的美化，但从中至少可以看出两点：
其一，采诗观风的诗指的是"百姓讴谣"，即民众风谣；其二，采诗
的目的是使下情上达，通过"观民风""以知政教得失"，表明观民
风、了解民生疾苦是采诗制度的主要目的。这正如《隋书·文学传》
所言："上所以敷德教于下，下所以达情志于上，大则经纬天地，作
训垂范，次则风谣歌颂，匡主和民。"④ 清人曹一士也曾对古代采诗观
风的目的做了很恰当的概括："古者太史采诗以观民风，藉以知列邦
政治之得失、风俗之美恶，即《虞书》在治忽以出纳五言之意，使下
情之上达也。"⑤

---

① 《全汉文》卷四〇刘歆《与扬雄书从取方言》，（清）严可均校辑《全上古三代秦
汉三国六朝文》，第 349 页。
② 《汉书》卷二四《食货志》，第 1121、1123 页。颜师古注曰："行人，遒人也，主
号令之官。铎，大铃也，以木为舌，谓之木铎。徇，巡也。采诗，采取怨刺之诗
也。"《隋书·经籍志》载："古者圣人在上，史为书，瞽为诗，工诵箴谏，大夫规
诲，士传言而庶人谤。孟春，徇木铎以求歌谣，巡省观人诗，以知风俗。过则正
之，失则改之，道听途说，靡不毕纪。"（第 1012 页）
③ （汉）何休：《春秋公羊传》，中华书局编辑部编《汉魏古注十三经》，中华书局，
1998，第 118 页。
④ 《隋书》卷七六《文学传》，第 1729 页。
⑤ 《清史稿》卷三〇六《曹一士传》，中华书局，1977，第 10526～10527 页。

政府观风纳谣的方式有二。其一，由帝王巡行天下，观风采俗，如《白虎通·巡狩》载："《尚书大传》曰：'（天子）见诸侯，问百年，大师陈诗，以观民风俗。'"① 皇帝亲自巡行，其用意在于了解更多的信息，对民众进行教化，进而巩固政权。其二，由帝王派人去各处观察风俗，采集风谣，以供天子参考，如《汉书·艺文志》云："古有采诗之官，王者所以观风俗，知得失，自考正也。"②

但观风或采诗，到底是先秦确实推行过的制度还是汉人的推想，不得而知，因为所有谈到这类制度的，多是汉代的文献，从中只能看出汉人对风俗的重视程度。也许合理的解释正像有的学者所说，"因汉人特别重视风俗的问题，才形成这些制度，并推原于往古"。③

两汉的采诗观风制度则是确定的，史书中亦有明文记载。《汉书·艺文志》曰："自孝武立乐府而采歌谣，于是有代赵之讴，秦楚之风，皆感于哀乐，缘事而发，亦可以观风俗，知薄厚云。"④《汉书·地理志》篇末所辑各地风俗便是成帝时丞相张禹命属下朱赣整理出来的，余英时判定说这是汉代中央政府档案中藏有大量风俗资料的明证，⑤ 无疑是比较合理的论断。班固所记的内容是根据西汉时代的官方文书，而东汉以下各地风俗，政府仍在随时搜集。如光武帝甚至亲自"广求民瘼，观纳风谣"；⑥ 和帝初即位就"分遣使者，皆微服单行，各至州县，观采风谣"。⑦ 亦有地方官员自行此事，如韩延寿为颍川太守时，"教以礼让，恐百姓不从，乃历召郡中长老为乡里所信向者数十人，设酒具食，亲与相对，接以礼意，人人问以谣俗，民所疾苦"。⑧ 羊续为南阳太守时，"当入郡界，乃羸服间行，侍童子一人，

---

① 《白虎通·巡狩》，（清）陈立撰《白虎通疏证》，第 289 页。
② 《汉书》卷三〇《艺文志》，第 1708 页。
③ 龚鹏程：《风俗美善的追求》，氏著《汉代思潮》，第 39 页。
④ 《汉书》卷三〇《艺文志》，第 1756 页。
⑤ 余英时：《汉代循吏与文化传播》，氏著《士与中国文化》，第 121 页。
⑥ 《后汉书》卷七六《循吏列传》，第 2457 页。
⑦ 《后汉书》卷八二《方术列传·李郃》，第 2717 页。
⑧ 《汉书》卷七六《韩延寿传》，第 3210 页。颜师古注曰："谣俗谓闾里歌谣，政教善恶也。"（第 3211 页）

观历县邑，采问风谣，然后乃进"。① 江夏太守赵仲让为高唐令，"密乘舆车，径至高唐，变易名姓，止都亭中十余日，默入市里，观省风俗"。②

两汉采诗的形式亦有两种。一种是乐府机构采诗。《汉书·礼乐志》载："（汉武帝）乃立乐府，采诗夜诵，有赵、代、秦、楚之讴。"③ 为制作礼乐的需要，乐府派乐师或采乐使到民间采集风谣。当然，这些乐师采集风谣的主要目的是为创制乐曲搜集素材，因此他们的关注点是风谣的音乐性，采集对象往往集中在富有地方特色的民歌、民乐上。④ 不过，乐师们采集到的民歌也具有反映民生疾苦、提醒执政者适当调整统治政策的作用。《汉书·艺文志》所谓"亦可以观风俗，知薄厚云"正是此意。颜师古亦对此做了具体解释："采诗，依古遒人徇路，采取百姓讴谣，以知政教得失也。"⑤ 而乐师们对这些民众风谣的加工和改造，其实也是宣化美风良俗的一种方式。

我们还注意到，在两汉时期，反映客观现实的叙事诗得到了比较突出的发展，而且其中许多内容均和当时的政治相关。如东汉桓帝时巴郡太守李盛贪财重赋，国人歌诗以讽之：

> 狗吠何喧喧，有吏来在门。披衣出门应，府记欲得钱。语穷乞请期，吏怒反见尤。旋步顾家中，家中无可与。思往从邻贷，邻人已言匮。钱钱何难得，令我独憔悴。⑥

全诗以写实的手法描绘了官吏入门征赋索钱的过程。其他如《东门行》《妇病行》《孤儿行》等，也都通过对人物和事件的如实叙述再现了当时下层民众生活疾苦的景象。对于这一现象的产生，有学者认为其原因正是两汉统治者将乐府采风看作"考察吏治、施行教化的

---

① 《后汉书》卷三一《羊续列传》，第 1110 页。
② 《风俗通义·过誉》，（汉）应劭撰，王利器校注《风俗通义校注》，第 203 页。
③ 《汉书》卷二二《礼乐志》，中华书局，1962，第 1045 页。
④ 吴从祥：《论汉代采诗制度及其对乐府民歌创作的影响》，《山东教育学院学报》2006 年第 6 期。
⑤ 《汉书》卷二二《礼乐志》颜师古注，第 1045 页。
⑥ 《华阳国志》卷一《巴志》，（晋）常璩撰，刘琳校注《华阳国志校注》，第 43 页。

重要标准"，① 在此观念下，两汉官府采诗所重视的当然应该是那些反映现实生活中民生疾苦和官吏政绩的现实性作品。

"匹夫庶妇，讴吟土风，诗官采言，乐盲被律"，② 这是一种自汉代以来一直被士人反复确认的诗文化传统及其相应的行政运作方式。不过，需要指出的是，汉武帝最初立乐府的用意与班固等士大夫文人对这一行为的阐释，实际上还是有着明显的差别。就其实质而言，前者相当程度上是出于"夸侈之心，既缘饰为辞赋；荒淫之意，更萌兆于乐章"③ 的文化心理，即使不是出于"夸侈"之心，至多也是以"崇礼"为出发点，旨在润色政治、宣化风俗；至于后者，其阐释的出发点却在于批评政治，致意于"古有采诗之官，王者所以观风俗，知得失，自考正也"，④ 对此，有学者将其称为"政治性诗学"或"诗性政治学"。⑤

除乐府机构采诗外，两汉还有一种很重要的采诗形式：政府官员在览观风俗中采诗。这一采诗活动在两汉一度较为盛行，从事这种采诗活动的往往是政府派出的官员、特使。他们采诗的目的在于观民风，因此所关注的是风谣的现实内容，主要采集对象"以体恤鳏寡孤独和考察郡县吏治这两项为主"。⑥

这两种采诗形式，相对而言，乐府机构的采诗活动在西汉较为盛行，而政府官员的观风采诗活动在东汉时期则更为盛行。不过，两者都是为了使统治者能够准确了解各地情况，通过"观民风"以知政教得失，进而适当地调整统治政策。

如果细味两汉时人的有关论说，就会发现，他们在设计采诗观风

① 葛晓音：《论汉乐府叙事诗的发展原因和表现艺术》，氏著《汉唐文学的嬗变》，北京大学出版社，1990，第6页。

② 《文心雕龙·乐府》，黄叔琳注、李详补注、杨明照校注拾遗《增订文心雕龙校注》，第82页。

③ 卷二《汉至隋·汉乐府三声之消长》，刘永济：《十四朝文学要略》，中国文化服务社，1945，第132页。

④ 《汉书》卷三〇《艺文志》，第1708页。

⑤ 韩经太：《"在事为诗"申论——对中国早期政治诗学现象的思想文化分析》，《中国文化研究》2000年第3期。

⑥ 葛晓音：《论汉乐府叙事诗的发展原因和表现艺术》，氏著《汉唐文学的嬗变》，第6页。

政治运作方式、明确提出"在事为诗""缘事而发"的诗学原则的同时，又以特有的谶纬语言告诉人们，和一般性的"谣俗"相比，"诗妖"现象尤其值得注意。

这是因为，士大夫提倡的采诗观风制度虽具有民本性质，却很难得到来自现实权威的实质性支持。因此，虽有制度化的采诗观风措施，却无法保证民众风谣能以其真实的面貌被采集且被采纳。要想采集到真实的风谣，除了把希望寄托在有节操德行的士人身上之外，凭借灾异谴告的自然力来对统治者进行威慑则成为一种能够选择的行之有效的方法。

两汉时期，与"经学"成内外互补之势的"纬学"主要就是一种政治学思想，其种种努力的最终目的正在于对现实中权威的制约。从"天惟时求民主"①"天垂象，见吉凶"②到"人主之情，上通于天。故诛暴则多飘风，枉法令则多虫螟，杀不辜则国赤地，令不收则多淫雨"③，有关天人之际的政治思考，一直都比较借重于天象灾异现象，其无非表明人间批评与天意谴告相一致，若拒绝人间批评，则将遭受灾难性的后果。这实际上就是挟"天意"以刺"天子"，而"经学""纬学"异质互补的特殊意义和两汉时人政治诗学观的价值正在于此。

两汉"诗妖"现象便是挟"天意"以刺"天子"的典型。《汉书·五行志》载："君炕阳而暴虐，臣畏刑而柑口，则怨谤之气发于歌谣，故有诗妖。"④"诗妖"这一反常现象的出现，被视为君主政治异常的结果。

朱自清在《诗言志辨·正变》中已经注意到"诗妖"现象。他一方面依据《汉书·五行志》得出"'妖'和'夭胎'同义，是兆头的意思"的结论，认为"诗妖"具有"占验"功能；另一方面则引

① 《尚书·周书·多方》，《尚书正义》，（清）阮元校刻《十三经注疏（附校勘记）》，第 228 页。
② 《周易·系辞上》，《周易正义》，（清）阮元校刻《十三经注疏（附校勘记）》，第 82 页。
③ 《淮南子·天文训》，何宁撰《淮南子集释》，第 177 页。
④ 《汉书》卷二七《五行志》，第 1377 页。

清人汪琬《唐诗正序》"史家传志五行，恒取其'变'之甚者以为'诗妖'诗孽、'言之不从'之证"的表述来申论汉人"变风变雅"论具有怨刺精神。① 据《开元占经·童谣》引《洪范·五行传》载："下既非君上之刑，畏严刑而不敢正言，则北（别？）发于歌谣，歌其事也。气逆则恶言至，或有怪谣，以此占之。故曰诗妖。"② 在这里，"诗妖"其实就是一种"歌其事"的歌谣，只不过被赋予政治占验的特殊价值。因此，从这个意义上来讲，如果径将"诗妖"现象视为一种迷信诗学，就未免太失之于简单化。

其实，翻检《汉书》《后汉书》也会发现一个颇为引人注意的现象：凡有自然灾异现象出现，谏言者便每每借此言事，而在位者也常常主动或被迫降诏罪己。从这些史籍的字里行间，我们可以读出这样一点：灾异谴告的确推动了言路的开放。如顺帝阳嘉二年（133 年）己亥，京师地震，诏书便令"其各悉心直言厥咎，靡有所讳"。③ 可见，当人们还无法用真正科学的知识来解释自然灾异现象时，谴告理论占据着人们的信仰世界。这样，经由天意谴告的折射，民意本身反倒具有了威慑力量。而这种威慑力量，其实正是两汉统治者对反映民意的民众风谣极其重视，进而实施采诗观风行政措施的重要原因之一。

（三）两汉风俗使与"举谣言"制度

为采风观俗，以使天子"不出牖户，尽知天下所苦"，两汉政府均不时派遣风俗使深入民间，巡行四方。风俗使，顾名思义，就是指受皇帝派遣行使有关整顿社会风俗职能的使者，亦称为"风人"。④ 据载，汉初丞相遣史分刺诸州，而汉武帝、宣帝、元帝、成帝及顺帝等皆派风俗使循行天下，览观风俗。如武帝元狩六年（前 117 年），

① 《诗言志辨·正变》，朱自清：《朱自清说诗》，第 145～146 页。
② 《开元占经·童谣》引《洪范五行传论》，转引自朱自清《朱自清说诗》，第 144～145 页。
③ 《后汉书》卷六《顺帝纪》，第 262 页。
④ 《辞源》中有"风人"条："古有采诗官，采四方风俗以观民风，故谓所采诗为风，采诗者为风人。"（第 1853 页）

诏遣博士"循行天下"，"谕三老孝弟以为民师"。① 宣帝元康四年（前 62 年），遣大中大夫疆等十二人"循行天下，存问鳏寡，览观风俗"。② 元帝初元元年（前 48 年）临遣光禄大夫褒等十二人循行天下，"因览风俗之化"；建昭四年（前 35 年），又下诏"临遣谏大夫博士赏等二十一人循行天下"，以使自己能够"获观教化之流"。③ 成帝时，谷永还建议朝廷应在立春"遣使者循行风俗，宣布圣德"。④ 顺帝汉安元年（142 年），遣官员"分行州郡，班宣风化"。⑤ 雷义为守灌谒者时，"使持节督郡国行风俗"。⑥

两汉朝廷不定期派出风俗使巡行地方，以循行（巡行、分行、行）郡国（天下）的名义巡视各地。但这些风俗使却没有固定的官职，往往只是受皇帝的临时差遣。考其身份，大致有大中大夫、光禄大夫、谒者、谏大夫、太仆、丞相掾、博士等。若不是上述官职，则往往在出使前冠以大夫、谒者等官号。

两汉风俗使的具体构成人员则有所差别。西汉多以皇帝亲近侍从为主，如侍郎、博士等。这些人常跟随皇帝左右，位卑而官尊，深受皇帝器重，故常被派遣到各地"察风俗，举贤良，平冤狱"。⑦ 东汉多为一些精通吏治、明达政事，甚至身处显位、具有一定执法水平的在朝官吏。如顺帝汉安元年，"诏遣八使巡行风俗，皆选素有威名者，乃拜举为侍中，与侍中杜乔、守光禄大夫周栩、前青州刺史冯羡、尚书栾巴、侍御史张纲、兖州刺史郭遵、太尉长史刘班并守光禄大夫，分行天下"。⑧ 其中，八使都是由身居要职的在职官吏担任，他们深悉社会积弊，对地方吏治和社会风气状况了如指掌，故在行风俗时所发挥的效果就更为明显。

两汉风俗使在行使风俗时，仪式往往十分隆重且有着严格规定，

---

① 《汉书》卷六《武帝纪》，第 180 页。
② 《汉书》卷八《宣帝纪》，第 258 页。
③ 《汉书》卷九《元帝纪》，第 279、295 页。
④ 《汉书》卷八五《谷永传》，第 3471 页。
⑤ 《后汉书》卷六《顺帝纪》，第 272 页。
⑥ 《后汉书》卷八一《独行列传·雷义》，第 2688 页。
⑦ 《汉书》卷七四《魏相传》，第 3137 页。
⑧ 《后汉书》卷六一《周举列传》，第 2029 页。

这表明政府对巡行风俗十分重视。风俗史在巡行地方时须持节，以表明其特殊身份。如昭帝始元元年（前86年），"遣故廷尉王平等五人，持节行郡国，举贤良，问民所疾苦、冤、失职者"。① 宣帝本始元年（前73年），"遣使者持节诏郡国二千石谨牧养民而风德化"。② 平帝元始四年（4年），"遣太仆王恽等八人置副，假节，分行天下，览观风俗"。③ 两汉风俗使还乘坐使者车。史称："博士褚泰、徐偃等，承明诏，建节驰传，巡省郡国。"④ "莽既篡国，遣五威将帅行天下风俗"，⑤ "五威将军皆乘乾文（军）〔车〕，驾坤六马，……将军持节，称（大）〔太〕一之使；帅持幢，称五帝之使"。⑥《后汉书·舆服志上》对使者车有具体记载："诸使车皆朱班轮，四辐，赤衡轭。""大使车，立乘，驾驷，赤帷。持节者，重导从：贼曹车、斧车、督车、功曹车皆两；大车、伍伯璅弩十二人；辟车四人；从车四乘。……小使车，不立乘，有骓，赤屏泥油，重绛帷。"⑦

持节、乘车巡行风俗，显示出两汉风俗使身受皇帝特殊使命，据有"专行诛赏"⑧大权。但由于其并没有具体明确的职掌，往往因事而置，事已则罢。不过，两汉风俗使"循行天下"或"分行州郡"的任务，却并非仅如有的学者所说："所谓'使行风俗'、'循行风俗'，盖即古者'听于民谣'之意，亦即延寿所云'人人问以谣俗'是也。"⑨ 通过对相关史实的考稽，有学者就认为，两汉时期荷命而出的风俗使的主要职能包括安民（关怀民生、赈灾）、教化（宣传）、举才（举荐贤能）、察吏得失、复核司法刑狱、观察风俗等。⑩ 有学

---

① 《汉书》卷七《昭帝纪》，第220页。
② 《汉书》卷八《宣帝纪》，第239页。
③ 《汉书》卷一二《平帝纪》，第357页。
④ 《盐铁论·刺复》，王利器校注《盐铁论校注（定本）》，第131页。
⑤ 《汉书》卷七二《龚舍传》，第3084页。
⑥ 《汉纪·孝平皇帝纪》，（汉）荀悦撰《汉纪》，张烈点校，中华书局，2002，第532页。
⑦ 《后汉书·舆服志上》，第3651、3650～3651页。
⑧ 《后汉书》卷八一《独行列传·谯玄》，第2667页。
⑨ 萧涤非：《汉魏六朝乐府文学史》，人民文学出版社，1984，第73页。
⑩ 吕宗力：《略论民间歌谣在汉代的政治作用及相关迷思》，《社会科学战线》2008年第9期。

者则认为，两汉风俗使所承担的主要是惩治贪官污吏、存问鳏寡孤独、询问民间疾苦等社会行政职能，观风览俗的职能已渐处于从属地位。① 但不管怎么概括，两汉风俗使所行使的主要职能基本都与齐整当时社会风俗有着密切的关联。两汉风俗使对社会风气的宣化与整顿并不仅限于观采风谣，亦有考察乡里民众对官吏评估情况的意图。

两汉时期，向有遣使查访官吏政绩的制度，其官员有直指使者及八使、美俗、清诏之名。汉武帝时，侍御史中有绣衣直指，负责出讨奸猾，理大狱，但不常置。平帝元始四年（4 年），朝廷派丞相司直陈崇、太仆王恽及中散大夫谯玄等"能班化风俗者"八人，"分行天下，观览风俗，所至专行诛赏"。② 东汉有侍御史十五人，"察举非法，受公卿群吏奏事，有违失举劾之。凡郊庙之祠及大朝会、大封拜，则（一）〔二〕人监威仪，有违失则劾奏"。③ 如桓典为侍御史，"执政无所回避。常乘骢马，京都畏惮，为之语曰：'行行且止，避骢马御史'"。④

顺帝汉安元年（142 年），诏遣"素有威名者"尚书栾巴、兖州刺史郭遵、太尉长史刘班、侍御史张纲、前青州刺史冯羡、守光禄大夫周栩及侍中杜乔、周举等八人使巡行风俗，"劾奏贪猾，表荐公清"，"其刺史、二千石有臧罪显明者，驿马上之；墨绶以下，便辄收举。其有清忠惠利，为百姓所安，宜表异者，皆以状上。于是八使同时俱拜，天下号曰'八俊'"。⑤ 这是朝廷试图通过风俗使整顿吏治、扭转社会风气的一项重大举措。其中，血气方刚的张纲表现最为激烈。史载：

> 汉安元年，选遣八使徇行风俗，皆著儒知名，多历显位，唯纲年少，官次最微。余人受命之部，而纲独埋其车轮于洛阳都亭，曰："豺狼当路，安问狐狸！"遂奏曰："大将军冀，河南尹

① 吴海燕、范志军：《两汉"风俗使"演变及职能初探》，《河南师范大学学报》2002 年第 3 期。
② 《后汉书》卷八一《独行列传·谯玄》，第 2667 页。
③ 《后汉书·百官志三》，第 3599 页。
④ 《后汉书》卷三七《桓典列传》，第 1258 页。
⑤ 《后汉书》卷六一《周举列传》，第 2029 页。

不疑，蒙外戚之援，荷国厚恩，以刍荛之资，居阿衡之任，不能敷扬五教，翼赞日月，而专为封豕长蛇，肆其贪叨，甘心好货，纵恣无底，多树诡谖，以害忠良。诚天威所不赦，大辟所宜加也。"……书御，京师震竦。①

张纲认为，要整顿社会风俗就要从上层做起。他把车轮埋于洛阳都亭，表示先不到地方上去，而把矛头指向当时朝廷中居位最高而"居职暴恣，多非法"② 的梁冀及其弟梁不疑。

"八使"所为，影响甚大，以至于灵帝熹平五年（176 年）朝廷再议遣八使时，"奉公者欣然得志，邪枉者忧悸失色"。③ 可以说，两汉风俗使的不时派遣，显示出汉王朝齐整风俗的态度，成为其加强社会文化软控制的一种重要手段。

总之，两汉风俗使受皇帝派遣，行使与当时"风俗习惯"或"社会风气"相关的职能。其中，采集风谣是最重要的任务之一。在采诗观风中，两汉风俗使特别重视对民众风谣的搜集和采察工作，因为他们意识到，作为社会风俗重要内容的风谣可起到下情上达的作用。

采集的风谣要上报朝廷，这在史书中亦有明确记载，即"举谣言"或"谣言奏事"。《后汉书·刘陶列传》载：灵帝光和五年（182年），"诏公卿以谣言举刺史、二千石为民蠹害者"。④ 同书《党锢列传》载有"诏三府掾属举谣言"的说法，注引《汉官仪》说："三公听采长史臧否，人所疾苦，还条奏之，是为举谣言也。"⑤ 《蔡邕列传》载蔡邕"上封事"中亦称："五年制书，议遣八使，又令三公谣言奏事。"⑥ 这均表明汉代确实存在"三公谣言奏事"制度。

但"举谣言"并不单纯是为了解民情，考察乡里民众对官吏的评估情况也是其重要内容。正如《后汉书·刘陶列传》李贤注所云：

① 《后汉书》卷五六《张纲列传》，第 1817 页。
② 《后汉书》卷三四《梁冀列传》，第 1178 页。
③ 《后汉书》卷六〇《蔡邕列传》，第 1996 页。
④ 《后汉书》卷五七《刘陶列传》，第 1851 页。
⑤ 《后汉书》卷六七《党锢列传·范滂》及注引《汉官仪》，第 2204 页。
⑥ 《后汉书》卷六〇《蔡邕列传》，第 1996 页。

"谣言谓听百姓风谣善恶而黜陟之也。"① 也就是说，根据民间谣言来评定政府官员的业绩，并以此确定官员的升迁、降黜。其具体程序是：三公府僚属每年采集各地风谣，加以整理归纳，列举出当地民众对其长吏的评价以及民众的忧虑，然后由三公召集僚属集议，写成评估报告，经尚书审复后上呈皇帝。②

《汉官仪》对"举谣言"亦有较为详尽的解释："顷者举谣言，掾属令史都会殿上，主者大言，州郡行状云何，善者同声称之，不善者默而衔枚。"③ 其依据风谣来考察官吏的性质十分明显。官员因"谣言"而任免或降黜，史籍中不乏记载。如《后汉书·循吏列传》载："建武、永平之间，吏事刻深，亟以谣言单辞，转易守长。"④《后汉书·党锢列传》曰："后诏三府掾属举谣言，（范）滂奏刺史、二千石权豪之党二十余人。"⑤ 灵帝末，益州刺史郗俭"在政烦扰，谣言远闻"，⑥ 遂遭罢黜。由于乡里谣言成为考察官吏的依据，因此各级官吏都十分重视谣言的毁誉。《后汉书·蔡邕列传》载："令三公谣言奏事。是时奉公者欣然得志，邪枉者忧悸失色。"⑦ 可见"举谣言"在鼓励官吏勤政、抑制官吏枉法、加强廉政建设方面起到了一定的积极作用。

两汉朝廷派遣风俗使所观采到的民众风谣，不仅可以为决策者制定某些政策或处理某些事务提供参考，而且能够直接用来作为监督评估州郡吏治、考核官吏的重要依据，因而引起朝廷上下特别是执政者的关注。如元帝初元元年（前48年），珠崖反，贾捐之反对发兵南征，他在援引秦"兴兵远攻，贪外虚内，务欲广地，不虑其害"以致"天下溃畔，祸卒在于二世之末"的历史教训时，就提到"《长城之歌》至今未绝"，显示出对民众风谣的重视。⑧ 东平王刘宇"通奸犯

① 《后汉书》卷五七《刘陶列传》李贤注，第1851页。
② 胡守为：《"举谣言"与东汉吏政》，《中山大学学报》2004年第6期。
③ 《后汉书》卷六七《党锢列传·范滂》注引《汉官仪》，第2204页。
④ 《后汉书》卷七六《循吏列传》，第2457页。
⑤ 《后汉书》卷六七《党锢列传·范滂》，第2204页。
⑥ 《后汉书》卷七五《刘焉列传》，第2431页。
⑦ 《后汉书》卷六〇《蔡邕列传》，第1996页。
⑧ 《汉书》卷六四《贾捐之传》，第2831页。

法"，导致"流言纷纷"，结果遭到元帝玺书警告。① 东汉王符认为秦亡就在于"不纳卿士之箴规，不受民氓之谣言"，"病自绝于民也"。② 灵帝时，千乘王刘悝因"大逆不道"被迫自杀，治狱者依据的证据之一就是"初，迎立灵帝，道路流言悝恨不得立，欲钞征书"。③

在汉代人的论述中，民众风谣成为评价政治人物事功治绩以及地方政府管治有效性的一项重要指标，普遍认为君主施政必须认真聆听风谣，尤其要重视风谣中的讥刺怨怒之声。④ 因此，两汉官员在向皇帝进谏时也常以相关流言为据，以增强自己劝谏内容的说服力。如《汉书·史丹传》载：

> 竟宁元年，上寝疾，傅昭仪及定陶王常在左右，而皇后太子希得进见。上疾稍侵，意忽忽不平，数问尚书以景帝时立胶东王故事。是时，太子长舅阳平侯王凤为卫尉侍中，与皇后太子皆忧，不知所出。丹以亲密臣得侍视疾，候上间独寝时，丹直入卧内，顿首伏青蒲上，涕泣言曰："皇太子以嫡长立，积十余年，名号系于百姓，天下莫不归心臣子。见定陶王雅素爱幸，今者道路流言，为国生意，以为太子有动摇之议。审若此，公卿以下必以死争，不奉诏。臣愿先赐死以示群臣！"⑤

又《后汉书·郑兴列传》载郑兴上疏曰：

> 今公卿大夫多举渔阳太守郭伋可大司空者，而不以时定，道路流言，咸曰"朝廷欲用功臣"，功臣用则人位谬矣。愿陛下上师唐、虞，下览齐、晋，以成屈己从众之德，以济群臣让善之功。⑥

---

① 《汉书》卷八〇《宣元六王传》，第3320-3321页。
② 《潜夫论·明暗》，（汉）王符著，（清）汪继培笺，彭铎校正《潜夫论笺校正》，第59页。
③ 《后汉书》卷五五《章帝八王传·千乘贞王伉》，第1798页。
④ 吕宗力：《略论民间歌谣在汉代的政治作用及相关迷思》，《社会科学战线》2008年第9期。
⑤ 《汉书》卷八二《史丹传》，第3377页。
⑥ 《后汉书》卷三六《郑兴列传》，第1221页。

桓帝永寿年间，梁冀专政，连岁荒饥，灾异数见，太学生刘陶上书，希望桓帝"听民庶之谣吟，问路叟之所忧"。①

另外，西汉哀帝时的"行西王母筹"事件，始于关东，传筹者"经历郡国二十六，至京师。其夏，京师郡国民聚会里巷仟佰，设（祭）张博具，歌舞祠西王母"，②引起朝廷关注。东汉安帝永初元年（107 年）十一月，"民讹言相惊，司隶、并、冀州民人流移"，③引起官方重视。东汉末年的党锢之祸也起源于两首民谣，"天下规矩房伯武，因师获印周仲进"，"汝南太守范孟博，南阳宗资主画诺。南阳太守岑公孝，弘农成瑨但坐啸"，"因此流言转入太学，诸生三万余人，郭林宗、贾伟节为其冠，并与李膺、陈蕃、王畅更相褒重"，演化为京师舆论，引起朝廷的猜忌。④

民众风谣不仅是考核官吏的依据，而且是乡举里选的标准之一。为求长治久安，汉代统治者频频下诏求贤，"崇乡党之化，以励贤材"。⑤如孝宣地节三年（前 67 年）诏曰："其令郡国举孝弟有行义闻于乡里者各一人。"⑥

乡里毁誉对人们的影响很大，如陈汤自称"家贫匄貣无节，不为州里所称"⑦，难以入仕；司马迁也说"少负不羁之才，长无乡曲之誉"⑧，没有能在仕途上飞黄腾达的资本。而所谓"州里所称"和"乡曲之誉"，很大程度上正是指乡里民众风谣的褒奖。为风谣所称誉者，往往能够成为乡举里选的对象，反之，则难以获得推举。故乡里民众多注重乡里毁誉，以图通过乡举里选进入仕途。在这种情况下，一些所谓名士便依托经术，臧否乡党，称为乡里清议和乡评。《后汉书·许劭列传》曰："劭与靖（许劭从兄）俱有高名，好共核论乡

① 《后汉书》卷五七《刘陶列传》，第 1846 页。
② 《汉书》卷二七《五行志》，第 1476 页。
③ 《后汉书·五行志一》，第 3277 页。
④ 《后汉书》卷六七《党锢列传》，第 2186 页。
⑤ 《汉书》卷六《武帝纪》，第 172 页。
⑥ 《汉书》卷八《宣帝纪》，第 250 页。
⑦ 《汉书》卷七〇《陈汤传》，第 3007 页。
⑧ 《汉书》卷六二《司马迁传》，第 2729 页。

党人物，每月辄更其品题，故汝南俗有'月旦评'焉。"① 乡评往往能左右乡举里选，某人一旦获得乡评的赞誉，立即身价倍增，甚至三公辟除也参照乡评的褒贬。由于名士清议崇隆乡举，甚至出现背实趋华、沽名钓誉的现象。

两汉政府经常派风俗使到民间采诗观览风俗，东汉甚至实施"举谣言"制度，这反过来刺激了风谣在民间的盛行，甚至出现一些伪造的或者有意识创作的风谣。"两汉（尤其是东汉）的知识精英，有自创歌谣相互标榜、张扬舆论的风气"，东汉桓灵之世，在官僚、士人与宦官及其支持者和追随者之间的政治斗争中，前者就有意识地采取了"利用歌谣，传播其价值观念和政治理念"的策略。② 持续二十余年的党锢之祸最初源于甘陵南北部两家之争，双方各为谣言互相攻击，这些谣言也多是双方有意识创作的。正如有的学者所说："东汉一代，'举谣言制'虽然只是一项政治措施，但正是由于施行了以'谣言'、'风谣'所反映出的是非标准来'黜、陟'官吏的措施，因此也激发了人民群众用歌谣谚讴来考评、指陈国事与官吏得失，所以间接引发和推动了东汉民歌的繁兴。"③ 当然，两汉政府官员采诗的目的在于观风俗、察时政，因此他们重点采集的是"那些表现孤儿、病妇、鳏夫、流民、士卒等痛苦生活的内容，以及刺美郡守的诗歌"。④ 特别是东汉直接用采集来的民众风谣决定官吏的升降。这些都反过来进一步助长了民众以风谣为工具来表达自己生活疾苦以及对官吏赞颂与嘲讽之风的盛行。"正是在这样的社会政治语境和文化心理氛围中，策划'居摄'的王莽需要伪造大量符瑞，包括数万首歌谣，营造出获得广泛认同的舆论假象。而反新势力则以'吏民歌吟思汉久矣'，证明人心思汉，新莽将败。"⑤

---

① 《后汉书》卷六八《许劭列传》，第 2235 页。
② 吕宗力：《略论民间歌谣在汉代的政治作用及相关迷思》，《社会科学战线》2008 年第 9 期。
③ 张永鑫：《汉乐府研究》，江苏古籍出版社，1992，第 68 页。
④ 葛晓音：《论汉乐府叙事诗的发展原因和表现艺术》，氏著《汉唐文学的嬗变》，第 6 页。
⑤ 吕宗力：《略论民间歌谣在汉代的政治作用及相关迷思》，《社会科学战线》2008 年第 9 期。

　　统治者通过采诗来体察下情，并以此作为制定和修改统治策略的根据，试图实现对社会文化秩序的软控制，达到美政化俗的理想。虽然汉代人确信周代已有采诗之官，但采诗制度可能到汉代才真正得到实施，采诗观风的观念也延续下来，成为中国古代美化风俗的一种传统。"观风俗"在汉代是一项极重要的政治制度，而乐府采诗则是其中一个重要环节。对此，余英时认为，"不能把它简单地看作是专为便于皇帝专制而设计的制度。即使皇帝的动机是基于政治利益的考虑，我们也不应据此而否定儒家理论别有超越政治之上的更深涵义"，"也涵有限制帝王'一人肆于民上'的用意"。汉代儒家的大传统在文化史上显然有两种意义："一是由礼乐教化而移风易俗，一是根据'天听自我民听，天视自我民视'的理论来限制大一统时代的皇权。'观采风谣'在这两方面都恰恰发挥了关键性的作用"。①

　　总之，民众风谣作为一种民间舆论，与当时的政治和社会有着密切关系，它们一定程度上是民众对现实政治和生活的反映，表达了民众对时政和统治阶层的批评和建议。从这种意义上讲，民众风谣可看作社会下层民众主动提出政治要求、积极参与社会政治的一种重要手段。两汉统治者也非常重视民众风谣的社会舆论作用，经常派风俗使到民间收集风谣，以此作为考课和监察地方官员的重要方式。风俗使循行地方，确实能收集到一些真实的信息，直接获知下情。"听歌谣于路""采问风谣""听民庶之谣吟"等，②成为君主的一项德政。同时，两汉统治者还注意从民间歌谣的舆论导向中吸取经验，及时调整统治政策和措施，来回应民众的呼声和要求。这样，作为民间舆论的歌谣就使普通民众与统治阶层之间产生了一种互动关系。③

　　不过，两汉采诗观风制度事实上所发挥的作用仍存在两极化的现象，是否真正用之听取民意，还要看采谣者和听谣者的态度。如果人君不做主，采访民众风谣以考核官吏的制度便形同虚设。以下是两汉

---

①　余英时：《汉代循吏与文化传播》，氏著《士与中国文化》，第 121～122 页。

②　分别见《后汉书》卷二九《郅寿列传》，第 1033 页；《后汉书》卷三一《羊续列传》，第 1110 页；《后汉书》卷五七《刘陶列传》，第 1846 页。

③　李传军：《试论中国古代歌谣的性质及其与社会风俗的关系》，《青岛大学师范学院学报》2005 年第 1 期。

之交王莽时的事例：

> 平帝即位，太后临朝，（王）莽秉政，方欲文致太平，使使者分行风俗，采颂声，而（班）穉无所上。琅邪太守公孙闳言灾害于公府，大司空甄丰遣属驰至两郡讽吏民，而劾闳空造不祥，穉绝嘉应，嫉害圣政，皆不道。太后曰："不宣德美，宜与言灾害者异罚。且后宫贤家，我所哀也。"闳独下狱诛。穉惧，上书陈恩谢罪，愿归相印，入补延陵园郎，太后许焉。①

琅邪太守公孙闳只言灾害，广平相班穉没有上报符瑞的颂歌，大司空甄丰遣下属到两郡教民言祥应而隐灾害，反告闳空造不祥。结果，公孙闳竟下狱死，穉虽不言，仍以不宣德美，被加上"嫉害圣政"之名，赶紧谢罪辞去相位。甄丰则官运亨通，被王莽视为心腹。

桓帝时"三府掾属举谣言"，范滂依风谣举报刺史、二千石"深为民害"者二十余人，却不被桓帝接纳，也只好罢官而去。

又由于民众风谣有反映官吏政绩的功能，直接涉及其声誉和升贬，遂有造假者不断出现。如王莽当上安汉公后，曾派风俗使者八人"分行天下，览观民俗"，结果"风俗使者八人还，言天下风俗齐同，诈为郡国造歌谣，颂功德，凡三万言"。② 类似情况在东汉光和五年（182 年）也发生过。《后汉书·刘陶列传》载：

> 光和五年，诏公卿以谣言举刺史、二千石为民蠹害者。时太尉许馘、司空张济承望内官，受取货赂，其宦者子弟宾客，虽贪污秽浊，皆不敢问，而虚纠边远小郡清修有惠化者二十六人。吏人诣阙陈诉，（陈）耽与议郎曹操上言："公卿所举，率党其私，所谓放鸱枭而囚鸾凤。"其言忠切，帝以让馘、济，由是诸坐谣言征者悉拜议郎。③

此事《三国志·魏书·武帝纪》注引《魏书》亦有记载：

---

① 《汉书》卷一〇〇《叙传》，第 4204 页。
② 《汉书》卷九九《王莽传》，第 4066、4076 页。
③ 《后汉书》卷五七《刘陶列传》，第 1851 页。

诏书敕三府：举奏州县政理无效，民为作谣言者免罢之。三公倾邪，皆希世见用，货赂并行，强者为怨，不见举奏，弱者守道，多被陷毁。太祖（曹操）疾之。是岁以灾异博问得失，因此复上书切谏，说三公所举奏专回避贵戚之意。奏上，天子（灵帝）感悟，以示三府责让之，诸以谣言征者皆拜议郎。①

许馘、张济身为三公，审理官吏的黜陟仍须看宦官脸色，又收受贿赂，"举谣言"有失公平，甚至颠倒黑白，反而纠劾有政绩的边远小郡官长。在这种局面下，"听歌谣于路"而黜陟的制度，只不过徒有虚名而已。司徒陈耽、议郎曹操向灵帝进谏，痛陈其弊，灵帝这才采取一些补救措施，"诸以谣言征者皆拜议郎"。

由此可见，两汉风俗使的行为也存在负面效应。一些地方长吏乃至统治者本人，为博取名声，常常利用"谣言"来为自己涂脂抹粉，以致出现大量歌功颂德与阿谀奉承之作。在这种情况下，采风观俗制度发生蜕变，批判性的政治设计异化为辩护性的政治计谋，历代文人所向往的采诗观风制度，反倒变成一种粉饰太平的政府行为。

二　齐整风俗：两汉循吏的行政实践

教化民众和整顿风俗是两汉官吏行政实践活动中的重要内容。早在汉初，贾谊就认为官员若不务教化，则无法化民成俗。他告诉文帝，"移风易俗，使天下回心而乡道，类非俗吏之所能为也"。② 汉武帝定策尊儒后，儒生官员数量日增，儒家思想对政治的影响也日益增强，并逐渐成为齐整风俗的一把利刃。不过，汉武帝一直忙于南征北伐的"武功"，而对移风易俗的"文治"只是做做门面功夫，其实并没有给予太多关注。因此，西汉中前期致力于齐整风俗的良吏或循吏也很少出现。③

---

① 《三国志》卷一《魏书·武帝纪》注引《魏书》，第3页。
② 《汉书》卷四八《贾谊传》，第2245页；《汉书》卷二二《礼乐志》，第1030页。
③ 例如，司马迁《史记》卷一一九《循吏列传》中就没有记载汉代的人物，而班固《汉书》卷八九《循吏传》中所载循吏也多出现在宣帝朝及其以后。

从宣帝时始，经学之士渐据朝廷要职，人数上亦开始有了一定的优势。此时，路温舒上书"宜尚德缓刑"，① 重提贾谊、董仲舒等所倡言的吏治改革问题。宣帝也因"兴于间阎，知民事之艰难"② 而重视对吏治的管理。如《汉书·宣帝纪》载有宣帝所下诏书四十余道，其中大半都是关于吏治教化以及诏举文学贤良等各种教化人才的。

在这一形势下，"通于世务，明习文法，以经术润饰吏事"③ 的循吏开始大量涌现。他们主张政教并行，以教化民，认为"教之化民也深于命"，④ 改变老百姓的行为，美化社会风气，教化的效力要远比命令深刻久远。循吏的行政职责，就是把移风易俗作为一项重要的任务，化民成俗，使之更为良善，以形成美好的社会风俗。

两汉儒学教化思想的不断发展也促使循吏队伍进一步扩大。在西汉，像韩延寿那样崇尚礼义教化的官吏还屈指可数，而到东汉，"教化行而治功立"⑤ 已真正成为众多循吏的共识。居吏职又务教化者不仅有太守二千石这一阶层，如张湛为左冯翊，"在郡修典礼，设条教，政化大行"，⑥ 鲍德为南阳太守，"修起横舍，备俎豆黻冕，行礼奏乐。又尊享国老，宴会诸儒。百姓观者，莫不劝服"，⑦ 而且还有数量众多的县令长和亭长之类的基层官员，如鲍昱为沘阳长，"政化仁爱，境内清净"；⑧ 宋均调补辰阳长，"其俗少学者而信巫鬼，均为立学校，禁绝淫祀，人皆安之"。⑨

在日常行政中，两汉循吏通过教化民众来移风易俗，进而改善社会风气。他们大多能取得比较突出的政绩，这与其成功推行教化政策是分不开的。而且，这些齐整风俗的实践活动，即使在今天看来，对当前的社会管理工作仍具有重要的启示和借鉴意义。

---

① 《汉书》卷五一《路温舒传》，第 2368 页。
② 《汉书》卷八九《循吏传》，第 3624 页。
③ 《汉书》卷八九《循吏传》，第 3623～3624 页。
④ 《史记》卷六八《商君列传》，第 2234 页。
⑤ 《汉书》卷八六《王嘉传》，第 3489 页。
⑥ 《后汉书》卷二七《张湛列传》，第 929 页。
⑦ 《后汉书》卷二九《鲍德列传》，第 1023 页。
⑧ 《后汉书》卷二九《鲍昱列传》，第 1021 页。
⑨ 《后汉书》卷四一《宋均列传》，第 1411 页。

（一）循吏初起：以经术润饰吏事

司马迁是为循吏作传的第一人。按他的理解，循吏乃"奉职循理"或"奉法循理"之吏，[①] 其所作所为"不伐功矜能，百姓无称，亦无过行"[②]。但到班固再作《循吏传》时，其对循吏的理解已经发生了比较明显的变化，认为循吏是推行教化的治民之吏。关于这一点，余英时认为，《史记》中所记载的循吏都是先秦时的人物，注重的是"道家的无为"，而《汉书》中的循吏则全都是西汉中后期的人物，关心的是"儒家的有为"，二者"同名而异实"。[③]

另外，《汉书》中的循吏还有一个比较显著的特点，那就是"以经术润饰吏事"。[④] 从表面上看，"经术""吏事"和"循理""奉职"并没有什么区别，然而，"以经术润饰吏事"却是当时统治阶层有意识贯彻实施的结果。也就是说，"以经术润饰吏事"不仅是循吏个人治政策略的一种自觉选择，而且也是两汉政府开始以儒学作为自己统治思想所导致的必然结果。[⑤] 正因为此，两汉循吏的"以经术润饰吏事"与《史记》中记载的循吏依奉人情物理或依奉法令存在内涵上的差别。

而我们一般意义上所理解的循吏，基本上与班固对循吏的阐释相一致，即在道德言行及行政风格上都符合儒学标范的各级官吏。班固在《汉书·循吏传》中把循吏与两汉社会政治风气的转移密切联系在一起，可见循吏已经成为两汉统治阶层中表现比较突出的一类人物。而历代循吏的政治文化表演也因其注重推行教化、显示出对理想社会风俗秩序的追求而成为中国古代历史中的一大亮点。

有学者认为，关于"以经术润饰吏事"所涉及的经术与吏事之间的相互制衡关系，实质上决定了循吏治政的基本策略：在文化和政治

---

① 《史记》卷一一九《循吏列传》，第3099、3101页。
② 《史记》卷一三〇《太史公自序》，第3317页。
③ 余英时：《汉代循吏与文化传播》，氏著《士与中国文化》，第136~138页。
④ 《汉书》卷八九《循吏传》，第3623~3624页。
⑤ 黄珊：《在文化与政治之间——西汉循吏治政策略的意识形态意义》，《福建论坛》2000年第2期。

的夹缝中谋求最佳生存空间。① 也就是说，如何在经术选择中尽力提升政治文化的境界和在治政过程中充分发挥意识形态的力量，一直是两汉循吏在日常行政实践活动中所要着重探讨的问题。如《汉书·文翁传》云：

> 文翁，庐江舒人也。少好学，通《春秋》，以郡县吏察举。景帝末，为蜀郡守，仁爱好教化。见蜀地辟陋有蛮夷风，文翁欲诱进之，乃选郡县小吏开敏有材者张叔等十余人亲自饬厉，遣诣京师，受业博士，或学律令。减省少府用度，买刀布蜀物，赍计吏以遗博士。数岁，蜀生皆成就还归，文翁以为右职，用次察举，官有至郡守刺史者。
>
> 又修起学官于成都市中，招下县子弟以为学官弟子，为除更繇（徭），高者以补郡县吏，次为孝弟力田。常选学官僮子，使在便坐受事。每出行县，益从学官诸生明经饬行者与俱，使传教令，出入闺阁。县邑吏民见而荣之，数年，争欲为学官弟子，富人至出钱以求之。繇（由）是大化，蜀地学于京师者比齐鲁焉。至武帝时，乃令天下郡国皆立学校官，自文翁为之始云。②

作为两汉著名的循吏，文翁除了在治政中采用"谨身帅先，居以廉平，不至于严"③ 的策略外，更为重要的是，他还采取派出学习和本地培训等方法来塑造儒学人才，在所辖区内掀起一股推崇学经的社会风气。对于那些学有所成的弟子来说，可获得一官半职；而那些没有进入官方机构的学员，也可免除徭役，出入官场。可见，学经带来的好处远不止于做官，还有声誉、名望乃至经济和政治方面的利益。正如清人皮锡瑞所云："经生即不得大用，而亦得有出身，是以四海之内，学校如林。"④ 正是在这种文化氛围中，出现了富商巨贾争相送自己子弟入学的场面。这是文翁推行教化最成功的地方。也正是依靠这些学员，文翁在广大

---

① 黄珊：《在文化与政治之间——西汉循吏治政策略的意识形态意义》，《福建论坛》2000 年第 2 期。
② 《汉书》卷八九《文翁传》，第 3625 ~ 3626 页。
③ 《汉书》卷八九《文翁传》，第 3623 页。
④ 《经学历史·经学极盛时代》，（清）皮锡瑞著，周予同注释《经学历史》，第 101 页。

民众中间培养起尊重知识、尊重学经的文化优势观念，而这一观念对化民成俗极其有效，以至于"至今巴蜀好文雅，文翁之化也"。①

文翁式循吏的做法表明，他们在治政过程中对文化经术十分重视，而且对经术在治政中所能起到的作用也深有体会。循吏之所以自觉选择感化人心的治政策略，其思想基础便是经术。可以说，他们是一批注重文化、提倡道德的政府官员。在他们的观念里，只有依靠经术来推行教化才能收到最佳的治政效果，才能化民成俗，"道（导）之以政，齐之以刑，民免而无耻；道（导）之以德，齐之以礼，有耻且格"②已真正成为他们的治政理念。

文翁依靠自己的行政权力培养了一大批明经之士，这些人在推广他的治政主张、树立整个社会的共同思想和价值标准方面起到了很好的作用。而这一良性的发展态势正体现出汉王朝对社会秩序进行软控制策略的成功。不过，余英时则认为，文翁守蜀郡"尚在汉廷正式定儒学于一尊之前，他的推行教化决不可能是奉行朝廷的旨意"，"在文翁的时代，循吏的特征是'因循'和'无为'，因为这才符合文、景两朝崇尚黄老之治的要求。文翁在蜀实行教化则是本于他个人平素所持的信念"。③这一分析虽很有道理，但未免有些过于绝对化，因为"朝廷的旨意"其实就是要求文翁要实现对当地社会的有效控制，而文翁所推行的教化策略正是为完成这一任务所采用的手段，其与是不是"朝廷的旨意"本没有必然联系。相反，作为循吏，文翁一反汉初崇尚"因循"和"无为"而推行教化，或许恰好说明当时政府的统治思想和策略已经开始在对社会秩序进行控制的过程中发生渐变。而"吏"与"师"两种功能在政治文化领域内的合一，则并不被统治所排斥，而且这种政教合一也是儒家官员所一直希望实现的理想状态。

文翁的例子使我们清楚地看到了循吏兼具"吏"与"师"的双重身份。"吏"的基本职责是维持政治秩序；"师"的主要任务则是建立文化秩序。④文翁以经学、道德力量来支持自己的行政统治，郡

---

① 《汉书》卷八九《文翁传》，第 3627 页。

② 《论语·为政》，杨伯峻译注《论语译注》，第 12 页。

③ 余英时：《汉代循吏与文化传播》，氏著《士与中国文化》，第 140～141 页。

④ 余英时：《汉代循吏与文化传播》，氏著《士与中国文化》，第 141 页。

守的职权给其教化工作提供了很大的便利，从而使得文化、道德变成了行政组织权力，而这正是循吏"以经术润饰吏事"的核心内涵。[①]清人唐晏在评价东汉桓荣世代为帝师时说："桓氏经学之盛，冠于东京，非以世为帝师之故耶？故儒者之业，与国为隆替，庸非孔子述作之旨，以学术括治术之故乎！则其盛有由然矣。"[②]就是把"学术括治术"作为评价的立足点，指出这些官吏在文化、政治、道德三方面很好地统一起来，为治政开创了一代风气。

从下文将要论述的循吏的具体治政实践活动中，我们也可看到这种统一。而与循吏相对的酷吏则不能做到这一点，他们没有把"化人心"作为自己的治政目标，因而也就无法达到化民成俗的效果。循吏和酷吏的这种区别实际上体现了统治阶层两种不同的统治策略，涉及在对待民众、士人、文化乃至道德等方面所应持的正确态度到底是什么的问题。

余英时在论述汉代循吏时主要强调其在文化传播中的重要作用。他认为，循吏是中国文化"大传统"的自觉传播者，他们在充当"吏"的同时，也自觉地承担起"师"的角色，即教导民众富裕之后如何走向向善之路，因此，循吏实质上是在实现原始儒学的道德与政治理想。这一见解无疑极为深刻。但余文还论述了循吏这种做法与朝廷政策的矛盾之处，指出原始儒学"先富后教"的做法与当朝统治存在深刻的矛盾，因而导致悲剧出现，韩延寿就是一典型例子。在余英时看来，由于循吏是"大传统"的自觉传播者，自然免不了与当朝政权发生冲突，似乎循吏作为朝廷官员所起的作用由于要承担"大传统"的传播者而受到限制。[③]这种将吏事与教化对立起来的做法，在一定程度上否认了教化的政治制度背景，似有所不妥。毫无疑问，包括宣帝在内的所有帝王真正关心的是统治秩序的稳定，但同样不能否认的是，越来越多的儒生官员已让两汉执政者明白，安定和谐

---

① 黄珊：《在文化与政治之间——西汉循吏治政策略的意识形态意义》，《福建论坛》2000 年第 2 期。

② 《两汉三国学案》卷三《尚书》，（清）唐晏撰《两汉三国学案》，吴东民点校，中华书局，1986，第 127 页。

③ 余英时：《汉代循吏与文化传播》，氏著《士与中国文化》，第 133～147 页。

的政治秩序必须建立在政教并行的基础上，通过教化来实现。

而循吏"以经术润饰吏事"实际上正是在统治意识允许的范围内运作的，循吏作为文化权威、道德权威、行政权威三合一的典型，正是统治阶层在贯彻化民成俗方面所一直鼓吹的。① 如黄霸在霍光"遵武帝法度，以刑罚痛绳群下"的时期，"独用宽和为名"。② 对此，宣帝曾下诏称扬黄霸："颍川太守霸，宣布诏令，百姓向化，孝子弟弟贞妇顺孙日以众多，田者让畔，道不拾遗，养视鳏寡，赡助贫穷，狱或八年亡重罪囚，吏民向于教化，兴于行谊，可谓贤人君子矣。《书》不云乎？'股肱良哉'其赐爵关内侯，黄金百斤，秩中二千石。"③ 可见，朝廷对这种政教并行的循吏是十分欣赏的，对其所作所为也持支持态度。特别是元朔四年（前 125 年）武帝下诏提到"盖闻导民以礼，风之以乐，今礼坏乐崩，朕甚闵焉"，④ 地节四年（前 66 年）宣帝在诏书中明确提出"导民以孝，则天下顺"⑤ 的主张，均表明汉王朝试图利用教化风俗来加强对社会的软控制。东汉时期，光武帝宣称"吾理天下，亦欲以柔道行之"，⑥ 更是懂得要任用大批"以礼教化"的治民之循吏，其征召年七十余的卓茂的行为，就表明了政府对主张政教并行的循吏的支持态度。范晔在记载这一史实时也曾一针见血地揭示说："卓茂断断小宰，无它庸能，时已七十余矣，而首加聘命，优辞重礼，其与周、燕之君表闾立馆何异哉？"⑦

至于循吏韩延寿的死，我们即使认为其"衣黄纨方领，驾四马""取官铜物，候月蚀铸作刀剑钩镡，放效尚方事"等一系列"无状"行为是反对者的污蔑，但仅仅一项"诬诉典法大臣，欲以解罪"就足

① 黄珊：《在文化与政治之间——西汉循吏治政策略的意识形态意义》，《福建论坛》2000 年第 2 期。
② 《汉书》卷八九《黄霸传》，第 3628～3629 页。
③ 《汉书》卷八九《循吏传》，第 3631～3632 页。《史记》卷九六《张丞相列传》褚少孙补孝宣帝下制曰："颍川太守霸，以宣布诏令治民，道不拾遗，男女异路，狱中无重囚。赐爵关内侯，黄金百斤。"（第 2688 页）
④ 《汉书》卷六《武帝纪》，第 171 页。
⑤ 《汉书》卷八《宣帝纪》，第 250 页。
⑥ 《后汉书》卷一《光武帝纪》，第 68～69 页。
⑦ 《后汉书》卷二五《卓茂列传》，第 872 页。

以致其于死地。① 这种事例在两汉也并不鲜见。因此，或许更合理的说法是，韩延寿只不过是在当时的政治斗争中失败了而已。他的死只是一偶然发生的个例，并且和其身为循吏似乎也毫不相干，因而也就不存在其治政主张和策略与当朝政治思想有冲突和矛盾的问题。而如果我们认识到武帝诏博士循行天下有化俗的目的，置博士弟子员也有"崇乡里之化"的动机，那么就会意识到，循吏推行教化的这一做法其实就是类似博士化俗职能的延续和扩展。就文化传播的角度而言，循吏对文化的传播既是一种自觉认同的使命，同时一定程度上也是在逐步贯彻朝廷尊崇儒术的主张。

两汉循吏通过自己的行政实践活动一直在向民众灌输一种政治与道德理念，在这一过程中，文化传播变成一种带有政治意义的社会行为。② 循吏治政的目的，就是要把朝廷的政策、思想传播到全国各地，从而最终达到全国风俗同一的境界。

总之，从《史记》中的"奉职循理"到《汉书》中的"以经术润饰吏事"，对循吏内涵的理解已发生了比较大的变化。如果说《史记》中的循吏主要侧重于强调因循、无为，自觉遵守法律的话，那么《汉书》中的循吏则更重视理政治民、化民成俗的能力。而这个变化的发生，与中央大一统政权及儒学统治思想的逐步确立有着莫大的关系。

两汉循吏的治政基本上是对儒家思想的积极实践，并取得了比较突出的成效。然而，两汉循吏在治政方面所取得的成就远非原始儒家所希望达到的德治社会境界，而且，在关于两汉循吏的史料中还含有许多虚假的记载，一些循吏的行为甚至成为后来仿效者虚报政绩、伪饰应上的手段。不过，这种现象也在一定程度上从反面证明两汉循吏所持的治政策略得到了当时社会各个阶层的认同，在统治阶层中更是如此。因而，我们在注意两汉循吏的文化职能时，必须考虑到他们作为朝廷官员的这一政治角色。事实上，循吏的文化、道德职能是与他

① 《汉书》卷七六《韩延寿传》，第 3214、3216 页。
② 黄珊：《在文化与政治之间——西汉循吏治政策略的意识形态意义》，《福建论坛》2000 年第 2 期。

们的政治角色一同发挥作用的。

(二) 吏道更新与移风易俗

早在汉初，贾谊在向汉文帝提出制礼作乐主张时就指出："夫移风易俗，使天下回心而向道，类非俗吏之所能为也。俗吏之所务，在于刀笔筐箧，而不知大（礼）〔体〕。"① 认为当时的俗吏承秦吏之弊，只知具体的法令条文，因而不能胜任教化职责。元光元年（前134年），董仲舒在向汉武帝对策时也重点提出："今之郡守、县令，民之师帅，所使承流而宣化也；故师帅不贤，则主德不宣，恩泽不流。今吏既亡教训于下，或不承用主上之法，暴虐百姓，与奸为市，贫穷孤弱，冤苦失职，甚不称陛下之意。"② 为此，他提议由各郡举荐贤才，经过考核，授以地方官职，行使教化之职。

第一个以儒术登上相位的儒者公孙弘在讨论政教关系时也说："上古尧舜之时，不贵爵赏而民劝善，不重刑罚而民不犯，躬率以正而遇民信也；末世贵爵厚赏而民不劝，深刑重罚而奸不止，其上不正，遇民不信也。……法不远义，则民服而不离；和不远礼，则民亲而不暴。……礼义者，民之所服也，而赏罚顺之，则民不犯禁矣。"③ 上古有教无政，末世以政代教，现今若欲求善治，则须调和政教，以政顺教，推行礼义教化。由于曾"少时为狱吏"，④ 公孙弘虽不具有董仲舒那样的理论水平，却能提出更具有操作性、更富有实效性的建议。他主张从吏治角度来落实政与教的结合。为此，他批判说："陛下有先圣之位而无先圣之名，有先圣之名而无先圣之吏，是以势同而治异。先世之吏正，故其民笃；今世之吏邪，故其民薄。政弊而不行，令倦而不听。夫使邪吏行弊政，作倦令治薄民，民不可得而化也，此治之所以异也。臣闻周公旦治天下，期年而变，三年而化，五年而定。唯陛下之所志。"⑤ 建议政府应"崇乡里之化，以广

---

① 《汉书》卷四八《贾谊传》，第2245页。
② 《汉书》卷五六《董仲舒传》，第2512页。
③ 《汉书》卷五八《公孙弘传》，第2615页。
④ 《汉书》卷五八《公孙弘传》，第2613页。
⑤ 《汉书》卷五八《公孙弘传》，第2617~2618页。

贤材"，在乡里选举中，"敬长上，肃政教，顺乡里，出入不悖所闻者，令相长丞上属所二千石"；鉴于"小吏浅闻，不能究宣，无以明布谕下"，主张以文学礼义之士补郡属，等等。在公孙弘的努力下，"自此以来，则公卿大夫士吏斌斌多文学之士矣"。①

汉宣帝时，琅邪王吉上疏提出："欲治之主不世出，公卿幸得遭遇其时，未有建万世之长策，举明主于三代之隆者也。其务在于簿书断狱听讼而已，此非太平之基也。今俗吏所以牧民者，非有礼义科指可世世通行者也，以意穿凿，各取一切。是以诈伪萌生，刑罚无极，质朴日消，恩爱寖薄。孔子曰'安上治民，莫善于礼'，非空言也。愿与大臣延及儒生，述旧礼，明王制，驱一世之民，济之仁寿之域，则俗何以不若成康？寿何以不若高宗？"②认为承担教化之职仅有君主的提倡是不行的，还必须有官吏配合，因为对地方的管理，必须依靠这些具体的行政长官去实施教化政策，而目下这些官吏不遵循"礼义科指"，所以导致"诈伪萌生，刑罚无极，质朴日消，恩爱寖薄"的局面。只有君主"与大臣延及儒生，述旧礼，明王制"，风俗才能像成康时期一样美好。由此可见，主张教化的吏治对风俗移易起着很大的作用。

在盐铁会议上，文学贤良则对当时的"良吏"标准提出质疑："法能刑人而不能使人廉，能杀人而不能使人仁。……所贵良吏者，贵其绝恶于未萌，使之不为，非贵其拘之囹圄而刑杀之也。今之所谓良吏者，文察则以祸其民，强力则以厉其下，不本法之所由生，而专己之残心，文诛假法，以陷不辜，累无罪，以子及父，以弟及兄，一人有罪，州里惊骇，十家奔亡，若痫疽之相泞，色淫之相连，一节动而百枝摇。"③通过对当时"良吏"标准的质疑，文学贤良批判了以桑弘羊为首的法家吏道观，提出"良吏"应注重教化职能进而"绝恶于未萌"的儒家吏道观。

儒家所说的教化是一种由内向外的培育方式，它将自然生发的情

---

① 《史记》卷一二一《儒林列传》，第3119~3120页。
② 《汉书》卷二二《礼乐志》，第1033页。
③ 《盐铁论·申韩》，王利器校注《盐铁论校注（定本）》，第580页。

感（如孝、慈之类）提升为道德的自觉。贾谊说："立君臣，等上下，使纲纪有序，六亲和睦，此非天之所为，人之所设也。人之所设，不为不立，不修则坏"。① 但"修"要采用"道之以德，齐之以礼"的政治方式。这是一种渗透着文化精神的王道政治，早在孔子讨论为政之道时就已提出。它要求官吏同时兼具政、教两职，否则难以真正实现对社会秩序的控制。如武帝独任执法之吏，虽强化了王权，却感到"群生寡遂，黎民未济"，以致"一岁之狱以万千数"。②

总之，随着教化理论的发展，两汉政论家和思想家不断地对当时的吏治提出批评，主张应重视官吏的教化职能，从而使两汉吏道观念得到更新。在新吏道观念的影响下，两汉政府对吏治越来越重视，吏治、教化和举贤良文学三者在诏书中常被联系在一起。如宣帝地节三年（前67年）十一月诏云："朕既不逮，导民不明，反侧晨兴，念虑万方，不忘元元。唯恐羞先帝圣德，故并举贤良方正以亲万姓，历载臻兹，然而俗化阙焉。传曰：'孝弟也者，其为仁之本与！'其令郡国举孝弟有行义闻于乡里者各一人。"③

两汉官吏也越来越多地注重对民众实施教化，而循吏就是其中表现最突出的一类人物。颜师古释循吏的"循"谓"顺也，上顺公法，下顺人情"，④ 正说明循吏兼政、教二职。如黄霸"力行教化而后诛罚，务在成就全安长吏"；⑤ 卫飒为桂阳太守，"郡与交州接境，颇染其俗，不知礼则。飒下车，修庠序之教，设婚姻之礼。期年间，邦俗从化"；⑥ 任延为武威太守，"造立校官，自掾（吏）〔史〕子孙，皆令诣学受业，复其徭役。章句既通，悉显拔荣进之。郡遂有儒雅之士"；⑦ 刘矩"稍迁雍丘令，以礼让化之，其无孝义者，皆感悟自革。民有争讼，矩常引之于前，提耳训告，以为忿恚可忍，县官不可入，

---

① 《汉书》卷二二《礼乐志》，第1030页。
② 《汉书》卷五六《董仲舒传》，第2507、2515页。
③ 《汉书》卷八《宣帝纪》，第250页。
④ 《汉书》卷八九《循吏传》，第3623页。
⑤ 《汉书》卷八九《黄霸传》，第3631页。
⑥ 《后汉书》卷七六《循吏列传·卫飒》，第2459页。
⑦ 《后汉书》卷七六《循吏列传·任延》，第2463页。

使归更寻思。讼者感之，辄各罢去"；① 蒲亭长仇览"农事既毕，乃令子弟群居，还就黉学。其剽轻游恣者，皆役以田桑，严设科罚"。② 这些举措是否含有矫情的成分，是否为史家的溢美之词，不好判断，但至少可以说明汉代循吏是比较重视教化的，希望通过教化来移风易俗，美化社会风气，实现对社会秩序的软控制。

据学者统计，两汉计有 24 位守相在其任职的郡国搞过各种形式的移风易俗，西汉自宣帝以下仅有 8 位，东汉独占 16 位。③ 当然，这仅是史书中明文记载的，实际人数要远远超过这一数据。

移风易俗的内容，也不仅仅只是推行礼仪教化，而且包括注重儒家"富而教之"的观念，实施劝民务农政策等。两汉循吏大多都比较关心百姓的疾苦，爱惜民力，注意发展地方经济，改善民众生活。如颍川太守黄霸"使邮亭乡官皆畜鸡豚，以赡鳏寡贫穷者。然后为条教，置父老师帅伍长，班行之于民间，劝以为善防奸之意，及务耕桑，节用殖财，种树畜养，去食谷马"。④ 兒宽为左内史，"表奏开六辅渠，定水令以广溉田"。⑤ 龚遂为渤海太守，"见齐俗奢侈，好末技，不田作，乃躬率以俭约，劝民务农桑，令口种一树榆、百本薤、五十本葱、一畦韭，家二母彘、五鸡。民有带持刀剑者，使卖剑买牛，卖刀买犊，曰：'何为带牛佩犊！'春夏不得不趋田亩，秋冬课收敛，益蓄果实菱芡。劳来循行，郡中皆有畜积，吏民皆富实。狱讼止息"。⑥ 任延为九真太守，"九真俗以射猎为业，不知牛耕，民常告籴交趾，每致困乏。延乃令铸作田器，教之垦辟。田畴岁岁开广，百姓充给"。⑦ 王景为庐江太守，"先是百姓不知牛耕，致地力有余而食常不足。郡界有楚相孙叔敖所起芍陂稻田。景乃驱率吏民，修起芜废，教用犁耕，由是垦辟倍多，境内丰给。遂铭石刻誓，令民

① 《后汉书》卷七六《循吏列传·刘矩》，第 2476 页。
② 《后汉书》卷七六《循吏列传·仇览》，第 2479～2480 页。
③ 王大建：《两汉民俗区研究》，《山东大学学报》2004 年第 3 期。
④ 《汉书》卷八九《黄霸传》，第 3629 页。
⑤ 《汉书》卷五八《兒宽传》，第 2630 页。颜师古注曰："为用水之次具立法，令皆得其所也。"
⑥ 《汉书》卷八九《龚遂传》，第 3640 页。
⑦ 《后汉书》卷七六《循吏列传·任延》，第 2462 页。

知常禁。又训令蚕织，为作法制，皆著于乡亭，庐江传其文辞"。①这些循吏所制定的各种各样的劝课农桑政策，一般都很细致具体，对发展地方经济、改善老百姓的生活、稳定地方秩序都有着重要的意义。

循吏教化的目的在于移风易俗，就是采用教化的方式向民众灌输一种观念，教育百姓以什么样的标准获得社会及上层人员的认可，以及什么样的行为应该遭到谴责，从而美化社会风俗，实现对社会秩序的软控制。如《汉书·龚遂传》载：

> 宣帝即位，久之，渤海左右郡岁饥，盗贼并起，二千石不能禽制。上选能治者，丞相御史举遂可用，上以为渤海太守。……（宣帝）谓遂曰："渤海废乱，朕甚忧之。君欲何以息其盗贼，以称朕意？"遂对曰："海濒遐远，不沾圣化。其民困于饥寒而吏不恤，故使陛下赤子盗弄陛下之兵于潢池中耳。今欲使臣胜之邪，将安之也？"上闻遂对，甚说（悦），答曰："选用贤良，固欲安之也。"遂曰："臣闻治乱民犹治乱绳，不可急也；唯缓之，然后可治。臣愿丞相御史且无拘臣以文法，得一切便宜从事。"上许焉，加赐黄金，赠遣乘传。至渤海界，郡闻新太守至，发兵以迎，遂皆遣还，移书敕属县悉罢逐捕盗贼吏。诸持锄钩田器者皆为良民，吏无得问，持兵者乃为盗贼。遂单车独行至府，郡中翕然，盗贼亦皆罢。渤海又多劫略相随，闻遂教令，即时解散，弃其兵弩而持锄钩。盗贼于是悉平，民安土乐业。遂乃开仓廪假贷贫民，选用良吏，尉安牧养焉。②

渤海郡位于战国时期的齐赵之间，有齐地重商轻农之风。因此，龚遂没有倡导学经的风气，也没有把文化传播当作有效的治政策略。他在渤海郡实行教化的主要任务就是要在当地培养重本轻末的风气，树立起以耕稼力田为荣的观念。

颍川郡素有"高（士）〔仕〕宦，好文法"之风，且"民以贪遴

---

① 《后汉书》卷七六《循吏列传·王景》，第 2466 页。
② 《汉书》卷八九《龚遂传》，第 3639 页。

争讼生分为失"，①"豪杰大姓相与为婚姻，吏俗朋党"。② 这些风俗显然不利于社会统治，宣帝初赵广汉任颍川太守，他巧妙地使用计谋与法治来打破朋党陋俗，使"其后强宗大族家家结为仇雠，奸党散落，风俗大改"。这一改变虽然使社会安定，却未使风俗变得淳朴，反倒形成了"吏民相告讦"这一新的坏风气。③ 韩延寿继任后即改以礼让来教育百姓，"接以礼意，人人问以谣俗，民所疾苦，为陈和睦亲爱销除怨咎之路"，改变多怨仇的陋习，提倡行谦让、让资财、行孝悌的新风，同时又鼓励学文习武，贯彻礼乐教育，并改革婚丧嫁娶制度，使之"略依古礼，不得过法"，由此社会风气大大好转。④ 对此，班固称赞曰："延寿为吏，上礼义，好古教化，所至必聘其贤士，以礼待用，广谋议，纳谏争；举行丧让财，表孝弟有行；修治学官，春秋乡（社）〔射〕，陈钟鼓管弦，盛升降揖让，及都试讲武，设斧铖旌旗，习射御之事。"⑤ 之后黄霸继任颍川太守，虽然他以法为治，却并非像一般文法吏那样不教而诛，而是先让百姓明白必须遵守的法令内容，"然后为条教，置父老师帅伍长，班行之于民间，劝以为善防奸之意"。⑥ 这种"力行教化而后诛罚"的办法，行之也十分有效。两代太守变易风俗的基本手段，用《汉书·地理志》的话来说就是"化以笃厚"⑦，在他们的治理下颍川郡的风俗有了显著变化。

南阳郡本是韩国故地，秦灭韩后，将天下不轨之民迁徙于此，使当地形成了"夸奢，上气力，好商贾渔猎"⑧ 的风气。宣帝时，郑弘与召信臣相继为南阳太守，着力改变这种风气。尤其是召信臣极其重视农业，亲自领导兴修水利工作，形成重本弃末的风气。《汉书·召信臣传》说他"为人勤力有方略，好为民兴利，务在富之。躬劝耕农，出入阡陌，止舍离乡亭，稀有安居时。行视郡中水泉，开通沟

---

① 《汉书》卷二八《地理志》，第 1654 页。
② 《汉书》卷七六《赵广汉传》，第 3200 页。
③ 《汉书》卷七六《赵广汉传》，第 3200 页。
④ 《汉书》卷七六《韩延寿传》，第 3210 页。
⑤ 《汉书》卷七六《韩延寿传》，第 3211 页。
⑥ 《汉书》卷八九《黄霸传》，第 3629 页。
⑦ 《汉书》卷二八《地理志》，第 1654 页。
⑧ 《汉书》卷二八《地理志》，第 1654 页。

渎，起水门提阏凡数十处，以广溉灌，岁岁增加，多至三万顷。民得其利，畜积有余"，还"为民作均水约束，刻石立于田畔，以防分争"。对于"府县吏家子弟好游敖，不以田作为事"者，"辄斥罢之，甚者案其不法，以视好恶"。在这种治理方针下，南阳风气为之一变："其化大行，郡中莫不耕稼力田，百姓归之，户口增倍，盗贼狱讼衰止。"此外，召信臣对婚丧制度也有所改革，"禁止嫁娶送终奢靡，务出于俭约"。①

东汉时期，这种追求风俗齐一的做法继续保持，不但在北方使移风易俗的面更加扩大，而且将这一做法逐渐推行到南方。至于有关东汉风俗变迁的记载多出现在南方与边郡，则主要是因为北方风俗自西汉后期以来已渐归于一，而南方与缘边诸郡的风俗则主要是在东汉时期才次第发生变化，故相形之下显得突出，其实北方风俗仍处于变迁之中。② 如建初元年（76年），秦彭迁山阳太守，"以礼训人，不任刑罚。崇好儒雅，敦明庠序。每春秋飨射，辄修升降揖让之仪。乃为人设四诫，以定六亲长幼之礼。有遵奉教化者，擢为乡三老，常以八月致酒肉以劝勉之。吏有过咎，罢遣而已，不加耻辱。百姓怀爱，莫有欺犯。兴起稻田数千顷，每于农月，亲度顷亩，分别肥瘠，差为三品，各立文簿，藏之乡县。于是奸吏踧踖，无所容诈"。③ 山阳在西汉时风俗不好，有"好为奸盗"的恶风，秦彭的举动即为纠正旧俗。南阳在东汉是"帝乡"，贵戚豪右不法者众，历来的二千石多不称职。桓帝时，王畅任南阳太守，施以重典，豪右大震，但风俗并未大改，后"更崇宽政，慎刑简罚，教化遂行"。针对"郡中豪族多以奢靡相尚"之风，王畅"常布衣皮褥，车马羸败，以矫其敝"。④

以两汉循吏对地区陋俗的革除为例，还可发现循吏往往根据当地特点采用各种不同的方式来移风易俗。如周举在顺帝永建、阳嘉之际

---

① 《汉书》卷八九《召信臣传》，第 3642 页。
② 周振鹤：《从"九州异俗"到"六合同风"——两汉风俗区划的变迁》，《中国文化研究》1997 年第 4 期。
③ 《后汉书》卷七六《循吏列传·秦彭》，第 2467 页。
④ 《后汉书》卷五六《王畅列传》，第 1824～1825 页。

任并州刺史，"太原一郡，旧俗以介子推焚骸，有龙忌之禁。至其亡月，咸言神灵不乐举火，由是士民每冬中辄一月寒食，莫敢烟爨，老小不堪，岁多死者"。针对这一陋俗，周举采取教化的方式："举既到州，乃作吊书以置子推之庙，言盛冬去火，残损民命，非贤者之意，以宣示愚民，使还温食。于是众惑稍解，风俗颇革。"① 光武末，第五伦为会稽太守，"会稽俗多淫祀，好卜筮。民常以牛祭神，百姓财产以之困匮，其自食牛肉而不以荐祠者，发病且死先为牛鸣，前后郡将莫敢禁。伦到官，移书属县，晓告百姓。其巫祝有依托鬼神诈怖愚民，皆案论之。有妄屠牛者，吏辄行罚。民初颇恐惧，或祝诅妄言，伦案之愈急，后遂断绝，百姓以安"，② 完全采用行政法令的手段强制推行，也取得了不错的效果。建武年间，宋均"调补辰阳长。其俗少学者而信巫鬼，均为立学校，禁绝淫祀，人皆安之"，完全采用教化方式来改变陋俗。后迁九江太守，境内"浚遒县有唐、后二山，民共祠之，众巫遂取百姓男女以为公姁，岁岁改易，既而不敢嫁娶，前后守令莫敢禁。均乃下书曰：'自今以后，为山娶者皆娶巫家，勿扰良民。'于是遂绝"，使用的则是法令。③

　　由此可见，两汉循吏通过"富而教之"的方式来移风易俗，但并未排除使用行政命令、法律制裁等强制性措施。有时旧风俗对社会已造成严重危害，不得不迅速加以遏制，而教化引导的办法往往难以一时奏效，强制性措施就成为必要手段。

　　另外，两汉贪官污吏巧取豪夺和地方豪强武断乡曲的状况也一直严重危害着百姓的正常生活。若不消除这两大祸害，"富而教之"只会变成空话。为此，两汉循吏对法律也给予了一定的尊重。这主要表现在两个方面：一是以身作则，自觉遵守法律；二是严格执法，力图使百姓心悦诚服地接受法律。④

　　由于法律是由官吏来推行的，官吏自身是否守法关系到法律能否

---

①　《后汉书》卷六一《周举列传》，第 2024 页。

②　《后汉书》卷四一《第五伦列传》，第 1397 页。

③　《后汉书》卷四一《宋均列传》，第 1411、1413 页。

④　参见于振波《汉代的循吏与酷吏》，《湖南城市学院学报》2006 年第 1 期。于振波甚至认为汉代循吏的政绩正是包括"富而教之"和尊重法律这两个方面。

取信于民。而循吏在自觉遵守法律方面，堪称官吏之楷模。如朱邑"为人淳厚，笃于故旧，然性公正，不可交以私"；①刘矩"性亮直，不能谐附贵埶（势）"；②刘宠"前后历宰二郡，累登卿相，而（准）〔清〕约省素，家无货积"；③等等。为人正直、为官清廉，可说是循吏的共同特征。正因为他们自己有良好的个人修养，才能以其人格魅力为当地百姓所尊敬，做到"其身正，不令而行"。

同时，两汉循吏也要求下属官吏遵纪守法，并及时选用"良吏"，沙汰"奸吏"。如召信臣为南阳太守，"府县吏家子弟好游敖，不以田作为事，辄斥罢之，甚者案其不法，以视好恶"；④秦彭为山阳太守，"吏有过咎，罢遣而已，不加耻辱"，"奸吏踧踖，无所容诈"；⑤王涣为温令，"绳正部郡，风威大行"；⑥童恢为不其令，"吏人有犯违禁法，辄随方晓示。若吏称其职，人行善事者，皆赐以酒肴之礼，以劝励之"。⑦

整饬吏治所取得的成效也非常显著。如王涣任洛阳令，卒官，"涣丧西归，道经弘农，民庶皆设槃桉于路。吏问其故，咸言平常持米到洛，为卒司所钞，恒亡其半。自王君在事，不见侵枉，故来报恩"。⑧孟尝为合浦太守，"先时宰守并多贪秽，诡人采求，不知纪极，珠遂渐徙于交址郡界。于是行旅不至，人物无资，贫者饿死于道。尝到官，革易前敝，求民病利。曾未逾岁，去珠复还，百姓皆反其业，商货流通，称为神明"。⑨刘宠拜会稽太守，"山民愿朴，乃有白首不入市井者，颇为官吏所扰。宠简除烦苛，禁察非法，郡中大化。征为将作大匠。山阴县有五六老叟，庞眉皓发，自若邪山谷间出，人赍百钱以送宠。宠劳之曰：'父老何自苦？'对曰：'山谷鄙生，

---

① 《汉书》卷八九《朱邑传》，第 3635 页。
② 《后汉书》卷七六《循吏列传·刘矩》，第 2476 页。
③ 《后汉书》卷七六《循吏列传·刘宠》，第 2479 页。
④ 《汉书》卷八九《召信臣传》，第 3642 页。
⑤ 《后汉书》卷七六《循吏列传·秦彭》，第 2467 页。
⑥ 《后汉书》卷七六《循吏列传·王涣》，第 2468 页。
⑦ 《后汉书》卷七六《循吏列传·童恢》，第 2482 页。
⑧ 《后汉书》卷七六《循吏列传·王涣》，第 2469 页。
⑨ 《后汉书》卷七六《循吏列传·孟尝》，第 2473 页。

未尝识郡朝。它守时吏发求民间，至夜不绝，或狗吠竟夕，民不得安。自明府下车以来，狗不夜吠，民不见吏。年老遭值圣明，今闻当见弃去，故自扶奉送。'宠曰：'吾政何能及公言邪？勤苦父老！'为人选一大钱受之"。①

对于严重破坏社会安定、危害百姓正常生产生活的违法行为，循吏能够坚决依法惩处，决不姑息。如任延任武威太守，"时将兵长史田绀，郡之大姓，其子弟宾客为人暴害。延收绀系之，父子宾客伏法者五六人。绀少子尚乃聚会轻薄数百人，自号将军，夜来攻郡。延即发兵破之。自是威行境内，吏民累息"。② 王涣除温令，"县多奸猾，积为人患。涣以方略讨击，悉诛之。境内清夷，商人露宿于道"。③

两汉循吏在调节法律纠纷时还往往比较注意体察民情，寓教于法，使百姓能够心悦诚服地接受法律的约束。如刘矩为雍丘令，"民有争讼，矩常引之于前，提耳训告，以为忿恚可忍，县官不可入，使归更寻思。讼者感之，辄各罢去"。④

总之，在两汉新吏道观念的基础上，循吏通过各种各样的教化手段来移风易俗，取得了比较显著的效果。由于两汉循吏大多为儒生出身，如韩延寿少为郡文学，任延"年十二，为诸生，学于长安，明《诗》、《易》、《春秋》，显名太学，学中号为'任圣童'"⑤，遂使儒家移风易俗观念普及于循吏。他们或因俗简礼，或革俗变礼，致使两汉风俗表现出同一的趋势。余英时指出，"从孔、孟、荀到汉代，儒教的中心任务是建立一个新的文化秩序"，这种文化秩序"是最高限度的秩序，超越但同时也包括了最低限度的政治、法律的秩序"。⑥ 徐复观也认为，汉代"是中国知识分子和政治关系最为合理的时代"，⑦因为汉廷一定程度上在政策上认可并在实践中发挥了王道对霸道的调

---

① 《后汉书》卷七六《循吏列传·刘宠》，第 2478 页。
② 《后汉书》卷七六《循吏列传·任延》，第 2463 页。
③ 《后汉书》卷七六《循吏列传·王涣》，第 2468 页。
④ 《后汉书》卷七六《循吏列传·刘矩》，第 2476 页。
⑤ 《后汉书》卷七六《循吏列传·任延》，第 2460 页。
⑥ 余英时：《汉代循吏与文化传播》，氏著《士与中国文化》，第 128～129 页。
⑦ 徐复观：《学术与政治之间·中国知识分子的历史性格及其历史的命运》，黄克剑、林少敏编《徐复观集》，第 146 页。

整辅助功用。

但是，对循吏的教化作用及其移风易俗的效果也不能估计过高。如"治甚有声"的王成，虽有宣帝下诏褒之，但"后诏使丞相御史问郡国上计长吏守丞以政令得失，或对言前胶东相成伪自增加，以蒙显赏，是后俗吏多为虚名云"。① 王夫之在《读通鉴论》卷四中说："宣帝重二千石之任，而循吏有余美，龚遂、黄霸、尹翁归、赵广汉、张敞、韩延寿，皆藉藉焉。迹其治之得失，广汉、敞、霸皆任术而托迹于道。广汉、敞以虔矫任刑杀，而霸多伪饰，宽严异，而求名太急之情一也。延寿以礼让养民，庶几于君子之道，而为之已甚者亦饰也。翁归虽察，而执法不烦；龚遂虽细，而治乱以缓；较数子之间，其愈矣乎！要此数子者，唯广汉专乎俗吏之为，而得流俗之誉为最；其余皆饰以先王之礼教，而世儒以为汉治近古，职此由也。"② 其言论虽有些过激，但也不无道理。

（三）两汉条教与乡里教化

西汉中期以后，地方官吏开始出现"为条教"的趋势。这种趋势当与黄霸任丞相有一定的关系。黄霸在颍川太守任上善为"条教"，"置父老师帅伍长，班行之于民间"，取得了比较显著的政绩。③ 宣帝五凤三年（前55年），黄霸取代丙吉为丞相，更是有意识地鼓励地方制定条教，在接见"郡国上计长吏守丞"时，使"不为条教者在后叩头谢"。④ 此后，对条教的推行逐渐成为两汉循吏教化民众的重要手段。

条教，即条文与教令的合称，是两汉大量存在的较具条理性、规范性的地方性教化法规。作为两汉法律体系的重要组成部分，条教一般由地方行政长官（郡守、县令等）以语书、教、条教、记、

---

① 《汉书》卷八九《王成传》，第3627页。
② 《读通鉴论》卷四《宣帝》，（清）王夫之：《读通鉴论》，第86~87页。
③ 《汉书》卷八九《黄霸传》，第3629页。《史记》卷九六《张丞相列传》褚少孙补曰："黄丞相霸者，淮阳人也。以读书为吏，至颍川太守。治颍川，以礼义条教喻告化之。犯法者，风晓令自杀。化大行，名声闻。"（第2688页）
④ 《汉书》卷八九《黄霸传》，第3632页。

府书、科令、条式等形式发布。① 如郑弘为南阳太守，"皆著治迹，条教法度，为后所述"；② 薛宣 "为吏赏罚明，用法平而必行，所居皆有条教可纪，多仁恕爱利"；③ 李膺出补蜀郡太守，"修庠序，设条教，明法令，威恩并行"；④ 等等。郡国守相颁布的条教，或 "班行之于民间"，或 "为后所述"，秦彭 "所立条式" 甚至被皇帝以诏书的形式 "班令三府，并下州郡"，⑤ 在社会各个方面产生了重大的影响。

条教的内容主要包括劝课农桑、移风易俗、设立学校教化及其他一些 "民间小事"，⑥ 多和改变社会风气和美化当地风俗有关。如《后汉书·循吏列传》载："骆越之民无嫁娶礼法，各因淫好，无适对匹，不识父子之性，夫妇之道。（任）延乃移书属县，各使男年二十至五十，女年十五至四十，皆以年齿相配。其贫无礼娉，令长吏以下各省奉禄以赈助之。"⑦ 汉和帝时，许荆 "稍迁桂阳太守。郡滨南州，风俗脆薄，不识学义。荆为设丧纪婚姻制度，使知礼禁"。⑧ 张奂 "拜武威太守。平均徭赋，率厉散败，常为诸郡最，河西由是而全。其俗多妖忌，凡二月、五月产子及与父母同月生者，悉杀之。奂示以义方，严加赏罚，风俗遂改，百姓生为立祠"。⑨

两汉循吏所制定的条教，作为一种地方性立法，成为其行使职权的一种重要手段和措施，对当地移风易俗的实行有着重要的影响。但由于条教在某种程度上取决于地方长吏的意志和好恶，带有一定的个人随意性，有时甚至同中央政府的法令相冲突，而且新官上任往往有所废置，因此往往难以达到预期的效果。

因此，京兆尹张敞曾公开主张取消地方官员擅自制定、颁布条

①　详见阎晓君《略论秦汉时期地方性立法》，《江西师范大学学报》2000 年第 3 期。
②　《汉书》卷六六《郑弘传》，第 2902 页。
③　《汉书》卷八三《薛宣传》，第 3390 页。
④　《后汉书》卷六七《党锢列传》注引《谢承书》，第 2191 页。
⑤　《后汉书》卷七六《循吏列传·秦彭》，第 2467 页。
⑥　参见阎晓君《略论秦汉时期地方性立法》，《江西师范大学学报》2000 年第 3 期。
⑦　《后汉书》卷七六《循吏列传·任延》，第 2462 页。
⑧　《后汉书》卷七六《循吏列传·许荆》，第 2472 页。
⑨　《后汉书》卷六五《张奂列传》，第 2139 页。

教的权力。他对黄霸鼓励地方官吏"为条教"的行为进行弹劾，并提出如下主张："汉家承敝通变，造起律令，所以劝善禁奸，条贯详备，不可复加。宜令贵臣明饬长吏守丞，归告二千石……郡事皆以义法令捡式，毋得擅为条教；敢挟诈伪以奸名誉者，必先受戮，以正明好恶。"① 要求中央朝廷取消地方郡守"擅为条教"的权力。不过，值得注意的是，张敞本人的仕宦生涯却有"条教可观"②之誉。

针对这一矛盾现象，余英时曾做过这样的分析："郡守设'条教'则是以'师'自居"，"张敞奏文中之尤其重要的是将'汉家法令'和郡守'私教'之间的矛盾提升到对抗性的高度。这里也透露了汉代'政'与'教'、'吏'与'师'之间内在紧张"。③

孙家洲则提出另外一种比较新颖的见解。他认为："条教的本质是地方性立法，张敞的奏议，要害在于取消郡守的条教立法权，宗旨在于维持朝廷（或径自称之为'皇帝'）立法的权威性不受到地方性立法的影响，反映的是朝廷与地方争夺立法权的问题。这是政治问题、法律问题，根本不涉及'政'与'教'、'吏'与'师'之间的关系问题。"④

无疑，两位学者对这一问题的分析都有很大的合理性。但余英时从教化非朝廷所倡行的前提出发，过于强调政、教之间的矛盾和对立，而孙家洲的论述则仅仅只是针对张敞奏议所发表的看法，讨论的是立法权问题，其实并没有涉及条教本身。

笔者认为，如果从政治文化角度理解，对条教的合理解释应是：推行条教是中央和地方都认同的一种方式，双方所需要解决的不是

---

① 《汉书》卷八九《黄霸传》，第 3633 页。
② 《汉书》卷七六《赵尹韩张两王传》，第 3240 页。赞曰："张敞衎衎，履忠进言，缘饰儒雅，刑罚必行，纵敝有度，条教可观，然被轻媟之名。"《后汉书》卷六四《史弼列传》："父敞，顺帝时以佞辩至尚书、郡守。"李贤注引《续汉书》曰："敞为京兆尹，化有能名，尤善条教，见称于三辅。"疑误，错把张敞事引至此处。《后汉书》卷六四《史弼列传》及注引《续汉书》，第 2108 页。
③ 余英时：《汉代循吏与文化传播》，氏著《士与中国文化》，第 179 页。
④ 孙家洲、王俊梅：《两汉条教考释》，中国秦汉史研究会第十一届年会暨国际学术讨论会论文，长春，2007 年 7 月 26 ~ 28 日。

条教能不能由地方官吏制定的问题，而是能不能擅自制定或制定的内容是否与朝廷一致的问题。只有如此理解，才能真正解释清楚为何张敞上奏要求郡守"毋得擅为条教"而自己却享有"条教可观"之誉这一看似矛盾其实却极其合理的政治文化现象。有学者就曾提出，地方官吏为履行其职责，可以在其权限内，根据辖区内的具体情况，制定一些适合本地风俗、人情的地方性法规，而超出地方长吏职权范围内的立法，须经皇帝授权。① 在有些时期，地方立法一度盛行，以致出现"擅为条教"的现象，这才是张敞奏议所关注的问题。其实张敞也说得较为明白："臣敞非敢毁丞相也，诚恐群臣莫白，而长吏守丞畏丞相指，归舍法令，各为私教，务相增加，浇淳散朴，并行伪貌，有名亡实，倾摇解怠，甚者为妖。"② 这种担心也并非多余，"擅为条教"现象一度比较盛行。特别是东汉末年，政治腐败，国家法令得不到很好的执行，而地方官吏妄行非法，所制定的条教混乱到极点，崔寔所说"今典州郡者，自违诏书，纵意出入……州郡记，如霹雳；得诏书，但挂壁"，③ 正是对这种现象的生动写照。

包括条教在内，两汉政府通过各种方式将自己的统治思想转变为社会思想，而这一思想一旦成为基层社会群体的共识，便转化为乡里的礼仪风俗。在乡里，对社会稳定起主要作用的正是这种礼仪风俗。地方乡里风俗教化能够实施到何种程度，在一定程度上关系到两汉政府能否真正实现对社会秩序的软控制。

为此，两汉时期，除郡太守注重风俗教化外，县令长也行教化风俗之事。东汉末，应劭任齐郡营陵令，到任以后就下达改易风俗的命令："到闻此俗，旧多淫祀，糜财妨农，长乱积惑，其侈可忿，其愚可愍。……今条下禁，申约吏民，为陈利害，其有犯者，便收朝廷；若私遗脱，弥弥不绝，主者髡截，叹无及已。……于驾乘烹杀，倡优男女杂错，是何谓也？……礼兴在有，年饥则损。自今听

① 闫晓君：《略论秦汉时期地方性立法》，《江西师范大学学报》2000 年第 3 期。
② 《汉书》卷八九《黄霸传》，第 3633 页。
③ 《全后汉文》卷四六崔寔《政论》，（清）严可均校辑《全上古三代秦汉三国六朝文》，第 727 页。

岁再祀，备物而已，不得杀牛，远近他倡。"① 应劭反对淫祀，认为其是愚昧的表现且不利于农事活动，他虽然承认城阳景王应受祀，但要求祭祀中不准有迎倡、杀牛等越轨行为，只需简单表示礼仪。

乡亭小吏也多有积极行教化者。如《后汉书·仇览列传》载："（览）少为书生淳默，乡里无知者。年四十，县召补吏，选为蒲亭长。劝人生业，为制科令，至于果菜为限，鸡豕有数，农事既毕，乃令子弟群居，还就黉学。其剽轻游恣者，皆役以田桑，严设科罚。躬助丧事，赈恤穷寡。期年称大化。"② 又据《后汉书·爰延列传》载，史昭为乡啬夫，"仁化大行，人但闻啬夫，不知郡县"。③

从史籍中我们还可发现一种无心仕宦却热心乡里教化的地方士绅。如《后汉书·王丹列传》载，王丹"家累千金，隐居养志，好施周急。每岁农时，辄载酒肴于田间，候勤者而劳之。其堕嬾者，耻不致丹，皆兼功自厉。邑聚相率，以致殷富。其轻黠游荡废业为患者，辄晓其父兄，使黜责之。没者则赙给，亲自将护。其有遭丧忧者，辄待丹为办，乡邻以为常。行之十余年，其化大洽，风俗以笃"。④ 其他如孙堪、孔嵩、樊宏、逢萌、王扶、司马均、蔡衍等，都属于在地方上自觉承担社会职责，以维护地方伦理秩序为己任的著名士绅。

乡里官员推行教化的主要手段之一是建立学校，"里有序而乡有庠。序以明教，庠则行礼而视化焉"。⑤ 但在西汉初期，"未皇庠序之事"。⑥ 至汉武帝，由于董仲舒"兴太学，置明师，以养天下之士"以及"立大（太）学以教于国，设庠序以化于邑"的提倡和社会发展的需要，⑦ 武帝"令天下郡国皆立学校官"，⑧ 国家开始在郡国设立地方官学，中国地方官学的教育模式开始建立起来。到汉平帝元始三

---

① 《风俗通义·怪神》，（汉）应劭撰，王利器校注《风俗通义校注》，第395页。
② 《后汉书》卷七六《循吏列传·仇览》，第2479～2480页。
③ 《后汉书》卷四八《爰延列传》，第1618页。
④ 《后汉书》卷二七《王丹列传》，第930页。
⑤ 《汉书》卷二四《食货志》，第1121页。
⑥ 《汉书》卷八八《儒林传》，第3592页。
⑦ 《汉书》卷五六《董仲舒传》，第2512、2503页。
⑧ 《汉书》卷八九《文翁传》，第3626页。

年（3年），政府再次颁布地方设立官学的诏令，"郡国曰学，县、道、邑、侯国曰校。校、学置经师一人。乡曰庠，聚曰序。序、庠置《孝经》师一人"。①

此后，郡国学校更为普遍。班固《两都赋》对这一盛况描述说："四海之内，学校如林，庠序盈门，献酬交错，俎豆莘莘，下舞上歌，蹈德咏仁。"②《白虎通》论庠序之学也说："乡曰庠，里曰序。庠者庠礼义，序者序长幼也。……古者教民者，里皆有师，里中之老有道德者为里右师，其次为左师，教里中之子弟以道艺、孝悌、仁义。……若既收藏，皆入教学。其有贤才美质，知学者足以开其心，顽钝之民，亦足以别于禽兽而知人伦。故无不教之民。"③ 这当然是理想化的记述，但"乡曰庠，里曰序"，乡里有了比较普遍的学校教育，或者说要求有普遍的学校教育，这一点则是可以肯定的，而父老担负教化的责任也是可以确定的。可见，在循吏的熏陶下，两汉统治者逐渐懂得了乡里教化的重要性，常"谕三老孝弟以为民师"。④

学校教育的主要内容是道德教化，正如吕思勉所指出的："古代学校，本讲教化，非重学业，汉人犹有此见解，故武帝兴学之诏，以崇乡里之化为言；而公孙弘等之议，亦云建首善自京师始也。"⑤ 汉平帝时，乡、聚的学校仅置《孝经》师一人，所教内容自然以《孝经》为主，由此可见设立学校的目的就是推行道德教化，对乡里社会实行有效的控制。

朝中大臣常以"广教化，美风俗为职"⑥ 来论执政水平高低，两汉政府乡村治理中以乡里社会民风民俗的善恶来论治政得失也成为一种政治文化倾向。为此，地方官员也注重对民众的礼乐教化。据《后汉书·刘宽列传》载，桓帝时，刘宽历任三郡，"每行县止息亭传，辄引学官祭酒及处士诸生执经对讲。见父老慰以农里之言，少

---

① 《汉书》卷一二《平帝纪》，第355页。
② 《后汉书》卷四〇《班固列传》，第1368页。
③ 《白虎通·辟雍》，（清）陈立撰《白虎通疏证》，第261~263页。
④ 《汉书》卷六《武帝纪》，第180页。
⑤ 吕思勉：《秦汉史》，第649页。
⑥ 《汉书》卷七六《王尊传》，第3231页。

年勉以孝悌之训"，① 以教化之师的身份对民间父老子弟宣传、施行礼乐教化，力图将其渗透到日常生活之中，以此来美化社会风俗。

两汉地方官员还身体力行，将礼让和节俭作为重要的伦理道德予以大力提倡和推行。例如，汉章帝时，中牟县令鲁恭以礼让教化属吏和民众，使为田产归属而纷争不已的民众"皆退而自责，辍耕相让"，使争功好胜、互不相让的县吏认错改过。② 汉桓帝时，南阳太守王畅在"帝乡"贵戚众多、奢靡成风的情况下，"常布衣皮褥，车马羸败"，③ 以身作则来教化奢侈者，纠正奢靡的风气。

总之，两汉官吏注重乡里教化的记载在史籍中不断涌现，他们的职务也不只局限于郡太守二千石，还有数量众多的县令长和亭长之类的基层官吏以及地方豪绅。他们大都属于"儒学素业""为诸生"或"受某某经"的儒学之士，在地方任职期间大力推行教化且多身体力行。这充分表明随着儒学与政治联系的日益密切，越来越多的官吏开始在日常行政中大力推行教化，循吏集团日益壮大，影响也越来越深远。

其中，三老、孝悌和力田是这群从事乡里教化官员中比较特殊的三类人物。对于孝悌，前文已有具体论述，下文仅就三老和力田再略做分析。

汉高祖二年（前205年）二月，"举民年五十以上，有修行，能帅众为善，置以为三老，乡一人。择乡三老一人为县三老，与县令丞尉以事相教，复勿徭戍"，④ 置乡、县三老。但三老，并不始于汉。《汉书·百官公卿表》称"乡有三老、有秩、啬夫、游徼"诸职，"皆秦制也"。⑤《史记·陈涉世家》载陈涉入据陈县数日后，即"号令召三老、豪杰与皆来会计事"，⑥ 可知秦确有三老。有学者甚至认为，汉初所置乡、县三老，"乃近承秦制，远绍春秋、战国"，甚至可

---

① 《后汉书》卷二五《刘宽列传》，第 887 页。
② 《后汉书》卷二五《鲁恭列传》，第 874 页。
③ 《后汉书》卷五六《王畅列传》，第 1825 页。
④ 《汉书》卷一《高帝纪》，第 33～34 页。
⑤ 《汉书》卷一九《百官公卿表》，第 742 页。
⑥ 《史记》卷四八《陈涉世家》，第 1952 页。

"上溯至《礼记》所载的三代"。①

关于汉代三老的身份，论者意见亦不统一，归纳起来大抵有三说。其一，三老为在编乡官，是正式的基层行政组织的官吏。其二，三老不是在编正式乡官，而是荣誉头衔、民意代表。其三，三老为"非吏而得与吏比"者。"非吏而得与吏比"，非常确当地揭示出三老身份的特征，即非吏非民、亦吏亦民的双重性。②

两汉设三老主要是出于教化的考虑，"所以劝导乡里，助成风化也"。③ 其实从三老的选择标准也可看出行教化是国家设三老的初衷。"有修行"，既是人选的标准，又是完成"帅众为善"职能的前提。

因此，乡三老对乡里社区居民的教化负有主要责任。三老"得与吏比"而名列乡官，其职责是"掌教化"，除了以身垂范、以德化人外，还担负"凡有孝子顺孙，贞女义妇，让财救患，及学士为民法式者，皆扁表其门，以兴善行"④ 的职责。东汉《三老赵宽碑》载，金城浩亹人赵宽辞官返归乡里后，该县县长"以宽宿德，谒请端首，优号三老，师而不臣。于是乃听讼理怨，教诲后生，百有余人，皆成俊艾"。⑤ 县长对赵宽"师而不臣"，固然有尊高年宿德的用意，但更重要的是赵宽"优号三老"，能够协助自己完成"听讼理怨，教诲后生"的教化职责。不仅如此，这种现象还一直深入到乡以下的间里之中，《春秋公羊传》何休注曰："一里八十户，八家共一巷。中里为校室，选其耆老有高德者，名曰父老，其有辩护伉健者，为里正，皆受倍田，得乘马。父老比三老、孝弟官属，里正比庶人在官之吏。"可见，⑥ "父老比三老、孝弟官属"正是管间里"教化"的。

如果乡里治理不好，三老要负教化管理不善之责。《汉书·司马

---

① 牟发松：《汉代三老："非吏而得与吏比"的地方社会领袖》，《文史哲》2006 年第 6 期。

② 详见牟发松《汉代三老："非吏而得与吏比"的地方社会领袖》，《文史哲》2006 年第 6 期。

③ 《后汉书》卷二《明帝纪》李贤注，第 97 页。

④ 《后汉书·百官志五》，第 3624 页。

⑤ 高文：《汉碑集释》，河南大学出版社，1985，第 446 页。

⑥ （汉）何休：《春秋公羊传》何休注，中华书局编辑部编《汉魏古注十三经》，第 117～118 页。

相如传》载："陛下……故遣信使，晓谕百姓以发卒之事，因数之以不忠死亡之罪，让三老孝弟以不教诲之过。"① 可见三老行教化责无旁贷。汉宣帝时，高陵县出现兄弟争田之讼。左冯翊韩延寿自责曰："幸得备位，为郡表率，不能宣明教化，至令民有骨肉争讼，既伤风化，重使贤长吏、啬夫、三老、孝弟受其耻，咎在冯翊，当先退。"于是"令丞、啬夫、三老亦皆自系待罪"。② 出现这种有伤风化的事，三老有不可推卸的责任。由此可见，三老等实为地方社会的教化之师，故文帝诏称"三老，众民之师也"。

三老"非吏而得与吏比"的特殊身份，使他们在民众的心目中被视为身边最具亲和力同时又最具权威的官方代表，而在国家一方，他们作为国家有意树立并为法令所认可的地方社会领袖，则是基层社会中政府可以凭赖的民意代表。这正是两汉三老的特点所在，也是两汉地方统治体制设计中的高明所在。③

关于两汉重三老，前人多有论述。④ 陈直亦曾指出："东汉各歌功颂德碑中，大而颂三公者，中而颂刺史太守者，下而颂县令长及处士者，而颂乡官的，则专歌颂三老，不闻有歌颂啬夫游徼者，足证三老的身份，不能与其他乡官并论。"他还据汉石刻画像分析指出，县令长视游徼、啬夫为当然属吏，视三老则师而不臣。⑤ 《隶释》卷一八所收《县三老杨信碑》，约立于桓帝时期，泐缺严重，碑文"鲜有成章"，不过从中仍可见杨信曾历官"掾、功曹"，但碑却以县三老结衔，可见时人对这一称号的重视。⑥ 《后汉书·刘盆子列传》载："樊崇起兵于莒……自号三老。……众既浸盛，乃相与为约……最尊者号三老，次从事，次卒（吏）〔史〕。"⑦ 掌教化的三老，成为道德的化身，在民众心目中有着极其尊崇的地位。

---

① 《汉书》卷五七《司马相如传》，第 2580 页。
② 《汉书》卷七六《韩延寿传》，第 3213 页。
③ 牟发松：《汉代三老："非吏而得与吏比"的地方社会领袖》，《文史哲》2006 年第 6 期。
④ 参见熊必军、冷鹏飞《析汉代重三老》，《湖南教育学院学报》2000 年第 4 期。
⑤ 陈直：《汉书新证》，天津人民出版社，1979，第 173～174 页。
⑥ （宋）洪适撰《隶释 隶续》，中华书局，1986，第 182 页。
⑦ 《后汉书》卷一一《刘盆子列传》，第 478 页。

对此种现象，《白虎通·乡射》解释说："王者父事三老，兄事五更者何？欲陈孝弟之德以示天下也。"① 认为设置三老与设置孝悌用意相同。事实上，"掌教化"的三老所宣喻的内容，并不仅仅是孝悌之义，② 而且涵盖内容更广泛的儒家仁义礼让之说。从史籍记载三老被郡守、廷尉批评没有尽到"教化"之职的实例来看，有"昆弟相与讼田"的，③ 有"三男共娶一妻，生四子，长，各求离别，争财分子"的，④ 有未能"禁民杀子"的⑤。这些例证均表明三老负责"教化"民众包括许多方面，而不单单是孝悌之义。

可见，汉王朝建立三老制度，旨在笼络和利用乡族势力的代表人物，让他们从政治和文化习俗方面帮助国家维护乡村统治秩序，从而加强国家对乡村基层社会的控制。⑥ 相对于秦"以吏为师"，用"法律令"革除"乡俗"，两汉则以"有修行，能率众为善"的三老为"众民之师"，专司道德教化，并赋予其"非吏而得与吏比"的特殊地位，使其成为国家认可的官方色彩浓厚的地方社会权威，进而将国家的政治、文化理念贯彻于普通民众。其在国家和地方社

① 《白虎通·乡射》，（清）陈立撰《白虎通疏证》，第 248 页。
② 东汉时，"吴祐迁胶东相，民有词讼，先令三老以孝悌喻解，祐身至闾里和之，吏民不忍欺"。见周天游辑注《八家后汉书辑注》所引谢承《后汉书》卷四《吴祐传》，上海古籍出版社，1986，第 113 页。
③ 《汉书》卷七六《韩延寿传》载，韩延寿"行县至高陵，民有昆弟相与讼田自言，延寿大伤之，曰：'幸得备位，为郡表率，不能宣明教化，至令民有骨肉争讼，既伤风化，重使贤长吏、啬夫、三老、孝弟受其耻，咎在冯翊，当先退。'是日移病不听事，因入卧传舍，闭阁思过。一县莫知所为，令丞、啬夫、三老亦皆自系待罪。于是讼者宗族传相责让，此两昆弟深自悔，皆自髡肉袒谢，愿以田相移，终死不敢复争"。（第 3213 页）
④ 西汉宣帝时，范延寿为廷尉。"时燕赵之间，有三男共娶一妻，生四子，长，各求离别，争财分子，至闻于县。县不能决断，谳之于廷尉。于是延寿决之，〔上言〕以为〔男子贵信，妇人贵贞，今三男一妻〕，悖逆人伦，比之禽兽，生子属其母。〔于是〕以〔四〕子并母，尸三男于市，奏免郡太守、令、长等，〔切让三老〕无帅化之道。天子遂可其言。"见周天游辑注《八家后汉书辑注》所引谢承《后汉书》卷一《刑志》，第 7 页。
⑤ 宋度任长沙太守时，"人多以乏衣食，产乳不举。度切让三老，禁民杀子，比年之间，养子者三千余人，男女皆以'宋'为名也"。见周天游辑注《八家后汉书辑注》所引谢承《后汉书》卷七《宋度传》，第 227 页。
⑥ 陈明光：《汉代"乡三老"与乡族势力蠡测》，《中国社会经济史研究》2006 年第 4 期。

会之间的媒介、缓冲和沟通功能，在乡村中的强大号召力和示范效应，对汉朝国家权力顺利有效地渗透到基层社会具有不可替代的独特作用。两汉长治久安，号称盛世，与此类政治设计不无关联。①

同三老一样，力田也是政府所树立的典型，用以施行教化。力田的主要作用是风化乡里民众务农殖稼，劝民归本。他们以自身力农的实际行动，引导乡里民众从事农桑耕稼，以期形成"农为民本"的社会风气，达到劝民归农、促进生产、稳定社会的目的。力田"是汉代乡村中劝导乡里，助成农桑风化的基层农官，是政府为劝民归农、努力耕稼而树立的农耕典型。他们……在农业生产中起着风化乡里百姓的作用"。②

对力田的荐举最早始于汉惠帝四年（前191年），"举民孝弟力田者复其身"。③ 高后元年（前187年），"初置孝弟力田二千石者一人。"④ 至此，对力田的荐举成为常科被固定下来。力田与三老、孝悌等一起构成乡村社会中"劝导乡里，助成风化"⑤ 的基层"乡官"。

力田的设置是两汉政府倡导重农之风的一个重要表现，塑造这一典型目的在于突出农业的重要性，进而教导民众务本。据陈梦家研究，《居延汉简释文合校》中的简5·3、10·1、13·8和126·12是西汉颁行诏书的目录，凡六条，其中第一条"县置三老，二"被认为是高祖二年令县乡置三老之诏；第三条"置孝弟力田，廿二"为吕后元年令郡置孝弟力田之诏。⑥ 可知力田等作为西汉稳定的荐举科目，已被最高统治者以皇权诏令的形式固定下来。而且，高后置孝悌、力田时云："二千石者一人。"对此，颜师古认为："特置孝弟、力田官而尊其秩，欲以劝厉天下，令各敦行务本。"虽然力田的地位或许没有那么高，但其受到统治者高度重视则是确定无疑的。

---

① 牟发松：《汉代三老："非吏而得与吏比"的地方社会领袖》，《文史哲》2006年第6期。

② 黄富成：《略论汉代乡村农官——力田》，《农业考古》2006年4期。

③ 《汉书》卷二《惠帝纪》，第90页。

④ 《汉书》卷三《高后纪》，第96页。

⑤ 《后汉书》卷二《明帝纪》李贤注，第97页。

⑥ 详见陈梦家《西汉施行诏书目录》，氏著《汉简缀述》，中华书局，1980，第275~278页。

力田频频受到政府的嘉奖，如文帝十二年（前 168 年），武帝元狩元年（前 122 年），宣帝元康元年（前 65 年）、四年（前 62 年）、神爵四年（前 58 年）、甘露三年（前 51 年），元帝初元元年（前 48 年）、五年（前 44 年）、建昭五年（前 34 年），成帝建始元年（前 32 年）、三年（前 30 年）、绥和元年（前 8 年）等多次嘉奖力田爵、帛，到东汉时更是数不胜数。力田的频频受奖，在一定程度上显示出政府对其在农桑风化活动中的高度重视。

总之，三老、孝悌和力田都是乡村中不拿俸禄的掌教化的乡官，他们虽没有治民的行政权力，但由于其行为常常影响到广大乡村的民风民俗，与政府在乡村社会的政治利益密切相关而受到统治者的格外重视。严耕望说："汉人最重孝行，故置孝弟以敦风俗；经济政策以重农为中心，故置力田以励生产；至于三老乃庶民之师率与代表。"[1] 汉王朝通过树立三老、孝悌、力田等楷模来引导民众，借以将国家的价值导向转化为民间的社会风尚。文帝十二年诏令明确指出三老、孝悌、力田在乡村基层的礼教、尊卑、农桑等方面起着教化作用，所谓"各率其意以道民"，即是希望他们能够依靠政府所给予的政治尊号和自身在乡里的影响力来劝诱和感化民众，美化社会风俗。在这种意义上，三老、孝悌、力田都属于"师"的范畴，《汉书·武帝纪》载元狩六年六月遣使者"循行天下"，诏中就有"谕三老、孝弟以为民师"之语。正像熊铁基所说的那样，他们"可以说是封建道德的化身，是地主阶级树立的榜样、标兵，通过他们对广大人民群众实行'教化'，言传身教，化民成俗，进行思想统治"[2]。

两汉良吏或循吏的出现，是儒学政教观念影响下的产物。他们在日常行政中或宣扬自己所信奉的儒学主张，或注重以教化方式改变当地陋风恶俗，或把儒学的某些义理贯彻到吏治实践当中，采取种种手段移风易俗、美化社会风气，以图化民成俗，真正实现对社会的软控制。而且，这些化俗之举往往又与适度的法禁措施相结合，从而收到

---

[1] 严耕望：《中国地方行政制度史·秦汉地方行政制度》，上海古籍出版社，2007 年影印本，第 250 页。

[2] 熊铁基：《秦汉时期的统治思想和思想统治》，《华中师范大学学报》1987 年第 2 期。

了很好的教化效果。即使认为循吏的最大特色在于其"扮演了大传统的'师'（teacher）的角色"的余英时也承认，与酷吏相比，循吏虽"具有政治和文化两重功能"，但因"循吏首先是'吏'"，所以"自然也和一般的吏一样，必须遵奉汉廷的法令以保证地方行政的正常运作"。①

　　在这些"以礼理人，以德化俗"②的循吏的努力下，自汉宣帝特别是入东汉以后，风俗的时代特征发生了明显的变化。张亮采对这种变化曾有一精辟的概括："西汉重势利，东汉多气节。"③"九州异俗"的局面得到比较显著的改观。周振鹤认为："经过两百年的移风易俗过程，使西汉后期原有的八方殊俗异采纷呈的风俗渐渐地趋于六合同风的单一化形态，因此密集的多元的风俗文化区已经消失，尤其中原地区的那种百里不同风、千里不同俗的面貌已不再现。"④从社会效应来看，循吏的所作所为，特别是对教化的重视，起到了移风易俗的作用，促进了社会良好道德风气的形成。司马光在《稽古录》卷一三中指出，光武帝"偃武修文，崇德报功，勤政治，养黎元，兴礼乐，宣教化，表行义，励风俗。继以明、章，守而不失，于是东汉之风，忠信廉耻，几于三代矣"。⑤顾炎武也赞美东汉良好的道德风气："三代以下，风俗之美，无尚于东京者。"⑥

---

① 余英时：《汉代循吏与文化传播》，氏著《士与中国文化》，第 139 页。

② 《后汉书》卷三五《曹褒列传》，第 1202 页。

③ 张亮采：《中国风俗史》，第 46 页。

④ 周振鹤：《从"九州异俗"到"六合同风"——两汉风俗区划的变迁》，《中国文化研究》1997 年第 4 期。

⑤ （宋）司马光：《稽古录》卷一三，吉书时点校，北京师范大学出版社，1988，第 91～92 页。

⑥ 《日知录》卷一三《两汉风俗》，（清）顾炎武著，（清）黄汝成集释《日知录集释（外七种）》，第 1009 页。

第四章
两汉风俗观念的政治文化
特性及历史价值

第一节　两汉风俗观念的政治文化特性

通过对两汉士人及统治者风俗观念的具体分析，可以清晰地看到，他们往往从政治文化的角度来理解风俗，一般都比较偏重于探讨和处理风俗与政治之间的相互关系。因此，两汉风俗观念表现出比较鲜明的政治文化特性：其一，风俗概念不断发展变化的内涵与始终保持永恒的主题之间的统一，体现出两汉风俗观念自身在社会政治变迁中变与不变的和谐；其二，两汉士人及统治者在对待风俗问题上，随着社会政治思想的发展变化，采取的移风易俗方式多种多样，或因循，或宣化，或齐整，或批判甚至整顿等，体现出两汉风俗观念与社会政治之间一直保持着独立与顺从的互动关系。

一　变与不变的和谐：风俗观念内涵与主题的统一

两汉时期，人们已比较注意探索风俗变化的规律，对风俗内涵的认识有一个从整体到抽象最后再归于具体的过程，而且这一过程是随着两汉政府统治思想的变迁而变化发展的。不过，在这一变化过程中，两汉风俗观念"广教化，美风俗"的主题却一直没有发生改变。

两汉士人普遍重视风俗与政治的关系，主张通过礼乐教化来美化风俗；两汉统治者也深受其影响，在不同时期或主张顺应社会风俗，或倡导施行教化，因势利导地调整政府的统治思想，采用各种方式移风易俗，以求化民成俗。

（一）风俗内涵的正反合：从风到"风俗"再到风俗

风俗是一个在历史传承中不断更新的概念，涵盖了社会各个阶层的生活文化事象。而且，古人在对风俗进行观察和表述时，往往又使用各种各样的辞藻，诸如风俗、风土、风纪、风尚、风教、流俗、民俗、世俗、土俗等。再加上不同时期、不同层面的人们出于各自的语境，对风俗进行的解释与评论也并不完全相同。这些因素综合起来，就决定了中国古代风俗的内涵一直处于不断的变化和发展之中。

古人最早可能是从季风的角度感受风的功效的。在此基础上，他们以风作为形成地方文化特性的根源，后来则干脆直接将地方民众的总体生活形态称为"风"。不过，在殷商时期，甲骨文中无"风"字而有"凤"字，如殷商甲骨卜辞中有"于帝史凤，二犬"。王国维《戬寿堂所藏殷墟文字考释》一文从词源学考证"凤"曰："从隹从凡，即凤字，卜辞假凤为风。"关于以"凤"代"风"，郭沫若解释为："是古人盖以凤为风神……盖风可以为利，可以为害也。此言'于帝史凤'者，盖视凤为天帝之使，而祀之以二犬。"① 可见，"凤"由"风"假借而来，殷商时人看到"风可以为利，可以为害"，就以风为风神，把其神化为上天的使者。

春秋时期，风在指自然现象的基础上，受阴阳宇宙论尤其是类比思维等的影响，渐次出现牝牡相诱、风气、采集、民间音乐等义项。在此基础上，先秦统治者将先王之乐的教化作用与民众风俗文化直接相连，提出"天子省风以作乐"② 的命题，使风俗具备了政治意识形态的品格。从"风"到风俗的意涵演进也启发荀子将礼乐并举，使二

---

① 以上参见郭沫若《卜辞通纂考释·天象》，氏著《郭沫若全集·考古编》第 2 卷，科学出版社，1983，第 376、383、377～378 页。
② 《左传·昭公二十一年》，杨伯峻编著《春秋左传注》，第 1424 页。杜注："省风俗，作乐以移之。"

者真正统一于教化风俗的目标之中，移风易俗作为儒家对先秦礼乐教化政策实质的概括而诞生，也为汉代大一统的意识形态政策准备了充分的历史和理论资源。①

两汉时期，儒学昌盛，风的自然性质更是被广泛借用于社会文化方面。儒家士大夫倡导礼乐教化，他们普遍认为风具有特殊的政治感染力，兼备化导社会的作用。《汉书·律历志》载："黄帝使泠纶，自大夏之西，昆仑之阴，取竹之解谷生，其窍厚均者，断两节间而吹之，以为黄钟之宫。制十二筒以听凤之鸣，其雄鸣为六，雌鸣亦六，比黄钟之宫，而皆可以生之，是为律本。至治之世，天地之气合以生风；天地之风气正，十二律定。"② 从凤鸣中分出六律六吕音调，从而把风、风与音乐、风气密切联系起来。在这一认识前提下，两汉时人进一步形成"诗教"理论。他们普遍认为《诗经·国风》是天子派遣乐官到民间各地采集风谣整理而成的，以便通过风谣的内容来考察各地的风土人情，为政府制定或调整统治政策提供相应的依据。为此，他们怀着极大的热情倡导这种理论，并将之成功地运用到政府日常议政、行政的实践活动当中。

"风俗"一词较早见于《庄子》《荀子》等典籍当中，但关于其确切内涵，直至两汉时期人们才开始真正关注，并对之有了比较明确的阐释与解读。在这一时期，人们普遍比较重视风俗与政治之间的密切关系，对风俗概念的认识也有一个随政府统治思想变迁而不断变化发展的过程，从而最终完成对风俗概念内涵理解的正反合。

汉初，陆贾汲取秦以法为教、苛政而亡的教训，提倡采用无为教化的方式来"美风俗""正风俗""一风俗"。随后，贾谊也在批判秦末汉初风俗败坏的基础上，主张通过兴建礼乐文化制度来移风易俗。他们虽从整体上对风俗已有所认识，但显得有些空洞，只是关注风俗与政治之间的密切关系，对风俗的内涵到底包括些什么并不清楚，而

---

① 参见杨辉《从"风"到风俗——论"风"的文化化历程与先秦音乐"移风易俗"政策之酝酿》，《哈尔滨工业大学学报》2005 年第 4 期。

② 《汉书》卷二一《律历志》，第 959 页。

且这似乎也没有引起他们的注意。

到淮南王刘安集其门客编写《淮南子》一书时，风俗的内涵开始得到初步探讨。他们意识到风俗与地域之间的关系，认识到风俗所受于外，时异则俗移，在强调各地风俗互异、相互之间没有优劣标准的同时，主张以"神化"的方式来"齐俗"。随着汉武帝对儒学的提倡，董仲舒则开始用儒家大一统思想来审视风俗文化。他认为"教化行而习俗美"，主张兴建太学，大力发展教育，以道德和礼乐来教化风俗。

不过，直到西汉中期，两汉士人仍大多从整体的角度来看待风俗，也没有对风俗的概念内涵再做进一步的阐释，有关专门探讨风俗具体内涵的文章或书籍更是尚未出现。而且，由于历史的局限性，他们对具体风俗的理解有所偏颇，大都抛开下层民众在风俗中的主体性不谈，对风俗的论述也只是限于关注风俗与国家政治文化秩序之间的重要关系，片面强调上层社会的教化功能。

此后，随着对风俗政治教化功能认识的不断深入，人们对风俗的关注度越来越高。以司马迁撰写《史记·货殖列传》为发端，开始出现专门论述风俗的篇章。在《货殖列传》中，司马迁划分了八个较大的风俗区域，而且对有关风俗概念的理论也有了一定的讨论，认识到了风俗文化与地域以及经济之间的密切联系。

及至东汉，随着儒家思想文化独尊地位的日益强化，人们对风俗概念的理解逐渐达成初步共识。他们对风俗概念的内涵加以界定，将与水、土等自然因素有关的习尚称为"风"，而与教化等社会因素有关的行为习惯则称为"俗"，从而赋予了风俗自然和人文的双重内涵。在此基础上，人们也逐渐开始探讨具体风俗甚至下层民众风俗与政治之间的关系。

班固第一个明确地对风俗的概念内涵加以界定。他认为，风是因水、土等地理条件而形成的民俗性格、言语歌谣等；俗则是因统治者的好恶而形成的社会趣味、情感、欲望与行为等，且随着统治者个人意志的变化而变化。风与俗组合而成的"风俗"兼有自然性与社会性。班固对风俗内涵的定义对后世影响极大，直至北齐，刘昼仍认为："风者，气也；俗者，习也。土地水泉，气有缓急，声有高下，谓之风焉；人居此地，习已成性，谓之俗焉。"①　与班固一脉相承，赋予风俗自然和人文的双重含义。

而且，班固的风俗观还有更为重要的第三层内涵。他认为，"圣王在上，统理人伦，必移其本而易其末，此混同天下一之虖中和，然后王教成也"，试图将因自然环境不同形成的"风"和社会条件发展下形成的"俗"统一于王道教化这一"中和"的理想境界中，从而成就君主的德教，形成理想化的风俗。这一层内涵长期以来未能引起人们的足够重视，以至于现代学者对班固的风俗观也没有给予相应的评价。

东汉末年的应劭不仅写成了中国最早的风俗专著《风俗通义》，将风俗当作一学术门类进行探讨，而且对风俗概念进行了比较合理的解释。他说："风者，天气有寒暖，地形有险易，水泉有美恶，草木有刚柔。俗者，含血之类，像之而生，故言语歌讴异声，鼓舞动作殊形。"使风俗概念进一步具体化、明确化。《风俗通义》虽然冠名"风俗"二字，但书中"俗"字比比皆是，却极少使用"风"字，这也反映了风俗一体化和具体化的认识观念。而且，与班固对风俗的抽象理解不同，应劭把观察风俗的视角深入到社会下层，试图探讨下层民众具体风俗与政治之间的关系，进而又将俗区分为本俗与正俗两种，以图"辩风正俗"。汉末的曹操更是身体力行，直接从整顿具体风俗入手，试图美化社会风气，维护社会文化秩序。

通过对风俗概念的不断探讨，两汉士人对风俗的认识经历了一个从整体到抽象最后再归于具体的过程，从而最终完成了对风俗概念内涵理解的正反合。

（二）风俗主题的永恒：广教化，美风俗

由于风俗与政治的密切关系，两汉风俗观念一直具有鲜明的政治文化内涵，这在"广教化，美风俗"的风俗主题中表现得尤为明显。"人民只能在善良的风俗中过着谐和合理的生活；而政治的根基，必植基于善良风俗之中。所以政治的基本任务及最高目的，乃在于能移

---

① 《刘子·风俗》卷九章四十六，傅亚庶撰《刘子校释》，中华书局，1998，第443页。

风易俗", "这是战国中期以后发展出来的政治共同理想"。① 两汉士人和统治者大都认为风俗的美恶能够反映出政治的兴衰，政治上的败坏应归因于风俗的沦丧，因而都十分重视风俗的教化作用，主张利用风俗的软控制功能，通过"广教化，美风俗"的途径来实现对民众的政治统治，以达到稳定社会秩序的目的。例如，《史记》就说"移风易俗，天下皆宁"，《汉书》亦曰"风行俗成，万世之基定"。

由于风俗具有很强的地域性，所谓"百里不同风，千里不同俗"，这就存在一个为达到美化社会风俗目的如何进行风俗融合的问题。是因袭、引导还是禁止？这对风俗的转变影响巨大，同时也影响到社会政治秩序的安定。

秦统一六国后，秦始皇采取焚书坑儒的方式钳制思想，实施残暴苛刻的法治，结果不仅未能预防、改造"恶俗"，无法真正实现文化意识形态上的统一，反而终因不得民心而致使秦朝在短短十四年之后即告灭亡。

两汉时期，鉴于秦迅速覆亡的深刻历史教训，统治者和政治家们认识到，天下能在"马上得之"却万不可在"马上"治之，对文化意识形态的一统，还须依靠教化才能真正实现和长久保持。但鉴于民生凋敝，汉初统治者采用的实为黄老思想，主张休养生息。直至汉武帝时代，淮南王刘安、史学大家司马迁等人的思想中仍渗透着不少黄老道家的理念。也正是在这种思想的影响下，司马迁在《史记·货殖列传》中提出了"善者因之，其次利道之，其次教诲之，其次整齐之，最下者与之争"② 等融合风俗的方式。

不过，随着汉王朝统治思想由崇黄老向尊儒术转变，人们的风俗观念也逐渐发生了一些比较明显的变化。与黄老学派顺应自然的"与时迁移，应物变化，立俗施事，无所不宜"风俗融合主张不同，儒家学派则一直主张通过"人主天下之仪表也，主倡而臣和，主先而臣随"这一自上而下的教育感化方式来美化社会风俗。③

---

① 徐复观：《两汉思想史》第 2 卷，第 170～171 页。
② 《史记》卷一二九《货殖列传》，第 3253 页。
③ 《史记》卷一三〇《太史公自序》，第 3289 页。

　　美化、齐整进而同一风俗是儒家建立社会文化新秩序的重要政治手段之一。随着国力的强盛，汉朝统治者不断开辟、拓展疆土，中央集权得到加强，儒家思想统治地位得以确立，大一统思想也逐渐抬头。与此相适应，风俗同一的问题不可避免地被提了出来。如汉武帝时期，终军就认为：“夫（人）〔天〕命初定，万事草创，及臻六合同风，九州共贯，必待明圣润色，祖业传于无穷。”① 主张以礼治国的儒家学者和政府官员均热心于风俗的整合，力求将风俗纳入礼的规范。汉武帝曾下诏曰：“盖闻导民以礼，风之以乐。今礼坏乐崩，朕甚闵焉。故详延天下方闻之士，咸荐诸朝，其令礼官劝学，讲议洽闻，举遗兴礼，以为天下先。太常其议予博士弟子，崇乡党之化，以厉贤材焉。”② 在此，武帝广泛求取、任用精通礼乐的贤才，就是希望通过他们来推行礼乐以教化社会民众，其移风易俗的意图十分鲜明。

　　由章帝钦定的《白虎通》也说：“王者所以盛礼乐何？节文之喜怒。乐以象天，礼以法地。人无不含天地之气，有五常之性者。故乐所以荡涤，反其邪恶也。礼所以防淫泆，节其侈靡也。故《孝经》曰：‘安上治民，莫善于礼。’‘移风易俗，莫善于乐。’”③ 这里，礼乐防备、教化民众恶风陋俗的作用被清楚地写入官方法典，移风易俗作为统治者的政治文化政策正式发布。

　　“‘移风俗’，要将社会不良的生活习惯，改变为良好的社会生活习惯；使人民生活在良好社会生活习惯之中，收‘徙恶迁善而不自知’的效果，亦即是成为道德与自由，得到谐和统一的效果。这两者是密切关连而不可分，应以此为朝廷政治的大方向。这是自贾山、贾谊、刘安及其宾客以逮董仲舒们所极力标举的政治原则。”④ 在百家被罢黜而儒术渐尊的思想文化氛围中，经过贾谊、董仲舒、刘向、班固等大儒的持续发扬，由荀子首倡的移风易俗命题，作为儒家主要的文化主张，终于变成大一统文化政策的现实，构成中国古代政治文化统治意识形态的一个基点。班固在《汉书·地理志》中所提倡的“圣王

---

① 《汉书》卷六四《终军传》，第 2816 页。
② 《汉书》卷六《武帝纪》，第 171～172 页。
③ 《白虎通·礼乐》，（清）陈立撰《白虎通疏证》，第 93～94 页。
④ 徐复观：《两汉思想史》第 3 卷，第 86 页。

在上，统理人伦，必移其本而易其末，此混同天下一之虖中和，然后王教成"，力求通过圣王"移本易末"来使风俗齐一的想法逐渐变成社会宣扬和实施的主流思想。

由此可见，虽然班固《汉书·地理志》在原材料上与《史记·货殖列传》的记载同出一源，但两者的风俗观念却有着很明显的差别。宋超曾指出，"不论在总体思想上，抑或在具体问题上，班固与司马迁都存在着深刻的分歧。司马迁所热情歌颂的游侠和货殖者，正是班固所着力批判的"。① 在《汉书》卷六二《司马迁传》中，班固批评司马迁"是非颇缪于圣人，论大道则先黄老而后六经，序游侠则退处士而进奸雄，述货殖则崇势利而羞贱贫，此其所蔽也"。② 其实，这番评论正可看作两者风俗观念存在明显差异的一种佐证。而这种差异，实际上正反映出两汉风俗观念的发展转变过程。

移风易俗是中国古代政治文化中官方为维护其统治所提出的一套颇有特色的教化理论，而两汉则是这一风俗教化理论的完善期。有学者就认为，美化社会风俗是汉王朝重视教化的原因之一。③ 换句话说，统治者重视教化的目的正是美化社会风俗。而且，风俗教化具有政治意蕴，是一种政治概念，与政治密切联系在一起，是出于政治目的而使用的手段。也就是说，汉王朝是为了巩固政权统治、稳定社会秩序提出并实施风俗教化的。在这一时期，风俗教化被提升到巩固国家政权、关乎国家命运的高度，移风易俗逐渐成为官方教化政策的重要理论依据，这既是汉王朝对风俗教化地位作用的高度重视，也为风俗教化注入新的政治文化内涵。

在日常各种政事措施和策略中，两汉统治者往往会考虑到风俗的重要意义，极力引导人们避恶向善。在主张对民众进行风俗教化时，两汉士人及统治者在强调社会教育风化的同时，也认识到统治者自身的道德行为对民众有着极强的感化作用。在儒家学者看来，教育和感化同样重要。如《汉书》卷四八《贾谊传》中说："天下之命，县

---

① 宋超：《〈史记〉〈汉书〉游侠传试探——兼论两汉社会风尚的变迁》，《学术月刊》1985 年第 10 期。
② 《汉书》卷六二《司马迁传》，第 2737～2738 页。
③ 刘厚琴：《东汉道德教化传统及其历史效应》，《齐鲁学刊》2002 年第 1 期。

（悬）于太子；太子之善，在于早谕教与选左右。夫心未滥而先谕教，则化易成也；开于道术智谊之指，则教之力也。若其服习积贯，则左右而已。"① 行教化重要的是教育太子，因为太子是储君，而君主的善恶又直接影响到国家的治乱，教育和感化同时集中在太子身上，成为其所承担的责任和应履行的义务。

不过，两汉士人主张自上而下的整合方式，往往将风俗的改变完全寄希望于上层统治者身上。如董仲舒曰："尔好谊，则民乡仁而俗善；尔好利，则民好邪而俗败。由是观之，天子大夫者，下民之所视效，远方之所四面而内望也。近者视而放之，远者望而效之，岂可以居贤人之位而为庶人行哉！"② 这种观念过分夸大了统治者对改变风俗的作用，而忽视了民众在风俗变迁中的主体性，更没有考虑到来自民间的力量，故而有其不合理性，在实际操作中也往往难以达到预期的目的。如《汉书》卷二四《食货志》载，为了改变社会上日益严重的奢侈风尚，武帝时丞相公孙弘"布被，食不重味，为下先"，但最终却只是得到一个"无益于俗，稍务于功利矣"的结局，并未达到最初的期望。③

二　独立与顺从的交融：风俗观念与社会政治的互动

由于风俗逐渐成为一个代表国运盛衰的征兆，不能不引起两汉有识之士和统治者的密切关注和高度重视。随着社会政治的发展变化，两汉士人在不断加深对风俗概念理解的基础上，围绕风俗问题提出了各种各样的移风易俗理论。在不同的时段，由于受政府统治思想的影响，两汉士人自身积极参与政治，试图化民成俗，他们或主张因循风俗，稳定社会文化秩序；或主张美化风俗，宣扬大一统的文化观念；或主张齐整风俗，实现六合同风的理想；或直接对风俗展开批判甚至整顿，以求匡正时俗，扭转社会不正之风；等等。

---

① 《汉书》卷四八《贾谊传》，第 2251～2252 页。
② 《汉书》卷五六《董仲舒传》，第 2521 页。
③ 《汉书》卷二四《食货志》，第 1160 页。

汉初，由于饱受秦朝暴政和战火摧残，社会满目疮痍，经济萧条。摆在当时统治者面前的迫切任务是恢复和发展经济、稳定社会统治秩序。移风易俗显然不是当时的主要目标。同时，汉王朝是刘邦集团"反秦"之后继而又"承秦"的产物。若想避免重蹈秦亡覆辙，既要反对秦以法为教、以吏为师的统治方式，又需要在不触动秦朝各地旧俗的前提下塑造新的统治秩序。主张清静无为、因俗而治的黄老思想正好适应了这一时代需要，成为汉初的统治思想。直至文景时期，政府统治思想较之以前虽已发生些微变化，对儒学开始有所关注，但基本上仍趋向于道家、刑名之学，采用无为政治。

不过，无为而治对风俗的改变所起作用不大，而"以法为教"主要也是在于去除恶俗，对于齐整风俗虽有所促进，但与儒家主张的有意识地、大规模地移风易俗有着根本的差别。因此，随着对美化社会风俗的期望，人们在遵奉无为政治思想的同时，逐步意识到只有儒家教化思想才能真正做到化民成俗。

在对秦朝暴风恶俗批判的基础上，陆贾首先明确提出了自己的治国新理念。他认为，治国之道，务在化民，统治者只有奉行黄老无为思想，以身作则，施行教化，才能得民心、定大局、美化社会风俗。为此，陆贾总结了秦亡汉兴的经验教训，着重阐释了以仁义为体、以刑罚为用的教化思想。他希望统治者能够行礼乐教化，正风俗；修仁义道德，美风俗；同圣教好恶，齐风俗。只有这样，整个社会才能有序，才能美风化俗。

陆贾是汉初群臣中立足现实、系统阐述秦亡原因的第一人，也是汉王朝建立后重塑治国理念，明确提出统治者应身体力行，以礼乐教化和仁义道德治国，进而美化社会风俗的第一人。虽然陆贾美化风俗的主张并没有得到统治者足够的重视，但在听到陆贾的治国新理念后，原本轻视儒士且"不修文学"的高祖刘邦，还是逐渐注意到了礼乐教化、仁义道德等有关风俗的软控制方式在政治统治中所起到的重要作用。

贾谊在论世议政时也非常重视风俗。在其政论文章中，贾谊不厌其烦地大谈风俗，把其作为一个重大的社会问题，同时也是一个根本性的政治问题来加以重视和强调。通过对秦末汉初社会风俗的批判，贾谊得出天下治乱的关键在于风俗好坏的结论。

在贾谊看来，要想使淫侈的社会风俗得到根本改善，教化无疑是一个极为重要的环节。为此，贾谊提出"心未滥而先谕教，则易化也"的教化主张，认为统治者应将教化视为政治的根本，若不务教化，就不能真正化民成俗。教化的对象主要是广大民众，而创建礼义制度，阐扬礼乐文化，以德教民，则是教化的重要内容。另外，贾谊还将教化的施行归结为统治者自身的修养和以身作则，"移风易俗，使天下回心而乡道，类非俗吏之所能为也"。一句话，面对汉初风俗败坏的局面，贾谊站在政治家的高度，主张以儒家的仁义道德为基础，施礼义教化，采取开明的"明君贤吏"政治路线，移风易俗，从而实现美化社会风俗的目的。

作为西汉初年杰出的政治家、思想家，陆贾和贾谊的思想深刻反映了汉兴三十多年来政治形势和思想观念的发展变化，显示出这一阶段政治统治理论从清静无为的黄老政治向维护集权一统的有为政治过渡的趋势。[1] 同时，他们都以得民、安民为治国之本，主张通过礼乐教化实现美风化俗的目的，而这正是风俗观念超越当时社会统治思想的鲜明体现。从无为政治向儒家礼治的发展，明显地体现了司马谈所谓的汉初儒家"以《六艺》为法""列君臣父子之礼，序夫妇长幼之别"的思想倾向，[2] 也为汉武帝"罢黜百家，表章《六经》"做了思想上的准备。

要巩固大一统帝国，在意识形态领域中就必须有一个统一的思想。武帝时期，面对变化的社会形势，黄老无为政治已不能够适应国家政治的需要。实现文化的统一成为历史的发展趋势，也是汉王朝所应承担的历史使命。而只有儒家以教化治国的思想才可能真正实现这一目的，因为儒家主张通过礼乐教化来化民成俗，能够深入人心，形成根深蒂固的观念。随着汉武帝对董仲舒"罢黜百家，表章《六经》"主张的采纳，儒学作为官方统治思想，开始逐步走上独霸中国古代思想舞台的道路。

---

① 苏志宏：《秦汉礼乐教化论》，四川人民出版社，1991，第 185 页。

② 《史记》卷一三〇《太史公自序》，第 3290 页。

伴随着社会经济的繁荣和儒家思想统治地位的确立，风俗文化也被正式提到汉王朝的议事日程上来，并受到时人的普遍关注。董仲舒认为，当时社会的主要问题仍是"习俗薄恶"，统治者"亡以化民"，不能给社会风气以有力的引导和影响。因此，政府只有改弦更张，推行教化，才能实现"上下和睦，习俗美盛"的理想。为此，董仲舒主张以儒家思想治国，推行礼乐教化；兴办太学，培养教化风俗人才；选拔贤士，为民表率，移风易俗。

董仲舒以教化治国的思想，是时代的产物，是历史发展所必需的思想方略，对完善、巩固中国古代社会秩序做出了不可抹杀的功绩。自武帝起，关于风俗教化的主张被统治者接受，统治者实施了设立五经博士、开办太学以及兴建地方官学等一系列和化民成俗有关的政府教化行为。

不过，两汉士人的风俗观在这一时期也出现了比较明显的分歧，除董仲舒等人提倡儒家风俗教化思想外，也有《淮南子》众作者以及司马迁等人对单纯采用儒学来齐整风俗表示不满。这种现象表明，风俗观念在受到政府统治思想影响的同时也保持着自身相对的独立性。

《淮南子》的风俗论，综合反映了西汉前期的风俗观念。它对风俗何以形成、因何变化、不同群体有着不同的风俗以及对不同风俗应如何评价等问题，都有着自己的见解。《淮南子》认为，风俗的形成是受外界影响的结果，其必然随着外界环境的变化而变化。为此，它提出"世异则事变，时移则俗易"的原则，要求统治者根据当世的实际情况来移风易俗。又由于风俗因地而异，各地区、各民族的风俗在形式上有很大差异，但所表达的实质内容一致，"未必无礼也"，没有文明和野蛮之分。因此，统治者在移风易俗的过程中应顺应各地、各族风俗，要入乡随俗，使"各便其性，安其居，处其宜，为其能"，不可强为之一。

对于通过礼乐教化以移风易俗，《淮南子》则持不置可否的观点。在它看来，风俗问题最理想的效果是"道胜而理达""洞然无为而天下自和，惔然无欲而民自朴"，强调用诚心感化来移风易俗。谈到"移风易俗"，《淮南子》还常提到"圣人""先王"的作用，肯定居于统治地位的权要人物对社会风俗的特殊作用，主张统治者"处静以修身，俭约以率下"。简单来说，《淮南子》是以黄老道家思想为指导，它虽并不排除刑法所能起到的作用，但认为根本上还是"神化为贵"，其中统治者的以身作则起着至关重要的作用。

《淮南子》由刘安及其门客编写而成，其成书之际，黄老道家学说虽仍暂居优势，但自战国时起就被看作"显学"的儒家思想，正以其特殊优势，显示着占据思想文化领域独尊地位的动向。《淮南子》努力维护黄老道家学说的统治地位，同时不得不应对儒家学说的挑战，因而其风俗论在汉初黄老无为思想的影响和儒家教化思想的渗透下，仍保持着自身的特点，体现出风俗观念的独立性。

司马迁对风俗十分重视，他通过壮游全国的社会实践，对各地的风俗进行了一番广泛深入的调查和了解，并将其大量纳入《史记》的相关篇章中，反映出自己对风俗的新认识。司马迁主张"因民而作，追俗为制"，统治者应根据风俗因地制宜地制定政策。他还特别肯定音乐对教化的首要作用。在《乐书》中，司马迁以相当大的篇幅论述了音乐对风俗人心的影响，认为乐"可以善民心，其感人深，其风移俗易"，"故乐行而伦清，耳目聪明，血气和平，移风易俗，天下皆宁"，主张通过音乐来潜移默化地教化民众，变革风俗民心。司马迁还重视采风入乐的做法，明确提出采风俗而助政教的观点："州异国殊，情习不同，故博采风俗，协比声律，以补短移化，助流政教。"

更可贵的是，司马迁明确提出了风俗具有地域性特征，重视对不同时代、不同地域、不同群体的风俗加以记载和研究。他还发现了地域风俗同经济环境之间存在千丝万缕的联系，《史记·货殖列传》就集中记载了生产活动与地域风俗的关系。

另外，对影响风俗的部分特殊群体的关注也是司马迁风俗观念的重要组成部分。例如，司马迁首次为循吏立传。这些循吏虽因循风俗却能化民成俗，司马迁为其立传的目的，正是为了说明只有官吏以身作则，才能真正美化社会风俗。与循吏相比，酷吏则以杀伐立威，他们从没有把"化人心"作为自己治政的目标，因而不能达到化民成俗的效果，难以完成治理大业。对于游侠给社会风俗所造成的影响，以及占卜者在日常生活中的作用，司马迁也持赞赏或重视的态度。

司马迁的风俗观念代表了西汉中前期儒学仍未完全占据统治地位

时的风俗思想。从武帝开始，儒家学说逐步成为政府的统治思想，但由于当时司马迁并没有受到儒学思想的太多浸染，因此其对风俗的评论，并不以儒学为唯一标准，且具有独立思考之精神。他虽推崇儒学，但并不排斥百家，最终成为"子学时代""具有独立人格、学风和文风的最后一位代表人物"。

实际上，汉武帝也不过是把儒家思想作为一个招牌，借以宣化风俗，并没有赋予儒者管理国家的权力，采用的是阳儒阴法之术。直至西汉中期，统治者对各地风俗文化面貌的差异并不急于改变，也没有太多的闲暇去做改变。在这种统治政策的影响下，汉儒对风俗的齐整并不深入，各地风俗仍未发生太大的变化。

随着儒学的普及，两汉政府对风俗的整饬、齐一也开始采取政教结合、以教为主的循序渐进方式。在齐整风俗的过程中，两汉政府特别注重以经易风，力图将一切风俗习惯都纳入到儒家的礼义规范中去。

刘向是继董仲舒之后又一位力主礼乐教化的大儒。他把礼乐教化当作治国的根本，特别重视音乐的社会政治作用。刘向还将礼乐与刑政相提并论，认为礼乐和刑政都是为了"同民心而立治道"。不过，他也认识到"教化所恃以为治也，刑法所以助治也"，刑法只能起辅助的作用，舍教化重刑法只会带来风俗败坏的严重后果。可见，刘向对礼乐的提倡，是把礼乐教化当作治国安邦的政治工具，以图实现其理想的伦理政治。

针对当时矛盾重重、衰微破败的政治局面，刘向也提出了一些缓和社会危机、扭转社会政治风气的积极主张。他认为，君主只有正身修己、为政以德、崇俭抑奢，才能化及万民、美化社会风俗、稳定政治统治。修德是君主能够保有天下的最好办法，只要修德，就能除去不祥的征兆。

刘向生活在西汉元成之际，当时儒家学说已完全占据了统治地位。他编书言得失，以改善政风，其中许多论述都是对社会政治风气的关注，体现出刘向对风俗与政治之间关系的深刻认识。

班固处于儒学正统地位正式确立阶段。受正统儒家文化的浸染，班固虽直接继承了司马迁的地域经济风俗观念和风俗变革思想，却进一步以儒家正统观念对其加以改造、完善，扭转了司马迁一味强调经济因素的偏颇倾向。班固综合各个方面，对风俗做了较为详细的界定，不但在深度和广度上都比司马迁前进了一大步，而且使对风俗的认识得到了理论的升华，形成了相当系统的结论。

班固风俗观中最重要的是其王道教化移风易俗思想。从武帝独尊儒术到宣帝石渠阁会议再到章帝的白虎观会议，儒家正宗思想完全成为官方的支配思想，并进一步法典化、神学化。班固撰写《汉书》的时候，正是儒家思想神学化的兴盛时期，班固的思想不可能不受其影响。儒家政治理想是实行仁政、轻徭薄赋、使民以时、以教化化育百姓。班固的王道教化风俗观力求使风俗达到理想化状态正体现了这一点。班固强调风俗的等齐化一，毫无疑问，这是一种无法实现的理想化状态，但常常是古人追求的目标。

对鬼神的信仰在两汉时期一直盛行，而谶纬神学则是两汉间逐渐盛行起来的一种强大的社会思潮，其本质在于宣扬宗教迷信和神学思想，维护社会统治。由于最高统治者的大力支持，谶纬神学成为东汉王朝的统治思想，并直接影响着社会文化的各个领域。社会上层流行谶纬神学，下层则盛行各种巫术迷信，而且上层与下层之间的信仰也互相渗透和影响。

儒经谶纬化使儒学偏离了本旨，失去了原有的积极意义，最终导致儒学庸俗化、神秘化。再加上这些谶纬化的儒经往往是行政决策的理论依据，最终致使整个社会政治趋向虚妄和迷信，谶纬迷信泛滥成灾。两汉有识之士正是看到了谶纬神学的这种社会危害，从而形成了一股反儒学谶纬化的思潮。王充则是其中最杰出的代表人物。

在《论衡》中，王充采取批判的方式，以理智的求实精神来看待各种迷信风俗和虚妄之言，对各种风俗现象和迷信观念进行概括、分析，以求"释物类同异，正时俗嫌疑"，"匡济薄俗"。王充还对儒学谶纬化的原因及其流变进行了深入的探讨和批评，认为经学的谶纬化与政治有关系，是衰乱时人为编造的。

对当时社会风俗中普遍存在的鬼神迷信，王充也展开了全面批判，其《订鬼》《论死》《死伪》《纪妖》等篇详细批判了人死为鬼的陋说。基于对人死无知和死不为鬼的认识，王充又对当世的厚葬陋习和淫祀之风进行了猛烈的抨击。他指出，厚葬不仅造成物质上的损失，同时也是诱人为奸的原因之一。至于其他陋俗，王充亦有涉及，如《四讳》《讥日》《卜筮》《辨祟》等篇批判了佞卜、讳忌等陋俗。

东汉末年，社会危机加深，经学日趋衰落，社会上出现一股猛烈抨击当时腐朽社会风气，要求整顿社会风俗的批判思潮。王符、应劭、曹操等人则是其中较为杰出的代表。在他们所处的时代，上层奢侈腐化，吏治腐败，百姓流离失所，风俗极为败坏。为此，除了反对神学迷信外，他们把更大的气力用在反对官场和社会中的恶风陋俗上。

王符针对当时浮侈世风展开批判，主张政府采用教化和法制的双重手段来整顿风俗。通过批判骄奢淫靡之风、巫祝迷信之俗、以阀阅取仕之弊等，王符力倡以民为基、富而教之、德法并用、知贤用贤的统治政策来加强对社会风俗的整顿。同时，王符还高度强调统治者在整顿风俗中起着至为关键的作用。

应劭的著述多为礼仪风俗之作，试图通过著书立说来"匡正时俗"，为政之助。特别是《风俗通义》对风俗的专门研究，其中对风俗的相关论述在后世产生了很大影响。应劭将观察风俗的视野深入到下层民众之中，通过丰富风俗概念内涵，使风俗观念具体化，提出"为政之要，辩风正俗，最其上也"的主张，以图"匡正时俗"。

应劭所界定的风俗概念含义有三：其一，"风者，天气有寒暖，地形有险易，水泉有美恶，草木有刚柔也"，认为"风"是指因水土、气候、物产等自然条件不同而形成的风尚，但已掺入人的评判与感情。其二，"俗者，含血之类，像之而生，故言语歌讴异声，鼓舞动作殊形，或直或邪，或善或淫也"，包括因社会生活条件不同而形成的各种社会趣味、情感、欲望与行为习惯等。其三，"圣人作而均齐之，咸归于正；圣人废，则还其本俗"，风俗移易最关键的还是上层统治者通过自身力量的"均齐"。

应劭的风俗概念还提到风俗存在的两种形式——"本俗"与"正俗"。对"本俗"的关注、对"圣人"于风俗的作用，即对"正俗"的重视，是应劭风俗概念的两大主旨所在。应劭之所以探讨风俗，其目的正在于"辩风正俗"，在"王室大坏"之际，将"言语歌讴异声，鼓舞动作殊形，或直或邪，或善或淫"斑驳杂乱的"本俗"咸归于"正俗"。

按应劭的理解，风俗更大程度上是指民间浅俗，"虽云浮浅，然贤愚所共咨论"，是自己窥探现实社会，进而寻求解决现实危机方案以"匡正时俗"的一扇特殊窗口。应劭试图借风俗来佐治国家、教化人心，在乱世中"辩风正俗"，挽救社会危机。

曹操则直接从对具体风俗的整顿入手，主张禁断陋俗，"一之于法"；倡导良俗，以身作则；治平尚德行，有事赏功能。可见，在崇尚使用法律手段禁止恶风陋俗的同时，曹操也时刻不忘强调道德和教化在整顿风俗中所承担和起到的重要作用。

由于始终把风俗作为其议政论学的关注焦点，因而两汉士人对风俗展开了持续不断的研究；他们提出了许多有价值、有影响的命题，系统地论述了移风易俗的必要性、可能性和可行性。[①] 在这种移风易俗观念的持续影响下，两汉统治者也把对风俗的教化提升到国家施政政策的高度上来。在平时议政中，他们注重对风俗问题的讨论；在日常行政中，他们更注意采取美化和齐整风俗的措施。

两汉统治者认识到统治者上层特别是皇帝本人对风俗有着重要的引导作用，他们宣扬以孝治天下，通过不断发布诏令和制定相关政策来禁止陋俗和提倡美俗。如汉武帝察举孝廉，目的在于"化元元，移风易俗"，还下诏说"广教化，美风俗"是公卿大夫的职责所在。两汉统治者还不时遣派风俗使到各地采集民众风谣，考察其风土人情变化，作为调整或改变统治政策的依据，后来除了解下情外，也逐渐成为考核地方官吏政绩、整肃吏治的一种重要方式。另外，两汉统治者还规定州牧、刺史定期奏报各地风俗，或利用"上计吏"来了解郡国的政风民情。而两汉循吏则在行政实践中根据各地不同的情况教化或整顿风俗，以求化民成俗。

总之，移风易俗作为教化政策被提到统治者的施政日程上来并得到切实的执行，而移风易俗理论在影响统治者风俗政策的同时，也在

---

① 孙家洲、邹文玲：《汉代士人"移风易俗"理论的构架及影响》，《中州学刊》1997 年第 4 期。

统治者风俗政策的推动下不断扩充、深化和完善。两汉士人移风易俗理论和统治者所实行的移风易俗政策之间的相互影响，恰好体现了两汉风俗观念与社会政治之间一直保持着独立与顺从的互动关系。

第二节 两汉风俗观念的深远影响

中国自古就有重视风俗的传统。赵世瑜从中国传统学术的角度考察，认为中国传统学术对风俗事象的重视有如下四个缘由：一是统治的需要；二是对风俗的特殊理解具有社会教化的意义；三是移风易俗的责任感和使命感导致人们对了解风俗事象的重视；四是"博物"的知识结构需求。① 如果从政治文化角度考虑，可以发现赵氏所述重视风俗的前三个缘由都与社会政治密切相关，其范围也并不仅仅只限于中国传统学术。事实上，这是中国古代社会关心社会政治和国家命运的有识之士所共有的一种风俗观念，具有鲜明的政治文化内涵，是中国古代风俗观念的主流。

两汉时期是中国传统风俗观念的形成和完善期。人们已经认识到风俗与社会政治、经济有着密切的联系，是对社会政治、经济的反映，又在一定程度上影响着政治的决策和经济的发展。为此，两汉士人在深入探讨风俗概念政治文化内涵的基础上，呼吁统治者重视礼乐教化，以身作则，化民成俗。在此观念的持续影响下，汉王朝开始注意整饬风俗，专设风俗使入乡问俗，对风俗民情进行引导和齐整，同时作为制定国策时的重要参照。《史记》载："采风俗，定制作。"《汉书》说："观风俗，知得失。"两汉大量循吏教化风俗的行政实践更是成为政府美风化俗实现对社会文化软控制的重要的有效的手段。总之，两汉士人和统治者都对风俗进行了积极的探讨，前者试图通过教化手段达到自己所盼望的化民成俗的理想境界，后者则企望依靠政

---

① 参见赵世瑜《"眼光向下"的革命——中国现代民俗思想史论》，北京师范大学出版社，1999，第62~65页。作者还认为，即使到晚清时期，随着西学传入，学者看待风俗的观念有了很大的更新，但是在他们的作品中，还可以看到上述因素的强烈的影响。

府美风化俗的行政方式最终真正实现对社会文化的软控制。

这一重视化民成俗的优良传统也为后世所继承。历代统治者和社会有识之士都把风俗上升到关乎社会稳定和国家命运的高度。《晋书·文苑传》说："移风俗于王化，崇孝敬于人伦。"① 《旧唐书·孝友传》曰："弘长名教，敦励风俗。"② 《新唐书·王质传》载："为政必先究风俗。"③ 清王朝有关"戒淫侈宜正人心，励风俗宜修礼制"④ "人心之正，风俗之醇，则系于政教之得失。……整纲饬纪，正人心以正风俗"⑤ "居官以正风俗为先"⑥ "风俗奢靡，止可徐徐化导，不能遽收其效"⑦ 等上疏、言论更是屡见不鲜。可见，历代王朝大多都认识到了化民成俗的重要性，认为"为政之要，辩风正俗，最其上"，还专设掌管风俗的官吏，力求美化社会风俗，稳定统治秩序。特别是在王朝鼎革或乱世之秋，往往有更多的学者专门从事风俗的记述和研究。自东汉应劭的《风俗通义》起，北齐刘昼的《新论·风俗》、清初顾炎武的《日知录》等都是这样的著作。

隋唐时期，统治者注意到"末代亡国之主，为恶多相类也"，其中之一即是"深好奢侈"。⑧ 为此，他们把引导民风作为整顿朝纲的重要部分，认为"人知礼让，正俗调风，莫大于此"⑨，主张以政权力量引导甚至迫使地方移风易俗，"率履法度，动由礼典"，⑩ 通过行政命令改变那些不合时宜的风俗习尚。如隋大业初，柳旦拜龙川太守，"民居山洞，好相攻击，旦为开设学校，大变其风。帝闻而善之，下诏褒美"。⑪ 而对"违六礼之轨仪"的各级官吏，则"禁锢终身，

① 《晋书》卷九二《文苑传》，第 2369 页。
② 《旧唐书》卷一八八《孝友传》，第 4919～4920 页。
③ 《新唐书》卷一六四《王质传》，第 5053 页。
④ 《清史稿》卷二六三《魏象枢传》，第 9907 页。
⑤ 《清史稿》卷一六《仁宗本纪》，第 613 页。
⑥ 《清史稿》卷二六五《汤斌传》，第 9930 页。
⑦ 《清史稿》卷三〇八《杨锡绂传》，第 10586 页。
⑧ 《贞观政要·辨兴亡》，（唐）吴兢撰，谢保成集校《贞观政要集校》，中华书局，2003，第 468 页。
⑨ 《隋书》卷六六《李谔传》，第 1544 页。
⑩ 《隋书》卷六二《柳彧传》，第 1483 页。
⑪ 《隋书》卷四七《柳旦传》，第 1273 页。

以惩风俗"。① 另，贞观二十一年（647 年）唐太宗与群臣议曰："自古皆贵中华，贱夷、狄，朕独爱之如一。"② 在处理突厥问题时，他采纳温彦博的建议，"全其部落"，"不革其俗"。③《唐律疏议》"化外人相犯"条也有这样的记载："诸化外人，同类自相犯者，各依本俗法……疏议曰：'化外人'，谓蕃夷之国，别立君长者，各有风俗，制法不同。其有同类自相犯者，须问本国之制，依其俗法断之。"④ 表现出对少数民族风俗的尊重。

宋朝是以禅让方式取得政权的，其统治者缺乏汉唐那种马上取天下的励精图治精神，只知贪图安逸，纵情享受。纵观两宋朝廷，奢靡侈汰之风贯穿始终。由于统治阶层的荒淫奢侈，上行下效，奢侈之风席卷全国。面对风俗极其败坏的局面，时人对风俗的关注前所未有，如司马光、苏轼、楼钥等均就风俗的某个方面做过精辟的论述。

司马光提出："教化，国家之急务也，而俗吏慢之；风俗，天下之大事也，而庸君忽之。夫惟明智君子，深识长虑，然后知其为益之大而收功之远也。"⑤ 重视教化和移风易俗，不但被司马光看作区分良吏和俗吏、明君和庸君的重要标准，也被视作导向弊绝风清之治世的途径。他详细分析了东汉时期统治者对风俗的重视以及风俗在政治生活中所起到的重要作用：

> 光武遭汉中衰，……乃能敦尚经术，宾延儒雅，开广学校，修明礼乐，武功既成，文德亦洽。继以孝明、孝章，遹追先志，临雍拜老，横经问道。自公卿、大夫至于郡县之吏，咸选用经明行修之人，虎贲卫士皆习《孝经》，匈奴子弟亦游大（太）学，是以教立于上，俗成于下。其忠厚清修之士，岂惟取重于搢绅，亦见慕于众庶；愚鄙污秽之人，岂惟不容于朝延（廷），亦见弃于乡里。自三代既亡，风化之美，未有若东汉之盛者也。及孝和

---

① 《隋书》卷六二《柳彧传》，第 1482 页。
② 《资治通鉴·唐纪十四·太宗贞观二十一年（六四七）》，第 6247 页。
③ 《新唐书》卷二一五《突厥传》，第 6037 页。
④ 《唐律疏议·化外人相犯》，刘俊文：《唐律疏议笺解》，中华书局，1996，第 478 页。
⑤ 《资治通鉴·汉纪六十·献帝建安二十四年（二一九）》，第 2173 页。

以降，贵戚擅权，嬖倖用事，赏罚无章，贿赂公行，贤愚浑殽，是非颠倒，可谓乱矣。然犹绵绵不至于亡者，上则有公卿、大夫袁安、杨震、李固、杜乔、陈蕃、李膺之徒面引廷争，用公义以扶其危，下则有布衣之士符融、郭泰、范滂、许劭之流，立私论以救其败，是以政治虽浊而风俗不衰，至有触冒斧钺，僵仆于前，而忠义奋发，继起于后，随踵就戮，视死如归。夫岂特数子之贤哉？亦光武、明、章之遗化也。当是之时，苟有明君作而振之，则汉氏之祚犹未可量也。不幸承陵夷颓敝之余，重以桓、灵之昏虐，保养奸回，过于骨肉；殄灭忠良，甚于寇雠；积多士之愤，蓄四海之怒。于是何进召戎，董卓乘衅，袁绍之徒从而构难，遂使乘舆播越，宗庙丘墟，王室荡覆，烝民涂炭，大命陨绝，不可复救。然州郡拥兵专地者，虽互相吞噬，犹未尝不以尊汉为辞。以魏武之暴戾强伉，加有大功于天下，其蓄无君之心久矣，乃至没身不敢废汉而自立，岂其志之不欲哉？犹畏名义而自抑也。①

在此分析基础上，司马光高呼：“教化安可慢，风俗安可忽哉！”② 仁宗嘉祐七年（1062 年），司马光在《上谨习疏》中也说：“世俗之情，安于所习，骇所未见，固其常也。是故上行下效谓之风，薰烝渐渍谓之化，沦胥委靡谓之流，众心安定谓之俗。及夫风化已失，流俗已成，则虽有辨智弗能论也，强毅不能制也，重赏不能劝也，严刑不能止也，自非圣人得位而临之，积百年之功，莫之能变也。”③ 认为由上而下采取教育或自下而上进行效法谓之风或化，相沿日久成为社会普遍风习称为流或俗，风俗实际上指的就是从上层到下层、从官方到民间，全社会盛行的风气。若不及时加以重视和引导，即使再付出上百倍的努力也可能无济于事。而且，他认为，“宫掖者，风俗之源也；贵近者，众庶之法也。故宫掖之所尚，则外必为之；贵

---

① 《资治通鉴·汉纪六十·献帝建安二十四年（二一九）》，第 2173～2174 页。
② 《资治通鉴·汉纪六十·献帝建安二十四年（二一九）》，第 2174 页。
③ 《续资治通鉴长编》卷一九六《仁宗嘉祐七年》，（宋）李焘撰《续资治通鉴长编》，中华书局，2004，第 4746 页。

近之所好，则下必效之，自然之势也"，① 统治者的行为对社会风俗的演化起着极其关键的作用。

苏轼更强调世风的好坏不但关乎吏治，而且关系到国家的存亡和统治时间的长短。他说："国家之所以存亡者，在道德之浅深，不在乎强与弱；历数之所以长短者，在风俗之薄厚，不在乎富与贫。"② 主张"务崇道德而厚风俗"，"爱惜风俗，如护元气"。③

楼钥则从风俗与统治者文治教化的关系入手，认为"国家元气，全在风俗"，把风俗文化提高到影响国家兴衰之根本的高度，强调要重视对风俗文化的整饬。而"风俗之本，实系纪纲"，要整饬风俗，则必得先整肃朝廷纪纲。④

到了明代，早在开国之初，朱元璋就强调提出："昔帝王之治天下，必定礼制，以辨贵贱，明等威，是以汉高初兴，即有衣锦绣绮縠、操兵乘马之禁，历代皆然。近世风俗相承，流于奢侈，闾里之民，服食居处与公卿无异，贵贱无等，僭礼败度，此元之所以失政也。"⑤ 洪武十五年（1382 年）八月乙酉，礼部议："凡十恶、奸盗诈伪、干名犯义、有伤风俗及犯赃至徒者，书其名于申明亭，以示惩戒。有私毁亭舍、涂抹姓名者，监察御史、按察司官以时按视，罪如律。"⑥

明末清初的顾炎武对风俗也极为关注。他认为："教化者，朝廷之先务；廉耻者，士人之美节；风俗者，天下之大事。朝廷有教化，则士人有廉耻；士人有廉耻，则天下有风俗。"⑦ 风俗乃天下大事，要使风俗美好，就需要实行道德教化，培养廉耻之心。同时，顾炎武还

---

① 《续资治通鉴长编》卷一九六《仁宗嘉祐七年》，第 4759 页。
② 《宋史》卷三三八《苏轼传》，中华书局，1977，第 10806 页。
③ 《宋史》卷三三八《苏轼传》，第 10806 ~ 10807 页。
④ 《攻媿集》卷二五《奏议》，转引自《风俗通义校注》，（汉）应劭撰，王利器校注《风俗通义校注》，"叙例"，第 1 页。
⑤ 《定民志》第六，（明）宋濂：《洪武圣政记》，中华书局丛书集成本，1991，第 8 页。
⑥ 转引自《日知录》卷一三《清议》，（清）顾炎武著，（清）黄汝成集释《日知录集释（外七种）》，第 1028 ~ 1029 页。
⑦ 《日知录》卷一三《廉耻》，（清）顾炎武著，（清）黄汝成集释《日知录集释（外七种）》，第 1038 页。

认为，历史上的天下兴亡，有亡国、亡天下之分，改朝换代叫作亡国、道德沦丧、世风败坏叫作亡天下。国家治乱兴衰的关键在于社会风气的好坏，而好的社会风气需要各方面的共同维持，"保天下者，匹夫之贱与有责焉耳矣"。①

既然风俗是关系到国家命运的大事，也是人文道德的关键，因此，"论世而不考其风俗，无以明人主之功"。②《日知录》卷十三的"周末风俗""秦纪会稽山刻石""两汉风俗""正始""宋世风俗""清议""名教""廉耻""俭约""贵廉""南北风化之失"诸条，是对晚周至明末社会风俗的历史考察，内容涉及社会舆论、士人道德、吏风民俗等各个方面。

顾炎武特别赞赏东汉社会风俗之美，认为是三代以来所未曾有。由于东汉光武奖励名节，故"风俗为之一变"，东汉末年虽然"朝政昏浊，国事日非，而党锢之流、独行之辈，依仁蹈义，舍命不渝，风雨如晦，鸡鸣不已"。③ 而明末则完全是另外一番景象，他抨击明末士大夫的无廉耻行径："万历以后，士大夫交际多用白金，乃犹封诸书册之间，进自阍人之手。今则亲呈坐上，径出怀中，交收不假他人，茶话无非此物。"④ 士人不但没有起到化民导俗的正面作用，反而把民众引入歧途。这种现象说明，在官场恶劣风气的直接影响下，社会上缺少正气，是非标准混淆，以致出现"风俗流溢，恬而不怪，以为是适然"⑤ 的严重局面。

清代对风俗的相关论述则以沈垚的言论较有代表性："天下之治乱，系乎风俗。天下不能皆君子，亦不能皆小人，风俗美则小人勉慕于仁义，风俗恶则君子亦宛转于世尚之中而无以自异。是故治天下者

① 《日知录》卷一三《正始》，（清）顾炎武著，（清）黄汝成集释《日知录集释（外七种）》，第1015页。

② 《日知录》卷一三《周末风俗》，（清）顾炎武著，（清）黄汝成集释《日知录集释（外七种）》，第1007页。

③ 《日知录》卷一三《两汉风俗》，（清）顾炎武著，（清）黄汝成集释《日知录集释（外七种）》，第1009页。

④ 《日知录》卷三《承筐是将》，（清）顾炎武著，（清）黄汝成集释《日知录集释（外七种）》，第252页。

⑤ 《汉书》卷二二《礼乐志》，第1030页。

以整厉风俗为先务。"① 通过移风易俗、荡涤邪秽，从而臻至"弊绝风清"的理想境界，也为当时统治者所期盼。例如，雍正皇帝一登基就立即颁布诏书"敦励风俗"，② 临终又在遗诏中说："国家刑罚禁令之设，所以诘奸除暴，惩贪黜邪，以端风俗，以肃官方者也。"③

清人也意识到移风易俗的关键在于上层统治者，而且认为对风俗的引导和整顿不能采取一刀切的方式，要针对不同地区、不同民族、不同阶层的实际风俗情况，区别对待。魏源说："俭，美德也；禁奢崇俭，美政也；然可以励上，不可以律下；可以训贫，不可以规富。"因为好比"同室博弈而金帛不出户庭，适足损有余以益不足，如上并禁之，则富者益富，贫者益贫"。④ 康熙二十三年（1684 年），汤斌任江苏巡抚，到任后大力整顿江南风俗，其中影响最大的事件是取缔当时香火极盛的苏州上方山五通神祠（亦称五圣祠），把五通神像沉于太湖。五通神祠信仰至少始自宋代，至明清时已变成南方极普遍的一种民间信仰。清初，统治者原本在南方就受到很强烈的排斥，汤斌又不顾当地民间风俗传统，以取缔五通神为始，大力整顿民间风俗，结果适得其反，搞得"寺院无妇女之迹，河下无管弦之声，迎神罢会，艳曲绝编"⑤，引发风俗文化的冲突和社会秩序的动荡。

晚清学者黄遵宪在其《日本国志》自序中说道："古昔盛时，已遣輶轩使者于四方，采其歌谣，询其风俗，又命小行人编之为书，俾外史氏掌之，所以重邦交、考国俗者，若此其周详郑重也。"⑥ 认为自己做的工作就与古代采风的工作一样，采风问俗会有益于国家行政。黄遵先认为，一个国家好的社会风俗传统可以成为教育国人的良方，他对日本当时认为西方一切都好、"而以己国为鄙僿无足道"的思潮提出批评，说："日本立国两千余年，风俗温良，政教纯美，嘉言懿行，不绝书于史。吾以为执万国之史以相比校，未必其遂逊于人。则

① （清）沈垚《落帆楼文集》卷四《史论风俗篇》，嘉业堂刻吴兴丛书本。

② 《清史稿》卷一〇九《选举志四》，第 3180 页。

③ 《清史稿》卷一四二《刑法志一》，第 4186 页。

④ 《默觚下·治篇十四》，中华书局编辑部编《魏源集》，中华书局，1976，第 73 页。

⑤ 汤斌《毁淫祠疏》，贺长龄、魏源等编《清经世文编》卷六八《礼政》，中华书局，1992，第 1699 页。

⑥ （清）黄遵宪：《日本国志·日本国志叙》，陈铮编《黄遵宪全集》，第 818 页。

以日本之史，教日本之人，俾古来固有之良，不堕于地，于世不无裨益，则亦何事他求哉？"① 这说明用本国好的风俗习惯来教育本国人，是自古就有的良方，对社会是大有裨益的。

通过上述考察可以发现，两汉时期所形成的传统风俗观念一直影响着整个中国古代社会。考察民间风俗，可以从中了解统治政策上的得失，以便自我调整，从而做到上下相通。这种观念影响深远，并大致可分为两方面：其一，历代文人士大夫继续对风俗概念不断地进行探讨，注重风俗在社会政治中的重要作用，倡导化民成俗；其二，历代统治者多意识到"为政之要，辩风正俗，最其上"，始终把对风俗的整顿和美化作为政府行政的重要任务之一。他们都把关心风俗作为治理天下的大事，凡有轻忽者均被视为"慢臣""庸君"。可见，移风易俗一直是关心社会政治的有识之士和政府官员密切关注的问题。他们把化民成俗作为自己应当承担的一种责任，一旦社会风俗败坏，往往会感到痛心疾首，大力呼吁美风化俗之必要。这无疑是一种值得探讨的重要社会文化现象。

---

① （清）黄遵宪：《〈皇朝金鉴〉序》，陈铮编《黄遵宪全集》，第 265 页。

结　语

　　两汉时期是中国传统风俗观念的形成期。在两汉时人的观念中，风俗不仅是学术探讨的对象，而且与国家兴衰息息相关，要想保持国家统一和政治稳定，就需移风易俗，美化社会风气。为此，两汉有识之士和统治者都主动关注风俗，强化对风俗的认识和干预，使风俗观念和政治文化密切联系在一起。通过对两汉时期风俗观念的政治文化考察，探讨两汉风俗意蕴的演进，分析其政治文化特性，本书认为，两汉士人及统治者往往从政治文化的角度来理解风俗，偏重于探讨和处理风俗与政治之间的相互关系。

　　汉以前的风俗观念，为两汉风俗观念的形成奠定了理论基础，成为两汉风俗观念的直接渊源。先秦时期，老庄、孔孟、墨子、荀子等在论著中均十分重视风俗的社会作用，并常将探讨风俗和议论政治结合在一起。这些言论虽然只是碎言片语，却足以构成中国风俗理论的重要源头，对两汉风俗观念的形成产生了极其重要的影响。在秦朝，秦始皇则试图通过"匡饬异俗"的举措来完成对六国风俗的整合，从而建立起新的社会文化秩序。在巡行中，他宣省习俗，刻石垂扬；在行政中，他推行峻法，纠风清俗。不过，这些措施虽然取得不小成效，却成为秦朝迅速灭亡的原因之一。因此，对秦始皇"匡饬异俗"的行为，汉初士人展开了一系列否定性的批判和评论。随后，这种批评模式在整个两汉时期得到了普遍认同，进而为汉儒的礼乐教化政策提供了一个坚实的反面历史背景。

　　两汉时期，随着朝廷统治思想的变迁，两汉士人的风俗观在其影响下不断发展演变。同时，在这一演变过程中，两汉士人的风俗观也在一定程度上持续地对政府统治思想施加自己的影响，分别反映为风俗观念对政府统治思想的超越、独立与顺从以及互动和反动等。

汉初，在黄老思想与从俗而治的背景下，陆贾重塑治国理念，希望统治者行礼乐教化，正风俗；修仁义道德，美风俗；同圣教好恶，齐风俗。贾谊更认为天下治乱的关键在于风俗的好坏，统治者应将风俗教化视为政治的根本，采取明君贤吏的政治路线，化民成俗。

武帝时期，随着儒家思想统治地位的确立，风俗文化被正式提上议事日程。董仲舒主张以儒家思想治理国政，推行礼乐教化；兴办太学，培养风俗教化人才；选拔贤士，为民表率，移风易俗。而《淮南子》众作者及司马迁等则对单纯采用儒学来齐整风俗的做法明确表示不满。《淮南子》认为，风俗所受于外，时移则俗易。在移风易俗中应顺应风俗，用诚心感化，不可强为之一。司马迁则主张追俗为制，采风入乐，明确提出风俗具有地域性特征，且与经济环境有着千丝万缕的联系。而对一些影响风俗的特殊群体的关注也是司马迁独特风俗观的重要组成部分。

西汉中期以后，儒学独尊，汉王朝开始采取政教结合、以教为主的方式来齐整风俗。刘向通过编书言得失以改善政风，他把礼乐教化当作治国的根本，认为君主只有正身修己、为政以德、崇俭抑奢，才能化及万民、美化社会风俗。班固最先对风俗这一概念做出明确的阐释，认为风俗是地理环境和社会教化共同作用的产物，其大体上包括三层含义："系水土之风气"的自然特征、"随君上之情欲"的社会演变和"混同天下一之虖中和"的理想状态。

东汉时期，鬼神信仰和谶纬神学盛行，整个社会政治风气趋向虚妄和迷信。王充对各种迷信风俗和虚妄之言进行了严厉的批判，以求"释物类同异，正时俗嫌疑"，"匡济薄俗"。到东汉末年，社会上更是出现了一股猛烈抨击当时腐朽社会风气，要求整顿社会风俗的批判思潮。王符针对当时浮侈的世风展开批判，主张政府采用教化和法制的双重手段来整顿风俗，并一再强调统治者在整顿风俗中起着至关重要的作用。应劭则将观察风俗的视野深入到了下层普通民众之中，使风俗概念进一步具体化，并提出"为政之要，辩风正俗，最其上"的主张，以图"匡正时俗"。曹操干脆直接从整顿具体风俗入手，主张禁断陋俗，"一之于法"；倡导良俗，以身作则；治平尚德行，有事赏功能。

汉王朝试图通过对风俗的认识讨论和政治教化来加强对社会文化的软控制。在平时议政中，两汉统治者对风俗进行了各种各样的探讨、批评和引导。面对奢风陋俗，他们通过宣扬孝道、提倡薄葬等来加强对风俗的引导，希望能借此来美化当时的社会风气。在日常行政中，两汉统治者则通过风俗使的观风纳谣和循吏的政治教化来实现对风俗的齐整和美化，以求化民成俗。其中的诗教理论和条教现象，可以说构成两汉时期风俗教化过程当中较为亮丽的两道风景。

综上，两汉风俗观念具有比较鲜明的政治文化特性。其一，风俗概念不断发展变化的内涵与始终保持永恒的主题之间的统一，体现出两汉风俗观念自身在社会政治变迁中变与不变的和谐。其二，两汉士人及统治者在对待风俗问题上，随着社会政治思想的发展变化，采取的移风易俗方式多种多样，或因循，或宣化，或齐整，或批判甚至整顿等，体现出两汉风俗观念与社会政治之间一直保持着独立与顺从的互动关系。

另外，两汉时期是中国传统风俗观念的形成期，对整个中国古代社会产生了较为深远的影响。其后，历代文人士大夫继续对风俗概念进行比较深入的探讨，其中特别注重风俗在社会政治中的重要作用；历代统治者更是始终把对风俗的整顿和美化作为政府行政的重要任务之一。

主要参考文献

（一） 古代文献

（清） 阮元校刻《十三经注疏（附校勘记)》，中华书局，1980 年影印本。

杨伯峻编著《春秋左传注》，中华书局，1990。

朱谦之撰《老子校释》，中华书局，1984。

（清） 郭庆藩撰《庄子集释》，王孝鱼点校，中华书局，1961。

杨伯峻译注《论语译注》，中华书局，1980。

杨伯峻译注《孟子译注》，中华书局，2005。

（清） 孙诒让撰《墨子间诂》，孙启治点校，中华书局，2001。

（清） 王先谦撰《荀子集解》，沈啸寰、王星贤点校，中华书局，1988。

吴则虞编著《晏子春秋集释》，中华书局，1962。

蒋礼鸿编著《商君书锥指》，中华书局，1986。

黎翔凤撰，梁运华整理《管子校注》，中华书局，2004。

（清） 土先慎撰《韩非子集解》，钟哲点校，中华书局，1998。

（汉） 司马迁：《史记》，中华书局，1982。

（清） 梁玉绳《史记志疑》，中华书局，1982。

（汉） 司马迁撰，〔日〕泷川资言考证，水泽利忠校补《史记会注考证附校补》，上海古籍出版社，1986 年影印本。

（汉） 贾谊撰，阎振益、钟夏校注《新书校注》，中华书局，2000。

何宁撰《淮南子集释》，中华书局，1998。

苏舆撰《春秋繁露义证》，钟哲点校，中华书局，1992。

王利器校注《盐铁论校注（定本）》，中华书局，1992。

（汉）刘向撰，向宗鲁校证《说苑校证》，中华书局，1987。

（汉）刘向编著，石光瑛校释，陈新整理《新序校释》，中华书局，2001。

（汉）班固：《汉书》，中华书局，1962。

（清）王先谦：《汉书补注》，中华书局，1983 年影印本。

（清）陈立撰《白虎通疏证》，吴则虞点校，中华书局，1994。

（汉）应劭撰，吴树平校释《风俗通义校释》，天津人民出版社，1980。

（汉）应劭撰，王利器校注《风俗通义校注》，中华书局，1981。

（刘宋）范晔：《后汉书》，中华书局，1965。

（清）王先谦：《后汉书集解》，中华书局，1984 年影印本。

（汉）王充撰，黄晖校释《论衡校释（附刘盼遂集解）》，中华书局，1990。

（汉）王符著，（清）汪继培笺，彭铎校正《潜夫论笺校正》，中华书局，1985。

安徽亳县《曹操集》译注小组译注《曹操集译注》，中华书局，1979。

（汉）荀悦、（晋）袁宏撰，张烈点校《两汉纪》，中华书局，2002。

（汉）刘珍等撰，吴树平校注《东观汉记校注》，中州古籍出版社，1987。

高文：《汉碑集释》，河南大学出版社，1985。

周天游：《八家后汉书辑注》，上海古籍出版社，1986。

（晋）陈寿：《三国志》，中华书局，1982。

卢弼集解《三国志集解》，中华书局，1982。

（晋）常璩撰，刘琳校注《华阳国志校注》，巴蜀书社，1984。

（晋）葛洪撰，周天游校注《西京杂记》，三秦出版社，2006。

龚克昌等评注《全汉赋评注》，花山文艺出版社，2003。

（梁）萧统编，（唐）李善注《文选》，中华书局，1977。

（唐）杜佑撰《通典》，王文锦等点校，中华书局，1988。

（宋）洪适撰《隶释 隶续》，中华书局，1986。

（宋）司马光：《资治通鉴》，中华书局，1956。

（宋）李昉等撰《太平御览》，中华书局，1960 年影印本。

（宋）郭茂倩辑《乐府诗集》，上海古籍出版社，1993 年影印本。

（明）张燧撰《千百年眼》，贺新天校点，河北人民出版社，1987。

（清）严可均校辑《全上古三代秦汉三国六朝文》，中华书局，1958。

（清）赵翼著，王树民校证《廿二史札记校证（订补本）》，中华书局，1984。

（清）王夫之：《读通鉴论》，舒士彦点校，中华书局，1975。

（清）顾炎武撰，（清）黄汝成集释《日知录集释（外七种）》，上海古籍出版社，1985。

（清）王鸣盛撰《十七史商榷》，黄曙辉点校，上海书店出版社，2005。

（清）皮锡瑞著，周予同注释《经学历史》，中华书局，1959。

（清）杜文澜辑《古谣谚》，周绍良点校，中华书局，1958。

睡虎地秦墓竹简整理小组编《睡虎地秦墓竹简》，文物出版社，1990。

谢桂华、李均明、朱国炤编《居延汉简释文合校》，文物出版社，1987。

甘肃省文物考古研究所等编《居延新简》，文物出版社，1990。

连云港市博物馆等编《尹湾汉墓简牍》，中华书局，1997。

张家山汉墓竹简整理小组编《张家山汉墓竹简（二四七号墓）》，文物出版社，2001。

张家山二四七号汉墓竹简整理小组编著《张家山汉墓竹简［二四七号墓］（释文修订本）》，文物出版社，2006。

国家图书馆善本金石组编《先秦秦汉魏晋南北朝石刻文献全编》，北京图书馆出版社，2003。

深圳博物馆编《中国汉代画像石画像砖文献目录》，文物出版社，1995。

（二）近人著作

邓子琴：《中国礼俗学纲要》，中国文化社，1947。

林剑鸣等：《秦汉社会文明》，西北大学出版社，1985。

张紫晨：《中国民俗与民俗学》，浙江人民出版社，1985。

韩养民、张来斌：《秦汉风俗》，陕西人民出版社，1987。

王文宝：《中国民俗学发展史》，辽宁大学出版社，1987。

邓子琴：《中国风俗史》，巴蜀书社，1988。

瞿兑之：《汉代风俗制度史》，上海文艺出版社，1991年影印本。

苏志宏：《秦汉礼乐教化论》，四川人民出版社，1991。

徐吉军、贺云翱：《中国丧葬礼俗》，浙江人民出版社，1991。

严昌洪：《中国近代社会风俗史》，浙江人民出版社，1992。

张永鑫：《汉乐府研究》，江苏古籍出版社，1992。

刘俊文主编《日本学者研究中国史论著选译》第3卷，中华书局，1993。

张紫晨：《中国民俗学史》，吉林文史出版社，1993。

钱穆：《中国文化史导论（修订本）》，商务印书馆，1994。

刘俊文主编《日本中青年学者论中国史·上古秦汉卷》，上海古籍出版社，1995。

王铁：《汉代学术史》，华东师范大学出版社，1995。

王文宝：《中国民俗学史》，巴蜀书社，1995。

李如森：《汉代丧葬制度》，吉林大学出版社，1995。

程蔷、董乃斌：《唐帝国的精神文明——民俗与文学》，中国社会科学出版社，1996。

张亮采：《中国风俗史》，东方出版社，1996。

周振鹤主著《中国历史文化区域研究》，复旦大学出版社，1997。

韩养民：《中国风俗文化学》，陕西人民教育出版社，1998。

王子今：《秦汉区域文化研究》，四川人民出版社，1998。

钟敬文主编《民俗学概论》，上海文艺出版社，1998。

陈华文：《丧葬史》，上海文艺出版社，1999。

王子今：《中国盗墓史：一种社会现象的文化考察》，中国广播电视出版社，1999。

赵世瑜：《"眼光向下"的革命——中国现代民俗思想史论》，北京师范大学出版社，1999。

秦永洲：《中国社会风俗史》，山东人民出版社，2000。

杨树达撰，王子今导读《汉代婚丧礼俗考》，上海古籍出版社，2000。

晁福林：《先秦民俗史》，上海人民出版社，2001。

陈苏镇：《汉代政治与〈春秋〉学》，中国广播电视出版社，2001。

孙家洲：《两汉政治文化窥要》，泰山出版社，2001。

肖群忠：《孝与中国文化》，人民出版社，2001。

徐复观：《两汉思想史》，华东师范大学出版社，2001。

徐杰舜、周耀明：《汉族风俗文化史纲》，广西人民出版社，2001。

彭卫、杨振红：《中国风俗通史·秦汉卷》，上海文艺出版社，2002。

尚秉和：《历代社会风俗事物考》，江苏古籍出版社，2002。

王利器撰《新语校注》，中华书局，1986。

王文宝：《中国民俗研究史》，黑龙江人民出版社，2003。

余英时：《士与中国文化》，上海人民出版社，2003。

徐杰舜主编《汉族风俗史》，学林出版社，2004。

余英时：《朱熹的历史世界——宋代士大夫政治文化的研究》，生活·读书·新知三联书店，2004。

龚鹏程：《汉代思潮》，商务印书馆，2005。

顾颉刚：《秦汉的方士与儒生》，上海古籍出版社，2005。

吕思勉：《秦汉史》，上海古籍出版社，2005。

萧公权：《中国政治思想史》，新星出版社，2005。

雷戈：《秦汉之际的政治思想与皇权主义》，上海古籍出版社，2006。

王子今：《钱神——钱的民俗事状和文化象征》，陕西人民出版社，2006。

王子今：《秦汉社会史论考》，商务印书馆，2006。

向晋卫：《〈白虎通义〉思想的历史研究》，人民出版社，2007。

严耕望：《中国地方行政制度史·秦汉地方行政制度》，上海古籍出版社，2007。

（三）期刊论文

陈槃：《春秋列国风俗考论》，《中央研究院历史语言研究所集刊》第 47 本第 4 分册，1976 年 12 月。

吕宗力：《东汉碑刻与谶纬神学》，《中国社会科学院研究生院学报》1982 年第 5 期。

宋超：《〈史记〉〈汉书〉游侠传试探——兼论两汉社会风尚的变迁》，《学术月刊》1985 年第 10 期。

熊铁基：《秦汉时期的统治思想和思想统治》，《华中师范大学学报》1987 年第 2 期。

丁毅华：《"习俗恶薄"之忧，"化成俗定"之求——西汉有识之士对社会风气问题的忧愤和对策》，《华中师范大学学报》1987 年第 4 期。

晁中辰：《汉代在中国民俗史上的地位》，《民俗研究》1989 年第 3 期。

景以恩：《中国古代风俗教化考略》，《民俗研究》1990 年第 2 期。

于学斌：《孔子的民俗学成就》，《民俗研究》1990 年第 3 期。

陈华文、俞樟华：《司马迁的民俗观》，《民俗研究》1991 年第 1 期。

仝晰纲：《汉代的奢侈之风》，《民俗研究》1991 年第 2 期。

景以恩：《中国古代的民俗与政治》，《民俗研究》1991 年第 3 期。

丁毅华：《〈淮南子〉的风俗论》，《学术月刊》1991 年第 6 期。

仝晰纲：《简论汉代抑奢思想》，《河南师范大学学报》1992 年第 2 期。

聂凤峻、刘俊杰：《荀子的唯物主义民俗思想》，《民俗研究》1992 年第 3 期。

张汉东：《论汉代中国民俗学的形成》，《民俗研究》1993 年第 2 期。

〔日〕工藤元男：《云梦秦简〈日书〉所见法与习俗》，莫枯译，

《考古与文物》1993 年第 5 期。

李福泉：《论秦始皇礼俗改革》，《湖南师大社会科学学报》1993 年第 6 期。

林剑鸣：《秦始皇会稽刻石辨析》，《学术月刊》1994 年第 7 期。

〔日〕串田久治：《汉代的"谣"与社会批判意识》，邢东风译，《中国哲学史》1996 年第 1、2 期。

曹晋：《〈淮南子〉的民俗学价值》，《民俗研究》1997 年第 4 期。

林荣琴：《试析〈史记·货殖列传〉与〈汉书·地理志〉中的风俗地理思想》，《西北大学学报》1997 年第 4 期。

孙家洲、邹文玲：《汉代士人"移风易俗"理论的构架及影响》，《中州学刊》1997 年第 4 期。

周振鹤：《从"九州异俗"到"六合同风"——两汉风俗区划的变迁》，《中国文化研究》1997 年第 4 期。

赵世瑜：《中国现代民俗学初创时期的多学科参与》，《民间文学论坛》1998 年第 2 期。

孙福喜：《论应劭的"经世致用"学术思想》，《内蒙古师大学报》1999 年第 1 期。

韩养民：《中国风俗文化研究三千年》，《民俗研究》1999 年第 2 期。

万建中：《秦汉风俗文化的演变趋势》，《南昌大学学报》1999 年第 2 期。

仝晰纲：《汉代的乡里风谣与举谣言》，《人文杂志》1999 年第 4 期。

王子今：《贾谊政治思想的战略学意义》，《洛阳工学院学报》1999 年第 4 期。

何晋：《秦称"虎狼"考》，《文博》1999 年第 5 期。

黄珊：《在文化与政治之间——西汉循吏治政策略的意识形态意义》，《福建论坛》2000 年第 2 期。

万建中：《试论秦汉风俗的时代特征》，《民俗研究》2000 年第 2 期。

谢子平：《秦朝治道与礼乐文化》，《学术论坛》2000 年第 2 期。

张汉东：《〈风俗通义〉的民俗学价值》，《民俗研究》2000 年第 2 期。

汪祚民：《论班固观〈诗〉的风俗视角》，《东方丛刊》2000 年第 2 期。

韩经太：《"在事为诗"申论——对中国早期政治诗学现象的思想文化分析》，《中国文化研究》2000 年第 3 期。

王苏凤：《论刘向〈新序〉的社会政治思想》，《河南大学学报》2000 年第 3 期。

阎晓君：《略论秦汉时期地方性立法》，《江西师范大学学报》2000 年第 3 期。

刘厚琴：《东汉道德教化传统及其历史效应》，《齐鲁学刊》2002 年第 1 期。

马新：《人生哲理谣谚与两汉世风》，《民俗研究》2001 年第 1 期。

彭卫、杨振红：《转型与契合——解读秦汉风俗》，《史学理论研究》2001 年第 3 期。

马新：《时政谣谚与两汉民众参与意识》，《齐鲁学刊》2001 年第 6 期。

余杰：《君·吏·士——解读〈史记·酷吏列传〉》，《社会科学论坛》2001 年第 8 期。

吴海燕、范志军：《两汉"风俗使"演变及职能初探》，《河南师范大学学报》2002 年第 3 期。

臧知非：《周秦风俗的认同与冲突——秦始皇"匡饬异俗"探论》，《秦陵秦俑研究动态》2002 年第 4 期。

杨天宇：《略论汉代的三年丧》，《郑州大学学报》2002 年第 5 期。

赵世瑜：《谣谚与新史学——张守常〈中国近世谣谚〉读后》，《历史研究》2002 年第 5 期。

李剑林：从《〈汉书·地理志〉透视区域风俗文化的形成与演变》，《中国文化研究》2002 年夏季卷。

吕宗力：《汉代的流言与讹言》，《历史研究》2003 年第 2 期。

余治平、孟祥红：《孝，何以必须？——孔子与董仲舒对孝道的不同建构》，《新疆大学学报》2003 年第 4 期。

萧放：《"风俗"论考》，"中国现代学术史上的民间文化"网络学术会议论文，2003 年。

曲彦斌：《论"民俗问题"与"辨风正俗"》，《民俗研究》2004 年第 2 期。

王大建：《两汉民俗区研究》，《山东大学学报》2004 年第 3 期。

朱海龙、黄明喜：《陆贾教化思想探析》，《华南师范大学学报》2004 年第 3 期。

党超：《论班固的风俗观》，《南都学坛》2004 年第 6 期。

胡守为：《"举谣言"与东汉吏政》，《中山大学学报》2004 年第 6 期。

萧放：《中国传统风俗观的历史研究与当代思考》，《北京师范大学学报》2004 年第 6 期。

李传军：《试论中国古代歌谣的性质及其与社会风俗的关系》，《青岛大学师范学院学报》2005 年第 1 期。

陈新岗：《两汉诸子论风俗》，《民俗研究》2005 年第 2 期。

杨辉：《从"风"到风俗——论"风"的文化化历程与先秦音乐"移风易俗"政策之酝酿》，《哈尔滨工业大学学报》2005 年第 4 期。

邓小南等：《历史学视野中的政治文化》，《读书》2005 年第 10 期。

于振波：《汉代的循吏与酷吏》，《湖南城市学院学报》2006 年第 1 期。

陈金花：《论西汉前期统治思想的变化及其原因》，《渭南师范学院学报》2006 年第 4 期。

黄富成：《略论汉代乡村农官——力田》，《农业考古》2006 年第 4 期。

张文华：《〈史记·货殖列传〉与风俗史》，《理论学刊》2006 年第 5 期。

刘明怡：《从应劭著述看汉末学术风气的变迁》，《许昌学院学报》2006 年第 6 期。

车发松：《汉代三老："非吏而得与吏比"的地方社会领袖》，《文史哲》2006 年第 6 期。

王子今：《汉代社会意识中的"和合"观》，《社会科学》2006 年第 7 期。

赖德杰：《"风俗"略考》，《内蒙古农业大学学报》2007 年第 1 期。

戴黍：《试论〈淮南子〉对"法"、"德"、"风俗"的糅合》，《伦理学研究》2007 年第 2 期。

王子今：《略论两汉童谣》，《重庆师范大学学报》2007 年第 3 期。

吕宗力：《略论民间歌谣在汉代的政治作用及相关迷思》，《社会科学战线》2008 年第 9 期。

孙家洲、王俊梅：《两汉条教考释》，中国秦汉史研究会第十一届年会暨国际学术讨论会论文，长春，2007 年 7 月 26～28 日。

（四）学位论文

赵凯：《秦汉时期的舆论及其社会影响》，博士学位论文，中国社会科学院，2003。

杨辉：《"移风易俗"命题考源——在中国美学史视野下》，博士学位论文，浙江大学，2005。

李传军：《歌谣俗语与两汉魏晋南北朝社会》，博士学位论文，北京师范大学，2005。

王素珍：《〈风俗通义〉的风俗观研究——兼论〈风俗通义〉在中国民俗学史上的价值》，硕士学位论文，北京师范大学，2003。

图书在版编目(CIP)数据

两汉风俗观念与社会软控制研究 / 党超著. -- 北京：
社会科学文献出版社，2018.5
（南开史学青年文库）
ISBN 978 - 7 - 5201 - 2248 - 1

Ⅰ.①两… Ⅱ.①党… Ⅲ.①风俗习惯史 - 研究 - 中
国 - 汉代 ②社会管理 - 研究 - 中国 - 汉代 Ⅳ.①K892
②D691

中国版本图书馆 CIP 数据核字（2018）第 029303 号

·南开史学青年文库·

两汉风俗观念与社会软控制研究

著　　者 / 党　超

出 版 人 / 谢寿光
项目统筹 / 宋荣欣
责任编辑 / 李期耀　肖世伟

出　　版 / 社会科学文献出版社·近代史编辑室　（010）59367256
　　　　　　地址：北京市北三环中路甲 29 号院华龙大厦　邮编：100029
　　　　　　网址：www. ssap. com. cn
发　　行 / 市场营销中心（010）59367081　59367018
印　　装 / 三河市龙林印务有限公司

规　　格 / 开　本：787mm×1092mm　1/16
　　　　　　印　张：22.25　字　数：342 千字
版　　次 / 2018 年 5 月第 1 版　2018 年 5 月第 1 次印刷
书　　号 / ISBN 978 - 7 - 5201 - 2248 - 1
定　　价 / 89.00 元

本书如有印装质量问题，请与读者服务中心（010 - 59367028）联系

▲ 版权所有 翻印必究